Docteur Cabanès

LES MORTS MYSTÉRIEUSES DE L'HISTOIRE

Rois, reines et princes français,
de Charlemagne à Louis XIII

Éditeur : Clotilde Alaguillaume
Conception graphique : Emmanuelle Noël
Maquette de couverture : Philippe Marchand

Les Éditions de **l'Opportun**
Stéphane Chabenat
16, rue Dupetit-Thouars
75003 PARIS

Imprimé en Europe
ISBN : 978 2 3 6075 084 9
Dépôt légal : à parution

LE MOT DE L'ÉDITEUR

C'est grave, docteur ?

« À l'historien consciencieux il faut des faits précis » nous dit, ou plutôt nous alerte Augustin Cabanès. Car il s'agit bien de réveiller la société de son époque, celle du début du siècle passé, sur l'importance de la médecine historique, éclairante pour le grand public.

Le docteur Cabanès sait de quoi il parle, sa formation médicale est sérieuse : après des études de pharmacie, il devient médecin généraliste puis chercheur. Quand il entreprend ses premières recherches médico-historiques, en 1885, il est donc tout à fait légitime dans cette spécialité et reconnu par la profession. Ses premières publications datent de 1893 lorsqu'il fonde la revue *La Chronique médicale*. Un nom on ne peut plus révélateur… Et lorsqu'il se lance, à la même époque, en littérature, c'est avec son premier ouvrage, *Marat inconnu*, un immense succès à la fois auprès des érudits mais aussi du grand public.

Pourquoi un tel succès ? Parce que Cabanès répond à un besoin toujours présent : allier l'Histoire et la Science pour mieux expliquer l'une et l'autre, les vulgariser et les rendre intelligibles et passionnantes pour tous. L'Histoire version grand publique connaît aujourd'hui un vif succès, Cabanès avait déjà tout compris il y a cent cinquante ans…

Voilà un docteur capable de présenter avec passion et suspens d'érudites recherches. Détective de l'Histoire, il passionne les foules et leur propose anecdotes curieuses, documents inédits, raisonnements précis et rares dans de remarquables et non pas moins vivantes démonstrations médico-historiques qui ne cherchent qu'une chose : la Vérité avec un grand « V ». Charles IX a-t-il été empoisonné ? Ambroise Paré a-t-il vraiment soigné Henri II ? Louis XVII est-il bien mort à la prison du Temple ? Autant d'énigmes de l'Histoire de France que la Science peut résoudre… C'est bien là toute la modernité de l'homme et de son œuvre, transformer la médecine rébarbative et une matière élitiste, telle que l'est l'Histoire à cette époque, en un grand morceau de littérature mêlant logique et révélations dignes des plus grands polars. Rien ne manque : les détails morbides et crus qui rendent la vérité scientifique encore plus éclatante, les portraits des grands de notre glorieux passé exécutés avec un regard anatomique d'autant plus pertinent, mais aussi les petites histoires, les non-dits, car c'est bien connu, on ne peut rien cacher à un médecin.

Et puis le temps passe, Cabanès tombe dans l'oubli, devient archaïque : finalement, c'est dépassé, déjà vu, déjà fait. C'était sans compter le charme et la force d'écriture du docteur. Voilà pourquoi il nous a semblé qu'une réédition de ces deux volumes initiaux des *Morts mystérieuses* trouvait sa place dans le paysage éditorial du XXIe siècle. C'est un véritable petit trésor que cet ouvrage. Il démystifie avec un sérieux imparable nos rois et reines les plus connus et rend tout son sens à la trivialité. Un lavement explique une défaite militaire ; une description d'autopsie et François Ier redevient un simple mortel ; quelques pages sur les hémorroïdes de Louis XIII et le trône disparaît. Petits secrets et grandes révélations qui les rendent proches de nous : une idée moderne…

Le lecteur « apprend en s'amusant », là aussi beau tour de force que les pédagogues auraient aimé, car c'est plus 500 pages sur l'Histoire de France qu'il dévore sans s'en rendre compte. Il y a aussi le style Cabanès. Entendez le charme à la scientifique, le pittoresque de l'écriture de l'époque. Chaque mot est ciselé, chaque raisonnement mené avec brio ; on le comprend, la forme doit servir le fond. C'est donc avec plaisir qu'on dissèque les organes et l'Histoire, l'expression est élégante même pour parler de pus ou de sang… Un art qui fascine presque tant Cabanès parvient à nous captiver – nous rendant un peu voyeur, il faut l'avouer – en ouvrant poitrines et cerveaux. L'anecdote est utile, mais souvent croustillante, le raisonnement est mathématique mais tellement captivant…

Il ne fallait rien gâcher ni cacher de cette authenticité, c'est donc un texte avec peu de modifications et d'adaptations que nous présentons ici. Il y avait deux volumes, nous les avons rassemblés. Le vocabulaire scientifique qui pouvait être désuet – mais là aussi, tellement charmant –, nous l'avons expliqué. (À cet effet, afin d'éviter tout contresens anachroniques, les annexes intitulées originellement « Pièces justificatives » sont devenues des « Documents annexes ».) La mise en page était parfois peu lisible, nous l'avons modernisée. Pour le reste, il s'agit de l'œuvre telle qu'elle fut publiée pour la première fois en 1901. Beaucoup de notes de bas de page, qui prennent tout leur sens durant la lecture, comme les illustrations, les longues citations en *moyen françois* et les digressions en tout genre des annexes. Beaucoup d'à-cotés, dirons nous, qu'il nous semblait important de ne pas atténuer. Cabanès ne cherchait-il pas justement l'authenticité ? Nous avons essayé de ne pas le trahir sur ce point.

Enfin, et peut-être surtout, *Les Morts mystérieuses* dépassent largement le cadre médical et le strict domaine historique. Si la Science éclaire l'Histoire et permet de donner un diagnostic rétrospectif qui permet de mieux la comprendre, elle engage aussi l'auteur sur des terrains variés. Cabanès est un sociologue qui s'ignore. En voulant « redresser » les erreurs historiques parfois ignorées, il nous offre une réflexion sur la mort et les habitudes morbides des siècles passés. L'embaumement, les reliques, tout trouve une explication simple une fois que l'état d'esprit scientifique de l'époque est exposé. La curiosité poussée du docteur, ce qu'il nommait le « moteur de la science », nous amène à décrypter, par exemple, la tradition monarchiste, la superstition propre à la Renaissance… et replace ainsi Science et Histoire dans une contexte plus large.

C'est aussi un témoignage précieux sur la médecine d'hier avec le regard d'un praticien du XXe siècle. Mise en abyme oblige, l'ouvrage devient à son tour un témoignage de l'époque de Cabanès et c'est avec un certain attendrissement que l'on peut lire ces lignes parfois dépassées, car la science avance encore et toujours et ce qu'on croyait savoir hier est rétabli différemment aujourd'hui. Jeu de miroir qui fait de ces *Morts mystérieuses* un vrai *collector*…

En réfléchissant sur la médecine en général, sur la grande Histoire et la petite histoire, Cabanès semble parfois se disperser. Ses contemporains lui reprocheront d'ailleurs ses digressions, en même temps que sa trop grande préoccupation scientifique qui laisse peu de place à l'imagination et peut rebuter. Pour le lecteur d'aujourd'hui, au contraire, là est tout le charme de l'œuvre : il nous laisse ainsi une marge de manœuvre pour imaginer à notre aise à partir de ses comptes-rendus scientifiques. Car Cabanès ne conclut jamais strictement, il laisse la porte ouverte. Cela aussi, on le lui reprocha, mais il faut y voir un engagement au débat, une amorce de réflexion. Nous devons prendre le relais, user de notre esprit critique et aller contre le préjugé établi. Cabanès nous rend acteur, prenons le scalpel et faisons notre propre diagnostic, l'Histoire et la Science ne s'en porteront que mieux.

AVANT-PROPOS DE LA PREMIÈRE ÉDITION

L'ouvrage que nous avons entrepris est en réalité de plus vaste compréhension que ne le comporte son titre.

Et d'abord ce titre demande à être expliqué.

Les Morts mystérieuses de l'Histoire, qu'est-ce à dire ? Ce sont, évidemment, celles qui comportent une part de *mystère.* Mais alors ce sont les morts d'à peu près tous les personnages qui ont joué un rôle dans l'histoire ? Assurément, si nous interprétons les mots dans leur sens le plus large, il n'est guère, en effet, d'hommes illustres ou notoires dont la fin n'ait donné prise à quelques soupçons.

Le peuple est toujours porté, quand disparaît un homme qui a tenu en mains le pouvoir, ou dont la part d'influence a été plus ou moins considérable, à attribuer sa mort à une puissance occulte, quand il ne va pas jusqu'à évoquer un de ces poisons d'autant plus subtils qu'ils échappent aux plus délicates analyses.

« Lorsqu'il s'agit d'un personnage princier, d'une notabilité politique, écrit le professeur Brouardel [1], l'imagination est portée à exagérer les choses et à trouver extraordinaire ce qui eût été naturel chez un

1. *La Mort et la Mort subite,* par P. Brouardel. Paris, 1895.

bourgeois. Parcourez l'histoire de France : vous serez souvent arrêtés par des faits pareils, et bon nombre de princes et de princesses, qu'on a cru empoisonnés, sont morts d'affections fort naturelles. » Rien n'est plus juste, et l'homme de science se trouve – alliance inattendue ! – d'accord avec le poète sur ce point : « Il y a deux choses, a dit Alfred de Vigny, que l'on conteste bien souvent aux rois : leur naissance et leur mort. On ne veut pas que l'une soit légitime, ni l'autre naturelle. »

Le temps n'est plus où l'on considérait les rois comme d'essence divine ; où l'on matérialisait, pour ainsi dire, leur immortalité, en assignant à leur existence l'éternité de leur gloire. La science détruit brutalement les légendes et si les amateurs de merveilleux y perdent, les amis de la vérité n'ont qu'à y gagner.

Est-il bien opportun, nous objectera-t-on peut-être, de surprendre les grandes figures en posture vulgaire et quasi grotesque ? En nous révélant leurs infirmités, en écartant les rideaux de l'alcôve où ils agonisent, ne craignez-vous pas de nous les montrer sous leur aspect le plus répugnant ? L'objection est de peu de poids, les prétendus inconvénients qui pourraient résulter de nos investigations posthumes étant bien légers, en regard des avantages que l'histoire ne saurait manquer d'en retirer.

C'est un préjugé encore trop répandu que l'autopsie constitue un outrage à la dignité humaine. L'examen des viscères passe, à tort, pour être une marque d'irrespect, qui blesse les croyants dans leur foi et dans leurs sentiments les plus intimes. À cet égard, les rois nous ont donné un exemple que devrait bien méditer le vulgaire.

C'était une règle à laquelle il n'était presque jamais dérogé de soumettre leurs corps à un examen *post mortem,* afin de préserver leur descendance des maladies qui la menaçaient. Quelle source précieuse d'informations ne posséderions-nous pas, si ces prescriptions avaient été introduites dans le protocole des cours dès les premiers âges de la monarchie ; si, surtout, chaque monarque avait eu le soin de faire tenir une sorte de compte-courant de ses moindres indispositions, à l'exemple du journal que nous a légué Héroard sur l'enfance de Louis XIII, ou du *Journal de la Santé* du grand Roi, rédigé par ses archiâtres !

Si nous déplorons cette lacune, ce n'est pas que nous ayions eu jamais le dessein d'asservir à l'état physique des personnages leurs déterminations morales ; ni de tirer des inductions à longue portée des défaillances passagères de leur organisation physiologique. Mais on ne saurait donner une explication vraiment scientifique de la mort d'un sujet quelconque, qu'il habite un palais ou une chaumière, qu'après avoir étudié les phases de l'évolution morbide qui aboutit à sa déchéance finale. Même dans le cas où cette déchéance ne s'est pas manifestée pendant la vie par des signes révélateurs, la nécropsie nous fournit presque toujours des indications qui nous permettent de formuler des conclusions plus ou moins précises.

Ces conclusions ne vont pas, en effet, sans comporter parfois des réserves, et ceux-là seuls pourraient nous reprocher nos hésitations qui se croient en possession d'une méthode sûre, infaillible.

C'est l'éternel conflit de la science et de la philosophie, et comme l'a dit M. Brunetière, ce désaccord n'est pas moins nuisible au crédit de la philosophie qu'à la légitime autorité de la science[1].

Pourquoi ne pas rester chacun dans son domaine propre ? Pourquoi ne pas nous contenter de poser les problèmes, d'apporter au besoin des éléments de discussion qui peuvent hâter leur solution, laissant aux sociologues et aux historiens la tâche d'en tirer les conséquences, que nous leur faisons cependant entrevoir ? C'est qu'il arrive souvent, en histoire, que les questions que l'on croyait les plus définitivement tranchées viennent à se poser de nouveau. Il suffit de la découverte de quelque indice contraire à l'opinion reçue pour autoriser la révision du procès et faire condamner le jugement auquel tout le monde s'était tenu jusque-là[2].

Nous avons, d'autre part, estimé que nous ne devions pas borner notre tâche à débrouiller des énigmes, ou à prêter une oreille complaisante aux mille bruits équivoques que la foule se plaît à faire naître et à propager ; nous avons compris de différente façon notre rôle. Nous avons essayé, avant tout, de jeter quelque lumière sur la psychologie des personnages, mais en restant toujours très prudent dans l'interprétation des pièces qui constituent leur dossier pathologique. Nous n'avons prétendu à rien autre chose qu'à fournir des *éclaircissements* et des *documents,* pour la plupart nouveaux, qui serviront à expliquer certaines morts controversées de l'histoire, sans qu'il soit besoin d'invoquer une force plus ou moins mystérieuse.

---

1. *La Revue politique et littéraire,* 7 avril 1877.
2. *Bibliothèque de l'École des chartes,* novembre-décembre 1893.

Nous avons pensé, en outre, que, pour donner plus d'unité et de cohésion à nos recherches, notre enquête devait porter sur les morts de tous les représentants d'une dynastie, notre but n'étant pas seulement de donner des monographies isolées, mais de montrer comment les races dites privilégiées arrivent à la dégénérescence.

Cette dégénérescence, ce n'est pas seulement l'exercice du pouvoir absolu, la *césarite*[1], comme l'a bien nommée le Pr Lacassagne, qui la provoque ; c'est encore, c'est surtout l'hérédité morbide, aidée de la consanguinité, qui la précipite. Voilà, entre beaucoup d'autres, un point qu'établiront, ce nous semble, nos recherches.

Pourrons-nous, en terminant, exprimer l'espoir de faire substituer aux erreurs communément accréditées, aux hypothèses plus ou moins hasardées nous n'osons pas dire la vérité absolue, mais la vraisemblance la plus acceptable ? Nous aurons, en tout cas, la satisfaction d'avoir jalonné une route encore peu explorée, où nous souhaitons engager à notre suite tous ceux que la réalité séduit plus que la fiction. Au surplus, n'est-ce pas un pur romancier, Jules Sandeau, qui a écrit : « L'imagination ne se nourrit que des rognures de la réalité » ?

Docteur Cabanès,
Paris, 11 avril 1901.

---

1. Ou « monomanie des grandeurs » : pathologie mentale des régnants. Ici, mise sur le même plan qu'une maladie physique. (NdE.)

CHARLEMAGNE

† Mort le 28 janvier 814 de pneumonie.

L'histoire des rois de la première race n'est qu'incertitude et chaos. Les vacillations du pouvoir, l'existence éphémère des princes, la variation des récits sur les événements principaux, les changements de limites, la mobilité des principes donnent à la narration des historiens les plus exacts une ambiguïté qui rend pénible le soin de démêler la vérité à travers ces assertions contradictoires[1].

Du fondateur de la deuxième race, PÉPIN LE BREF, nous ne rappellerons que l'épitaphe, remarquable par sa concision : *Cy gist le père de Charlemagne.*

Tout ce que les historiens nous apprennent à son sujet, c'est qu'épuisé par les fatigues de la guerre, plutôt qu'accablé du poids des ans, Pépin, dans l'espérance de devoir sa guérison à l'intercession de saint Martin, se fit conduire sur son tombeau ; mais cette guérison ne s'opérant pas, il se fit transporter à Saint-Denis, où il mourut (24 septembre 768)[2].

La mort de CHARLEMAGNE fut la terminaison naturelle d'une affection aiguë, qui semble avoir été une pneumonie.

---

1. BERTHEVIN, *Recherches historiques sur les derniers jours des rois de France.* Paris, 1825, p. 4.

2. PEIGNOT, *Abrégé, de l'Histoire de France.* Paris et Dijon, 1819.

D'après le docteur Bougon, qui a fait de cette question une étude particulière[1], la santé du monarque s'était maintenue bonne jusqu'à un âge avancé[2]. Ce n'est que dans les quatre dernières années de sa longue vie qu'il ressentit les atteintes de la maladie : il eut des accès de fièvre passagers et des crises douloureuses de rhumatisme – ou de goutte.

On prétend que c'est en revenant de la chasse qu'il éprouva les premiers symptômes du mal qui devait l'emporter.

D'après la version la plus généralement acceptée, une pleurésie se déclara et le septième[3] jour de sa maladie, le 28 janvier, à neuf heures du matin, après avoir reçu la communion, Charlemagne, âgé de près de soixante-douze ans[4], rendit son âme à Dieu[5], qui

1. *Cf. Chronique médicale,* 1901.

2. « Il favorisoit et facilitoit, de tout son pouvoir, les expériences de médecine et de physique. Un capitulaire donné à Thionville, en 805, recommande expressément l'étude de la médecine, et veut qu'elle fasse partie de l'éducation. Il y avoit dans le palais un édifice consacré à cette science, sous le titre d'*Hippocratica tecta.* Charlemagne avoit à sa cour les plus habiles médecins de son temps ; mais on a observé qu'il en faisoit peu d'usage pour lui-même ; que son unique remède dans ses maladies, *d'ailleurs peu fréquentes,* étoit la diète. » GAILLARD, *Histoire de Charlemagne,* t. II, pp. 152-153.

3. « Il fut saisi d'une fièvre qui l'emporta en sept jours. » GAILLARD, t. II, *loc. cit.*

4. Le lieu de naissance et la date de la mort de Charlemagne ont été l'objet d'une controverse qu'on trouvera parfaitement exposée dans WARNKOENIG et P.-A.-F. GERARD, *Histoire des Carolingiens,* t. I, pp. 140 ct suiv.

5. Le peuple ne croit pas que les grands hommes et les grands rois puissent mourir, sans que l'ordre des éléments soit troublé, sans que des signes célestes annoncent cet événement. On

lui avait confié sur la terre la plus grande mission qu'aucun chef d'État ait jamais accomplie[1]. »

Le docteur Bougon ne partage pas l'opinion commune. « Ce fut certainement une pneumonie aiguë franche qui l'emporta en six jours », écrit notre confrère, et voici son argumentation.

À cette époque, on ne savait pas encore ausculter et les médecins donnaient le nom de pleurésie à toute affection caractérisée par une douleur dans le côté (πλευρον, en grec : d'où l'on a fait *pleuresis,* point de côté). Mais, aujourd'hui, il n'est pas possible de méconnaître une pneumonie dans une maladie qui se caractérise :

1° Par une fièvre vive à début subit ;

2° Par un point de côté qui se déclare consécutivement ;

3° Par un affaiblissement progressif ;

4° Par une fièvre continue, avec soif intense et perte d'appétit.

Il y manque, pourrait-on objecter, un symptôme : c'est l'expectoration. Mais, chez les vieillards, la pneumonie ne s'accompagne que très rarement de ce symptôme, pour ne pas dire exceptionnellement.

---

renouvela, pour Charlemagne, l'histoire de tous les prétendus prodiges dont on veut que la mort de César ait été précédée, accompagnée et suivie. « Ces prodiges, dit Mézerai, en parlant de ceux qui concernent Charlemagne, furent capables d'étonner ceux même qui n'y ajoutent point de foi. On érigeoit tout en présage. » *Histoire de Charlemagne,* t. II, p. 170.

1. VÉTAULT, *Charlemagne,* p. 454.

> La vieillesse, a dit depuis longtemps Charcot[1], imprime à toutes les manifestations morbides un cachet particulier… Il existe pour le vieillard des immunités spéciales… Aussi les désordres les plus graves se traduisent-ils par des symptômes peu accentués : ils peuvent même passer inaperçus, et c'est dans l'âge sénile qu'on observe le plus grand nombre de maladies latentes. C'est surtout dans la pneumonie lobaire qu'on remarque cette absence presque complète des signes généraux.

Tous les pathologistes sont d'accord sur ce point. « Chez le vieillard, dont l'organisme réagit peu, écrit le professeur Dieulafoy[2], la première pneumonie est insidieuse, le frisson est insignifiant, et le point de côté peut passer inaperçu ; *la coloration du visage et la sécheresse de la langue sont quelquefois les seuls signes révélateurs ; c'est en vain qu'on attend les crachats rouillés, qui n'apparaissent pas…* en un mot, la pneumonie est défigurée par l'âge de l'individu. »

Si l'on veut bien se rappeler que Charlemagne[3] était dans sa soixante-douzième année quand il a succombé, on acceptera que les observations précédentes s'appliquent de tout point à son cas.

Des réserves doivent cependant être faites, étant donnée l'insuffisance de la description clinique de la maladie dont nous avons cherché à interpréter les trop vagues symptômes.

---

1. Charcot, *Leçons sur les maladies des vieillards.*

2. Dieulafoy, *Manuel de pathologie interne*, t. I (1885), p. 113.

3. Sur la personne de Charlemagne, voir ce qu'en dit son contemporain et secrétaire Eginhard ; il n'est pas de récit plus pittoresque et, ce qui vaut mieux, plus véridique. (*Cf.* Warnkoenig, *op. cit.*, I, pp. 285 et suiv.)

DOCUMENTS ANNEXES

LES SUCCESSEURS DE CHARLEMAGNE

Le successeur direct de Charlemagne fut son troisième fils[1], Louis le Débonnaire, qui succéda à son père en 814. Ce fut un esprit faible et un monarque sans autorité. Très versé dans l'astrologie, il n'eut pas de peine à interpréter certains phénomènes météorologiques comme des avertissements du ciel. Attaqué en 839 d'une maladie de langueur (?), la superstition vint accroître sa peur de la mort.

Dans une même année, par un concours bien rare de plusieurs phénomènes astronomiques, s'étaient rencontrées deux comètes, présage qui, comme on le croyait alors, avait marqué dans les cieux les destins de la Terre. Il y eut ensuite une éclipse de Soleil, si considérable qu'en plein midi l'on vit les étoiles. L'astrologue interpréta ces signes naturels contre le prince ; Louis les crut funestes pour lui. Tombé malade tout à coup, il fut transporté dans une de ces îles que forme le Rhin aux environs de Mayence, où il se livra à l'excès de son chagrin. Il mourut en 840[2].

Charles le Chauve serait mort, le 6 octobre 877, d'un breuvage empoisonné, que lui aurait préparé son médecin favori, Sédécias.

---

1. De sa première femme, nommée Himiltrude, était né un fils, connu dans l'histoire sous le nom de Pépin le Bossu : ainsi Charlemagne, qui était d'une si remarquable stature et d'une si haute distinction, était le fils de Pépin le Bref et le père de Pépin le Bossu !

2. Peignot, *op. cit.*

Nous manquons d'informations sur la mort, de Louis II, dit *le Bègue,* mort le 10 avril 879 ; de Louis III, qui succomba le 4 août 882 ; et de Carloman, son frère, qui lui survécut deux ans (mort le 6 décembre 884).

Charles *le Gros,* petit-fils de Louis le Débonnaire, reconnu roi de France en 885, fut, dit-on, étranglé par ses domestiques, à l'abbaye de Richenaw, dans une île du lac de Constance[1].

L'EXHUMATION DE PÉPIN LE BREF

Lorsque, en 1812, celui qui s'était emparé du monde s'avisa de penser à son tombeau, Saint-Denis reçut de nouvelles constructions. Le 24 juillet, en fouillant, pour établir un perron hors du portail, à un peu plus de trois pieds de la porte principale, on découvrit, à un pied de profondeur, un cercueil en pierre de vergelé, haut de deux pieds, long de six, creusé d'environ un pied dans toute sa longueur, avec une entaille dans la partie supérieure pour recevoir la tête. Les ouvriers avaient brisé la pierre qui le recouvrait ; les fragments ne présentèrent aucune inscription ; le cercueil ne contenait que des ossements dérangés par l'exhumation.

On présume que ce tombeau était celui de Pépin le Bref, qui, par son testament, avait demandé à être « inhumé au-devant de la principale porte de l'église de Saint-Denis, *couché sur le ventre,* par humilité, *et pour expier les péchés de Charles Martel,* son père, que les besoins de ses guerres contre les Sarrasins avaient forcé de prendre les biens des églises ». Il paraît que Suger avait replacé ce tombeau comme il l'avait trouvé,

1. Peignot, *loc. cit.,* p. lix.

que sous Saint Louis on ne songea point à l'exhumer, et qu'en 1793 on l'oublia[1].

COMMENT FUT INHUMÉ CHARLEMAGNE

Lavé et approprié selon la coutume du temps[2], revêtu de ses habits impériaux, ayant au côté une épée à pommeau d'or, en tête une couronne d'or, sur les genoux et dans les mains un livre d'Évangiles écrit en lettres d'or, on l'assit sur un trône d'or. Devant lui furent placés son sceptre et son bouclier d'or, bénis par le pape Léon. On emplit le caveau de parfums et de beaucoup de richesses, *thesauris multis,* on le ferma, on le scella même, et on y éleva une arcade dorée, sur laquelle fut gravée une épitaphe qui nous a été transmise par Eginhard, et qui, de toutes celles de nos rois que le temps a laissé venir jusqu'à nous, est *la plus ancienne connue*[3].

Cette dernière assertion est contestable, car on a signalé des épitaphes royales concernant des rois, reines ou princes mérovingiens, ayant précédé Charlemagne, entre autres celles des deux fils de Frédégonde, celle de Thierry III, etc.

DU MODE DE SÉPULTURE DES ROIS DE LA PREMIÈRE ET DE LA SECONDE RACE

Les premiers rois francs étaient, ainsi que les autres chefs des nations barbares, inhumés en plein champ :

---

1. Gilbert, *Description historique de Saint-Denis,* in *Des Sépultures nationales,* par Legrand d'Aussy, pp. 365-366.

2. *Corpas solemni more lotum et curatum* (Eginh., *Vita Car. magn.).*

3. Extrait du livre intitulé : *Des Sépultures nationales,* par Legrand d'Aussy, pp. 67-68.

ainsi le fut Childéric[1].

Depuis qu'établis dans la Gaule, ils y eurent embrassé le christianisme, le lieu de leur sépulture fut une église ou un monastère. Clovis lui-même, Clovis, le premier d'entre eux, eut la sienne dans l'église de Saint-Pierre et de Saint-Paul, depuis nommée Sainte-Geneviève ; et la plupart de ses descendants eurent la leur à Saint-Vincent ou à Saint-Denis. Mais remarquons que les églises de Saint-Pierre et de Saint-Vincent étaient alors hors de l'enceinte de Paris, que Saint-Denis en était à plus de distance encore, et que, par conséquent, l'ancien usage d'inhumer les rois en pleine campagne continua de subsister pendant quelque temps.

DU GENRE DE MORT DES ROIS DE LA PREMIÈRE RACE

Nous empruntons à l'*Histoire de Charlemagne,* de GAILLARD (t. I, pp. 130-131), les détails qui suivent, dont nous ne nous portons pas autrement garant et que nous ne reproduisons qu'à simple titre de curiosité. Nous accompagnons le texte cité de notes critiques, qui ne figuraient pas dans la première édition de notre ouvrage.

> Le nombre des rois et des fils de rois morts de mort violente, en France ou sur les frontières, dans l'espace de temps que nous examinons, est effrayant ; il n'a peut-être pas été assez remarqué ; c'est le tableau le plus capable de décrier à jamais l'état de guerre.

1. Plus exactement, Childéric fut inhumé non en plein champ, mais dans le jardin de sa villa royale, hors des remparts de Tournay ; son corps fut découvert dans les dépendances de l'église Saint-Brice, sur l'emplacement d'une ancienne villa royale qu'un de nos rois avait donnée à l'église de Tournay.

Clovis meurt dans son lit[1] ; mais je vois plus de dix rois ou fils de rois tués ou de sa main, soit dans les combats, soit hors des combats, ou par ses intrigues. Comptons-les.

Siagrius, fils *d'Ægidius*[2], roi des Français, en concurrence avec *Childéric* ; *Alaric,* roi des Visigoths, et le roi des Allemands, tués dans des batailles ; *Gondégisile,* roi de Bourgogne, tué par *Gondebaud,* son frère, mais par suite de ses intrigues avec Clovis. Nous ne parlons point de *Gondemar* et de *Chilpéric,* frères de Gondebaud et de Gondégisile : le premier, brûlé par Gondebaud dans une tour où il se défendoit ; le second, père de Clotilde, massacré avec ses deux fils par le même Gondebaud, et sa femme jetée dans la rivière une pierre au cou. Ces événemens ou précèdent le règne de Clovis, ou paroissent lui être étrangers. Mais en voici qui lui sont propres.

Sigebert, roi de Cologne, et son fils *Clodoric* ; *Cararic,* roi des Morins, et son fils ; *Ragnacaire,* roi de Cambrai, et *Riguier* son frère ; *Renomer,* roi du Mans, et son frère, tous parens de Clovis, tous assassinés par lui ou par ses ordres ; quelquefois les uns par les autres, quelquefois le fils par le père[3].

Sous les enfans de Clovis : *Théodebert,* tué à la chasse ; *Clodomir,* roi d'Orléans, dans une bataille ; deux de ses fils égorgés par leur oncle *Clotaire,* qui

---

1. Clovis est mort à 45 ans, le 27 novembre 511, à Paris ; on présume qu'il succomba à une affection aiguë, au bout de trois semaines.

2. Ægidius était mort de l'épidémie de typhus qui sévissait alors à Angers. Siagrius paraît avoir été tué près de Beauvais, égorgé par Clovis.

3. On pourrait dire aussi le père par le fils, tel Sigebert, roi de Cologne, qui fut assassiné par son fils Clodoric.

brûle vif *Chramne,* son propre fils, avec ses enfans, dont on ne sait pas le nombre[1].

Sigismond, roi de Bourgogne, fils de Gondebaud, fait étrangler *Sigéric,* son fils, dans son lit ; *Clodomir* le fait massacrer lui-même avec sa femme et deux enfans ; *Gondemar,* frère de Sigismond, meurt en prison.

Mundéric, qu'on croit avoir été fils de Clovis, est assassiné par ordre de *Thierry* son fils.

Badéric et *Bertier,* rois de Thuringe, sont tués par leur frère *Hermenfroy,* que Thierry, roi d'Austrasie, fait précipiter du haut des murs de Tolbiac ; *Alamafroy,* fils de Bertier, est tué par Clotaire, son beau-frère.

Sous les enfans de Clotaire Ier : *Sigebert,* roi d'Austrasie ; *Chilpéric,* roi de Neustrie ; trois fils de Chilpéric, *Théodebert, Mérovée* et *Clovis,* sont assassinés : on croit que *Childebert,* fils de Sigebert, fut empoisonné, par Brunehaut, sa mère[2].

Théodebert, son fils aîné, fut tué par *Théodoric,* son frère, à l'instigation de *Brunehaut,* leur aïeule.

Les deux fils de Théodebert, *Clovis* et *Mérovée,* sont tués ou par Théodoric leur oncle, ou par Brunehaut, leur bisaïeule.

On croit que *Théodoric* lui-même fut empoisonné par Brunehaut, son aïeule. Quatre fils qu'il laisse sont égorgés ou engagés dans les ordres[3]. On ignore le sort comme le nom des deux autres.

---

1. Les enfants de Chramne étaient deux filles : elles furent brûlées vives avec leur père et leur mère, Chalda, fille du duc Willequier ou Williacher (d'Aquitaine). Un an après, jour pour jour, Clotaire mourait à son tour d'une pneumonie aiguë, suivant toute apparence, âgé de soixante-quatre ans.
2. Childebert II fut empoisonné avec sa jeune femme ; ce ne fut pas par Brunehaut, mais plus probablement par Frédégonde.
3. Les quatre fils de Théodoric II étaient Sigebert II, Chilpéric,

Aribert, second fils de Clotaire II, et *Chilpéric,* fils d'Aribert, furent, suivant l'opinion commune, empoisonnés par *Dagobert Ier,* frère d'Aribert et oncle de Chilpéric.

Dagobert, en dépouillant Aribert et ses enfans du partage qui leur était dû, mérita d'être soupçonné de leur mort.

Voilà, dans l'espace d'environ cent cinquante ans, depuis l'an 481 jusqu'à l'an 630, époque de la mort d'Aribert et de Chilpéric, plus de quarante rois ou fils de rois, ou tués dans les batailles, ou assassinés de sang-froid, ou empoisonnés, sans compter beaucoup d'enfans de ces princes, tués au berceau, et dont on ne sait ni les noms, ni le nombre.

Nous ne parlons pas encore de *Childéric II* et d'un de ses fils, assassinés par Bodillon[1] ; ni de *Dagobert II,* fils de *Sigebert II,* assassiné par ses sujets : ces événemens sont postérieurs à l'époque où nous nous arrêtons dans ce moment.

Par l'effet de cette férocité, qui entretient l'esprit de guerre chez les nations barbares, tel était le sort des rois chez les Français et chez leurs voisins, dans le temps que nous examinons.

Observons encore que la vie de ces rois, active jusqu'à l'agitation et à la turbulence, ne remplissoit jamais le temps ordinaire de la durée de l'homme. La

---

Corbé et Mérovée ; le premier et le troisième furent tués par Clotaire II. Le second (Chilpéric) s'échappa sur un cheval et disparut. Le quatrième fut épargné et mourut, cinq ou six ans après, dans un monastère.

1. Le fils de Childéric II, assassiné par Bodillon, s'appelait aussi Dagobert, comme son grand-père ; sa femme, enceinte d'un troisième enfant, fut également assassinée ; on a retrouvé leurs tombeaux à Saint-Germain-des-Prés.

fatigue, poussée jusqu'à l'épuisement, consumoit avant le temps ceux dont le fer et le poison respectoient la vie.

Pour ne parler que de ces derniers, ce *Clovis,* dont le règne paroît avoir été long, parce qu'il fut plein, et que les époques en sont marquées par de grands événements et de grands crimes, Clovis mourut à quarante-cinq ans, *Thierry* à cinquante-cinq, *Théodebalde* avant vingt ; *Childebert* et *Clotaire ne* passèrent pas soixante ans ; *Chérebert* ne passa pas cinquante ; *Gontran* fut le seul qui, ayant mené une vie plus paisible, la poussa jusqu'au-delà de soixante-huit ans.

Clotaire II, dont le règne est réputé long, parce qu'il fut roi à quatre mois, mourut vieux à quarante-cinq ans[1], et *Dagobert* décrépit, à trente-six.

Cette liste est courte, parce qu'elle ne contient que les rois morts dans leur lit ; le plus grand nombre est de ceux qui périrent d'une mort violente.

La brièveté de la vie des premiers est plus sensible encore dans le reste de la première race. Les deux fils de *Dagobert Ier, Sigebert II,* roi d'Austrasie, et *Clovis II,* roi de Neustrie, moururent à vingt et un ans[2].

Des trois fils de Clovis II, *Clotaire III* mourut avant dix-huit ans, et *Thierry* avant quarante[3].

Encore un coup, nous ne parlons pas de *Childéric,* qui fut assassiné avec son fils, ni *de Dagobert II,* fils de *Sigebert II* assassiné par ses sujets. Des deux fils

1. Le jeune Mérovée, fils de la première femme de Clotaire II, fait prisonnier à la bataille de l'an 605, par Thierry II, vers l'âge de quatre ou cinq ans, mourut assassiné ou empoisonné (?).

2. D'après le docteur Bougon, à qui nous devons les notes rectificatives qui précédent, les deux fils de Dagobert Ier ne seraient pas morts à vingt et un ans, mais à vingt-quatre et vingt-trois ans, si l'on s'en rapporte à la date, connue, de leur naissance.

3. À quarante-deux ans, si l'on se réfère à son épitaphe.

de Thierry, *Clovis III* mourut avant quinze ans, et *Childebert* à vingt-huit. *Dagobert III,* fils de ce dernier, mourut à seize ans. *Chilpéric II* n'atteignit pas cinquante ans. *Thierry de Chelles,* fils de Dagobert III, mourut à vingt-deux ou vingt-trois ans.

La durée de la vie des rois est à peu près la même sous la seconde race.

Sous la troisième, elle est plus longue et plus égale. Le plus grand nombre est de ceux qui meurent de cinquante à soixante ans ; mais il est peut-être à remarquer que, dans l'espace de près de quatorze siècles, de trois races différentes, dans une liste de soixante-cinq rois, en ne comptant que ceux qui ont régné à Paris ; de cent au moins, en comptant tous ceux qui ont régné dans les différentes parties de la France, liste qui peut encore être grossie par celle des héritiers du trône non parvenus au trône, on ne trouve que deux rois septuagénaires, *Charlemagne* et *Louis XIV* : soit que cette brièveté générale de la vie des rois vienne de l'embarras et des chagrins du trône, ou de la facilité funeste qu'ont les rois et les princes de satisfaire toutes leurs passions.

DATE DE LA MORT DES ROIS MÉROVINGIENS

Nous donnons ci-dessous la date de la mort des rois mérovingiens, d'après la *Dissertation sur la chronologie des rois mérovingiens, depuis la mort de Dagobert Ier jusqu'au sacre de Pépin,* par M. Gouye de Longuemare (Paris, 1748), une des meilleures études qui aient été faites sur cette période confuse de notre histoire. Nous avons rectifié quelques dates, sur les indications de notre érudit et obligeant confrère, le docteur Bougon.

638. (19 janv.) Mort de Dagobert (né vers 603).

655. (1er fév.) — Sigebert III (né en 630, fin de l'année).

656. Mort de CLOVIS II (né en 633).

670. — CLOTAIRE III (né en 650).

673. — CHILDÉRIC II (avant le mois d'août) ; né en 651.

679. — DAGOBERT II (le 23 décembre).

694. — THIERRY III, né en 652[1].

696. Mort de CLOVIS III (avant le 23 mars). Régna deux ans.

711. — CHILDEBERT III (14 avril).

715. — DAGOBERT III (après le 24 juin).

720. — CLOTAIRE IV (troisième fils de Thierry III), né de Doda, sa seconde femme après Clotilde, mère des deux aînés : Clovis II et Childebert III, dit *le Juste*.

721. Mort de CHILPÉRIC (décembre) ; né en 672.

737. — THIERRY IV (avril).

741. (22 oct.) Mort de CHARLES MARTEL.

---

1. Ce n'est pas en 691 qu'est mort THIERRY III, comme le portait l'édition primitive de cet ouvrage, mais trois ans plus tard, en 694. Voici, en effet, l'ancien distique que l'on relève, sur le tombeau de ce souverain, à l'église Saint-Waast, d'Arras, qu'il avait fait bâtir dans les dernières années de son long règne, le plus long de celui des rois fainéants, en expiation du meurtre de saint Léger par Ebroïm : « Qui ajoute 4 saura qu'il est mort en l'an 10 fois 9, plus 50 fois 12. » 4 + 90 + 600 = 694.
Il n'était pas facile de mettre 694 en vers latins ; voici comment l'auteur de l'épitaphe a trouvé le moyen de tourner la difficulté : *« In decies nono cum quinquagies duodeno anno, defunctum sciet hunc, qui quatuor addit. »* L'épitaphe de Thierry III comprend six ou huit distiques de ce genre, avec le nom de sa deuxième femme, Doda (mère du roitelet d'Austrasie, Clotaire IV, sous Charles Martel, lequel Clotaire ne régna que deux ans à peine, vers 718).

EUDES

† Mort en 898 de manie aiguë.

ROBERT, dit *le Fort,* comte d'Anjou, fondateur de la maison de France, apparaît pour la première fois dans l'histoire le 3 avril 852.

Il est difficile d'établir ses antécédents héréditaires, puisqu'on est encore à discuter l'origine de la famille capétienne[1].

On ne saurait être davantage éclairé sur ses antécédents physiologiques et pathologiques ; tout au plus les historiens nous révèlent-ils qu'il fut blessé en 864, et qu'il reçut un coup mortel dans un combat livré deux ans plus tard contre des pirates normands.

Des deux fils de *Robert le Fort,* l'un ROBERT Ier, qui occupa le trône de France, de 866 à 923, fut tué à la bataille de Soissons ; l'autre, le frère aîné de Robert, EUDES, eut une fin sinon mystérieuse, au moins entourée de quelques soupçons.

Le regretté Auguste Brachet, érudit de l'école de Littré, qui nous a précédé dans la voie où nous nous sommes engagé après ces deux maîtres, a le premier soulevé, à propos de la mort du roi Eudes, un pro-

1. *Cf. Revue critique,* 1873, II, 97 ; *Revue des questions historiques,* 1873, I, 108 ; *Revue historique,* 1893, II, 99.

blème de psychopathie historique qui n'est pas dénué d'intérêt.

Les biographes de ce roi se sont pour la plupart bornés à fixer là date de sa mort. Ce n'est que près d'un siècle plus tard, que l'on trouve, dans le recueil du moine Richer, qui était médecin, la première mention des symptômes pathologiques, présentés durant sa vie par le prince de la maison de France que nous étudions.

À une époque où la pathologie mentale est encore dans l'enfance, il ne faut pas se montrer trop exigeant. Richer se contente de conclure à une affection cérébrale, sans se prononcer autrement sur la nature du délire aigu qui a emporté le malade. Il ne s'est pas attaché à rechercher (le pouvait-il avec les lumières insuffisantes de la science de l'époque ?) si le délire qui a provoqué le dénouement fatal était *essentiel,* c'est-à-dire si c'était un accès de folie ou, pour parler plus rigoureusement, de *manie aiguë* ; ou bien si ce délire était lié à une affection fébrile, telle que la *fièvre typhoïde,* la *pneumonie,* la *méningo-encéphalite,* etc.

Le problème que le médecin Richer n'a pas même tenté d'aborder, Brachet en a victorieusement poursuivi la solution.

Et d'abord, il s'agissait de ne pas prendre pour base de la discussion un texte controuvé. Or, sur ce point, la lumière est faite : ceux qui font autorité en matière d'histoire médiévale se sont prononcés et accordent pleine confiance au récit de la mort d'Eudes par le moine Richer. Il est vraisemblable que le moine-médecin a eu entre les mains non une simple relation historique contemporaine, mais un document scientifique émanant de médecins du temps d'Eudes.

En suivant pas à pas la relation de Richer, d'une rigueur telle qu'on n'était pas en droit de l'attendre d'un médecin de ces temps presque barbares et encore tout imprégnés des doctrines scolastiques, Brachet[1] est arrivé à nous présenter un tableau clinique de la maladie du roi franc, qui nous paraît ne pas devoir prêter le flanc aux critiques même les plus subtiles.

Selon les règles habituelles en médecine, il considère successivement : *le malade, la maladie.*

Sur le malade, pas de renseignements directs. De ses antécédents héréditaires tout au plus sait-on qu'il a eu un père et un frère ayant succombé à un traumatisme ; mais on ignore, ce qu'il importerait de savoir, c'est-à-dire s'ils étaient affligés de tares morbides transmissibles à leur descendance.

Sur la maladie elle-même on est un peu mieux instruit. Le roi Eudes en a éprouvé les premiers signes à La Fère (sur l'Oise), non loin de Laon. Les symptômes qu'il a présentés : *inquiétude et tristesse, avec insomnie persistante ; délire non fébrile* ; et un peu plus tard, *délire aigu* amenant la mort, fixent le diagnostic, qui aurait pu rester suspensif entre la *manie aiguë* et le *délire consécutif à une maladie fébrile, infectieuse,* comme nous l'avons indiqué plus haut.

Brachet conclut, après une discussion très serrée, à laquelle pourront se référer les spécialistes, que *le roi franc a succombé à un accès de folie aiguë*[2], âgé de quarante ans.

---

1. *Pathologie mentale des rois de France,* t. I.
2. Nous ne discuterons pas la version de l'empoisonnement. Il convient seulement de dire que cette version a été mise en circu-

Ce fait, ajoute notre docte confrère, qui doit prendre place désormais dans l'histoire de la maison de France, ne sera pas inutile aux historiens de la période carolingienne, pour éclaircir plus d'un point obscur de la biographie d'Eudes.

Deux points, au moins, sont restés obscurs dans l'histoire du roi Eudes. Le biographe le plus autorisé de ce souverain, M. Favre[1], s'était déclaré impuissant à expliquer les deux derniers actes de la vie politique du roi, savoir : le « honteux » traité signé par Eudes, quelque temps avant sa mort, avec les Normands ; la prière faite à ses fidèles, pendant sa dernière maladie, de reconnaître comme roi, après sa mort, son propre compétiteur, le prétendant Charles le Simple.

Ces lignes de l'historien d'Eudes sont à citer, parce qu'elles résument clairement toute son argumentation. Son règne *finit dans le découragement* et la limite est difficile à tracer entre les actes qu'on peut attribuer à une sage temporisation et ceux qui ne sont que le résultat d'une *extrême lassitude.* Le traité qu'il conclut avec les Normands en 898 ne peut être le symptôme que de ce dernier sentiment, quelque pénible qu'il soit à constater dans le cœur du défenseur de Paris.

S'il renonça à protéger son royaume contre un ennemi dont les constantes attaques lassaient sa bravoure, il réussit, après des années cruellement troublées, à établir momentanément une paix relative dans le royaume.

---

lation par un historien du nom de Folquin.

1. Favre, *Eudes,* pp. 189-195.

> Est-ce pour maintenir la concorde, est-ce dans l'espérance d'éteindre la guerre civile et pour écarter toute compétition au trône que, sur son lit de mort, il semble avoir sacrifié la grandeur de sa maison ? Nous n'osons pas l'affirmer. Est-ce par politique qu'il n'a pas voulu rompre avec le prestige carolingien et donner à son frère un titre contesté sans un pouvoir suffisant ? Les quelques paroles par lesquelles Eudes désigna Charles le Simple comme son successeur, et qui sont un trop court testament politique, *ne sont-elles pas inspirées par un profond découragement ?*

Les historiens ont, comme on peut s'en rendre un compte suffisant par cette courte citation, émis une simple hypothèse, à savoir la dépression mentale du roi, pour justifier, sans les expliquer, des actes incohérents. La pathologie mentale donne un nom à cette dépression ; et c'est ici que l'on voit l'utilité de cette alliance, que nous ne cesserons de préconiser, pour les bienfaits qu'on ne saurait manquer d'en retirer, de la médecine et de l'histoire. Si nous appliquons les données de cette pathologie spéciale au cas particulier qui nous occupe, immédiatement l'obscurité se dissipe, la solution du problème apparaît avec netteté.

> Tout accès de manie aiguë, nous apprennent les aliénistes, est précédé d'une période latente de dépression mélancolique. Le sujet n'est plus le même dans ses rapports sociaux ; ses sentiments affectifs sont modifiés. Ce changement de caractère passe inaperçu sur le moment, ou est attribuée à des causes accidentelles ou banales. Ce n'est qu'après coup, lorsque la maladie est déclarée, que l'entourage du

malade s'explique bien des choses et les interprète dans leur véritable sens[1].

Ne s'explique-t-on pas mieux, en effet, les actes, jusqu'alors incompris, du roi dément, maintenant qu'on connaît mieux son état psychopathique ?

DOCUMENTS ANNEXES

LES SUCCESSEURS D'EUDES

Nous nous bornerons à mentionner les noms des souverains qui ont occupé le trône de France après Eudes, avec la date de leur mort[2].

Charles III, dit *le Simple,* fils posthume de *Louis le Bègue,* couronné roi de France le 28 janvier 893, mais reconnu seul et unique souverain de toute la monarchie cinq ans plus tard, à la mort d'Eudes, meurt dans sa prison le 7 octobre 929.

Robert, duc de France, frère cadet du roi Eudes, est élu roi de France le 22 juin 922.

Il est tué dans une bataille près de Soissons, le 15 juin 923.

---

1. Docteur P. Sollier, *Maladies mentales,* p. 39.

2. Nous les empruntons à l'ouvrage généralement exact de Peignot, que nous avons déjà cité. « L'exactitude, dit cet écrivain, que nous avons apportée à vérifier les dates dans un grand nombre d'auteurs, et à les corriger lorsque nous les avons trouvées fautives (ce qui nous est arrivé assez souvent) ; cette exactitude, disons-nous, paraîtra peut-être de quelque prix à ceux qui savent combien cette partie a été négligée par la plupart des historiens, surtout des abréviateurs. »

Raoul ou *Rodolphe,* duc de Bourgogne, succombe le 14 janvier 936 ; *Louis* IV, dit *d'Outre-mer,* meurt d'une chute de cheval, le 10 septembre 954 ; *Lothaire,* le 2 mars 986 ; *Louis V,* dit le Fainéant, le 29 mai 987. Son épouse, Blanche, Blandine ou Constance, fut accusée de l'avoir empoisonné.

La seconde race des rois de France finit à *Louis V.*

Avec *Hugues Capet* commence la troisième race, comprenant les *Capétiens,* les *Valois* et les *Bourbons.*

HUGUES CAPET

† Mort le 24 octobre 996 à cinquante-cinq ans, d'une maladie éruptive ressemblant à la variole.

Nous ne pouvions nous livrer qu'à des conjectures sur la mort de ce roi de France. Une seule phrase, empruntée à l'un des biographes d'Hugues Capet qui méritent le plus de confiance[1], peut appeler le commentaire ; nous la citons dans son texte inaltéré :

Hugo rex, papulis toto corpore confectus, in oppido Hugonis Judœis medicis fortasse [extinctus est], ut de Karolo Calvo Hincmarus scribit[2].

Ce n'est pas, à la vérité, très explicite. Le roi Hugues, prétend son historien, avait une éruption de papules par tout le corps. Qu'est-ce à dire ? De quelle maladie éruptive peut-il s'agir ?

---

1. RICHER, édition Waitz, p. 180. *Cf.* H. F. (*Recueil des Historiens de la France*), t. X, pp. 13, 165, 222, 259, 281, 314 et *Monument. Germ.*, S. S, IV, 8 ; IX, 385.

2. « Le roi Hugues, épuisé par des pustules qu'il avait sur tout le corps, dans la place forte de Hugues, s'est éteint peut-être à cause de médecins juifs, de même que l'écrit Hincmarus au sujet de Charles le Chauve. »

Les papules peuvent tirer leur origine de la *variole,* de l'*érysipèle*[1]*,* de la *rougeole,* de l'*eczéma,* du *lichen,* de la *syphilis,* du *purpura papuleux;* etc.[2].

Nous pencherions plutôt en faveur de la première hypothèse, la *variole,* et voici nos raisons.

Sans chercher à déterminer si la variole a été ou non connue des anciens[3], question encore très contro-

1. Infection bactérienne du derme (NdE).

2. Faut-il citer encore l'*urticaire* et le *typhus exanthématique* ? Mais il y a des caractères différentiels qui ne permettent pas la confusion.

3. « Malgré des recherches très profondes et très intéressantes, a écrit Littré, l'existence de la variole dans l'antiquité est restée un point fort incertain de la pathologie historique. » *Hippocrate,* traduction Littré, t. V, p. 60. Pour démontrer que les Grecs n'ont pas connu la variole, on a fait valoir un argument assez plaisant : « La gloire que les Grecs ont acquise dans la sculpture et dans la statuaire est bien connue, écrit Grüner (*Variolarum antiquitates ab Arabibus solis repetendæ,* diss. : inaug., Iéna, 18 décembre 1773) ; le virus agit souvent avec une telle intensité que le visage reste déformé pour la vie par de hideuses cicatrices, des trous et d'autres désordres. *Je voudrais bien savoir pourquoi de pareils accidents ne sont jamais rappelés par les artistes anciens...* » Cet argument d'ordre esthétique, le docteur Levillain n'a pas eu de peine à le réfuter : « Pour rechercher, écrit notre confrère, des cicatrices sur des statues qui ont quinze siècles d'existence, dont beaucoup ont été mutilées, enfouies, il faudrait une foi robuste et une bonne dose de patience. Du reste, si l'on parcourt les places publiques d'Europe, combien trouverait-on de statues sur lesquelles l'artiste ait tracé des stigmates de variole ? Une peut-être, celle de Mirabeau, et encore nous n'en sommes pas sûr. Il serait absolument logique de conclure de là que, pendant cinq siècles, un seul homme ayant mérité que la postérité coulât ses traits en bronze ait été marqué de la petite vérole. « Est-il prouvé que

versée[1], il paraît hors, de conteste qu'elle a fait son apparition dans les Gaules dès le VIe siècle. Marius, évêque d'Avenche, en Helvétie, est le premier qui, dans sa *Chronique,* ait parlé d'une épidémie qui sévit en 570 dans l'ancienne Gaule et l'Italie[2] ; mais son texte imprécis peut donner lieu à une double interprétation.

---

les sculpteurs grecs fussent plus amis de la fidélité historique ou du réalisme que nos artistes modernes ? C'est le contraire qui est vrai. Les Grecs idéalisaient tout, nous ne savons s'ils auraient picoté le marbre pour rendre une ressemblance plus frappante ; ce qu'il y a de certain, c'est que jamais ni Pygmalion ni Phidias n'eussent songé à créer un dieu variolé ou à représenter un héros dans ces conditions… » Nous accorderions plus d'attention à cet autre argument, mis en avant par Anglada, en faveur de la nouveauté de la variole : « Si cette maladie eût existé du temps des Anciens, écrit cet auteur, on ne peut admettre qu'ils n'eussent rien dit des cicatrices si caractérisées qu'elle laisse après elle. Dans une société qui professait le culte de la forme et dressait des autels à la Beauté, l'œuvre dégradante de la variole eût soulevé un concert de malédictions, dont les écrivains de Rome et d'Athènes nous auraient transmis les échos. Les satiriques latins surtout, qui semblaient se complaire dans le tableau des maladies cutanées et des stigmates hideux dont elles marquent leurs victimes, auraient trouvé dans les suites de la variole un sujet toujours renaissant d'épigrammes. Les contemporains des Cocles, des Scœvola, des Corvinus, des Cicero, des Nasica, des Lentulus n'auraient pas épargné des allusions à ces *visages en écumoire,* illustrés par la caricature moderne. »

1. OZANAM, *Maladies épidémiques,* t. III ; et surtout docteur Émile-Louis LEVILLAIN, *Étude sur l'histoire des fièvres éruptives avant le XVIIe siècle* (thèse de Paris, 1884) ; ANGLADA (Ch.), *Étude sur les maladies éteintes et les maladies nouvelles,* 1869, pp. 218 et suiv.

2. OZANAM, *loc. cit.*

Ce n'est que quelques années après, vers 580, que Grégoire de Tours[1] fait la description d'une maladie papuleuse et vésiculeuse, maligne, s'accompagnant de fièvre, de vomissements, de diarrhée *(morbus dysentericus)*, de fortes douleurs dans les reins et dans la tête[2], maladie qui semble correspondre assez exactement à notre petite vérole.

L'épidémie fit de grands ravages. Dagobert et Clodobert, fils de Chilpéric et de Frédégonde[3], succombèrent au mal, ainsi qu'Austregilde[4], l'épouse du

1. *Hist. Francorum,* lib. V. Grégoire de Tours avait été atteint de cette maladie à l'âge de vingt-quatre ans, en 563, alors qu'il n'était encore que diacre ; il la communiqua au clerc Armentaire, qui le soignait, sous la direction de son médecin Apollinaire.

2. Lire le passage entier dans Ozanam, III, p. 319, pour le texte latin ; et, en français, dans Anglada, pp. 254-256.

3. Le roi Chilpéric et la reine Frédégonde furent atteints de la variole ; d'abord leur fils, *Samson,* âgé d'environ trois ans, avait succombé au mal, qu'il avait communiqué à sa mère. Deux ans plus tard, en 580, le mari et ses deux autres fils furent victimes de l'épidémie. En 581, naissait un quatrième fils, qui mourut l'année suivante de la même façon. Alors, Frédégonde s'avisa de livrer au feu les vêtements, les jouets de ses quatre fils, avec leur mobilier ; les bijoux furent livrés à la fonte ; grâce à cette antisepsie sommaire, mais efficace, elle parvint à préserver son dernier enfant, *Clotaire.*

4. C'est cette reine qui, se voyant près de mourir, voulut entraîner ses deux médecins après elle, *Nicolas* et *Donat,* disant qu'elle aurait eu quelque espoir de vivre encore, si ses deux médecins n'eussent pas abrégé ses jours par leurs médicaments. Elle exigea qu'aussitôt après sa mort, les deux archiâtres eussent la tête tranchée, et cet ordre barbare fut ponctuellement exécuté. (*Cf.* nos *Curiosités de la Médecine.* Paris, A. Maloine, 1900.)

roi de Bourgogne Gontrand. Grégoire fut atteint à son tour, mais eut la chance d'en réchapper[1].

La variole ne reparut qu'un siècle et demi plus tard, avec l'invasion de l'Espagne et de la Gaule narbonnaise[2] par les Sarrasins (742).

Faute de documents, nous franchissons deux siècles : en 934, une fièvre contagieuse, avec *papules érysipélateuses*[3], enlève un grand nombre de personnes aux environs de Reims.

Est-ce de l'érysipèle proprement dit ou de la variole qu'il s'agit, il est malaisé de se prononcer ; c'était, en tout cas, une affection épidémique, fébrile, *papuleuse.*

Presque dans le même temps (en 962), succombait à une maladie offrant les mêmes symptômes Baudoin, comte de Flandre[4]. Or, nous sommes à l'époque où régnait Hugues Capet. Il ne sera donc pas trop téméraire de supposer, sans aller jusqu'à la certitude, que ce roi a très bien pu être atteint d'une maladie qui exerçait alors ses ravages et qui commençait à être bien

---

1. Les grands personnages morts de la variole ne se comptent plus. Citons cependant quelques singularités : le roi Louis XV aurait succombé à une récidive, mais le fait est contestable ; Lacépède était âgé de soixante-dix ans au moment où il en fut atteint, etc.

2. Le territoire de Narbonne avait été visité par l'épidémie dès 582 : *cf. Recueil des Hist. de France,* lib. VI, cap. XIV ; rapporté par LEVILLAIN, *th. citée,* p. 32 (note).

3. *Môx quoque subiil et peslis cum papulis erysipelatis innumeros enecans.* (RICHERI *Historiarum,* lib. I, cap. LXV, édition Pertz).

4. FAUCHET, *Antiquités françaises,* liv. XII, cité par OZANAM, III, 320.

connue[1], au moins dans sa symptomatologie, sinon dans sa thérapeutique[2].

Cette maladie doit-elle être étiquetée *variole* ? Le mot n'existait pas encore dans la langue médicale[3]. Cependant, quelle autre affection lui substituer ?

Quoi qu'il en soit, le problème est désormais posé, et, à ce seul point de vue, l'étude critique à laquelle nous venons de nous livrer n'aura pas été superflue.

1. Du moins les Arabes, et entre autres Rhazès, l'avaient-ils parfaitement décrite. (V. le *Traité de la variole et de la rougeole,* de Rhazès, traduction Lucien Leclerc et Lenoir, 1866, in-8, et Levillain, *thèse citée,* pp. 38 et suiv.)

2. Faut-il s'arrêter à gloser sur la phrase citée au début, et en tirer cette conclusion : que Hugues Capet a été victime des Juifs, et peut-être de ses médecins, c'est-à-dire apparemment d'un traitement mal conduit (*Judæis, medicis fortasse, exstinctus est*) ? Cette dernière conjecture (nous écartons, faute d'autres preuves, la première), n'est peut-être pas trop risquée, mais cela n'impliquerait pas qu'il n'ait pas été victime de son mal, au moins autant que de ceux appelés à le traiter.

3. Constantin l'Africain (1020-1087) est le premier médecin latin qui ait baptisé cette maladie *variola,* avec le sens actuel. Le mot *variolæ,* employé au pluriel, s'est longtemps appliqué aux pustules varioliques (Ozanam, III, 320).

HENRI IER

† Mort le 29 août 1060 d'une médication intempestive.

Le deuxième roi de la branche capétienne est ROBERT dit *le Pieux,* né à Orléans vers 970[1].

Robert succède à son père en 996 et meurt à Melun le 20 juillet 1031.

Son deuxième fils, *Henri,* lui succède sous le nom de HENRI Ier.

La question de la mort d'Henri Ier a été trop magistralement traitée par Littré pour que nous ayons rien à ajouter à cette argumentation si lumineuse, si solide. Comme c'est une note presque perdue dans un livre trop rarement consulté, nous ne jugeons pas inutile de mettre en pleine lumière ce parfait modèle de pathologie ou, plus exactement, de médecine légale rétrospective[2].

Pour poser les données du problème, Littré cite tout d'abord le texte qu'il se propose de commenter. Orderic Vital raconte ainsi la mort d'Henri Ier :

---

1. V. sur ce prince, *L'Histoire des ducs de Bourgogne de la race capétienne,* par PETIT, p. 165.
2. *Cf. Médecine et Médecins,* pp. 472 et suiv.

Anno ab incarnationis Domini MLX, indict. XIII, Henricus, rex· Francorum, post multas probitates, quibus in regno gloriose viguit, potionem a Johanne medico Carnotensi qui ex eventu surdus cognominabatur, spe longioris et sanioris vitæ accepit. Sed quia voto suo magis quam præcepto archiatri obsecundavit, et aquam, dum veneno rimante interiora nimis angeretur, clam a cubiculario sitiens proposcit, medicoque ignorante ante purgationem bibit, proh dolor ! in crastinum cum magno multorum mærore obiit[1].

Voilà, commente Littré, une purgation de précaution qui tourne d'une manière bien funeste ! Et voilà un archiâtre qui s'absente bien mal à propos !

Ce Jean de Chartres fut, dit l'annaliste, surnommé le Sourd après l'événement, sans doute parce qu'il n'entendit pas les plaintes de son royal patient et qu'il ne vint pas à son secours.

L'annaliste attribue la mort du roi à une imprudence : tourmenté par la soif avant que le médicament

1. « En l'an de l'Incarnation du Seigneur 1060, Henri, roi des Français, après beaucoup de belles actions qui honorèrent glorieusement son règne, demanda une potion à Jean, médecin de Chartres, qui par suite d'un accident fut surnommé le Sourd. Le prince attendait de ce remède une plus longue vie et une meilleure santé. Comme il céda plutôt à sa fantaisie qu'à l'ordonnance de son médecin, il demanda de l'eau à son chambellan, pour calmer la soif qui le tourmentait, pendant que la médecine qui parcourait ses entrailles le faisait beaucoup souffrir ; avant qu'elle eût produit son effet, il se mit à boire à l'insu du médecin, et par malheur il mourut le lendemain, à la grande affliction de beaucoup de personnes. »

eût commencé son action, il aurait bu secrètement, à l'insu de son médecin, de l'eau que lui donna son chambellan. Cette infraction, dans l'opinion de l'annaliste, met complètement à couvert la responsabilité de l'archiâtre ; et il est probable qu'il ne l'a pas inventée, mais que l'archiâtre la mit en avant, aussitôt qu'il vit les accidents mortels se déclarer.

Mais pouvons-nous accepter l'opinion d'Orderic Vital ?

Pour que le purgatif, étant ingéré dans l'estomac et avant le commencement de l'évacuation de l'eau bue, déterminât des accidents graves, au point de devenir promptement mortels, il faudrait que la substance purgative fût telle que, mise en contact avec de l'eau, elle se décomposât et laissât libre un agent rapidement toxique. Or, il n'est aucun purgatif, salin ou autre, simple ou composé, qui soit tel. Et dans un cas pareil, de la soif étant survenue, l'eau que l'on boira sera inoffensive. Soit ignorance, soit mauvaise foi, l'archiatre a couvert d'une fausse excuse l'imprudence qu'il avait commise et dont le roi fut si promptement la victime.

Bien que l'observation, qui n'est pas médicale, soit fort incomplète, on y reconnaît cependant un trait qui indique une meilleure explication que celle de cet archiâtre à la fois imprudent et négligent.

Le malade, quand il eut pris le purgatif, en ressentit très vivement l'action immédiate *(veneno*[1] *rimente*

1. Le bruit courut que le roi avait succombé au poison : « *Malè fuit potionatus* » (*Chron. Alberici Trium-Fontium monachi,* H. F., XI, 357 ; et William de Malmesbury, H. F., XI, 175). Par HF nous désignons le *Recueil des Historiens de la France,* qu'on peut consulter à la Bibliothèque nationale, dans la salle

interiora) et fut rapidement en proie à une extrême angoisse *(nimis angeretur)*. Avec cela et l'issue prompte et fatale, il est possible de compléter l'observation : le purgatif était drastique, la soif et l'anxiété devinrent très fortes ; soit qu'il survînt des évacuations, dont il est vrai, l'annaliste ne dit rien, soit qu'il n'en survînt pas, une inflammation interne s'alluma, et le roi succomba à l'action du purgatif administré.

Il serait mort, quand bien même il n'aurait pas bu cette eau qui lui fut reprochée. Il est heureux pour l'archiâtre que le patient lui ait fourni cette excuse, fausse, mais acceptée pour le disculper.

Mais quelle fut la nature du médicament administré ? Y eut-il erreur dans la dose, ou le roi se trouva-t-il susceptible d'une manière excessive à l'effet du médicament ? C'est ce qu'il est impossible de dire.

On lit, dans la Collection hippocratique, des cas qui par leur similitude éclaircissent celui d'Henri Ier.

> Une femme en santé, est-il dit dans le livre des *Épidémies,* t. V, p. 233, fut prise, à la suite d'un purgatif administré pour conception, de douleurs dans le ventre, tortillements dans l'intestin : elle gonfla ; la respiration devint gênée ; anxiété avec douleur ; elle n'avait guère vomi ; elle resta morte cinq fois au point de paraître avoir passé. Le vomissement par l'eau froide ne lui procura aucun relâche, pas même quand la douleur était pressante, pour la dyspnée[1]. On lui fit des affusions d'eau froide sur le corps, environ trente amphores ; et cela seul parut la soulager… Elle réchappa.

de travail des imprimés.

1. Difficulté respiratoire (NdE).

Elle réchappa, oui ; mais combien près fut-elle de la mort ! Un autre n'eut pas la même chance.

> Antandre, à la suite d'un purgatif, n'éprouvant rien, du reste, parut avoir de la douleur à la vessie ; aussitôt il rendit rapidement beaucoup d'urine ; à partir du milieu du jour, une très forte douleur se fit sentir dans le ventre : étouffement, anxiété, jactitation ; il vomissait, ne rendait rien par le bas ; il souffrit la nuit, et le sommeil ne vint pas. Le lendemain, il rendit beaucoup par le bas, le sang en dernier lieu, et il mourut (t. V, *ibid.*).

Un auteur hippocratique (t. VI, p. 241) dit qu'avec les évacuants cholagogues[1] et phlegmagogues[2], commencent les dangers et les accusations contre les médecins. Le fait est que, dans l'antiquité et sans doute aussi dans le Moyen Âge, la pharmacie ne savait pas doser suffisamment les substances énergiques qu'elle faisait entrer dans ses médicaments composés[3].

Il ressort de la dissertation de Littré que le roi Henri Ier ne serait pas mort[4] à la suite de manœuvres criminelles, mais plutôt à la suite d'un purgatif violent administré peut-être à haute dose, peut-être aussi hors de propos. Nous acceptons cette solution, faute d'éléments pour la réfuter.

---

1. Substance facilitant l'évacuation de la bile vers l'intestin (NdE).
2. Médicaments pour évacuer le « flegme » (NdE).
3. *Journal des savants,* 1869, p. 272.
4. Il était âgé de cinquante-cinq ans.

PHILIPPE Ier

† Mort le 29 juillet 1108 de cause inconnue.

Force nous est de passer rapidement, faute d'information suffisante, sur les rois de la septième et de la huitième génération, PHILIPPE Ier et Louis VI, dit *le Gros.*

Philippe Ier nous apparaît, d'après les chroniqueurs[1], paresseux, obèse, glouton, débauché.

Il a des somnolences[2] : serait-ce de la narcolepsie ou du diabète ? N'aventurons pas d'hypothèses.

Nous savons, en outre, qu'il eut des maladies *longues* et *fréquentes.* C'était un « ralenti de la nutrition » : l'attestent des dermatoses[3] et des douleurs de dents si violentes qu'on les attribuait à une vengeance de la Divinité.

Dès l'âge de quarante-quatre ans, et ceci prouve son état valétudinaire, il se déchargeait du poids et du souci des affaires sur son fils, Louis le Gros, et suc-

1. Orderic Vital, Henri de Huntington, Guill. de Malmesbury, etc.

2. *Miracula S. Benedicti* (éd. Certain, p. 314).

3. Affection et inflammation de la peau. (NdE)

combait à soixante ans, à une affection de cause restée inconnue[1].

Il était « moult affaibli » : c'est tout ce que nous apprennent les historiens, ce qui ne saurait suffire à établir un diagnostic.

Philippe Ier avait épousé Berthe, fille de Florent Ier, comte de Hollande et de Gertrude de Saxe. Comme son auguste époux, la reine était d'une corpulence excessive, et pendant près de dix ans, le mariage resta stérile, ce qui n'a pas lieu d'étonner. Les époux durent avoir recours à l'intercession du pieux Armand, abbé de Saint-Médard de Soissons, pour faire cesser leur stérilité.

Un enfant leur naquit alors, qui devait occuper le trône de France sous le nom de Louis VI.

1. *Grandes Chroniques,* traduction Suger, dans le *Recueil des Historiens de la France,* t. XII, p. 152.

LOUIS VI

† Mort le 1er août 1137 de dysenterie[1].

Louis VI était ce qu'on est convenu d'appeler un bel homme[2], bien que d'un embonpoint excessif. « Son embonpoint, écrit un de ses biographes[3], lui interdisait l'usage du cheval, mais il mettait une énergie incroyable à vouloir conduire en personne les expéditions les plus fatigantes. Vainement, ses amis l'engageaient à rester tranquille, à faire simplement son devoir de chef d'État. Il ne pouvait s'y résigner et affrontait, au grand préjudice de sa santé, des intempéries et des obstacles qui faisaient reculer les jeunes gens. Envahi par l'obésité, presque incapable de se mouvoir, désespéré de ne plus satisfaire au besoin d'activité qui le dévorait, il disait en gémissant à ses intimes : « Ah ! quelle misérable condition que la nôtre ! ne pouvoir jamais jouir en même temps de l'expérience et de la force ! Si j'avais su, étant jeune, si je pouvais, maintenant que je suis vieux, j'aurais dompté bien des empires… »

---

1. Maladie infectieuse du côlon (NdE).
2. Orderic Vital, *Historia Ecclesiastica,* éd. Le Prévost, t. IV, p. 377.
3. Luchaire, *Louis le Gros,* p. xxxix.

À l'inverse de son père, qui dormait tout le temps, le fils était sujet aux insomnies, à ce point qu'on l'avait surnommé *l'Éveillé*[1]. Mais, comme Philippe, Louis VI était très porté aux excès sexuels[2].

Comment est mort Louis VI ? Il semble à peu près certain que ce roi *a succombé à une série d'attaques de diarrhée chronique, probablement de dysenterie*[3]. Son biographe Suger parle bien d'une blessure qu'il aurait reçue à la cuisse, et dont il souffrait encore sept ans après, peu de temps avant sa mort ; mais rien ne permet d'affirmer qu'un traumatisme remontant aussi loin ait pu avancer en quelque manière le dénouement fatal[4].

---

1. H. F., XII, 430.

2. Luchaire ; *Annales,* p. xxxvi.

3. Suger, *Vie de Louis le Gros,* édition Molinier.

4. On le vit au siège du château de Mouchi, emporté par l'ardeur de la lutte, pénétrer dans le donjon qui brûlait, au risque de périr dans le brasier, et en revenir, comme par miracle, avec une extinction de voix, dont il ne guérit que longtemps après. (Luchaire, *op. cit.,* p. xl.)

LOUIS VII

† Mort le 18 septembre 1180 d'une lésion cérébrale.

Le dossier pathologique de ce roi a été dressé par Brachet avec le soin qu'il apportait dans ses reconstitutions médico-historiques. Nous nous référerons à son travail, au moins dans ses lignes essentielles.

Vers l'âge de trente ans, Louis VII fut atteint d'une première maladie, à forme aiguë, mal définie.

Pas de renseignements sur son état de santé pendant une période de plus d'un quart de siècle.

Au commencement de l'année 1179 (sûrement avant la fin d'avril, précise notre guide), le roi a une deuxième attaque de paralysie, et sans doute une monoplégie brachiale, puisque le membre inférieur conserva ses mouvements normaux.

Quelques mois plus tard, au retour d'un voyage en Angleterre, nouvelle attaque : cette fois, tout le côté droit est pris (hémiplégie droite, avec aphasie motrice concomitante).

L'invasion du mal fut subite ; il apparaît nettement dans les récits du temps que le froid a été la cause initiale de la paralysie[1].

1. F., XVII, 438 ; BRACHET, II, p. 27, n. 3.

Est-ce une apoplexie ou du ramollissement, il est malaisé de se prononcer. Les troubles paralytiques prémonitoires indiquent le ramollissement ; l'attaque *a frigore* ressortit plutôt à l'hémorragie cérébrale. Quoi qu'il en soit, tout le corps était paralysé et principalement la langue ; et son état était tel qu'il ne put assister au couronnement, à Reims, de son fils, Philippe Auguste[1].

L'année suivante, l'héritier présomptif enlevait à son père le sceau royal, afin, dit un chroniqueur anglais, « que Louis ne pût, à l'insu de son fils, décréter quoi que ce fût dans le royaume ».

La mort de Louis VII survint le 18 septembre 1180, après un règne de quarante-trois ans : elle était le résultat prévu de sa lésion cérébrale[2], et de l'épuisement consécutif à une maladie de longue durée.

---

1. H. F., XII, 286, et *Chronique de Nangis,* éd. Geraud, novembre 1179.

2. On ne saurait dire que les excès y aient été pour quelque chose, car il paraît établi que, à l'opposé de son père et de son grand-père, Louis VII fut plutôt un chaste. « Vous ne valez pas une pomme pourrie », lui disait un jour la reine, qui était raconte-t-on, « belle et plaisante, très bien faite de corps » et de complexion amoureuse. Les médecins, venus de partout pour la circonstance, furent tous d'accord pour attribuer certains troubles morbides à la continence du roi ; la phrase est à citer, dans son texte primitif : *« Cujus cùm medici, tam proprii quàm undique confluentes, causas œgritudinis subtiliùs inquisiissent, tandem in hoc omnes convenerunt, quod ex longa continentia e defectu coïtus incommodum ei illud acciderat... »*

PHILIPPE II
DIT PHILIPPE AUGUSTE

† Mort le 14 juillet 1223 de cachexie palustre.

Les chroniqueurs nous présentent ce prince comme un roi de belle prestance, mais légèrement chauve, et d'un teint fortement coloré[1].

Très porté sur les plaisirs de la bouche et les autres[2], quoi qu'en dise Rigord[3], historien trop officieux pour ne point être suspect, il eut, dit-on, des maîtresses et un bâtard[4], ce qui expliquerait la réserve excessive qu'il observa vis-à-vis de sa propre épouse[5].

---

1. *« Forma venustus, corpore decens, facie lœtus, capite calvus ; colore rubens. » Cf. Chr. Turonens.*, p. XVIII (H. F., XVIII, 304) ; *in* BRACHET, *op. cit.*, t. III, p. 10.

2. « Erat luxuriæ pronus », écrit le chanoine Péan Gatineau.

3. RIGORD, t. II, édition Delaborde. « C'est à l'historien Rigord que Philippe II doit le surnom d'*Auguste :* c'est Rigord lui-même qui s'en flatte et il motive l'épithète sur ce que Philippe était né dans le mois d'août (ou d'Auguste) et qu'il augmenta ses états (*augere,* augmenter). La postérité a donné une interprétation plus honorable au surnom dont Philippe est resté paré. » (VAUBLANC, *la France au temps des Croisades,* t. I, p. 117.)

4. V. la *Chronique* de Philippe MOUSKET et DAVIDSOHN, *Philipp II August und Ingeborg,* p. 212, note 1.

5. *« Continentiam conjugalem pre omnibus aliis regibus in domum suam transtulit. »* RIGORD, édition Delaborde, *loc. cit.*

C'était un véritable type de névropathe, un « neurasthénique[1] distingué », comme a dit le confrère Helme, en parlant dc Louis XIII.

Très émotif, redoutant la mort, d'une irritabilité maladive, sujet aux impatiences et aux brusques colères, que son petit-fils, Saint Louis, ne se rappelait longtemps après qu'avec terreur.

« Prince à la fois dévot et fourbe, écrit de lui son biographe le plus accrédité, emporté, dur jusqu'à la cruauté, jovial et sensuel [...][2]. » Ses fonctions sensorielles étaient perverties : il avait des hallucinations de la vue. Son chapelain rapporte qu'assistant à la messe à Saint-Léger en Yveline, dans la forêt de Rambouillet, il vit un enfant à la place de l'hostie[3] !

Son odorat était particulièrement sensible[4]. Quoiqu'il restât dans la limite des réactions normales, « cette délicatesse d'odorat, chez un homme de 1186, est pour étonner, si on la rapproche de la tolérance bien connue du nerf olfactif chez les primitifs – et sous ce rapport, l'homme du XIIe siècle était aussi *hypo-osmique* que peut l'être le paysan russe d'aujourd'hui[5] ».

La première maladie de Philippe Auguste qui nous soit signalée date de 1179. Cette maladie offrit quelque

1. À qui voudra étudier Philippe Auguste à ce point de vue spécial, nous conseillons la lecture du remarquable travail de Brachet, *op. cit.,* t. I, pp. 84-95. C'est un beau sujet à reprendre, sur les données de la science actuelle.

2. PETIT-DUTAILLIS, *Louis VIII,* p. 11.

3. Guill. LE BRETON, *Philippide* (éd. Delaborde, II, 26).

4. RIGORD, *Gesta Philippi,* éd. Delaborde, I, 53.

5. BRACHET, *op. cit.,* t. I, p. 75.

gravité mais fut de courte durée : elle ne se prolongea pas au-delà d'une dizaine de jours.

En 1190, à Gênes, nouvelle atteinte morbide, sur laquelle on n'est qu'imparfaitement renseigné. En juin 1191, le roi éprouve, devant Acre, les symptômes d'une affection épidémique, fébrile, infectieuse, qui régnait dans le camp des croisés et qui l'atteignit en même temps que le roi Richard Cœur de Lion. Il s'agit probablement d'une scarlatine[1]. L'affection avait duré trois semaines ; il n'en était pas encore tout à fait remis sept mois plus tard.

En juillet de la même année, seconde maladie infectieuse : à peine guéri de sa scarlatine, Philippe était attaqué par la dysenterie.

En 1108, Philippe Auguste a une maladie assez grave pour l'arrêter dans sa campagne de Guyenne et le forcer à rentrer en France.

En septembre 1222, premier accès de fièvre quarte, et persistance de l'infection paludique jusqu'à l'année suivante. Saigné après un accès, Philippe meurt, au dire des chroniqueurs[2], des suites d'une imprudence diététique[3], mais plus vraisemblablement de l'*épuise-*

---

1. Voici les symptômes enregistrés par les annalistes du temps : fièvre intense, frisson violent, chute des ongles et des cheveux, desquamation épidermique presque totale, sueurs profuses. S'agit-il de fièvre typhoïde, de rougeole ou de scarlatine ? Brachet, qui discute ces différentes hypothèses, arrive, par exclusion, à conclure en faveur de cette dernière affection et nous ne trouvons rien à y reprendre.

2. H. F., XVIII, pp. 116, 303.

3. Il n'avait pas observé la diète après la saignée, comme le lui avaient prescrit ses médecins.

ment causé par la cachexie[1] *palustre*[2]. Il était âgé de cinquante-huit ans.

La femme de Philippe Auguste mourut en couches, après avoir mis au monde des jumeaux (1190).

1. Dégradation profonde de l'état général, accompagnée d'une maigreur importante. Terme médical souvent utilisé par l'auteur à propos du paludisme, de la tuberculose, etc. (NdE).

2. Peut-être s'agit-il, en l'espèce, d'*albuminurie* coexistant avec le paludisme.

LOUIS VIII

† Mort le 8 novembre 1226 de dysenterie aiguë.

C'est au retour de la troisième croisade contre les Albigeois que mourut Louis VIII. L'expédition avait été très meurtrière. Un grand nombre de soldats avaient péri, décimés par la maladie plus encore que par les armes. Pendant les trois mois de l'été de 1226, 22 000 Français[1] succombèrent à l'épidémie de dysenterie et de fièvre palustre qui sévissait dans le camp.

Ce fut bientôt au tour du roi d'être frappé par le fléau. Il sentit les premières atteintes du mal le 29 octobre et s'alita le 3 du mois suivant. Cinq jours plus tard, il succombait à une dysenterie accompagnée de symptômes fébriles, sans que rien eût pu faire prévoir un dénouement aussi brusque[2].

---

1. Roger de Wendover, édition Luard, III, 118.

2. Comme antécédents physiologiques, on ne trouve à noter que la petitesse de la taille, la pâleur du teint, une constitution frêle et maladive ; son père, Philippe Auguste, le qualifiait à l'âge de trente-cinq ans d'*homo delicatus et debilis.* Un chroniqueur contemporain fait observer que Louis VIII avait hérité du teint blond, flamand, de sa mère, Isabelle de Hainaut. On ne doit pas oublier que celle-ci n'avait que seize ans et son époux vingt et un quand vint au monde le futur roi de France.

Il était âgé de trente-neuf ans[1].

Cette fin subite d'un souverain qui, quelques semaines auparavant, chevauchait à la tête de son armée, donna lieu aux rumeurs les plus étranges. Le bruit courut qu'il avait été empoisonné[2].

Quelle valeur il faut attacher à ce bruit, c'est ce que nous allons examiner.

En faveur de l'hypothèse d'une mort naturelle nous avons les antécédents pathologiques, qui nous révèlent une dysenterie grave au mois de juillet 1191[3], et une autre maladie indéterminée, mais probablement de même nature (?), en juin 1206, à Orléans[4].

C'est là tout ce que mentionnent les annalistes[5].

---

1. Louis VIII naquit un samedi, le lendemain d'une éclipse de soleil, du 4 au 6 septembre 1187. Guillaume le Breton rapporte que « la reine, enceinte de lui, le sentit mouvoir pour la première fois, dans l'église de Notre-Dame de Chartres, où elle se recommandait à la Vierge, et qu'en même temps les quatre lampes qui se trouvaient sur l'autel s'allumèrent d'elles-mêmes. »

2. « On a cru qu'il avait été empoisonné. Richard de Saint-Germain semble en faire tomber le soupçon sur les Albigeois. Il est certain qu'on en accusa Thibaud, comte de Champagne, et l'on a même dit qu'il l'avait fait par une passion criminelle pour Blanche. Et il se peut faire qu'il estoit coupable et Blanche innocente. » Lenain de Tillemont, *Vie de Saint Louis,* t. 1, p. 415.

3. Il fut, dit-on, guéri par l'attouchement des reliques apportées de Saint-Denis. Le même jour, son père se trouva guéri, en Orient, de la même maladie. (*Vie de Saint Louis,* par Lenain de Tillemont, t. I, édition de Gaulle, 1847, p. 5 ; *cf.* Rigord, *Vie de Philippe Auguste,* collection Guizot, t. II, p. 101.)

4. Brachet, I, 100.

5. Notamment Rigord, éd. Delaborde.

N'y voit-on pas au moins l'indice que l'intestin était, chez ce roi, la partie vulnérable ? Nous ne tirerons pas, d'ailleurs, des conséquences qui seraient prématurées, et nous arriverons de suite à la dernière maladie, celle qui s'est terminée par la mort.

Nous avons dit que le roi avait eu une dysenterie aiguë[1], à forme fébrile ; il aurait même eu du délire[2] (*frenesis*).

Les médecins, qui y perdaient leur latin, eurent une inspiration peu banale. Attribuant la maladie de leur auguste client à une trop grande continence, ils lui prescrivirent le singulier régime que rapporte le chapelain de Raymond VII de Toulouse, Guillaume

---

1. « *Licet alii assuerant, ipsum non veneno, sed morbo dissinterico exspirasse.* » Roger de Wendover, éd. Luard, III, 116.

2. V. Vincent de Beauvais, *Spec. hist.* (*Histor. Franc.*, XXI. 71). Brachet fait à ce propos des remarques très justes : « La *frenesis* ou délire aigu, se présentant rarement dans la dysenterie pure, écrit Brachet, les médecins rapprochèrent ce trouble cérébral de l'excessive continence du roi. En posant ce diagnostic étiologique de troubles nerveux d'origine génésique, ils cédaient à l'idée préconçue du Moyen Âge (chaque siècle médical a la sienne) qui voyait dans la fonction sexuelle le facteur essentiel de la neuropathologie. La conception médiévale du rapport entre l'acte génésique et les neuropathies était d'ailleurs l'inverse de la nôtre. Dans le trouble nerveux, c'est l'*excès* sexuel que nous incriminons aujourd'hui comme cause provocatrice ; c'était, au contraire, la *continence* qu'incriminait la pathologie du Moyen Âge. Préoccupée d'accorder les prescriptions religieuses sur la chasteté avec l'équilibre psychophysiologique (*cf.* la locution *minuere monachum),* elle ne pouvait s'empêcher de retrouver partout cette action morbide de l'abstinence sexuelle. L'indication thérapeutique *contraria contrariis* ressortait ici du diagnostic. » Brachet, *op. cit.,* I, 102.

de Puilaurent[1], dans son *Histoire des Albigeois,* et que Voltaire, avec sa causticité habituelle, a traduit de la plaisante façon qui suit :

> C'est ici le lieu de relever un étrange conte que font tous nos historiens. Ils disent que Louis VIII étant au lit de la mort, les médecins jugèrent qu'il n'y avait d'autre remède pour lui que l'usage des femmes ; qu'ils mirent dans son lit une jeune fille, mais le roi la chassa, aimant mieux mourir, disait-il, que de commettre un péché mortel. Le P. Daniel, dans son *Histoire de France*, a fait graver cette aventure à la tête de la vie de Louis VIII, comme le plus bel exploit de ce prince.
>
> Cette fable n'est, comme tous les autres contes de ce temps-là, que le fruit de l'ignorance. Mais on devrait savoir aujourd'hui que la jouissance d'une fille n'est point un remède pour un malade ; et, après

1. Sur la confiance que l'on doit avoir dans l'histoire de Puilaurent, *cf.* P. Meyer, *Introd. à la charte des Albigeois,* pp. XIII-XVI. C'est l'évêque de Toulouse, Folquet, qui en avait fait la confidence à Puilaurent. Voici, au surplus, le récit de Guillaume de Puilaurent : « Au retour de la croisade en Albigeois, le roi tomba malade en Auvergne ; on disait qu'il pourrait guérir s'il voyait une femme ; son fidèle compagnon, Archambaud de Bourbon, choisit une belle jeune fille et la fit entrer dans le lit du roi pendant son sommeil ; à son réveil, le roi lui demanda pourquoi elle se trouvait là ; elle répondit qu'elle venait l'aider à le guérir. Le roi la remercia et refusa le remède, pour ne point commettre de péché mortel. » Selon Giraud de Barri, Louis aurait montré la même chasteté en Angleterre en 1216. (*De Princip. instruct.,* p. 133.) Il est bon d'ajouter que le même auteur raconte une anecdote exactement semblable à l'honneur de Louis VIII (*ibid.,* t. III, 132). *Cf.* Petit-Dutaillis, *Étude sur la vie et le règne de Louis VIII,* p. 15.

tout, si Louis VIII n'avait pu réchapper que par cet expédient, il avait Blanche, sa femme, qui était fort belle[1] et en état de lui sauver la vie[2].

Ce nous est une occasion de réfuter une calomnie soigneusement entretenue par la légende, qui présente Thibaud de Champagne comme épris de Blanche de Castille, au point d'avoir empoisonné le roi, dont il était jaloux. La mort de Louis VIII serait dès lors le résultat d'un crime passionnel[3].

La critique historique a réduit à néant cette fable[4], injurieuse pour la mémoire de la mère de Saint Louis. Le chroniqueur contemporain Péan Gatineau, chanoine de Saint-Martin de Tours, est très affirmatif sur ce point. Le roi, assure-t-il, « ne s'adonnait ni à la bonne chère, ni à la boisson, ni à la débauche : sa femme lui suffisait ».

Plusieurs historiens ont parlé de l'amour que Louis VIII avait pour sa femme : « Ils étaient si attachés l'un à l'autre que toujours on les voyait d'accord, et jamais reine n'aima tant son seigneur. » L'auteur de la chronique rimée, à laquelle sont empruntées ces expressions, rappelle, en

1. *« Eleganter composita in corpore, in aspectu, in pulchritudine. »* Mathieu de Paris, II, 128.

2. *Essai sur les mœurs,* III, 252.

3. *« Tunc comes, ut fama refert, procuravit regi venenum propinari ob ancorem reginæ ejus, quam carnaliter illicite ædamavit ; undé libidinis impulsu stimulatus moras ulterius necterc non volebat. »* Roger de Wendover, III, 316.

4. Michelet est de ceux qui ont le plus contribué à l'accréditer (*Histoire de France,* t. VI).

plus d'un endroit, l'affection que Louis VIII et la reine Blanche avaient pour leurs enfants[1].

Si les soupçons se sont portés sur Thibaud de Champagne, c'est que le comte s'était mal conduit avec son suzerain et pouvait tout redouter de sa colère.

> Il s'était montré sujet peu fidèle et parent peu dévoué : la crédulité des uns, la malveillance des autres lui firent une réputation d'assassin. Ce n'était là qu'une invention détestable, et pourtant elle trouva crédit, surtout à l'époque où Thibaud, devenu à la fois le défenseur et le protégé de Blanche de Castille, se vit exposé à la haine violente de presque tous les grands vassaux[2]. Alors on fit courir le bruit qu'il avait été, du vivant de Louis VIII, l'amant de la reine, et que cette passion, à laquelle ses poésies permettaient de croire, l'avait poussé au crime. Les Anglais eurent

1. Élie Berger, *Blanche de Castille.*

2. Ligués contre la reine régente pendant la minorité de Saint Louis, les grands vassaux accusèrent Blanche de Castille, tour à tour, d'avoir été la maîtresse du comte Thibaud, puis celle du légat du pape, Romano Frangipani. Nous avons dit ce qu'il fallait penser de la liaison avec Thibaud. Nous renvoyons pour le surplus à l'*Histoire des comtes de Champagne,* de M. d'Arbois de Jubainville (t. IV, pp. 215 et 280). Sur les relations avec le légat, on n'a que des racontars ou des épigrammes. (V. Mathieu de Paris, édition Luard, t. III et IV et le *Ménestrel de Reims*). Ce que l'on peut dire de plus positif, de plus *scientifique,* c'est que Blanche de Castille avait, au point de vue sexuel, une hérédité un peu lourde : sa grand-mère, Éléonore de Guyenne, son grand-père, Henri II, n'étaient pas, à cet égard, à l'abri de tout reproche ; pas plus, du reste, que son père, dont la liaison avec une belle juive de Tolède a défrayé la chronique espagnole (*Cronica general,* éd. Docampos ; Amador de los Rios, *Hist. de los Judeos de España,* t. I, etc.).

> soin de répandre cette misérable légende, pensant nuire à la réputation d'une ennemie qui leur faisait peur ; mais toute la boue qu'on lui a jetée n'a jamais pu la salir. Quant au comte de Champagne, on a fort judicieusement fait observer que l'effet de ses poisons aurait été bien lent, si administrés devant Avignon à la fin de juillet, ils n'avaient pas tué leur homme avant le 7 ou le 8 novembre[1].

Cette dernière remarque est très judicieuse. Nous ne sachions pas qu'on fît usage à l'époque de poisons intermittents, que l'ingéniosité perverse des criminels ne devait imaginer que beaucoup plus tard. Louis VIII n'offrit, d'ailleurs, aucun des symptômes d'une intoxication lente et continue[2]. Nous nous en tenons donc, après examen détaillé des arguments pour et contre, à la version la plus acceptable, celle de la mort naturelle.

DOCUMENTS ANNEXES

Nous extrayons de la savante *Étude sur la vie et le règne de Louis VIII,* par Petit-Dutaillis, les deux passages suivants, qui se rapportent l'un à l'accusation d'empoisonnement portée contre Thibaud, comte de Champagne ; l'autre à l'exhumation du corps de Louis VIII.

> Le 3 novembre, comme il était arrivé dans la petite ville de Montpensier en Auvergne, le mal s'aggrava.

1. Berger, *op. cit.,* pp. 43-44.
2. *Cf. Histoire de Saint Louis,* par le marquis de Villeneuve-Trans, t. I, pp. 350-353.

Louis mourut le 8 novembre, *emporté sans doute par la dysenterie.* C'était cette même maladie qui avait failli le conduire au tombeau pendant son enfance, et qui en 1216 avait terrassé son rival Jean sans Terre[1].

Partout se répandit le bruit que *Louis VIII* avait été empoisonné[2]. On accusa Thibaud de Champagne.

Nicolas de Brai, qui cultive les parterres fleuris de la rhétorique mythologique, raconte comment les Furies, prenant d'abord de l'écume sortie de la bouche de Cerbère, puis du venin de vipère, ont confectionné avec ces ingrédients un poison atroce et en ont confié l'emploi à « leur nourrisson[3] ». Ce nourrisson des Furies, que la « Muse » de Nicolas croit devoir ne point nommer, c'est évidemment le comte de Champagne.

On a trouvé une allusion non moins claire dans le second sirventois de Hue de la Ferté[4]. L'accusation est d'ailleurs ouvertement énoncée dans les *Abbrevationes gestorum Franciæ regum,* ouvrage du temps de Saint Louis et dans la chronique de Roger de Wendover. Celui-ci déclare sans plus de circonlocutions que le comte de Champagne convoitait Blanche de Castille et qu'il était pressé de pouvoir satisfaire sa passion[5].

---

1. Vinc. de Beauvais, 1276-1277, *Chron. de Tours*, 317 ; G. de Puilaurent, 217. Vincent de Beauvais dit que Louis « tomba en frénésie », le 3 novembre, mais il ne se prononce pas sur la nature du mal qui l'emporta ; selon quelques-uns, déclare Roger de Wendover (III, 106), ce fut la dysenterie.
2. Voyez Wendover, III, 116, et la chronique de l'Italien Richard de Saint-Germain, p. 346.
3. Nicolas de Brai, 331 et 334.
4. D'Arbois de Jubainville, *Comtes de Champagne*, IV, 209, note.
5. *Abbrev. gest. Franc. regum,* 433. – Wendover, III, 116. – Paulin Paris, article paru dans le *Cabinet historique,* IV, 1re partie, 129.

En 1230, ce soupçon pesait encore si fortement sur Thibaud, que Philippe Hurepel put en profiter : avant d'entrer en Champagne, il fit provoquer le comte, l'accusant d'avoir empoisonné Louis VIII[1].

Étant donné que Thibaud avait quitté Avignon avant mi-août et qu'il était dès le mois de septembre en Champagne[2] ; étant donné surtout qu'on ne pouvait alléguer aucune preuve précise contre lui, et qu'une épidémie sévissait au moment de la mort du roi, il était infiniment plus vraisemblable d'attribuer tout simplement le décès de Louis VIII à la *dysenterie.* Mais on aima mieux fabriquer une mélo-dramatique histoire d'empoisonnement, comme on le fit aussi pour Jean sans Terre.

EXHUMATION DU CORPS DE LOUIS VIII EN 1793

Alexandre Lenoir raconte ainsi, dans ses *Notes historiques sur les exhumations faites en 1793 dans l'abbaye de Saint-Denis* (musée des Monuments français, II, CXXIV-CXXV), la découverte des restes de Louis VIII, faite le 19 octobre 1793 :

> Le corps de Louis VIII, père de Saint Louis, mort le 8 novembre 1226, âgé de quarante ans, s'est trouvé aussi presque consumé : sur la pierre qui couvrait son cercueil, était sculptée une croix en demi-relief. On n'a trouvé qu'un reste de sceptre de bois pourri, et son diadème, composé d'une bande d'étoffe tissue en or, avec une grande calotte d'une étoffe satinée assez bien conservée : le corps avait été enveloppé dans un

---

1. D'Arbois de Jubainville, *Comtes de Champagne,* IV, 241.
2. D'Arbois de Jubainville, *Comtes de Champagne*, t. V, Catal., n° 1727, – Note de Brial, H. F., XVII, 433.

> drap ou suaire tissu en or ; il s'en trouva encore des morceaux intacts. Son corps ainsi enseveli avait été recouvert et cousu dans un cuir fort épais, qui avait encore toute son élasticité. Ce fut le seul corps, parmi ceux exhumés à Saint-Denis, qui fut trouvé enveloppé de cuir… Il est probable qu'on a ainsi enveloppé le corps de Louis VIII pour le préserver de la putréfaction, dans le transport qu'on en fit de Montpensier, en Auvergne, où il mourut, à son retour de la guerre contre les Albigeois.

M. de Guilhermy, dans sa *Monographie de l'église royale de Saint-Denis,* transcrit un procès-verbal des exhumations, qu'il attribue à dom Poirier et qui est la copie à peu près textuelle des *Notes historiques* de Lenoir. Il ajoute :

> M. Albert Lenoir possède un dessin colorié qui a été fait par son père, au moment de l'exhumation, et qui représente le squelette entier de Louis VIII, enveloppé d'une étoffe blanche brochée d'or.

M. de Guilhermy aurait pu ajoutcr qu'Alcxandrc Lenoir avait fait aussi sur place des aquarelles, d'après les restes d'Henri IV, de Turenne et de Louis XV. Grâce à l'obligeance de M. Alfred Lenoir et de M. Boitte, M. Petit-Dutaillis a pu voir ces aquarelles. Celle qui nous occupe ici n'est malheureusement pas la plus intéressante. Elle représente un squelette absolument décharné. La tête est coiffée d'une calotte blanche et d'un bandeau en or ; le corps est enveloppé presque complètement d'un suaire grisâtre, orné de bandes d'or. D'après la position du squelette sur la pierre tombale, qui était sans doute de la dimension ordinaire, il semble bien que Louis VIII était de petite taille, comme le dit le Chroniqueur de Tours.

Les aquarelles faites d'après les cadavres remarquablement conservés d'Henri IV, de Turenne et de Louis XV, offrent un grand intérêt et il est à souhaiter qu'elles soient un jour reproduites.

Al. Lenoir a donné, dans ses *Monuments des arts libéraux,* pl. 27, un dessin exécuté d'après la plaque de cuivre qui recouvrait le tombeau de Louis VIII, et qui a été fondue en 1793. Louis VIII y est représenté sous la forme d'un homme maigre, à la figure émaciée et glabre[1].

1. *Étude sur la vie et le règne de Louis VIII,* par Petit-Dutaillis, pp. 435-437.

LOUIS IX
(SAINT LOUIS)

† Mort en 1270 de cachexie palustre.

Sur les douze enfants de Louis VIII et de Blanche de Castille[1], sept sont morts en bas âge ; une fille, Isabelle[2], a dépassé l'âge adulte ; quatre fils ont joué un rôle plus ou moins considérable : *Alphonse de Poitiers*[3], *Charles d'Anjou*[4], *Robert d'Artois* et *Louis IX.*

---

1. En février 1251, la reine fit une maladie grave, sur laquelle on manque de renseignements. (Élie BERGER, *Saint Louis et Innocent IV,* et du même, *Hist. de Blanche de Castille*). On croit qu'elle a succombé à des troubles cardiaques. (*Cf. Grandes Chroniques,* H. F., XXI, 116 ; *Vie de Saint Louis,* par le confesseur de la reine Marguerite, H. F, XX, 64, etc.

2. V. *La Vie d'Isabelle, sœur de Saint Louis,* par Agnès de HARCOURT (Joinville, édition Ducange, 1688, in-fol.).

3. Alphonse de Poitiers eut plusieurs maladies, dont une s'accompagna de troubles paralytiques assez graves. Parallèlement à ces troubles paralytiques, apparurent, au début de l'année 1253, des troubles oculaires, qui nécessitèrent l'intervention d'un oculiste en renom de l'époque. Le diagnostic de l'affection dont était atteint Alphonse a été très minutieusement discuté par Brachet (*op. cit.,* t. I, pp. 123-143). Il s'agirait, selon Brachet, d'un « cas très net de névrite optique ». Cette névrite était due, d'après le même auteur, à la diphtérie. Alphonse de Poitiers aurait succombé à un accès de paludisme, le 21 août 1271.

4. La mort de Charles d'Anjou serait, d'après l'auteur de la *Pa-*

Les chroniqueurs[1] nous représentent le futur roi Saint Louis « frêle, mince, assez maigre, de haute stature[2] » ; blond et rappelant par son teint plutôt son père, d'origine flamande, que sa mère[3]. S'il fut de constitution maladive, il ne semble pas avoir eu de maladies caractérisées jusqu'à l'âge de vingt-sept ans. On trouve bien, avant cette date, dans les comptes du roi, une indication de saignée[4], mais on sait que la phlébotomie était, au Moyen Âge, une mesure de prophylaxie saisonnière, autant qu'une arme thérapeutique : on ne saurait donc rien induire de cette particularité.

La biographie pathologique de Saint Louis, Brachet[5] la résume comme il convient, en disant qu'elle n'est que la longue histoire de deux maladies chroniques, dont nous aurons à établir l'origine infectieuse.

La première[6] était une *inflammation chronique des téguments,* caractérisée par l'enflure subite et doulou-

---

thologie mentale des rois de France ; consécutive à une « maladie fébrile non définie » (*op. cit.,* 1, 145). Il avait eu dès accès paludéens, en Égypte, pendant la septième croisade et, en 1259 et 1260, des maladies d'une nature indéterminée.

1. *Chronique de Salimbene*, Parme, 1857 ; et Chronique de Philippe Mousket.

2. H. F., XXIII, 173 ; cité par BRACHET, *op. cit.,* t. III, p. 42.

3. Disons, en passant, que contrairement à la légende, Saint Louis ne fut pas allaité par Blanche de Castille (*Cf.* Élie BERGER, *Blanche de Castille,* p. 21).

4. H. F., XXII, 606.

5. *Op. cit.,* t. I, 150.

6. La première maladie aurait éclaté en 1242. Le roi se trouvait alors à une lieue de Blaye. Il n'était pas encore tout à fait remis en 1244. Cette année-là, il eut une rechute si grave qu'il passa pour mort et qu'on avait déjà commencé les préparatifs de ses

reuse de la partie de la jambe droite comprise entre le mollet et la cheville, partie qui « devenoit rouge comme sanc ».

Cette inflammation succédait à une période prodromique d'environ trois jours, marquée par des phénomènes généraux, *adynamie*[1], *prostration* : il ne pouvait de lui-même sortir du lit ; par des troubles sensoriels : il n'entendait pas ; par une insomnie persistante et douloureuse ; par de l'anorexie : il ne pouvait manger. Vers le cinquième jour, la défervescence commençait ; au septième ou au huitième jour, la guérison était complète.

La netteté de la symptomatologie indique une *maladie infectieuse, assez analogue à l'érysipèle à répétition.*

Combien de fois cette affection reparut-elle chez Saint Louis, mort à cinquante-six ans[2] ?

Si l'on accepte comme chiffre annuel le chiffre donné par le confesseur du roi[3], et si l'on prend

---

funérailles. (Lenain de Tillemont, t. I, *loc. cit.*)

1. Absence de mouvement ou de réaction, abandon des forces, faiblesse (NdE).

2. Saint Louis est né en 1215 ; du moins c'est la date qu'on adopte généralement, car on s'est livré, à ce sujet, à des controverses interminables ; on en trouvera l'écho dans la *Vie de Saint Louis,* par Lenain de Tillemont, t. I, pp. 422-4. Le lieu de naissance du saint roi a également donné lieu à des discussions sans fin. (Lenain, *op. cit.,* t. I, p. 425.) Sur le lieu de naissance de Saint Louis, on pourra lire une très curieuse et très substantielle brochure parue à Clermont (Oise), chez l'imprimeur Daix, sous le titre de : *Trois Naissances illustres, Saint Louis, Charles IV, Fernel.* L'auteur conclut en faveur de Poissy.

3. « Li benoicz Rois avoit une maladie qui chascun an le prenoit deux fois ou trois ou quatre, et aucune foiz elle le tourmentoit une

comme base une période de trente années, on voit que le roi n'a pu contracter l'infection *moins de cent fois.*

Comment expliquer, chez le royal patient, la genèse de cet érysipèle ? Et d'abord, quelle est la nature de cette affection ?

Avant Pasteur, on ne considérait pas l'érysipèle comme une maladie infectieuse. C'était, croyait-on, un stigmate de scrofule. On est revenu à une conception plus scientifique et la démonstration de la nature infectieuse de cette affection n'est plus à faire[1].

On sait moins bien pour quelle raison, après une première atteinte d'érysipèle, loin d'être immunisé, on est prédisposé à une ou plusieurs récidives[2].

---

foiz plus que autre ; laquele maladie estoit tele, que quand elle prenoit le benoict Roy, il n'entendoit pas bien ne n'ooit endementieres que ladite maladie le tenoit, et ne pooit mengier ne dormir, et se compleignoit en gémissant ; et ainsi ladite maladie le tenoit trois jours, aucune foiz plus aucune foiz moins, si que il ne pooit issir par soi du lit : et quand il commençoit à alegier de cette maladie, sa destre jambe, entre le gros de la jambe et la cheville, devenoit rouge comme sanc tout entour et estoit ladite jambe un jour jusques au soir ; et après cele enfle et cele rougeur s'en departoit petit et petit, si que au tiers jour ou au quart ladite jambe estoit aussi comme l'autre char, et adoncques estoit li benoicz Roi pleinnement gueriz. » *Vie de Saint Louis,* par le confesseur de la reine Marguerite (H. F., XX, 105). Nous avons reproduit le passage en entier, la symptomatologie de l'affection dont était atteint le Roi s'y trouvant parfaitement et complètement exposée. Nos cliniciens d'aujourd'hui, à part les expressions techniques, ne sauraient rédiger une observation plus précise.

1. *Cf. Archives générales de médecine,* janvier 1892.

2. Verneuil (*Bulletins de la Société de Chirurgie,* t. XI, p. 660 et suiv.) a cité le cas d'un malade qui n'avait pas eu moins de cent quinze fois une poussée d'érysipèle. Ce cas se rapproche de celui de Saint Louis.

Peut-on établir un lien entre l'érysipèle à répétition et une maladie concomitante ?

Un médecin russe a fait à cet égard une remarque qui nous intéresse tout particulièrement, dans le cas qui nous occupe, celui de Saint Louis. Ce distingué confrère[1] a cru pouvoir affirmer la réapparition régulière, chez certains paludiques, de l'érysipèle, *consécutivement à l'accès malarien.* Il a même baptisé cette variété d'érysipèle *érysipèle malarique.* Nous ne savons ce qu'en pensent les spécialistes ; nous tenons, en tout cas, cette hypothèse pour très acceptable et, sans plus tarder, nous en ferons l'application au personnage dont nous dressons le bilan pathologique.

Dès le mois de juillet 1242, le roi avait présenté les premiers symptômes de cette infection paludéenne, qui aboutira finalement à la cachexie palustre, et, comme ultime conséquence, à la mort. Au cours de cette année 1242, les troupes du saint roi guerroyèrent, en Poitou et en Saintonge, contre les Anglais ; elles furent décimées par les exhalaisons miasmatiques des marais[2] ; le roi fut atteint à son tour.

Rentré à Paris le 28 septembre 1242, Louis éprouve d'abord une amélioration passagère ; mais l'anémie, consécutive à l'infection, fait de tels progrès que le roi est obligé de recourir aux prières des moines de Cîteaux[3].

1. Walther de Kiew, in *Casstatt's Fahresber.,* 1857, t. III, 107.

2. Bémont, *La Campagne de Poitiers de* 1242-1243 (*Annales du Midi,* t. V) ; *Chronique de Mathieu de Paris,* édition Luard, t. IV, p. 224.

3. *Chronique de Mathieu de Paris, loc. cit.,* 257.

Au mois de décembre de l'année suivante (1243), le roi subit une rechute de paludisme, et pendant près de trois semaines il resta entre la vie et la mort. Il fut si fortement malade que l'on désespéra de sa vie, écrit le confesseur de la reine Marguerite. Il eut de la *fièvre double tierce*[1] et de la *dysenterie*[2]. Il tomba même un moment dans le *coma*[3].

Le roi présenta, au résumé, un cas-type de ce que les anciens auteurs ont décrit sous le nom de *fièvre malarienne à coma* ou *fièvre comitée palustre*[4], une des manifestations les plus dangereuses du paludisme.

Ces prémisses posées, on déterminera mieux la véritable cause de la mort du roi. Étant donné ses maladies antérieures, il était à prévoir que, sous la moindre influence nocive, la malaria allait de nouveau reparaître.

À peine débarqué à Damiette (1249), c'est Joinville[5] qui nous renseigne avec son habituelle précision, le roi a des accès de sa fièvre double tierce et plusieurs fois il tombe en syncope. Puis il est repris de son flux de ventre[6] et maigrit à ce point, « que les

1. *Vie de Saint Louis,* H. F., t. XX, p. 66.

2. H. F., t. XXII, p. 185.

3. Mathieu de Paris, *op. cit.,* IV, 397.

4. Cette forme de fièvre malarienne se rapprocherait assez de ces fièvres typho-paludéennes, dont on trouvera une bonne description dans le *Lyon médical,* t. LXX, 1892, p. 257.

5. Édition Wailly.

6. En 1250, il a de la dysenterie et « diverses incommoditez », écrit Lenain de Tillemont, son biographe, t. III, 320. Cette même année, meurt le second fils de Saint Louis, le comte de Nevers. « On fit bouillir sa chair, pour la séparer des os, qu'on mit dans un cercueil après les avoir embaumés. » Lenain, t. V, 163.

os de l'échine de son dos estoient merveilleusement aguz[1] ».

Mais le roi n'était pas au bout de ses peines. Une épidémie de scorbut sévit sur le camp des croisés[2]. Saint Louis ne tarda pas à présenter les symptômes de cette affection : le déchaussement des gencives ; l'ébranlement et la chute de toutes les dents, à part une seule ; des *hémorragies cutanées ;* des *ecchymoses* livides des membres inférieurs[3].

Il en resta très meurtri, mais une amélioration survint et pendant sept ans, c'est-à-dire jusqu'en 1256, le roi n'éprouva pas de rechute.

En 1256, Louis tombe malade à Senlis : on ne sait pas au juste de quelle maladie il fut affecté[4]. Même insuffisance de renseignements sur les étapes morbides de Fontainebleau (1259), Creil (1260) et Pont-de-l'Arche (1264).

Le roi part pour la huitième croisade, le 16 mars 1270 ; à ce moment il a grand'peine à monter à cheval, tant il est affaibli. Sa faiblesse est telle que Joinville doit le transporter, dans ses bras, de l'hôtel du comte d'Auxerre aux Cordeliers[5].

Le 17 juillet, il arrivait devant Tunis ; le 3 août, il était repris de dysenterie et de fièvre[6].

---

1. *Vie de Saint Louis,* par le confesseur de la reine Marguerite (H. F., XX, 104).
2. Ch. LAVERAN, *Traité des maladies des armées,* 1875, p. 478.
3. *Histoire de Saint Louis,* par le marquis de VILLENEUVE-TRANS, t. II, p. 286.
4. H. F., XXI, 578.
5. Joinville, édition citée, p. 262.
6. Léopold DELISLE, *Litt. lat.* ;1890, p. 73.

Un moment on le croit mieux[1] ; mais bientôt les symptômes de la cachexie palustre réapparaissent, la fièvre redouble d'intensité et le roi succombe, le lundi 25 août[2] âgé de cinquante-cinq ans.

Après la mort du roi, ses entrailles furent inhumées en l'abbaye de Montréal[3], près de Palerme, et ses os transportés à Saint-Denis[4]. Lors des exhumations, faites en 1793 dans la célèbre abbaye, on trouva, à côté du tombeau de Louis VIII, celui dans lequel on avait déposé les ossements de Saint Louis ; il était plus court et moins large que les autres[5].

Sous le règne de Louis-Philippe, on a érigé une chapelle à l'endroit où l'on présume que Saint Louis est mort[6].

Après la conquête d'Alger, un des articles du traité avec le bey de Tunis stipulait qu'il protégerait les prêtres catholiques nommés pour desservir une cha-

1. H. F., XXIII, pp. 52 et 60.

2. *Cf. Bibliothèque de l'École des chartes,* A, V, 107 ; et surtout Primat, *Chronique,* in H. F., t. XXIII, p. 58.

3. « Le lendemain, dit la chronique d'Anjou, fist (Charles) appareiller le corps de son frère et fist mettre en ung cercueil de plomb ; et les entrailles envoya comme précieuses reliques, en son royaulme de Cécile, et les fist honorablement ensépulturer à l'abbaye de Mont-Royal, près Palerme, bâtie par les Normands. » *Histoire de Saint Louis,* par le marquis de Villeneuve-Trans, t. III, p. 645.

4. *Intermédiaire, loc. cit.,* p. 553.

5. *Cf. Notes historiques sur les exhumations faites en 1793 dans l'abbaye de Saint-Denis,* par Lenoir, et surtout le livre de G. d'Heilly, *Extraction des cercueils royaux à Saint-Denis en 1793* ; Paris, 1868, pp. 38 et suiv.

6. *Interméd des Chercheurs et Curieux,* 20 mai 1893, pp. 552-553.

pelle dédiée à Saint Louis et bâtie sur les lieux témoins de sa mort ; voici la teneur de cet acte :

TRAITÉ AVEC LE BEY DE TUNIS POUR LA CESSION DU CORPS DE SAINT LOUIS[1].

Louanges à Dieu, l'unique auquel retournent toutes choses ! Nous cédons à perpétuité à S. M. le roi de France un emplacement dans la Maalka, suffisant pour ériger un monument religieux en l'honneur de Louis IX, à l'endroit où ce prince est mort. Nous nous engageons à respecter ce monument consacré par l'empereur de France, à la mémoire d'un de ses plus illustres aïeux.

Salut de la part du serviteur de Dieu.
Le 7 de sefer, de l'année 1246
de l'hégire (juillet 1830).
HUSSEIN, Pacha-Bey
Que le Très-Haut lui soit favorable !
Le consul général des affaires du roi,
LESSEPS.

DOCUMENTS ANNEXES

Le 15 mai 1843, tandis qu'on s'occupait de la restauration de la Sainte-Chapelle, des ouvriers, en levant une dalle au centre de l'abside de la chapelle haute, trouvèrent une boîte d'étain renfermant un cœur. Ce monument funéraire ne portant aucune inscription, une longue et confuse discussion s'engagea parmi les

1. Marquis de VILLENEUVE-TRANS, *Histoire de Saint Louis, roi de France,* t. I, p. XLVII.

archéologues au sujet de ce viscère, que les uns prétendaient être celui du roi Saint Louis, ce que d'autres niaient non moins énergiquement. Il est assez généralement admis, à l'heure actuelle, que le cœur du saint roi repose, comme nous l'avons indiqué plus haut, à Montréal, près Palerme ; et, par suite, que le cœur trouvé dans la Sainte-Chapelle ne saurait être attribué au roi Louis IX ; mais le champ des controverses reste toujours ouvert, car tous ne s'avouent pas vaincus[1].

Le monastère royal de Saint-Louis de Poissy[2] fut fondé par Philippe le Bel, qui ordonna en mourant de déposer son cœur dans l'église de l'endroit, laquelle possédait également dans son trésor la partie supérieure de la tête de Saint Louis. Le trésor royal de Saint-Denis conservait aussi un reliquaire de vermeil doré, où était enchâssée la mâchoire inférieure ou menton de Saint

1. *Cf.* sur cette question, en faveur de la thèse de la non-authenticité : *Examen critique de la découverte du prétendu cœur de Saint Louis,* faite à la Sainte-Chapelle, le 15 mai 1843, par LETRONNE, Paris, 1844 ; pour l'authenticité : *Preuves de la découverte du cœur de Saint Louis,* rassemblées par MM. BERGER de XIVREY, DEVILLE, Ch. LENORMAND, LE PRÉVOST, P. PARIS et le baron TAYLOR. Paris, 1846.

2. Dès le temps du roi Robert, et bâti peut-être par lui, il existait à Poissy un manoir ou maison royale, et trois anciens monastères, dédiés, dit Helgand, historien contemporain, à la Vierge, à saint Jean et à saint Martin. Nos rois passaient souvent la belle saison en cette résidence, où Blanche accoucha plusieurs fois. La tradition porte que le lit où elle mit au monde Saint Louis se trouvait placé au lieu même où fut bâti, dans la suite, le grand autel des religieuses dominicaines. On explique même, par cette circonstance, comment cette église ne se trouve pas orientée comme les autres. (*Hist. de Saint Louis,* par le marquis de VLLENEUVE, t. I, p. 342.)

Louis. Deux petites statues, représentant Philippe III et Philippe le Bel, supportaient la relique.

La tête de Saint Louis a longtemps été conservée au Palais de justice, et l'on y gardait aussi, dit-on, le dais sous lequel le monarque avait siégé en la chambre du Châtelet. L'abbaye de Saint-Victor possédait une de ses côtes.

En 1298, Philippe le Bel fit exhumer de Saint-Denis le corps de son saint aïeul, pour le transférer dans la Sainte-Chapelle de Paris. À cette époque, plusieurs de ses ossements durent être distribués à diverses églises, monastères, corporations et personnages marquants ; d'autres en possédaient déjà. Ainsi, une côte de Saint Louis existait à l'abbaye de Saint-Victor, dont l'abbé, Raoul (mort le 8 novembre 1247), avait été l'ami du monarque. Ce prince, ayant été gravement malade à Saint-Germain-en-Laye, Marguerite s'engagea sur les Évangiles, en présence d'Adam de Chambly, évêque de Senlis, d'Eudes, abbé de Saint-Denis, et de Raoul, abbé de Saint-Victor, qu'elle mettrait à exécution de point en point le testament du roi son époux.

On trouve dans le Trésor des Chartes, cote 19, ce petit rouleau de la distribution des reliques de sainct Loys :

> La Sainte-Chapelle du roi, à Paris, le chief [tête].
>
> L'emperiez [l'empereur] aura une jointe [articulation], d'ung des doigts de saint Loys.
>
> Les professeurs de Paris, ung des os de sa main.
>
> Les frères du Val-des-Escholiers-les-Compiègne, une joincte.
>
> L'abbesse de Pontoise, une des costes.

L'abbé de Reauniont [Royaumont], une pièce de l'épaule.

L'abbesse du Lys, ung des os de la main.

Le cœur et les entrailles de Saint Louis furent, comme nous l'avons dit plus haut, déposés dans la cathédrale de Montréal, la plus belle église de la Sicile. Un monument sépulcral, situé dans une des chapelles du chœur de l'église, renferme cette précieuse relique.

Une statue d'or, érigée à Saint Louis par ordre de Philippe le Bel, était conservée dans la Sainte-Chapelle. Cette statue, où le monarque était représenté les yeux fermés, a servi de type à celle qu'on exécuta pour l'église des Carmes de la place Maubert. Le chœur renfermait des peintures ordonnées par Philippe le Long et par Jeanne, sa femme, fondateurs de cette maison, en 1317 ; et l'on y retrouvait Saint Louis et sa famille, en habits de cour.

Une autre statue de ce monarque, très estimée des connaisseurs, figura longtemps sur le portail des Cordeliers de Paris. Elle provenait de l'ancien portail de l'hôtel des Quinze-Vingts, rue Saint-Honoré, fondé par Saint Louis au retour de la croisade. Après la démolition de l'hôpital des Quinze-Vingts, les statues de Saint Louis et de Marguerite, qui se trouvaient placées sur ce portail, furent déposées, en 1781, dans la salle des antiques du Louvre[1].

En 1306, on fit la translation de la tête de Saint Louis à la Sainte-Chapelle de Paris.

Il semblerait que les ossements de Saint Louis eussent été rapportés à Saint-Denis, car une seconde trans-

1. *Histoire de Saint Louis, auct. cit.*, I, pp. 406 et 431.

lation eut lieu en 1392, sous le règne de Charles VI, qui arriva au Moustier royal avec une châsse d'or de 252 marcs. Elle avait été commencée par Charles V. Les principaux personnages du royaume furent appelés à cette cérémonie. Le roi, en manteau royal, porta lui-même les os sur l'autel. Il en donna une côte à Pierre d'Ailly, pour le pape Clément VII ; deux autres os au duc de Berry et à Jean sans Peur, duc de Bourgogne, et un ossement à partager entre les prélats ; après quoi, il mit le reste dans la nouvelle châsse[1].

L'EMBAUMEMENT AU TEMPS DE SAINT LOUIS

Au Moyen Âge, tout l'art des embaumements consistait dans le mélange d'aromates avec du sel, dont on remplissait les cadavres. En 1135, Henri Ier, roi d'Angleterre, fut embaumé de cette manière. On fit de grandes incisions sur toutes les parties du corps. On saupoudra de sel[2] et on y mêla du baume ; ensuite le corps fut cousu et renfermé dans une peau de bœuf, puis mis dans un cercueil ; l'odeur du cadavre fut fatale à l'opérateur : il en mourut sur-le-champ.

Après la mort de Saint Louis, on fit de même bouillir son corps dans l'eau salée, afin de séparer

1. *Histoire de Saint Louis, roi de France,* par le marquis de Villeneuve-Trans, t. III, pp. 536 et suiv.

2. Cet emploi du sel se retrouve encore en 1422 : « Le corps de Henri V, roi d'Angleterre, dit Juvénal des Ursins, fut mis, dans un chaudron avec du sel, et tellement bouilli, que la chair se sépara des os. L'eau fut jetée en un cimetière et les os et la chair mis dans un coffre avec épices et herbes sentant bon. » On voit à la statue de Louis XII, ainsi qu'à celle d'Anne de Bretagne, son épouse, l'incision faite au côté gauche, et qui avait servi à l'extraction des viscères, et à l'introduction des aromates (*Derniers Jours des rois de France,* par Berthevin) pp. 71-72.

les os de la chair. Cette opération était commandée par les circonstances, peut-être même par le manque de matières d'embaumement. Les ossements ainsi dépouillés furent mis dans une châsse.

Louis VIII est le premier de nos rois pour lequel avait été employé ce mode d'inhumation partielle ; car son cœur et ses entrailles demeurèrent à Montpensier, et son corps fut porté à Saint-Denis. Ce procédé n'avait rien de trop révoltant et n'exigeait que l'ouverture du cadavre ; au lieu que l'opération pratiquée à Tunis et à Perpignan, quinze ans après, pour le fils et le petit-fils de Louis VIII, demandait un appareil dont l'idée soulève, par l'apparence de barbarie et de cruauté qu'elle présente.

Aussi les papes ne manquèrent-ils pas de la proscrire. Boniface VIII la défendit sous peine d'excommunication. Cependant, Benoît XI, son successeur, permit à Philippe le Bel de l'employer pour les princes et les princesses de la famille royale, dont les corps ne pourraient que difficilement être transportés au lieu de leur sépulture. Ce même procédé (la cuisson) eut lieu pour Philippe le Hardi, mort à Perpignan, au retour de sa croisade en Aragon. On le fit bouillir dans de l'eau et du vin, après quoi ses chairs et ses entrailles furent inhumées à Narbonne, et ses ossements avec son cœur transportés à Saint-Denis[1].

1. Marquis de Villeneuve-Trans, *loc. cit.*

PHILIPPE III DIT LE HARDI

† Mort le 5 octobre 1285 de paludisme.

Les historiens ont noté la nullité intellectuelle du fils de Saint Louis, l'absence chez ce prince de tout sens politique, de toute suite dans les idées[1]. Les cliniciens doivent relever de leur côté chez ce souverain certaines tares psychiques, qui compléteront son portrait psycho-pathologique.

C'est d'abord un *infantilisme* prolongé : du vivant même de Saint Louis, et à son insu, la reine Marguerite de Provence fit secrètement signer à son fils Philippe, alors âgé de dix-huit ans, l'engagement écrit de rester sous sa tutelle et de ne rien décider par lui-même jusqu'à l'âge de trente ans. Il ne fallut rien moins qu'une bulle papale pour relever le jeune prince de ses imprudents engagements[2].

Même parvenu à l'âge d'homme, Philippe fit preuve d'une émotivité excessive : à la mort de son père, et un peu plus tard à celle de sa femme, il tomba dans un abattement qui fit craindre pour ses jours. « Il manqua de perdre l'esprit », selon l'expression d'un chroniqueur, à la nouvelle de la défaite de sa flotte[3].

---

1. *Cf.* Ch.-V. LANGLOIS, *Philippe III ;* PFISTER, *Revue critique,* 1887, etc.

2. LANGLOIS, *op. cit.,* et *Revue des questions historiques,* 1867, t. III.

3. LECOY DE LA MARCHE, *le Royaume de Majorque,* t. I.

Ce qui nous autoriserait, si la preuve en était faite, à le ranger dans les anormaux, ou, pour mieux dire, dans les dégénérés, c'est son inversion sexuelle. Mais, sur ce point, nous n'avons qu'un seul témoignage[1], et cela ne saurait suffire. Nous pouvons toutefois remarquer, à ce propos, qu'il observa jusqu'à sa mort une continence tout à fait singulière, chez un homme de son âge et de son rang[2].

En 1285, Philippe III succombait aux atteintes du mal qui avait emporté Saint Louis.

Au mois d'août 1270, devant Tunis, il avait été attaqué de fièvre quarte et de dysenterie, en même temps que le roi son père[3]. Une épidémie, qui fut très meurtrière, sévissait sur le camp des croisés[4].

Quinze ans plus tard, pendant la retraite d'Aragon, les fièvres paludéennes enlèvent la moitié de l'armée. Philippe est pris à son tour, et ne pouvant plus se tenir à cheval, est contraint de se faire transporter en litière[5]. Poursuivi par l'ennemi, il arrive jusqu'à Perpignan, assez à temps pour dicter ses dernières volontés. Peu après, il cessait de vivre.

Il était âgé de quarante ans seulement.

L'abattement moral qui avait succédé à ses défaites hâta certainement le dénouement, que laissait prévoir le dépérissement physique, consécutif à des accès répétés de paludisme.

---

1. Langlois, *op. cit.*, p. 8, *in* Brachet, t. II, p. 47.
2. *Grandes Chroniques de Saint-Denis,* édit. Paulin, Paris, V, 31.
3. Joinville, édit. Wailly, p. 262 ; *Chronique* de Primat (H. F. t. XXII, p. 51).
4. Guillaume de Nangis, *Gesta S. Ludovici* (H. F., t. XX, p. 457).
5. G. de Nangis, H. F., XX, 537.

PHILIPPE LE BEL

† Mort le 29 novembre 1314 d'une maladie indéterminée.

Au mois de novembre 1314, dans la résidence royale de Fontainebleau, gisait sur son lit de mort Philippe IV, dit *le Bel*, ayant à peine atteint sa quarante-sixième année.

Que s'était-il donc passé pour que, dans la force de l'âge et lorsque de longs jours paraissaient lui être encore réservés, il lui fallût abandonner le pouvoir souverain dont il s'était montré si jaloux ? Succombait-il à une de ces affections graves que la science médicale n'avait pu jusqu'alors combattre par des remèdes efficaces ? Hélas ! non : le pouls était bon et sans fièvre ; aucun mal visible ne se manifestait dans l'état du monarque, et cependant ses forces avaient insensiblement disparu et il touchait à la dernière heure.

Une morne stupeur régnait parmi les médecins et tous les témoins de cette scène extraordinaire. Aussi ne faut-il pas s'étonner qu'à défaut de cause apparente, on cherchât à expliquer par toutes sortes de conjectures un événement si inattendu[1].

---

1. *Bibl. de l'Éc. des chartes,* 1841-42, t. III, p. 1.

Ces quelques lignes posent très nettement le problème.

Philippe le Bel, dont la santé avait toujours été florissante, dont la vigueur physique faisait l'admiration de ses sujets[1], tombe subitement malade le lundi 4 novembre 1314 : le roi se plaint d'une douleur gastrique aiguë, suivie de vomissements et de diarrhée. Surviennent consécutivement de la sécheresse de la bouche, de l'anorexie et une soif que rien ne pouvait apaiser[2].

La maladie dura quatre semaines. Les médecins du roi n'y entendaient goutte, mais ils ne le voyaient pas néanmoins en danger de mort, car *il n'existait pas de fièvre* (le pouls et l'urine étant normaux)[3].

Cette maladie avait-elle eu des prodromes ?

---

1. Philippe le Bel était de grande stature et blond-roux, écrit M. Funck-Brentano, qui l'a étudié à fond dans des publications successives. « Ce Philippe... est le plus bel homme qu'on puisse voir », disait Bernard Saisset, un contemporain qui n'est pourtant rien moins que tendre dans ses appréciations sur le roi « sombre et muet ».

2. H. F., t. XXI, p. 205 (Chronique de Guillaume l'Écossais). M. Léop. Delisle a signalé, dans un article du *Correspondant* (25 juillet 1855), l'importance de la chronique du moine de Saint-Denis : « Guillaume l'Écossais, dit M. Delisle, moine de Saint-Denis, a dès à présent sa place marquée parmi les historiens de Philippe le Bel dont le témoignage doit être pris en considération... il assiste aux derniers moments du roi et le tableau qu'il en a tracé mérite d'être connu. » M. Funck-Brentano a produit, de son côté, un grand nombre d'arguments à l'appui de la véracité du narrateur et de l'authenticité de ses récits. (V. *La Mort de Philippe le Bel,* Paris, 1884, pp. 7 et suivantes ; et *Revue du Gâtinais,* 1884, pp. 89 et suiv.)

3. *Continuateur de Nangis,* édition Géraud, t. I, p. 413.

Si l'on s'en rapporte au témoignage du frère du roi, la mort de Philippe le Bel avait été précédée d'une période de dépression mélancolique, dont la durée est restée indéterminée. Charles de Valois allait même jusqu'à faire retomber la responsabilité de la mort de son frère sur Enguerrand de Marigny, dont les malversations avaient causé à Philippe un si profond chagrin. C'est en se basant sur la déclaration de Charles à son neveu, Louis le Hutin, précisant cette accusation, que certains historiens contemporains, entre autres Lacabane[1], ont cru pouvoir affirmer que *la mort de Philippe le Bel devait être attribuée au chagrin.*

Nous ne nous arrêterons pas à un argument plus politique que scientifique et nous aborderons une autre version, qui semble jouir d'une plus grande créance, bien que sa base soit presque aussi fragile.

On enseigne encore aujourd'hui, dans nombre d'histoires officielles[2], que *Philippe le Bel aurait été victime d'un accident de chasse.* Le roi était, en effet, grand chasseur devant l'Éternel[3]. On apprend qu'il est tombé malade au cours d'une de ses chasses, et aussitôt la légende de s'établir qu'il a été blessé par un sanglier[4] ; d'autres disent qu'il s'est fracturé la jambe en tombant de cheval[5].

1. Bib. de l'Éc. des chartes, *loc. cit.*

2. Lavisse et Rambaud, *Histoire générale,* t. III.

3. Philippe le Bel était très passionné pour la chasse. Il entretenait à Fontainebleau une meute de quarante-cinq lévriers. (Bibliot. nat., fonds français, 23256, fol. 38, cité dans la *Chronographia regum francorum,* t. I, 218, note.)

4. De Sismondi, *Hist. des Français,* t. VI ; Guizot, *Hist. de France,* t. I et « Documents annexes ».

5. *Biographie Didot* ; H. Martin, *Hist. de France,* t. IV, etc.

Même incertitude sur le lieu où se serait passé l'événement. Le roi chassait en forêt près de Pont-Sainte-Maxence, chef-lieu de canton de l'Oise, arrondissement de Senlis, probablement dans la forêt d'Halatte, – à moins que ce ne fût dans la forêt de Bière[1] (Fontainebleau), ou encore à Corbeil[2], d'où il aurait été transporté à Fontainebleau.

Geffroi, Geoffroi ou Godefroi de Paris est le seul, parmi les historiens français contemporains, qui ait fait allusion à cet accident de chasse ; encore ne semble-t-il être que l'écho[3] des bruits qui circulèrent alors dans le public[4].

1. *Chronique normande,* p. 30. « Après avint en ce temps, au mois de septembre, que le beau roy Philippe ala chacé en la forest de Bière et eurent sa gent eslevé un sanglier grant et merveilleux, le roi le chaça tant que il passa ses gens par force de cheval, etc. »

2. Selon Jean de Nouelles, ce serait la forêt de Fontainebleau (de Byère), mais cela ne peut s'accorder avec les mots *vers Senlitz,* ni avec les vers suivants (V. *note suivante*) où il est dit que le roi se fit transporter par eau à Paris. Jean de Saint-Victor dit, avec plus de probabilité, que Philippe le Bel tomba malade à Pontoise (*Rec. des Hist. de Fr.,* t. XXII, p. 151, note 4).

3. *Et d'autre part fu raconté/Que le roy en chaçant, monté/Estoit sur un corcier cheval ;/Si couroit amont et aval,/Et en courant à fort bruncha,/Que le roi jus en trébucha,/Et en sa jambe fut quassé,/Où il avoit, grant temps passé,/Grant mal eu et maladie,/Qui lors fu com recommancie,/Et i ot plus mal que devant./Ses gens qui l'aloient suiant,/De là où il s'estoit blécié./L'ont ensemble pris et drécié,/A nostre roi, à nostre chief/Avint vers Senliz cest meschief/En une forest renommée/Qui est... appelée.* [Le nom est, paraît-il, resté en blanc dans le manuscrit.]

4. *Cf.* les « Documents annexes ».

S'il faut en croire M. Funck-Brentano, on ne saurait accorder qu'une confiance médiocre à la chronique rimée de Godefroi de Paris. Voici ce qu'il nous en dit, dans une des érudites annotations de son opuscule sur *la Mort de Philippe le Bel* :

> Elle [cette chronique] est, à vrai dire, *bourrée d'erreurs grossières* ; elle traduit, dans le langage d'un bourgeois de l'époque, bonhomme et gouailleur, les racontars qui couraient la ville sur les événements du jour.

« Godefroi de Paris, dit de son côté Léon Lacabane, qui fait cependant grand cas de ce chroniqueur, est, je crois, le seul[1] de nos historiens français contemporains qui ait parlé de cet accident. Mais on s'aperçoit

1. Ce n'est pas, à vrai dire, le seul qui ait signalé le fait, mais il n'en est pas un, de tous ceux qui en ont parlé, qui soit plus digne de foi que Geffroi. « Outre Geffroi de Paris, Ferreti de Vicence, la chronique de Flandre, la chronique normande du quatorzième siècle, et Jean de Noyal, font mourir Philippe d'un accident de chasse. Leurs récits se contredisent entre eux. Aucune, mais aucune de ces quatre chroniques n'a quelque autorité sur les événements de France à cette date. Elles sont rédigées vers le milieu ou la fin du XIVe siècle, à l'étranger, ou à l'extrême nord de la France. Les auteurs rapportent ce qu'on racontait de leur temps, dans leur pays, sur la mort de Philippe, ou puisent à des sources troublées. Leurs narrations, d'autant plus longues, d'autant plus détaillées qu'elles sont de meilleure imagination, ne peuvent un seul instant être placées en regard du récit simple et naturel du moine Guillaume, assistant Philippe dans ses derniers moments, et tenant du confesseur du roi les circonstances de la maladie. » FUNCK-BRENTANO, *op. cit.*, pp. 39-40 et notes.

aisément que *c'est un simple bruit qu'il tient à constater, plutôt qu'un fait qu'il ait l'intention de garantir*[1]. »

M. Lacabane opine que l'on fit courir le bruit d'un accident de chasse dont aurait été victime Philippe le Bel, dans le but d'atténuer, surtout à l'étranger, la mauvaise impression qu'aurait produite l'annonce d'une fin causée par les remords et le chagrin. Il remarque, à cet effet, que les chroniques françaises les plus sûres[2] ne tiennent pas compte de cette rumeur ; alors que celle-ci était facilement acceptée par les historiens italiens[3] à la solde ou à la dévotion de la papauté.

Sans nous embarrasser d'une explication pour le moins superflue, au point de vue spécial où nous nous plaçons, nous pouvons conclure, sans trop de présomption, que *ce n'est pas à un accident de chasse qu'il faut attribuer la mort de Philippe le Bel.*

Nous avons fait justice, peut-être un peu sommairement, de l'opinion qui attribue la fin du roi au chagrin[4]. Nous y revenons pour dire que l'état de

---

1. *Dissertations sur l'Histoire de France au XIVe siècle,* in *Bibliothèque de l'École des chartes,* t. III, p. 6.

2. Les Chroniques de Saint-Denis, les Continuateurs de Nangis, J. de Saint-Victor, etc., ne parlent pas de la prétendue chute de cheval de Philippe le Bel.

3. Tels que Villani et d'autres.

4. « Dans ce temps de crédulité et de superstition, sa terreur n'aurait eu rien de surprenant, surtout au moment où le pape Clément, compris dans le même anathème, venait de succomber à une maladie de langueur, dont les médecins n'avaient pu reconnaître la cause. Philippe ne dut-il pas croire qu'un semblable sort lui était réservé et cette crainte, jointe à tous ses autres sujets de douleur, n'a-t-elle pas contribué à le conduire au tombeau ? »

dépression très réelle qui a précédé l'explosion du mal a bien pu être une cause occasionnelle de celui-ci : les travaux des neurologues modernes sont tous concordants sur l'importance qu'il convient d'attribuer aux traumatismes émotionnels[1].

Mais ce mal qui aurait provoqué la mort du roi, quel est-il ? Nous comprenons l'embarras des médecins de Philippe, et nous sommes loin d'avoir l'assurance de ceux qui tranchent d'autant plus dogmatiquement les problèmes les plus controversés de la pathologie historique qu'ils sont moins compétents pour en décider[2].

Quels symptômes objectifs avons-nous, qui nous permettent de poser un diagnostic plausible ? Aucun. Et comme signes subjectifs ? de l'anorexie et de la polydipsie.

Par contre, nous apprenons, d'une source qu'on ne suspectera pas[3], que le royal patient n'a pas, éprouvé la moindre sensation douloureuse, ni à la tête, ni au cœur, ni aux poumons, ni dans les flancs, ni aucune

---

LACABANE, *art. cit.*, p 2.

1. *Cf.* notamment la *Pathologie des émotions,* de Féré.

2. Les chroniqueurs français contemporains de Philippe IV, autres que Guillaume l'Écossais, se contentent d'enregistrer la mort du roi de France, sans ajouter le moindre mot : ce qui est très naturel si Philippe mourut de maladie et ne l'est pas s'il périt de mort violente. Seul, le continuateur de Guillaume de Nangis ajoute que les médecins ne comprirent rien à la maladie du roi. « Ce fut pour eux matière d'étonnement et de « stupeur ». Continuateur de Guillaume de Nangis, tranquillisez-vous : les médecins de Philippe le Bel ne furent ni les premiers ni les derniers qui ne virent goutte à l'état de leur malade. » (FUNCK-BRENTANO, *la Mort de Philippe le Bel,* p. 41.) La critique est aisée…

3. Chronique de Guillaume l'Écossais (H. F., XXI, 205).

autre part[1]. Au reste, il ne s'alite que trois jours avant sa mort ; et il meurt dans la plénitude de sa connaissance.

Deux jours auparavant, il avait mandé auprès de lui son fils, « qu'il entretint en tête-à-tête pendant longtemps[2] » ce qui exclut définitivement l'hypothèse d'une aphasie consécutive à un traumatisme cranien, à la suite d'une chute de cheval. Pour qui connaît la taciturnité habituelle du roi, un mutisme[3] durant quelques jours n'a rien, au surplus, qui doive surprendre.

Que conclure maintenant ?

Philippe le Bel n'est certainement pas mort empoisonné[4] ; il n'a pas davantage succombé à un accident de chasse : il est mort d'une maladie qui reste à déterminer.

« La maladie qui tua Philippe le Bel, écrit M. Funck-Brentano, semble être la *fièvre typhoïde.* » Et il ajoute aussitôt, pour se couvrir : « Tel a, du moins, été le sentiment des personnes compétentes que nous avons consultées à ce sujet. »

Ces conclusions sont discutables. Nous ne constatons, en effet, chez Philippe le Bel, ni céphalalgie[5], ni douleur iliaque, ni troubles urinaires, ni élévation de température.

---

1. *« Licet, ut ipse dicebat, nullum in capite, corde, visceribus, lateribus, dolorem sentiret, vel alia parte sui... »* Chronique citée, note ci-dessus.
2. *Biblioth. de l'Éc. des chartes,* janvier 1897.
3. *Cf. Revue du Gâtinais,* 1884, p. 99 et notes.
4. H. F., t. XXI, p. 537.
5. Terme générique désignant tout mal de tête, quelle qu'en soit la cause (NdE).

« Au XIVe siècle, dit encore M. F. Brentano, la médecine ne connaissait pas encore le typhus ; elle ne le connaissait pas davantage au XVIIe. »

Sans doute il faut attendre jusqu'au médecin Louis pour que la fièvre typhoïde ait sa place reconnue dans le cadre nosologique ; mais, au Moyen Âge et peut-être même bien avant l'époque médiévale, on connaissait les symptômes des « fièvres continues », qu'on désignait sous différents noms. Dans son traité de médecine, classique au temps de Philippe le Bel, le *Lilium medicinæ,* Bernard de Gordon notait déjà... le gargouillement iliaque ! Il lui donnait, il est vrai, une valeur pronostique que nous ne lui reconnaissons plus[1].

Si ce n'est pas de fièvre typhoïde que Philippe le Bel était atteint, ce n'est pas davantage d'une pyrexie infectieuse, quelle qu'elle soit, puisque, pendant tout son cours, sa maladie est restée apyrétique.

Alors ? Tout ce que nous pouvons dire, c'est qu'avec les renseignements imparfaits que nous possédons, nous entendons parler des renseignements d'ordre médical, tels, par exemple, qu'une observation clinique bien prise, il nous est impossible d'étiqueter l'affection à laquelle a succombé le roi Philippe IV. Et nous serions bien près d'être d'accord avec M. Funck-Brentano[2], quand il écrit que « le texte de Guillaume l'Écossais[3] – le seul sérieux, en l'espèce – montre clai-

1. *« Si in ventre audiatur sonus, sicut tonitruum, mortem signi ficat. »*

2. *Revue historique,* t. XXVI, p. 456 ; *Revue du Gâtinais,* 1884, et *La Mort de Philippe le Bel,* précitée.

3. Ceux qui voudront se référer à ce texte le trouveront, en la-

rement que *Philippe le Bel ne mourut ni de consomption, ni de langueur, ni de remords, ni de chagrin, comme le veulent ceux de nos historiens qui ne le font pas mourir d'un accident de chasse*[1].

Il ne nous paraît pas possible d'arriver à plus de précision dans l'état actuel de nos connaissances historiques.

Le problème reste à l'étude.

DOCUMENTS ANNEXES

Dans une *Chronique anonyme,* intitulée *Ancienne Chronique de Flandre,* nous trouvons confirmé le récit

---

tin, dans Brachet, *Pathologie mentale des rois de France,* t. II, pp. 55-58 ; en français, dans Funck-Bretano (*Revue du Gâtinais, loc. cit.,* pp. 100-114).

1. M. Ch. Baudon de Mouy a publié, dans la *Bibliothèque de l'École des chartes* (janvier 1897), une lettre missive (provenant des archives d'Aragon), qui n'est autre que le récit circonstancié de la mort et des funérailles de Philippe le Bel, récit fait à Guillaume de Canet, lieutenant de Majorque, par un personnage du nom de G. Baldrich. Celui-ci avait été probablement chargé d'une mission auprès de Philippe IV. Sa relation, concordant avec le texte des meilleurs annalistes, et ayant été écrite sous l'impression même des événements, suffit à en garantir l'authenticité. Il est dit dans ce récit que, le 3 décembre, on plaça le monarque à Saint-Denis, à côté de son aïeul Saint Louis. « Les entrailles et le cœur furent déposés (4 décembre) au monastère des sœurs de Poissy », ainsi que le roi l'avait expressément recommandé. G. Baldrich donne à ce sujet ce détail : au dire de témoins oculaires, « le cœur de Philippe IV était de si petite dimension qu'on pouvait le comparer à celui d'un enfant nouveau-né ou bien à celui d'un oiseau. » *Cf.* le Père Anselme, *Histoire généalogique de la maison de France,* t. I, p. 90.

de Geoffroi de Paris, ce qui nous ferait accorder à celui-ci tout de même une certaine créance (bien que l'annotateur de ces *Chroniques* déclare que « le récit se retrouve dans d'autres chroniques, notamment dans celle de Geoffroi de Paris », mais qu'« il n'est pas suffisamment justifié) ».

Quoi qu'il en soit, voici la version du chroniqueur de Flandre, extraite du *Recueil des historiens de la France,* t. XXII, p. 401 :

> Après ce que le roy Phelippe, a la prière de l'evesque d'Albanye, cardinal et légat du Saint-Père, eust accordé les trefves aux Flamens, luy estant à Corbueil, ung jour lui prinst voulenté de aler chacier le chierf ; et en ce point qu'il avoit levé ung grand cerf, ainsi que il vey venir acourant le cerf vers luy, il tira son espée et fery son cheval des esperons très aigrement. Il cuida tantost férir le cherf de son espée, mais son cheval ainsi point print le frain à bons dens et s'eslancha, et porta le roy encontre un gros arbre par si grant randon que le noble roy, en luy deffaillant sens et povoir, se laissa verser jus du cheval par terre, et fut moult durement bléchié jusques au cœur. Ses gens y accoururent, qu'y moult doucement le prindrent et le relevèrent, et sur une littière, qu'ilz envoièrent hastivement quérir, le portèrent souefvement droit à Corbueil. Il eut plusieurs bons médechins et chirurgiens, mais en la fin ce fut pour néant ; car sa douleur agravoit de jour en jour, et enfin fut de tous médichins habandonné. Et quand il fut fort affoibli et il congneu que la mort l'approchoit, il fist ses ordonnances et prist ces derniers sacremens ; si voulu mourir à Fontainebliaut. Dieu en aist l'ame. Si tost que le roy Phelippe le Bel fut trespassé, son corps fut richement embalsmé, et puis fut porté à

Paris en l'église Saint-Bernard. Et illeg fut fait ung moult riche lit où il fut couchié dessus, tout vestu de roiaulz vestemens, une moult riche couronne sur le chief et le ceptre en la main ; et ainsi fut porté en l'église Notre-Dame. Si partirent l'endemain toutes les pourcessions de Paris, et fut porté le corps moult honnourablement parmi la grant rue Saint-Denys ; et les plus grands bourgeois de Paris tenoient chascun une torche en leurs mains, jusques au nombre de quatre cens et plus.

Ainsi fut porté le corps ensevelir moult dévotement en l'abbaie de Saint-Denis emprès Paris.

Après avint en ce temps, au mois de septembre, que le beau roy Phelippe ala chacier en la forest de Biere, et eurent sa gent eslevé un sanglier grant et merveilleux, le roy chaça tant que il passa ses gens par force de cheval. Quand le sanglier fut eschauffez, il retourna et courut sur le roy, et le roy le failli périr de l'espie. Le sanglier le ferie de ses dens en la jambe du cheval, dont il se desroia pour la bleceure et geta le roy à terre et demoura un de ses piez en l'estrier, si que le cheval traina moult longuement le roy par les bois, si que il fut moult mehaignez. Et sa gent qui le trouverent le porterent à la Fontaine Bliaut et mourut en l'an de grâce mil CCC et XIV, et fut enterrez en l'abbaie de Barbel, et fut le cinquantiesme roy en France[1].

1. *Chronique normande,* éd. Molinier, p. 30.

CHARLES LE BEL

† Mort le 1er février 1328 d'un mal de nature inconnue.

On n'a aucun renseignement sur la nature de la maladie à laquelle succomba Charles le Bel[1], troisième fils de Philippe le Bel. Tout ce que les annalistes nous apprennent, c'est qu'il s'alita le jour de Noël, et que le dénouement fatal se produisit le 1er février suivant.

> Le jour de Noël environ minuit accoucha au lit malade le roy Charles, et la veille de la Chandeleur mourut au bois de Vincennes. Si fu son corps enterré emprès son frère à Saint-Denis, et son cuer (cœur) aux frères prescheurs à Paris. Et ainsi toute la lignée du roy Phelippe le Bel en moins de treize ans fu deffaillie et amortie, dont ce fut très grand domage[2].

---

1. Après une discussion très serrée, l'auteur de l'opuscule que nous avons déjà cité, sur *Saint Louis, Charles VI, Fernel,* place la naissance de *Charles le Bel* en 1294, au mois de juin. Le lieu de naissance du roi Charles n'est désormais plus contestable : c'est *Creil,* et non *Clermont-de-l'Oise, comme* d'aucuns l'ont à tort prétendu.

2. *Chronique de Saint-Denis* (éd. Paulin Paris), t. V, p. 303. Le même fait est relaté en ces termes dans *Le Continuateur de Nangis* (éd. Géraud, II, 82) : *« Hoc eodem anno, in die natalis Domi-*

Des sept enfants issus du mariage de Jeanne de Navarre avec Philippe le Bel, trois seulement méritent d'être signalés au point de vue pathologique :

1° Louis X, *le Hutin* (1289-1316), mort à vingt-sept ans, probablement d'une *affection aiguë des voies respiratoires,* contractée à la suite d'un refroidissement, bien que le bruit ait couru qu'il avait été *empoisonné.* Après s'être fort échauffé au jeu de paume, il descendit dans une cave et eut l'imprudence d'y boire du vin très frais :

[…] Il avoit
Joué à un jeu qu'il savoit,
A la paume. Si s'eschauffa.
Et son conseil, qui le biffa,
L'en là mené en une cave.

Il eut donc, vraisemblablement, une fluxion de poitrine ou une pneumonie. Mais il aurait succombé à une fièvre violente, d'après Guillaume de Nangis[1], ou à un « flux de ventre », s'il faut s'en rapporter à Robert Gaguin. Qui entendre ?

2° PHILIPPE V, *le Long* (1294-1322), dit encore *le Saige* ou *le Borgne*[2], fut atteint de dysenterie et de

---

ni, circa mediam noctem, regem Franciæ Karolum gravis ægritudo arripuit. Qua diu laborans, in vigilia Purificationis beatæ Mariæ apud nemus Vicenarum propre Parisius exspiravit, relicta regina uxore sua desolata, vidua et pregnante. Cujus corpus, juxta Philippum fratrem suum, more patrum suorum, sepulcris regum Franciæ apud sanctum Dionysium honorifice sepelitur. » *Cf.* la *Chron. Paris, anon.,* éd. Hellot, p. 112, et *Chronographia regum francorum,* éd. Moranvillé, I, 291.

1. *Chronique latine* de G. de NANGIS, t. I, p. 426, éd. Géraud.

2. *Chronographia,* éd. Moranvillé, I, 255.

fièvre quarte, que ne parvinrent pas à soulager ses médecins[1], et qui le tint pendant près de six mois dans un état de langueur continuel : il était arrivé à ne plus avoir que la peau et les os. Il s'agit, peut-on présumer, d'une entérite tuberculeuse, ayant à la longue déterminé cette cachexie dont parlent les chroniqueurs du temps[2].

3° CHARLES IV, *le Bel,* dont nous venons de parler.

---

1. Il avait pour médecins Pierre de Capiscaine, Geoffroy de Courvot, etc. Il mourut à vingt-huit ans, bien qu'on lui eût apporté à baiser le bois de la Vraie Croix, un clou provenant de la crucifixion du Christ et un bras de saint Simon. L'hagiothérapie est une méthode thérapeutique qui compte des insuccès, comme les autres.

2. *Chronographia, op. cit.* et aussi *Continuateur de Nangis,* éd. Géraud, II, 37.

CHARLES DE VALOIS

† Mort le 16 décembre 1325 d'une lésion cérébrale.

Charles, comte de Valois, frère de Philippe le Bel et père de Philippe de Valois, peut être considéré comme la tige de la *branche des Valois,* qui a fourni plusieurs rois à la France.

On a peu de renseignements sur l'état pathologique de *Charles de Valois.* Les historiens signalent qu'en 1305, à Lyon, lors des fêtes données à l'occasion du couronnement du pape Clément V, il fut « grièvement mais non mortellement » blessé[1] par l'écroulement d'une muraille.

Quelques années après cet accident, il éprouve un premier accès de goutte[2] ; il dirige néanmoins l'expédition de Guyenne et s'empare de la ville de La Réole, en 1324.

Le 26 mai 1325[3], à l'âge de cinquante-cinq ans, survient une paralysie des membres inférieurs, à la suite d'un épanchement dans le cerveau, et Charles de Valois succombe à cette lésion cérébrale[4], ou à une maladie intercurrente, fébrile[5], impossible à carac-

1. H. F., XXI, 26 (*Continuatio chronici Girardi de Fracheto*).
2. H. F., XXI, 686 (*Cont. de Jean de Saint-Victor*).
3. Hellot, *Chronique anonyme,* p. 101 (année 1325).
4. *Continuateur de Nangis,* éd. Géraud, t. II, p. 65.
5. En faveur de cette hypothèse, nous n'avons que ce passage

tériser, dans l'état actuel de nos connaissances sur la symptomatologie de cette affection, au mois de décembre de la même année (1325), la semaine avant Noël[1].

Particularité à signaler, et qui a échappé à la plupart des historiens : quand la maladie de Charles de Valois s'aggrave, il revient tout à fait sur le compte d'Enguerrand de Marigny, qu'il avait fait mettre à mort contre toute justice. On a voulu voir dans l'acte de repentir de Charles de Valois « la marque d'une humilité tardive ». Si on avait observé (comme l'a remarqué, avec son sens critique si avisé, un des hommes les plus attentifs aux problèmes de psychologie morbide) que les scrupules de Charles de Valois n'ont apparu que *postérieurement à l'explosion de son affection cérébrale*[2], on aurait vu que cette manifestation inexplicable de sympathie du persécuteur pour sa victime était liée à un état morbide. L'inversion du caractère est, en effet, un signe clinique banal et l'un des stigmates psychiques des lésions cérébrales en foyer[3].

Ainsi la médecine vient au secours de l'Histoire, dans un cas dont l'explication ne laisse pas d'avoir donné quelque embarras aux profanes.

---

de la *Chronographia regum Francorum,* éd. Moranvillé, I, 175 : *« Et post modicum tempus, Karolus, comes Valesii, avunculus regis,* quadam febre *ipsum arripiente, mortuus est ac sepultus in collegio Predicatorum Parisius […]. »*

1. Hellot, *Chron. an., loc. cit.*

2. *Continuateur de Nangis* et *C. de Jean de Saint-Victor, loc. cit.*

3. *Cf.* la thèse du docteur Ferrière, *De l'état mental des apoplectiques,* 1889 ; Lwof, *Troubles intellectuels dans les lésions circonscrites du cerveau,* 1890, etc.

PHILIPPE VI DE VALOIS

† Mort le 22 août 1350 d'une maladie indéterminée.

Des historiens modernes, entre autres Michelet et Henri Martin, ont attribué la mort de ce roi à des excès génésiques. Cette opinion prend appui sur tel passage d'un chroniqueur italien[1], qui, mal ou plutôt incomplètement lu et traduit, a pu donner lieu à cette fausse interprétation. Si Philippe VI a abusé des plaisirs[2], il n'est pas autrement prouvé que cet abus ait déterminé chez lui un épuisement qui ait été la cause directe de sa perte.

À s'en rapporter à l'auteur qui nous a fait connaître ses débordements, Philippe de Valois aurait succombé à une maladie dont la nature exacte reste à connaître.

---

1. Matteo Villani, éd. Dragomani, t. I, cité par Brachet, *op. cit.*, II, pp. 68 et suiv.

2. Le roi jouissait d'une excellente santé, et il est probable qu'il eût fait attendre longtemps son successeur, s'il ne se fût avisé d'épouser, à cinquante-sept ans, sa cousine Blanche d'Évreux, qui n'en avait que dix-sept, et qui passait (au dire de Brantôme) pour la plus belle princesse de son temps. Il l'aima tellement que, moins d'un an après, il reposait dans les caveaux de Saint-Denis. (Alf. Franklin, *Les Médecins,* pp. 56-57.)

Il était âgé de cinquante-sept ans au moment de sa mort.

Si l'on peut soutenir que l'incontinence ait pu préparer le terrain à ce mal inconnu, on ne saurait admettre, comme certains n'ont pas craint de l'affirmer, que le roi, qui fit à ses deux fils sur son lit de mort de si lucides recommandations[1], se soit éteint dans le ramollissement cérébral ou dans le gâtisme. Il y a là une contradiction qu'il suffit de signaler pour montrer combien peu acceptable est une pareille hypothèse[2].

1. *Continuateur de Nangis,* éd. Géraud, t. II, p. 221.

2. Philippe VI était mort à l'abbaye de Coulombes, près de Dreux, le 22 août 1350 : Le « cirurgien » Remon du Noc procéda à l'embaumement du roi (Bibl. nat., ms latin 9015, n° 43, publié par M. Maurice JUSSELIN, archiviste paléographe) entre le 22 et le 26 ; car, à cette dernière date, le corps du monarque fut apporté à Notre-Dame de Paris. Ses obsèques eurent lieu le samedi 28. Philippe VI fut inhumé à Saint-Denis ; ses entrailles furent portées aux Jacobins, à Paris, et son cœur à Bourgfontaine-en-Valois (V. *Chronique de Jean le Bel,* éd. Jules VIARD et Eug. DEPREZ, Société de l'Hist. de France, t. II ; Paris ; 1905, in-8, p. 185 note 3).

JEANNE DE BOURGOGNE

† Morte le 12 décembre 1349 de la peste.

La femme de Philippe VI serait un beau sujet d'étude pour un médecin aliéniste.

Son ascendance suffirait à donner la clé de son état morbide. N'est-elle pas la petite-fille de cet Hugues IV, un faible d'esprit[1], dont le grand-père avait eu, lui aussi, une fin misérable, *« mente alienatus »*, au dire du chroniqueur Mathieu de Paris[2] ? N'est-elle pas la fille de cette Agnès de France qui eut un frère fou ?

Elle est aussi la sœur de cette fameuse Marguerite de Bourgogne, femme de Louis le Hutin, qui n'a pas usurpé, tant s'en faut, sa réputation de salacité sexuelle[3].

Elle-même n'est pas à l'abri de tout reproche[4] sous ce rapport. Signalons, à ce propos, une particularité qui permettra de tirer certaines inductions : cette reine passionnée était boiteuse de naissance.

---

1. E. Petit, *Hist. des ducs de Bourgogne de la race capétienne,* 1894, t. V.

2. Matthœi Parisiensis, *Chronica majora,* éd. Luard, t. II, p. 387.

3. *Continuateur de Nangis,* éd. Géraud, I, 404 ; et *Chroniq. de Saint-Denys,* éd. P. Paris, t. V, p. 220. (*Cf. Recherches historiques sur l'origine du pape Jean XXII,* par Bertrandy, p. 13.)

4. P. Cochon, *Chronique normande,* éd. Beaurepaire.

Jeanne de Bourgogne fut une des victimes de la terrible épidémie de peste à bubons[1], qui sévit sur l'Europe vers la fin de la première moitié du XIVe siècle[2].

1. *Cf. Chronographia regum francorum,* éd. Moranvillé, t. II ; *Chronique des quatre premiers Valois,* éd. S. Luce ; PIERRE COCHON, op. *cit.,* etc.
2. V. sur cette épidémie : NICAISE, *Guy de Chauliac,* p. 167 ; LITTRÉ, *Médecine et Médecins* ; OZANAM, ANGLADA, etc.

JEAN II DIT LE BON

† Mort le 8 avril 1364 de traumatisme.

Tous les enfants de Philippe VI et de Jeanne de Bourgogne, à l'exception de Jean le Bon, étant morts en bas âge ou sans descendance légitime, Jean continua seul la postérité de son père.

À seize ans, il fut atteint d'une affection bizarre, qui mit ses jours en danger[1]. Cette maladie, à marche aiguë, dura deux semaines et fut caractérisée par l'apparition quotidienne sur les membres de grosseurs ou saillies dures, de couleur brunâtre ou livide, se terminant par résolution, par conséquent n'aboutissant ni à la suppuration, ni à la chronicité, ce qui exclut l'idée d'une adénite[2] ou d'une tumeur squirrheuse (cancer, par exemple).

Brachet[3] croit qu'il s'agissait de ce qu'on nomme aujourd'hui l'*érythème noueux des rhumatisants,* qui est le lot des arthritiques strumeux. C'est ce que Bazin nommait l'*érythème induré scrofuleux*[4].

---

1. *Cf. Continuateur de Nangis.*
2. Inflammation d'un ou plusieurs ganglions (NdE).
3. *Op. cit.,* t. I, p. 236.
4. Bazin, *Affections cutanées d'origine arthritique et dartreuse,* p. 137.

Les médecins, mandés par le duc, jugèrent l'affection grave ; elle avait un aspect inquiétant, et le royal patient était déjà épuisé par des excès précoces (marié dès l'âge de treize ans, il avait eu un premier enfant à quinze ans !). À ce sujet, nous ne devons pas omettre de noter que, d'après des recherches relativement récentes[1], la blennorrhagie[2], qu'on sait être aujourd'hui une maladie générale à manifestations locales, entre en ligne de compte dans la pathogénie de l'érythème noueux. La précocité sexuelle du jeune roi autorise bien des soupçons.

En dépit de l'opposition de ses conseillers, qui l'engageaient à veiller un peu plus sur sa santé, Jean le Bon se rendit à Londres, fidèle, disait-il, à la foi jurée, mais, au dire de maints chroniqueurs[3], pour y jouer, *causa joci* : un jeu dangereux, puisque, après deux mois d'une vie de dissipation et de « récréations... en dîners, en soupers, *et en aultres manières*[4] », il tombait cette fois sérieusement malade.

Sa mort fut-elle la terminaison de cette maladie, il est malaisé de l'affirmer. Plusieurs opinions ont, en effet, été émises à cet égard.

Tandis que les uns[5] se prononcent en faveur d'une affection grave *(gravi morbo correptus),* d'autres

1. *Société de médecine interne de Berlin,* séance du 10 décembre 1894 : communication du professeur Litten.

2. Blennorrhagie ou blennorragie : inflammation de l'urètre, infection des organes génito-urinaires chez l'homme (NdE).

3. *Continuateur de Nangis,* éd. Géraud, t. II, p. 333.

4. Froissart, éd. S. Luce, t. VI, p. 392.

5. Walsingham *Hist. Anglicana,* éd. Riley ; Londres, 1863 t. I, p. 299.

parlent de mort subite par apoplexie[1] ; d'autres enfin, et ceci mérite de nous arrêter davantage, prétendent que Jean le Bon aurait succombé à un coup de dague, que lui aurait porté un seigneur, après une partie d'échecs[2].

De toutes, cette version est la plus probable.

1. MARTÈNE, *Amplissima collectio,* t. V, p. 287 (*Chronique* de Zantfliet).

2. ZANTFLIET, *op. cit.,* et P. COCHON, *Chronique normande,* p. 107.

CHARLES V

† ***Mort le 16 septembre 1380 d'une lésion aortique, d'origine goutteuse.***

De sa première femme, Bonne de Luxembourg, Jean le Bon a eu neuf enfants dont :
1° *Louis, duc d'Anjou,* qui mourra d'une *angine phlegmoneuse*[1], le 3 octobre 1384 ;

2° *Jean, duc de Berry,* goutteux[2], dont on ignore la cause de la mort ;

3° *Philippe, duc de Bourgogne,* mort le 27 avril 1404[3] ;

4° *Jeanne de Navarre,* qu'on dit, à tort, avoir été empoisonnée et qui mourut subitement dans son bain, à la suite d'une syncope, « faiblesse de cœur[4] », en 1416 ;

5° *Isabelle de France,* qui épousa le duc de Milan, Galéas Visconti[5] ;

6° *Charles V*[6], qui continua sur le trône de France la dynastie des Valois. Marié à treize ans, il ne devint roi que quatorze ans plus tard.

---

1. Brachet, II, 117.
2. *Religieux de Saint-Denis,* t. V, p. 68.
3. Petit de Vausse, *Itinéraire des ducs de Bourgogne.*
4. Secousse, *Mém. sur Charles le Mauvais,* 1755, t. II, p. 388. (*Cf.* « Documents annexes ».)
5. Durieu, *Gascons en Italie,* p. 64.
6. Les trois autres enfants issus du premier mariage de Jean

Nous avons discuté ailleurs[1] l'hypothèse de l'empoisonnement de ce roi par ses frères, et notamment par Charles le Mauvais. Disons seulement, à cette place, que Charles V présentait une fistule au bras gauche, probablement consécutive à une *ostéopériostite de l'humérus,* de nature typhoïdique. Il eut de la chute des cheveux et des ongles qui nous semblent confirmer ce diagnostic.

Cet état du bras gauche[2] a été attribué, par des critiques étrangers aux méthodes de la médecine, soit à un cautère – c'était prendre, comme on l'a dit, une lésion pour une arme thérapeutique – soit à une intoxication par l'arsenic[3].

---

le Bon sont trois filles : une, morte en bas âge, *Agnès* ; une autre, morte en religion, à Poissy, *Marguerite* ; et enfin, *Marie de France,* morte en 1404, épouse de Robert Ier, duc de Bar.

1. *Poisons et Sortilèges,* t. I.

2. Le roi présentait, en outre, une déformation articulaire et une impotence chronique de la main droite ; des incisions furent pratiquées entre les doigts pour diminuer l'œdème. Il éprouvait une sensation chronique de froid dans la même main, quelle que fût la saison. La motililé était abolie pour les actes qui exigent un notable effort musculaire ; elle était conservée pour les actes à faible effort : écriture, port d'objets légers. On a encore noté, chez Charles V, de la dyspepsie flatulente, qui s'observe fréquemment chez les goutteux, de la gravelle, un état fébrile chronique. Les médications antigoutteuses, analgésiques et hypnotiques, ordonnées au roi par ses médecins, confirment le diagnostic de goutte, qui est indiscutable. (*Cf.* BRACHET, *op. cit.*)

3. « Ce prince [Charles V] avait, dans sa jeunesse, été empoisonné par Charles le Mauvais. L'activité du poison lui avait fait tomber les ongles et les cheveux ; longtemps ses jours avaient été menacés ; il n'avait dû sa guérison qu'aux soins assidus d'un médecin de l'empereur Charles IV, qui avait

N'oublions pas que Charles V était fils de rhumatisant, arrière-petit-fils de goutteux ; que son oncle était mort de cachexie goutteuse ; que l'un de ses frères, sinon deux, avait également subi les atteintes de la même diathèse[1].

Le dimanche 16 septembre 1380, à la suite d'une série d'attaques de goutte, le roi succombait, après une crise de soixante heures, marquée par un état persistant d'orthopnée[2] ; des phénomènes asphyxiques ; de l'hydropisie, pour laquelle il fut fait au malade une double ponction latérale ; du délire ; *des douleurs terribles, avec angoisse cardiaque* (le malade poussait des cris

---

conseillé un *cautère* [instrument que l'on chauffe pour ensuite brûler les tissus concernés du malade, afin de cautériser et de favoriser la cicatrisation (NdE)] au bras et prescrit le régime à suivre, en annonçant que, quand le cautère cesserait de couler, sa vie serait en danger, et qu'il mourrait peu de temps après. Ce fut en 1380 que Charles s'aperçut de cette suppression, triste présage de sa fin. » BERTHEVIN, *Recherches historiques sur les derniers jours des rois de France ;* Paris, 1825, p. 29. Henri Martin, Sismondi, etc., ont réédité l'erreur commune. Déjà, au XVe siècle, le chroniqueur Zantfliet attribuait à un empoisonnement, commis par les frères de Charles V, l'état du bras gauche du roi, celui de sa main droite, son hydropisie [accumulation anormale de liquide dans les tissus de l'organisme ou dans une cavité du corps (NdE)], ainsi que son état cachectique. Froissart ne craint pas, lui non plus, d'attribuer l'ostéopériostite du bras gauche à un empoisonnement du roi, en 1357, par Charles le Mauvais. Moreau [de Tours] et Bird, en Allemagne, ont suivi cette fausse piste.

1. Prédisposition morbide innée. Ambroise Paré a introduit ce terme dans la langue médicale française vers 1560 (NdE).

2. Difficulté respiratoire en position allongée (NdE).

dont toute la maison retentissait) ; le faciès hippocratique et de l'hyperesthésie[1] des téguments[2].

On a sous les yeux le tableau symptomatique de l'angine de poitrine coronarienne, telle qu'on l'observe dans une lésion de l'aorte – et ce diagnostic n'est pas en désaccord avec ce que nous venons de faire connaître des antécédents goutteux du père de Charles VI[3].

DOCUMENTS ANNEXES

MORT DE JEANNE DE NAVARRE

Quant est de la mort de madame la royne de Navarre (que Dieu absoille) dont le dit Pierre a été interrogié par MM. du conseil disans que elle fu empoissonnée, dist ledit Pierre que quant elle mouru il étoit à Bernay, et ne fut onques si troublé,

1. Exagération physiologique ou pathologique des sensations. Ici, « hyperesthésie des téguments » : des tissus, du tactile (NdE).

2. V. la *Relation anonyme de la mort de Charles V,* par Hauréau *(Notices et Extraits des Mss de la Bibliothèque nationale,* 1886, t. XXXI, 2° partie, p. 5). *Cf.* la *Revue des questions historiques,* t. XXV/(1879), pp. 433 et suiv.

3. Aux funérailles de Charles V, les écoliers de l'Université causèrent du trouble, parce que le recteur voulait marcher à côté de l'évêque de Paris qui conduisait son clergé. Pour éviter à l'avenir un pareil scandale, le recteur de l'Université se tient à la gauche du doyen de l'église de Paris. Le grand aumônier et le maître de l'oratoire ont également leurs places et vont devant les aumôniers ordinaires ; ces derniers vont suivant leur rang, avec les évêques, s'ils sont prélats, avec les abbés, s'ils sont pourvus de quelque abbaye. (Legrand d'Aussy, *loc., cit.*)

si esmerveillié ne si dolent de mort de personne, comme il fu de la siene et ne tient pas qu'elle mourust de poisons : car on tenoit à Evreux où elle mouru, que ce avoit esté, parce que elle avoit estée mal gardée en son baing auquelle elle mourut ; et le scevent Madame de Foix, la dame de Saquainville, et Katherine de Bautellu, Margot de Germonville, et autres femmes estant pour lors avecques lui ; et si peut être sceu par Simon le Lombart, apothicaire d'Evreux qui l'eviscera et vit tout ce qu'elle avoit dedans le corps. Et aussi est-il tout certain que tantost après la mort d'elle, furent assemblez au chastel d'Evreux l'evesque d'Avranches, madame de Foix, madame de Saquainville, et plusieurs du conseil du dit roi de Navarre, toutes les damoiselles et femmes de chambre, et furent prises les femmes par serment que elles diroient la vérité. Si fu récité tout au long par la bouche de Margot de Germonville tout le procès et la manière de la mort, et par ce fut trouvé qu'elle étoit morte de faiblesse de cuer et à ce s'accordèrent toutes les autres femmes[1].

1. Secousse, *loc. cit.*

CHARLES VI

*† **Mort le 21 octobre 1422 d'accès répétés de manie aiguë.***

Charles VI succède à son père le 16 septembre 1380. Il est sacré et couronné à Reims le 4 novembre (et non le 25 octobre)[1]. Il meurt le 21 octobre 1422.

Sa première maladie date de 1392 ; au mois d'avril de cette année (1392), avait eu lieu une entrevue entre Charles VI et le roi d'Angleterre à Amiens. C'est là que Charles fut pris, selon l'expression de Froissart, de « fièvre et chaulde maladie[2] ».

Qu'entendait-on par *chaude maladie* au xve siècle ? Dans l'*Histoire* de Robert Gaguin[3] se lit ce passage : *« Nam comitialis morbo cum interdum premeretur »*, qui est ainsi traduit (dans une traduction française de 1498) ; « Car comme auculnes foys il fut persécuté de *chaulde malladie...* » La « chaude maladie » ne serait-elle pas, dans ce cas, ce que nous nommons aujourd'hui le *mal comitial,* l'*épilepsie* ? Voici la confirmation de notre hypothèse. Dans le *De Proprie tatibus rerum,* au chapitre qui traite des vertus de la pierre d'aigle *(aétite),* nous relevons cette phrase : *« Hic etiam lapis (aetites)* caducorum *prohibet casum »* ; ce qu'en 1375 le médecin Corbichon traduisait : « L'ethice vault moult contre le chaud mal »,

1. Peignot, *Abrégé de l'Hist. de France,* p. 112.
2. Froissart, édition Kervyn, XIV, 389.
3. Cité par Brachet, II, 214.

et ce que nous interpréterions actuellement de la sorte : la pierre d'aigle est souveraine contre le *mal caduc.* Or, le *mal caduc,* qu'est-ce autre chose que l'épilepsie ? Donc, la « chaulde maladie » de Froissant ne saurait être que le *morbus sacer,* le *mal sacré,* le *haut mal.*

On nous objectera que cette première maladie du roi fut « tant angoisseuse qu'il en perdit les ongles et les cheveux[1] », et on en tirera l'induction que ce pouvait être une fièvre typhoïde à forme convulsive, une fièvre ataxo-adynamique[2]. L'alopécie et l'onyxis s'observent, en effet, dans les fièvres éruptives, et non pas seulement dans la fièvre typhoïde, mais dans la rougeole et la scarlatine ; or, si le roi avait présenté une éruption, les historiens du temps n'auraient pas manqué de la signaler.

D'autre part, nous écartons l'idée d'une fièvre typhoïde, parce que le roi fut très rapidement sur pied, et se remit bientôt à chasser comme auparavant. Au surplus, le voyage d'Amiens avait eu lieu en avril ; à l'Ascension, « retourna le roy de France à Paris en bon point et en bon estat » : la convalescence d'une fièvre continue aurait été beaucoup plus longue.

Reste à expliquer la chute des ongles et des cheveux. Mais ce symptôme implique-t-il autre chose qu'un trouble de la nutrition ; et chez une personne de souche arthritique, comme l'était Charles VI, est-ce un phénomène si exceptionnel ? Dans l'épilepsie même, ce signe ne s'observe-t-il pas ?

Nous nous appesantirons moins sur les autres

1. Plaidoyer de Jean Petit Monstrelet, I, 227, édition Doüet d'Arcq, cité par Brachet, II, 215.
2. C'est l'opinion de Brachet, que nous ne croyons pas devoir adopter.

maladies de Charles VI, puisqu'elles se résument toutes dans une seule, la folie, dont nous parlerons plus longuement ailleurs[1].

La première manifestation des troubles psychiques chez le roi doit être cependant précisée : elle eut lieu du 1er au 5 août 1392[2]. Le 5, éclatait le premier accès de manie aiguë. L'affection dura trente ans et se termina par la mort, le 21 octobre 1422[3].

On ne possède pas le rapport d'autopsie, ce qui eut peut-être permis de diagnostiquer la maladie finale ; tout ce que nous apprend un chroniqueur de l'époque[4], c'est qu'« il avoit le cœur et le foye net », notion, en vérité, bien insuffisante pour asseoir une opinion ferme.

DOCUMENTS ANNEXES

COMMENT CHARLES VI, ROI DE FRANCE, FUT PORTÉ À SAINT-DENIS

[...] Et étoit le corps sur une litière moult notablement, par dessus laquelle avoit un pavillon

---

1. Disons, en attendant, que le sujet a été étudié par Chereau *(Union médicale,* 1er juin 1862) et, plus récemment, par Saltel, *La Folie du roi Charles VI :* thèse de Toulouse, 1907.
2. *Religieux de Saint-Denis,* t. II, 19 ; et Monstrelet, I, 227, édition Doüet d'Arcq.
3. « Item, le XXIe jour du moys d'octobre, vigille de XIm Vierges, trespassa de ce siècle le bon roy Charles, qui plus longuement regna que nul roy chrestien dont on eust mémoire, car il régna roy de France XLIII ans... » *Journal d'un bourgeois de Paris,* édition Tuetey ; Paris, Champion, 1881, p. 177. Il s'éteignit dans le plus triste abandon (note 1, *loc. cit.).* Pour la cérémonie des obsèques *cf.* Leber, *Collection des meilleurs dissertations et traités relatifs* à *l'Histoire de France,* t. XIX, pp. 209 et 238.)
4. *Chronique de Monstrelet,* édition Doüet, t. VI, 324.

de drap d'or à un champ vermeil d'azur semé de fleurs de lys d'or ; et par-dessus le corps avoit une pourtraicture faite à la semblance du roi, portant couronne d'or et de pierres précieuses moult riches, tenant en ses mains deux écus, l'un d'or et l'autre d'argent ; et avoit en ses gands blancs et anneaux moult bien garnis de pierres, et étoit icelle figure vêtue d'un drap d'or à un champ vermeil, à justes manches et un mantel pareil fourré d'hermine ; et si avoit unes chausses noires et un solers de velour-d'azur semés de fleurs de lys d'or.

Et en tel état, comme dit est, fut porté en grand'révérence jusque dans l'église Notre-Dame de Paris, dedans laquelle chanta la messe pour ledit défunt le patriarche de Constantinople. Après laquelle et l'office achevé moult honorablement, fut le dit roi porté à Saint-Denis ; et le portèrent les gens de son écuyerie jusqu'à une croix qui est en mi-chemin de Paris et Saint-Denis. A laquelle croix le chargèrent les mesureurs et porteurs de sel à Paris, chacun une fleur de de lys à la poitrine ; et le portèrent jusqu'à une croix auprès Saint-Denis, jusqu'à laquelle vinrent à l'encontre de lui l'abbé du dit lieu de Saint-Denis et ses religieux, et tout le clergé de la ville en procession, avec les bourgeois et le peuple, qui avoient grand'foison de torches et luminaires. Et de là, en chantant et recommandant son âme à Dieu, fut porté jusqu'à l'église Saint-Denis[1].

1. Chroniques d'Enguerrand de Monstrelet *(Panthéon littéraire,* édition J.-A.C. Buchon ; Paris, 1836), livr. I, p. 534.

CHARLES VII

† Mort le 22 juillet 1461 de cachexie tuberculeuse.

Des douze enfants[1] que Charles VI eut, de son union avec Isabeau de Bavière, quatre succombèrent en bas âge : un, le jour où il vint au monde (Philippe)[2] ; un autre, l'année de sa naissance (Charles de France, dauphin de Vincennes) ; un troisième enfant, une fille (Jeanne), à l'âge de deux ans ; un garçon (Charles de France, duc de Guienne), âgé de huit ans. Le futur

1. Voici la descendance de Charles VI et d'Isabeau : 1° *Charles,* né le 25 septembre 1386, mort le 28 décembre suivant ; 2° *Jeanne,* née le 14 juin 1388, morte en 1390 ; 3° *Isabelle,* née le 9 novembre 1389, morte le 13 septembre 1409 ; 4° *Jeanne,* née le 24 janvier 1391 ; 5° CHARLES, né le 6 février 1392, mort le 13 janvier 1401 ; 6° *Marie,* née en juillet ou août 1393 ; 7° *Michelle,* née le 12 janvier 1395 ; 8° *Louis,* né le 22 janvier 1397 ; 9° *Jean,* né le 31 août 1398 ; 10° *Catherine,* née le 22 octobre 1401 ; 11° *Charles* ; 12° *Philippe,* né le 10 novembre 1407, mort le même jour. (V. *Notes sur l'état civil des princes et princesses, nés de Charles VI et d'Isabeau de Bavière,* par M. VALLET de VIRIVILLE, in *Bibliothèque de l'École des chartes,* t. XIX, pp. 473-482.).

2. « La naissance de cet enfant marqua, pour Isabeau de Bavière, le terme de la période maternelle. Pour elle, la saison des passions galantes ne tarda point à se clore également, par un arrêt de la nature ou de la Providence. » VALLET de VIRIVILLE, *Hist. de Charles VII,* I, 34.

Charles VII était né le cinquième (le 22 février 1403). On a élevé des doutes sur la légitimité de la naissance[1] de Charles VII.

On n'a pas oublié la scène de l'entrevue de Jeanne d'Arc avec le prince, où la vierge lorraine lui dit ces paroles, dont le sens a pu paraître mystérieux : « Je te dis de la part de Messire que tu es vray héritier de France et *fils du roy*[2]. » Si, d'autre part, on se reporte au mois de la conception du cinquième enfant d'Isabeau de Bavière, c'est-à-dire au mois de mai 1402, on ne peut se défendre de certaines réflexions.

En ce mois de mai (1402), quelques jours avant la Pentecôte (qui tomba cette année-là le 14 mai), Charles VI éprouvait un accès de folie[3]. Le samedi après la Pentecôte (20 mai), Charles était encore dans sa crise, quand parut un édit du duc d'Orléans pour la levée d'une imposition générale.

---

1. « Le XXVe jour du moys de septembre audit an MCCCC XXXV mourut en l'hostel du Roy près Sainct Pol à Paris Mme Ysabeau de Bavière reyne de France. Le corps de la quelle dame fut mis en une nacelle sur la rivière de Seine en petite solennité… Ce fut une grande honte aux Angloys qui l'avoient en leurs mains de laisser en cest estat conduyre le corps de ladicte dame… Et qui plus est disoient à ladicte Royne que ledit Roy Charles son filz *estoit illégitime* et n'estoit point filz dudit Roy Charles. » Nicolle Gilles, *op. cit.,* f° XCII.

2. *« […] Carolum regem ejus filium incesto* [Louis, duc d'Orléans] *concubitu natum, Anglus diffamabat.* » R. Gaguin, *Annales,* lib. X, sub. ann. 1435.

3. *Religieux de Saint-Denis,* t. I, p. 28 ; Jouvenel des Ursins, p. 417, cités dans la *Revue des questions historiques,* t. IX, 1870, p. 350.

Ce n'est que dans les premiers jours de juin que le roi recouvra la raison[1]. Il éprouva une rechute au milieu du mois de juillet, se remit le 1er octobre, pour retomber le 3. Au commencement de février, il était rétabli.

Si nous ouvrons les comptes de l'année 1402, nous voyons que la reine séjourne au mois de mai à l'hôtel Saint-Paul, résidence de Charles VI. Le 14, elle dîne au palais, soupe et *couche à Saint-Ouen* ; les 21 et 28 mai, elle est de nouveau à l'hôtel Saint-Paul, où elle reste pendant la plus grande partie de l'année, sauf quelques séjours à la Porte-Barbette. Ces dates peuvent jeter quelque lumière sur la question[2]. Dans les cours étrangères, on était fixé, d'ailleurs, à cet égard[3]. Il y a telle dépêche, dans les archives de Milan[4], qui est suffisamment explicite. Charles VI, faisant le plus souvent lit à part[5], ne

---

1. *Religieux de Saint-Denis, loc. cit.,* pp. 28 et 34 ; Jouvenel des Ursins, p. 147.

2. *Revue des quest. hist., loc. cit.*

3. *Annales mediolanenses,* Muratori, XVI, col. 799, *in* Brachet, *op. cit.,* III, 158.

4. Brachet, *op. cit.,* I, 309.

5. « Comme on craignait fort qu'en raison de sa maladie il ne se portât à quelque violence contre la personne de la reine, on ne le laissait point coucher avec elle. Mais on lui avait donné pour concubine une jeune personne, belle, gracieuse et charmante, qui était fille d'un marchand de chevaux. Cela s'était fait du consentement de la reine : ce qui semblait fort étrange. Mais quand elle songeait aux maux qui la menaçaient, ainsi qu'aux violences et aux mauvais traitements qu'elle avait déjà endurés avec le roi, la pensée qu'entre deux inconvénients il vaut mieux choisir le moindre, faisait qu'elle se résignait à ce sacrifice. La jeune fille fut amplement dédommagée de son dévouement. On

prenait guère souci des infidélités de sa peu chaste épouse, la superstitieuse[1] Isabeau.

Cette découverte n'infirmerait, hâtons-nous de le dire, aucune des conclusions qu'on pourrait tirer de l'hérédité paternelle de Charles VII, même s'il était avéré qu'Isabeau de Bavière ait eu pour amant, en 1402, Louis d'Orléans, le propre frère de Charles VI[2].

---

lui donna deux beaux manoirs avec toutes leurs dépendances, situés l'un à Créteil et l'autre à Bagnolet. Elle était généralement et publiquement désignée sous le nom de *la petite reine.* Elle resta longtemps avec le roi et eut de lui une fille. » *Religieux de Saint-Denis,* traduction Bellaguet, t. VI, p. 487. Le roi déserta pendant des mois, peut-être même pendant des années, le lit conjugal. Jouvenel des Ursins, à la date du 9 mars 1408, signale comme un événement que « cette nuit, le roy alla coucher avec la reyne, et disoit-on qu'à cause de ce il avoit esté plus malade qu'il n'avoit esté dix ans auparavant… » JOUVENEL DES URSINS, édition Buchon, p. 438, col. I.

1. *Cf. Comptes d'Isabeau de Bavière,* éditions Doüet, Le Roux de Lincy et Vallet de Viriville. Ce n'était pas seulement la superstitieuse, mais aussi la très raffinée Isabeau : au dire de son historien, V. de Viriville, la reine, en hiver, se gantait de gants fourrés, brodés, parfumés, de gants tannés ou préparés avec du sain ou graisse de chapon. Elle passait dans sa main des boules d'or ou d'argent évidées, s'ouvrant en boîtes, et remplies de charbon en ignition. Au temps chaud, la reine se faisait éventer à l'aide de chasse-mouches assez vastes, qui se nommaient *émouchoirs* ou *bannières.*

2. Ce fut Louis, duc d'Orléans, frère de Charles VI, qui ramena Isabelle en France. Il devint à la cour son instituteur en toutes choses, son conseiller politique, et, d'après la commune renommée, son amant. Louis, duc d'Orléans, était le vice aimable. Pour cette fille d'Ève, si prête à faillir et trop aisée à charmer, il eut la séduction du Tentateur. Depuis quel jour et jusqu'à quel degré s'étendit cette séduction ? Isabelle trahit-elle à ce point ses devoirs qu'elle ait souillé de fruits adultères la dynastie, la

Charles VII ne pourrait, en tout cas, renier le legs maternel. Et s'il se présente au médecin psychologue comme un neurasthénique, sujet à des phobies multiples, il n'est pas téméraire d'affirmer que sa mère en est quelque peu responsable. Isabeau[1] passe, en effet, sa vie dans des appréhensions continuelles, effrayée par le bruit du tonnerre[2], craignant Dieu et le diable, ne se trouvant nulle part en sécurité, n'osant rester longtemps sur un plancher, de peur qu'il ne

couche royale dont l'honneur lui était confié ? Louis, duc d'Orléans, fut-il le complice de cet adultère ? Tout le dit, mais rien ne le prouve... Un fait qui n'est point douteux, c'est que le duc d'Orléans exerça une influence absolue sur la conduite et l'esprit d'Isabelle. (*Isabeau de Bavière,* par V. de Viriville)

1. Isabeau de Bavière mourut hydropique ; elle jouissait d'un embonpoint excessif, pour lequel elle usa sans succès de plusieurs remèdes, tous plus bizarres les uns que les autres : grains d'écarlate, c'est-à-dire du kermès animal ; électuaire de pierres précieuses (rubis, hyacinthes, émeraudes) ; électuaire de perles, rubans de soie, sans préjudice de nombreuses neuvaines, oraisons et pèlerinages. Atteinte par l'âge (quarante-six à quarante-sept ans), par l'obésité, valétudinaire, la reine avait fait son testament dès 1411. Les comptes nous la montrent, vers cette époque (1416-1417), souffrante, retirée, podagre et ne se mouvant qu'en chaise roulante. Dès 1415, en novembre ou décembre, malade à Melun, elle se fait porter à Paris par des hommes à pied. Dans les comptes d'Isabeau, nous relevons une « chaise roulante, sur quatre roues, pour voiturer la reine malade » (20 avril 1416, KK. 49, f° 7 v°). Voyez, sur ce point, les extraits publiés à la suite de la nouvelle édition de J. Chartier ; Paris, Janet, 1858, in-16, t. III, pp. 269-280.)

2. Elle possédait un chariot spécial « servant pour le tonnerre », c'est-à-dire contre le tonnerre. Elle se servait également de chariots de fer, remplis de charbons ardents, qu'on promenait, en guise de calorifères, dans les galeries de ses palais. (V. nos *Mœurs intimes du passé,* première série.)

s'écroulât, ni passer à cheval sur un pont de bois pour le même motif.

Les antécédents collatéraux de Charles VII sont tout aussi utiles à connaître, pour expliquer certaines particularités du dossier pathologique de ce prince.

Trois de ses frères au moins paraissent être morts tuberculeux :

1° *Charles de France, duc de Guyenne,* mort le 11 janvier 1400, d'une « grave maladie qui l'avait réduit à un état de maigreur effrayante : son corps n'avait plus que les os et la peau[1] ».

2° *Louis de France, duc de Guyenne,* mort le 18 décembre[2] 1415, également tuberculeux, à la suite d'excès de toute sorte[3].

Dans les derniers jours de sa vie, il eut de la fièvre[4] et de la diarrhée[5], qui hâtèrent sa fin. Cettc mort fit naître des soupçons d'empoisonnement, d'autant plus qu'on l'avait tenue cachée pendant quatre jours[6].

3° *Jean de France, duc de Touraine et de Berry,* que l'on dit avoir été empoisonné par Louis II d'Anjou, roi de Naples, mourut, en réalité, le 5 avril 1416, « jour dc Pasques fleuries », d'un « apostume emprés

1. *Religieux de Saint-Denis,* traduction Bellaguet, t. II, p. 770.

2. *Journal d'un bourgeois de Paris,* édition Tuetey, p. 66. « Assez brief ensuivant, le duc d'Aquitaine accoucha malade de fiebvres, dont il mourut le dix huitiesme jour de décembre en l'ostel de Bourbon. » *Chronique de Monstrelet,* 1. I, ch. 159.

3. *Religieux de Saint-Denis,* traduction Bellaguet, t. VI, p. 29 ; Nicolas de Baye, II, p. 231.

4. *Chronique anonyme,* de Monstrelet, *loc. cit.*

5. Walsingham, *Historia Anglicana,* édit. Riley, t. I, pp. 285 et 343.

6. *Chronique anonyme,* de Monstrelet, t. VI, p. 230.

une oreille, lequel se creva par dedans son col et l'estrangla[1] » : nous dirions aujourd'hui otite moyenne suppurée, propagée au tissu cellulaire du cou, et qui le fit succomber par asphyxie, en comprimant le larynx ou la trachée. Ces otites suppurées sont presque toujours de nature tuberculeuse. On ne manqua pas de dire qu'il avait succombé au poison[2], parce que les médecins n'avaient rien connu à son mal.

Donc, au résumé, Charles VII avait pour mère une dégénérée, panophobe ; d'où ses tares psychiques : érotomanie, neurasthénie, etc. ; en outre, trois de ses frères étaient tuberculeux.

Étant connus ses ascendants et ses collatéraux, il nous reste à étudier ses maladies acquises.

Au début de l'année 1454, la santé du roi commence à s'altérer. Ses indispositions sont, à partir de

1. MONSTRELET, *Chronique,* l. I, ch. 170.

2. *Manifeste de Jean Sans Peur contre les Armagnacs* (25 avril 1417), envoyé aux bonnes villes du Royaume (PANNIER, *Louis, duc de Guyenne,* p. 19) : « Et (de Paris) nostre dit très redoubté seigneur et neveu arriva audit lieu de Compiègne le jour de son parlement de haute heure, combien qu'il y ait vingt lieues de distance dudit lieu de Paris jusques audit lieu de Compiègne, lequel inconvenient n'a pas esté seul. Car le soir dudit jour, nostre dit tres redoubté seigneur et neveu fut tres griefvement malade, et sans longtemps après est allé de vie à trepassement, tout enflé parmi les joues, la langue, les boulevres et la gorge, et les yeux eslevez et saillants hors, laquelle chose est grant pitié à voir, vu qu'icelle fourme de mourir est une des manières dont gens empoisonnés ont accoustumé de mourir, et l'ont empoisonné les dessus dits rapineurs pour pareille raison qu'ils empoisonnèrent nostre dit très redoubté seigneur son frère. »

cette date, assez fréquentes, et l'année suivante, il doit écrire à un de ses fidèles[1], pour le rassurer sur son état.

Mentionnons, sans y attacher plus d'importance qu'il ne convient, un accident dont il avait failli être victime (le 11 octobre 1422), étant à La Rochelle, où il tenait conseil avec ses barons : le plancher de la chambre où l'assemblée se trouvait réunie s'écroula soudain, et plusieurs des assistants furent grièvement blessés ; Jean de Bourbon y trouva la mort. Le dauphin (futur Charles VII) resta dans sa « chaire » et ne fut que légèrement contusionné[2].

Il garda longtemps le souvenir de cet accident, qui avait vivement frappé son imagination malade ; il lui en resta des terreurs, des défiances continuelles[3], et une mobilité de caractère[4] et d'humeur, qui nous autorisent à le classer parmi ces névropathes qu'on nomme, plus précisément, des neurasthéniques, dans notre langue médicale actuelle.

1. Le 26 septembre (1455) il écrivait à Chabannes : « Et à ce que nous escrivez que avez envoié maistre Pierre Burdelot par deça pour sçavoir au certain de l'estat et disposition de nostre personne, pour ce que nouvelles ont esté par delà que avons aucunement esté mal disposez… nous avons deux ou trois jours estez ung peu mal disposez d'ung costé, mais, grâces à Nostre Seigneur, nous sommes très bien gueris, et aussi en bonne santé et disposicion que feumes longtemps a … » Fresne de Beaucourt, cité par Brachet, *op. cit.,* III, p. 226.

2. Monstrelet, édition Doüet, t. IV, p. 122, oct. 1422, et p. 142 ; *Chronique d'Alençon,* édition F. de Beaucourt, t. I, p. 240, n. 2 ; *Gestes des nobles,* édition Vallet de Viriville, p. 187, chap. 196 ; Jouvenel des Ursins, dans F. de Beaucourt, t. I, p. 240, n. 2 ; Raynal, *Histoire du Berry,* t. III ; 1re partie, p. 9 ; etc.

3. Chastellain, t. II, pp. 181 et 185.

4. Idem, *ibid.,* pp. 178 et suiv.

Cette neurasthénie peut-elle être rattachée au précédent traumatisme ? Nous venons de voir qu'il n'avait reçu qu'une contusion légère ; encore sommes-nous peut-être allé un peu loin dans l'interprétation des textes, nous aurions dû plutôt dire une commotion.

Quoi qu'il en soit de l'étiologie[1] de cette neurasthénie, nous ne devions pas omettre de la signaler.

A-t-elle lieu de nous surprendre chez le fils de cette Isabeau, dont nous avons révélé les tares psychiques ? Et serons-nous davantage étonné que Charles VII ait manifesté un goût, que l'on peut dire assez vif, pour les « damoiselles folles de leur corps » et les « grandes, belles et honnestes dames », qui devaient rechercher à l'envi les faveurs de ce roi, de physionomie agréable et de maintien gracieux[2] ?

Pendant quelque temps, il avait été sobre et chaste, ce qui contribua beaucoup à le maintenir en bon état de santé ; il fut rarement malade, tant qu'il observa fidèlement le régime que les médecins lui avaient prescrit. La vie licencieuse[3] qu'il mènera plus tard ne sera pas sans avoir son contre-coup sur la santé : celle-ci qui, jusqu'alors, avait été assez florissante, s'altéra, et déclina rapidement.

Dès l'automne de 1455, Charles VII avait été « un peu mal disposé d'un côté[4] ». Cette indisposition n'eut pas de suite, mais, au mois de juin 1460, le roi tomba

1. Étude des causes et des facteurs d'une pathologie. (NdE)
2. Thomas Basin, édition Quicherat, t. I, p. 312, etc.
3. De Beaucourt, t. VI, pp. 27, 422, etc. ; Chastellain, t. IV, p. 367 ; J. du Clercq, etc.
4. Lettre du roi à Chabannes, citée plus haut.

malade à nouveau et cette fois assez gravement pour que l'on ait pu craindre qu'il n'en reviendrait pas[1].

Il avait une plaie à une jambe, qui lui causait de grandes souffrances[2]. Cette plaie était-elle un ulcère variqueux, ou tuberculeux – ou bien un épithélioma ? Il est malaisé de le déterminer, avec les rares et peu significatifs documents que nous possédons[3]. Nous pencherions plutôt vers la première hypothèse, nous référant à une fourniture portée dans le compte de l'argenterie, à la date d'avril 1459. Il y est question de « chausses à laceure[4] », qui ressemblent fort aux bas

1. Dépêches de l'ambassadeur milanais Camulio, *in* FRESNE de BEAUCOURT, t. VI, p. 283.

2. Il avait les jambes courtes et les genoux cagneux, si l'on s'en rapporte au portrait qu'en trace l'évêque de Lisieux, Thomas Basin, confirmé par le témoignage de G. Chastellain, historiographe de la cour de Bourgogne. Avant sa rentrée à Paris, Charles VII était si pauvre qu'un cordonnier de Bourges refusa de lui vendre une paire de bottes à crédit. « Le roy Charles septièsme estant à Bourges et y essayant une paire de bottes neufves, en ayant ja chaussé une, il fut contraint de se la faire tirer, pour ce que le cordouanier, ayant appris de luy qu'il n'avait lors argent…, ne les voulut laisser aller. » *Discours des choses advenues en Lorraine, depuis le duc Nicolas jusqu'à René,* in *Mascurat,* de G. NAUDÉ, p. 547.

3. Chastellain (t. III, p. 444) dit à ce propos : « Vous peut assez souvenir qu'en l'hiver passé le roi avoit esté malade durement, et lui attribuait-on mal incurable en une jambe qui tous dis couloit et rendoit matières incessamment qui le mettoit à fin. »

4. « Pour III aulnes toile bourgeoise délivrée à Jehan Mareschal, chaussetier et varlet de chambre du Roy nostre sire, pour fere IX chausses à laceure par derrière et une faulse porte pour servir audit seigneur à une jambe qu'il avoit malade. » (*Archives,* KK 51, f° 36 v°.). Le 3 mars 1459, on achète un quartier de fin Manchet, « pour faire audit seigneur ung chaussons jusques à

élastiques, si souvent prescrits de nos jours, dans les cas d'ulcères consécutifs aux varices.

Il est, toutefois, permis de mettre en doute ce diagnostic, si l'on se rappelle que le roi était de souche tuberculeuse. Celui-ci avait la conviction qu'il avait « le mal de son père », et on avait grand'peine à le détourner de cette idée[1].

Il se rétablit, mais ne tarda pas à retomber dans son état maladif. A la fin de l'année 1463 et au commencement de 1464, sa santé donna des inquiétudes constantes. Un agent de Sforza écrivait de Saint-Omer, le 8 mai, à son maître : « Les astrologues ont fait savoir au duc de Bourgogne que le roi est en péril de mort : il ne peut échapper que par miracle, et sa vie ne saurait se prolonger au delà du mois d'août. »

En dépit de ce fâcheux pronostic, au mois de mai Charles VII recevait en audience solennelle les ambassadeurs des princes d'Orient et, à la fin de juin, il présidait encore les séances du Conseil[2]. Il résidait à ce moment au château de Mehun-sur-Yèvre, résidence

---

my jambe. » Idem, f° 16. (Cité par Fresne de Beaucouht, *Hist. de Charles VII,* t. VI, note I de la p. 437.)

1. « Comme de long temps il avoit eu desir de regner et d'avoir couronne en teste, et encore plus maintenant pour cause que son père lui tenoit la main roide, quan ce vint que le mal de la jambe lui estoit pris et duquel on le jugeoit en péril, fit à tout lez calculer sur le mal de son père pour savoir s'il en pourroit eschapper sans mort. En quoy plusieurs laborans rapportèrent par jugement et certifièrent que non, et mirent terme prefix dedens lequel les influences de là sus demonstroient sa fin. Sy le certifièrent si très à l'estroit, et tant et tellement y adjousta foy le Dauphin qu'à peine lui sembloit la chose estre de nécesité qu'ensi ce fist. » Chastellain, III, 446.

2. Fresne de Beaucourt, t. VI, p. 437.

qu'il affectionnait particulièrement : c'est là qu'il avait été proclamé roi en 1422, c'est là qu'il devait terminer sa carrière.

Voyant son mal s'aggraver, le roi perdit confiance dans ses archiâtres. Grâce aux bruits malignement répandus par le Dauphin, son fils, il s'imagina bientôt que ses médecins[1] ne cherchaient qu'à hâter sa mort, en lui administrant du poison au lieu de remèdes. Il fit enfermer l'un d'eux, Adam Fumée, dans la grosse tour de Bourges. Un de ses chirurgiens aurait eu le même sort, s'il n'avait pris la fuite : il se réfugia à Valenciennes, dans le voisinage du Dauphin, semblant par là confirmer les soupçons portés contre lui[2].

Au commencement de juillet, l'état du roi empira. L'inquiétude fut grande à la Cour. On crut que la mort était proche, et le vide commença à se faire autour du souverain. Au bout de quelques jours, une amélioration survint : le roi put assister à la messe, et l'on se rassura.

Comment s'était manifestée la maladie du roi ? Quelle en était la nature ? Le mal avait commencé[3] par la douleur d'une dent ; la joue et une partie du visage avaient enflé, et il s'était écoulé, peu après, « une grande quantité de matière. C'était un abcès

---

1. Dix de ces médecins sont connus, sans compter les astrologues ; tout médecin était, il est vrai, en ce temps-là, peu ou prou astrologue. M. Alf. Franklin (*Les Médecins,* p. 60), cite comme archiâtres du roi Charles VII : Jean Cadart, Jean Sanglar, Robert Poitevin, Jean Loisel, Alain Blanchet et Adam Fumée.

2. C'est ce qu'affirme Thomas Basin, t. I, p. 313, cité par Beaucourt, VI, p. 439.

3. V. « Documents annexes ».

(une fluxion dentaire, en apparence), qui s'était résolu. La dent avait été arrachée, et la plaie « curée ».

La maladie avait débuté le 9 juillet[1] ; elle devait avoir une évolution rapide. Dès les premiers jours, nous l'avons dit, le roi s'était mis en tête qu'on voulait l'empoisonner, et, au dire du chroniqueur officiel Chartier[2], il « ficha tellement ledit empoisonnement en son cœur que oncques puis n'eult joye ne santé ; il se des conforta tellement qu'il *delaissa le mengier par l'espace de huit jours ou environ,* pour ce qu'il n'osoit se fier à nul de ses gens[3] ».

Le 21 juillet, ou le lendemain de grand matin, le roi consentit à ce qu'on lui servit un coulis[4] : « et sur ce

1. C'est ce qui paraît résulter d'une dépêche de Camulio au duc de Milan, datée du 20 juillet. (Archives de Milan, citées par Beaucourt, VI, 440, n. 6.)

2. J. Chartier, *Chronique,* t. III, p. 113.

3. L'historien du comte de Foix confirme cette défiance du roi à l'égard de son entourage : « Et veullent dire aucuns et c'est l'oppinion de plusieurs, que, parce que on l'avoit adverti que s'il se prenist garde quelz gens le serviroient en son menger, il entra dès lors en une si grande seuspicion et deffiance, que à la plus grant paine du monde le povoit-on faire menger ; et si petit qu'il voullust manger en sa maladye, jamais il ne voullut prendre par mains de nul serviteur qu'il eust ne d'aultre fois que monseigneur le comte de Foix luy mesme, de sa propre main, le lui baillast et administrast... Et est à penser que sa maladie le destreignoit et luy estoit si dure et tant oppressive que le manger lui estoit en ce point fastidieux. » Ms. fr. 4992, f° 101. (*Histoire du comte de Foix,* citée par Beaucourt, t. VI, p. 442.)

4. Voici la formule d'un *coulis pour malade,* tirée d'un livre de cuisine du temps : « prenez ung chapon et soit bouilly tant qu'il soit fort cuit et prenez le blanc ; broyez en mortier, coulez en une étamine ; salez ou sucrez et servez froit ou chaut. » Taillevent, *Le Viandier du roy.*

point, ayant une cuillier d'argent pour cuider prendre dudit coulise, *n'en put avaller*[1] ». Malgré une faiblesse croissante, Charles VII avait gardé toute sa connaissance[2]. Une des paroles qu'il prononça doit être recueillie ; comme on l'exhortait à prendre quelque nourriture, disant que s'il se défiait de quelqu'un, il lui fît faire son procès et le fît tirer à quatre chevaux, le roi répondit : « Je remets la vengeance de ma mort à Dieu[3]. »

Charles VII expira le mercredi 22 juillet 1461, entre midi et une heure ; il avait cinquante-huit ans, cinq mois et un jour[4]. On prétend qu'il ne dit pas autre

---

1. Sources citées par VALLET de VIRIVILLE, *Hist. de Charles VII* (Paris, 1865), t. III, p. 457, n. : Alain BOUCHARD, *Annales de Bretagne,* 1541 ; COMYNES, édition Dupont, t. III, pp. 215 et 542.

2. « Quel jour est-ce ? », demanda-t-il aux religieux qui l'entouraient. « — Sire, lui répondirent-ils, il est le jour de la glorieuse Magdeleine. — Ah ! reprit-il, je loue mon Dieu et le remercie de ce qu'il lui plaît que le plus grand pécheur du monde meure le jour de la pécheresse. » Il se confessa, reçut le saint viatique et l'extrême onction, et prit ses dernières dispositions. Il demanda à être enterré à Saint-Denis, dans la chapelle où reposaient son père et son grand-père ; il recommanda à Chabannes de servir fidèlement le *petit seigneur* son fils.

3. *Chronique martinienne,* dans de BEAUCOURT, t. VI, p. 443.

4. Le corps du roi fut ouvert par Jehan Rousteau, barbier, « sur l'ordonnance des médecins et cirurgiens dudit feu seigneur. » Rousteau se fit adjoindre un autre barbier et un apothicaire. Pour les frais de l'embaumement, *cf.* GRAVE, *État de la pharmacie en France,* p. 96. Le compte dressé par Tanneguy du Châtel, premier écuyer du corps du Roi, des dépenses faites à l'occasion de la mort et des funérailles de Charles VII, a été publié par le marquis de BELLEVAL, dans son curieux ouvrage *Nos Pères,* mœurs et coutumes du temps passé ; Paris, 1879, pp. 57 et suiv. Pour le détail des obsèques, v. l'*Hist. du roi Charles VII,* par

chose en mourant que ces mots : « Par saint Jean, nous ne mangerons plus[1] ! » Cette exclamation n'indique-t-elle pas que, jusqu'au bout, l'idée du poison[2] hanta cet esprit troublé ? Cette obstination à refuser tout aliment, ce délire de persécution ne sont-ils pas des symptômes sinon de démence, au moins de ramollissement cérébral[3] ?

Il s'est trouvé, néanmoins, des historiens contemporains[4] de Charles VII pour laisser entendre que le roi avait été réellement empoisonné. C'est une assertion, qui n'est fondée que sur de vagues conjectures ; il

---

Jean CHARTIER, pp. 732 et suiv.

1. Additions d'Adrien de But à la *Chronique* de Jean BRANDON, édition Kervyn de Lettenhove, Bruxelles, 1870, t. I, p. 157.

2. J. CHARTIER, t. III, p. 112 ; Robert GAGUIN, fol. 276 ; ZANTFLIET, dans MARTNE, *Amplissima colléctio,* t. V, p. 501 ; Thomas BASIN, t. I, p. 311.

3. « On sait que cette crainte d'empoisonnement, et le refus de nourriture qui est le résultat de cette idée délirante, sont les symptômes pathognomoniques d'une certaine forme de la folie. » JACOBY, *Études sur la sélection,* p. 391.

4. La croyance à l'empoisonnement se rencontre chez deux auteurs contemporains : *« eodem anno* [1460], *prædictus rex Franciæ, sumto veneno, pene desperatus est de vita sua ; sed suffragante sibi divina clementia, post modicum tempus convaluit. »* ZANTFLIET, dans *Amplissima collectio,* t. V. col. 501. – *« Nec sine veneni suspicione mors ipsa continget : quod ipse adhuc aeger decumbens, saepissime questus fuisse dicitur. Sed et hanc suspicionem non modicum adauxit, quod nullum aut minimum de ejus obitu dictus Delphinus luctum duxit, sed ei, qui primo ad se de hoc nuntium attulit, tanquam sibi jucundissima portasset nova dedit non contemnenda. »* Thomas BASIN, t. I, p. 311. (Rapporté par BEAUCOURT, t. VI, p. 440, n. I. Pour la créance qu'il faut ajouter aux propos de Thomas Basin, v. Ed. FOURNIER, *L'Esprit dans l'Histoire* (4e édition, Paris, 1882), ch. XVIII, p. 128.

faut chercher ailleurs, croyons-nous, la cause de cette mort royale.

En réalité, le problème est des plus complexes. Notre confrère et ami le docteur Potiquet, qui a étudié avec une conscience rare le *cas* d'un des derniers Valois, celui de François II, était particulièrement qualifié pour donner une opinion autorisée. « Il n'y a pas (nous écrivait-il, après examen des pièces que nous lui avions soumises) à envisager que l'hypothèse du *noma*[1], mais celle d'une *suppuration du sinus maxillaire,* d'un *cancer,* ou même de l'*actinomycose*[2] *;* mais il est, à mon avis, impossible de tirer du récit des contemporains autre chose qu'un *diagnostic des plus hasardés.* En tout cas, il paraît à peu près certain que *ce n'est pas de bon gré que Charles VII est mort de faim*[3], *comme on l'enseigne dans nos lycées…* »

Pour justifier l'hypothèse d'un *cancer de la bouche,* on a dit, mais a-t-on réussi à le démontrer, que la plaie de la jambe était, pareillement, de nature cancéreuse[4]. La simple avulsion d'une dent ne suffirait pas à expliquer les désordres graves qui en étaient, dit-on, résultés ; à moins qu'il ne soit survenu un phlegmon qui, à lui seul, pouvait empêcher le roi d'avaler la nourriture.

---

1. Stomatite gangréneuse, consécutive le plus souvent à une maladie infectieuse.

2. Maladie bactérienne chronique due à une bactérie de la cavité buccale (NdE).

3. Il mourut d'épuisement, de faim chronique, « par une trop grande abstinence, dans la seule veue qu'il [Louis XI, son fils] ne l'empoisonnât », raconte Varillas.

4. De Beaucourt, t. VI, p. 440.

Nous croirions plutôt, en dernière analyse, que Charles VII est mort de *cachexie tuberculeuse*[1] et que *le mal buccal n'a été que la cause incidente, et non déterminante, de sa mort.* Quoi qu'il en soit, la mort du roi a été naturelle[2], et non point due à un empoisonnement, comme nombre d'historiens le maintiennent encore.

Au lieu de dire qu'il ne *voulait* plus manger par crainte du poison, il est plus exact d'écrire qu'il ne le *pouvait* plus : ainsi tombe, l'accusation calomnieuse portée contre Louis XI, qui a la conscience chargée d'assez d'autres crimes.

DOCUMENTS ANNEXES

Voici la lettre qui fut écrite au Dauphin par les ministres, pour l'aviser officiellement de la maladie du roi : nous l'extrayons de l'*Histoire de Louis XI,* de Duclos, t. III, pp. 237-239.

LETTRE DES MINISTRES ET AUTRES GENS DU CONSEIL AU DAUPHIN POUR LUI DONNER AVIS DE LA MALADIE DU ROI

Notre très redouté Seigneur, nous nous recommandons à votre bonne grâce si très humblement que plus pouvons. Plaise vous sçavoir, notre très redouté Seigneur, que certaine maladie est puis aucun tems en ça survenue au Roy votre père, notre Souverain

1. Ses antécédents héréditaires et personnels ne rendent pas, croyons-nous, cette hypothèse hasardée.
2. V. « Documents annexes ».

Seigneur, laquelle premièrement a commencé par la douleur d'une dent, dont à cette cause il a eu la joue et une partie du visage fort changées, et a rendu grande quantité de matière, et a été ladite dent après arrachée, et la playe curée en manière que pour ce, que aussi par le rapport que les médecins faisoient chaque jour, nous avions ferme espérance que brief il du devenir à guérison. Toutefois pour ce que la chose est de plus longue durée que ne pensions, et que, comme il nous semble, il s'affaiblit plus qu'il ne souloit, nous, comme ceux qui après lui vous désirons servir et obéir, avons délibéré de vous écrire et faire sçavoir, pour vous en avertir, comme raison est, afin de partout avoir tel avis que votre bon plaisir sera, et vous plaise, très redouté Seigneur, nous mander et commander vos bons plaisirs, pour y obéir de tous nos pouvoirs au plaisir de notre Seigneur, qui par sa sainte grâce vous doint très bonne vie et longue.

Ecrit à Mehun-sur-Yèvre, le 17e jour de juillet.

Ainsi signé :

Vos très humbles et obéissans serviteurs,

CHARLES D'ANJOU A. DE CHABANNES,

GASTON DE FOIX J. D'ESTOUVILLE ;

GUILL. JUVENEL (Chancelier,)

MACHELIN BRACHET

TANGUY DU CHATEL,

JEAN CONSTANT, JEAN BUREAU,

GUILL. COUSINOT,

A. DELVAL, P. DARIOLE,

AMEMJON D'ALBRET, CHALIGANT.

CAUSES DE LA MORT DE CHARLES VII
(Opinion du docteur NOTTA)[1]

De l'analyse des divers documents que j'ai sous les yeux il résulte : que Charles VII, après une existence des plus agitées, usé par une vie des plus licencieuses, et par des préoccupations morales de toute nature, « qu'il ait esté ou non en dangier d'empoisonnements, ou d'intoxications », comme l'écrivait, en 1451, un grand prélat du temps, était encore très bien portant en septembre 1455, ainsi qu'il l'écrit lui-même à Chabannes : « Mais grâces à Notre-Seigneur, nous sommes très bien guéri et aussi en bonne santé et disposition que fûmes longtemps. »

C'est peu de temps après que le roi commence à décliner et, à partir de décembre 1457, il nous est représenté par les chroniqueurs comme infirme et valétudinaire. Son état moral est affecté. Les terreurs qui remontaient à son jeune âge redoublent. Il est vrai qu'un complot tramé contre lui légitimait ces terreurs ; mais je ne vois rien, chez les historiens du temps qui, pendant les quatres dernières années de sa vie, puisse faire supposer qu'il ait été empoisonné.

Ainsi, en décembre 1457, il a une indisposition qui dure dix jours. « Il fut si malade qu'on disait tous les jours qu'il était mort. » Qu'est-ce que cela prouve ? N'en disait-on pas autant de nos jours de l'empereur Guillaume, aussitôt qu'il avait la moindre indisposition ? Ce qui me paraît, au contraire, évident c'est que le roi, usé par les excès, avait déjà depuis longtemps, en 1458, une cause incessante d'épuisement

1. De BEAUCOURT t. VI, p. 457 *(Notes supplémentaires).*

dans le mal incurable de sa jambe, quelle qu'en fût d'ailleurs la nature.

Les années qui suivent le roi nous le montrent dépérissant chaque jour et souvent tellement faible que l'on croyait qu'il allait s'éteindre. Zantfliet déclare qu'en 1460, après avoir pris du poison *(sumto veneno)*, il ne doit la vie qu'à la clémence du ciel. Il me semble qu'une semblable affirmation aurait dû être un peu moins laconique et appuyée sur quelques preuves. Charles VII n'aurait-il pas éprouvé plutôt une de ces recrudescences du mal si fréquentes dans le cours des affections chroniques et que l'on aurait attribuées au poison, supposition à laquelle l'attitude et le caractère de son fils pouvaient donner quelque créance ? On doit, en effet, s'étonner que, épuisé et malade comme il l'était, Charles VII ait pu impunément absorber le poison et se rétablir promptement *post modicum tempus.*

Enfin nous arrivons au mois de juillet 1461. Dans les premiers jours du mois, le roi souffrait d'*un mal étrange* dans la bouche et dut subir l'extraction d'une dent. Cette opération fut suivie d'une fluxion et d'un abcès.

C'est alors que Charles VII, persuadé qu'on voulait l'empoisonner, refusa, dit-on, toute nourriture, et lorsque, au bout de huit jours, il céda aux instances de son entourage, il ne put avaler et ne tarda pas à expirer.

Quel était ce mal étrange ?

Y avait-il une ulcération cancéreuse ? S'agissait-il seulement d'une dent cariée ? En tout cas, cette extraction de dent n'a pas été une chose ordinaire, puisqu'elle a été suivie d'une fluxion et d'un abcès, qui ont dû s'accompagner d'une vive inflammation de la bouche et des premières voies digestives, inflammation qui, chez un malade aussi débilité, a pu amener certaines complications plus ou moins graves, le muguet, par exemple, et qui, même en dehors de toute complication, expliquerait, sans qu'il soit nécessaire de faire intervenir le poison ou la crainte du poison, l'impossibilité où le roi se trouvait de prendre quoi que ce fût.

Nous voyons tous les jours des personnes atteintes de phlegmon de la mâchoire et d'une violente inflammation de la bouche rester plusieurs jours sans pouvoir avaler aucun aliment et ne parvenir à absorber quelques gouttes de liquide qu'au prix d'horribles souffrances. Ne serait-ce pas le cas de Charles VII ? Seulement, épuisé de vieille date, il n'aurait pu supporter une abstinence aussi prolongée ; et je serais assez porté à croire, avec les correspondants du duc de Milan, qu'« il est mort d'un apostème[1] qui lui vint dans la mâchoire. » L'apostème aurait été la goutte d'eau qui a fait verser le vase.

Si Charles VII était mort empoisonné, ou s'il avait pris du poison pendant les dernières années de sa vie, il me semble qu'en parlant de ses indispositions, les historiens auraient eu à noter, au moment de l'empoisonnement, quelque symptôme saillant, comme des douleurs vives ou des vomissements répétés, survenant tout à coup au milieu d'un état de santé excellent ; tandis, au contraire, qu'en lisant les chroniques du temps, bien que çà et là il soit question de tentatives d'empoisonnement, on assiste à l'évolution de la déchéance morbide d'un sujet épuisé par la débauche, par les fatigues de toute nature, physiques et morales, et par le mal incurable de sa jambe.

1. Abcès suppurant, terme médical archaïque datant du Moyen Âge (NdE).

Je sais bien que la conduite du Dauphin à l'égard de son père, sa joie non dissimulée au moment de la mort du roi, l'emprisonnement du médecin de Charles VII sur un simple soupçon, la fuite de son chirurgien n'ont pas peu contribué à donner une certaine créance aux tentatives d'empoisonnement dont le roi aurait été l'objet. Sans entrer ici dans la discussion de ces circonstancs, qui ont dû frapper beaucoup l'esprit des contemporains, je persiste à penser qu'elles ne sont pas suffisantes pour nous autoriser à attribuer la mort du roi à un empoisonnement ou à un suicide ; je suis bien plutôt porté à croire qu'elle a été naturelle.

Docteur Notta.

LE DEUIL À LA COUR DE FRANCE

Selon les anciennes coutumes, le roi de France ne portait jamais le deuil. Monstrelet s'exprime ainsi, en parlant du deuil de Charles VII :

> Par l'ordonnance de son conseil, le roy fut vestu de noir pour la première journée, et le lendemain, à la messe, fut vestu d'une robe de vermeil.

Le même écrivain donne une idée plus positive de cet usage, en parlant de l'avènement de Louis XII.

> Le service faict, dit-il, tout incontinent le roy se vestit de pourpré, qui est la coustume de France, pour ce que si tost que le roy est mort, son fils plus prochain se vestit de pourpre, et se nomme roy ; car lc royaume n'est jamais sans roy[1].

---

1. D'après les *Funérailles des Rois de France,* par M. A. B. G., pp. 21 et suiv.

Le deuil du nouveau roi est en violet. Celui de la reine, autrefois en blanc[1], fut porté en noir par Anne de Bretagne, pour prouver la douleur qu'elle ressentait depuis la mort de Charles VIII. C'étaient, disent les auteurs du XVIe siècle, d'une couleur tannée. Le deuil d'Anne d'Autriche fut porté en brun, et depuis cette époque, aucune reine n'a été appelée à revêtir, à la mort de son époux, ce costume de la douleur. Il résulterait d'une explication ingénieuse que le roi ne portait le deuil en violet, couleur mixte, que pour lui rappeler que, quelle que fût sa douleur, il en devait assez être le maître pour ne pas oublier que, chargé du gouvernement d'un grand peuple, il lui fallait trouver, au milieu de sa tristesse, des forces suffisantes pour vaquer aux devoirs de la royauté.

Une chronique juive dit que David, pénitent, ayant les cheveux couverts de cendre, arrosant son lit de pleurs, ne cessa jamais de rendre la justice. Cette obligation s'étend sur tous les magistrats. Le chancelier de France ne porte jamais le deuil. Le Parlement, les cours souveraines n'ajoutent aucune marque de deuil aux costumes qui les distinguent, parce que la justice est éternelle[2].

---

1. Les reines portaient le deuil en couleur tannée et en blanc, et les rois en rouge. Faute d'avoir connu cet usage de l'ancienne étiquette, on a fait un crime à Louis XI d'avoir vêtu l'habit d'écarlate à la nouvelle de la mort son père, comme s'il avait pris cette couleur pour marquer sa joie. « Cependant, assure la comtesse de Furnes, un roi de France ne porte jamais *noir* en deuil, quand serait de son père ; mais son deuil est d'être habillé tout en *rouge,* et manteau et robe et chaperon. » LEGHAND d'AUSSY, *op. cit.,* p. 418.

2. BERTHEVIN, *Recherches historiques sur les derniers jours des*

LOUIS XI

† Mort le 30 août 1483 d'hémorragie cérébrale.

De l'union de *Charles VII* avec Marie d'Anjou, fille du roi de Naples *Louis II d'Anjou*[1], naquirent huit filles et quatre fils.

L'aîné des fils, Louis XI, succéda à son père en 1461 (22 juillet).

Pour expliquer l'état mental de Louis XI, on a recherché ses antécédents héréditaires, ce qui est justifiable, mais on a eu le tort de remonter jusqu'au bisaïeul (du côté paternel), *Charles V,* qui, dit-on sans autres preuves[2], « avait été empoisonné dans sa jeunesse et depuis lors était resté valétudinaire ».

Nous n'avons pas à revenir sur une question déjà traitée (v. le chapitre sur Charles V) ; nous ferons seulement observer que le poison ou, pour mieux dire, certains poisons, attaquant les centres nerveux, peuvent bien provoquer un abâtardissement de la descen-

---

rois de France, pp. 236-237.

1. Louis d'Anjou souffrit longtemps d'une incontinence d'urine (V. *Religieux de Saint-Denis ;* XI, p. 78) ; il succomba, le 29 avril 1417, à peine âgé de quarante ans, à une hydropisie (*cf. Chronique bourguignonne anonyme,* dans MONSTRELET, IV, p. 232, éd. Doüet d'Arcq). Cette *Chronique* parle du *mal Saint-Quentin* ; *or*, le mal Saint-Quentin, c'est l'hydropisie.

2. *Cf.* MOREAU (de Tours), *Psychologie morbide,* pp. 556 et suiv.

dance, une dégénérescence de la race, mais de là à une folie maniaque caractérisée il y a un abîme, que les aliénistes, par suite d'un grossissement, d'une déformation assez ordinaire chez les professionnels, sont trop enclins à franchir.

Combien plus avisés se montrent-ils quand ils nous rappellent que le grand-père de Louis XI, *Charles VI,* fut atteint d'une manie périodique, qui ne dura pas moins de vingt-neuf ans ; et que *Charles VII,* son père, comme nous l'avons établi, fit preuve, au moins sur la fin de sa vie, d'un dérangement d'esprit marqué.

Nous serions assez d'accord avec ceux qui, judicieusement, estiment que le mal héréditaire, en se transmettant, pourrait avoir subi chez Louis XI une certaine transformation. C'est à cela, sans doute, que ce prince a dû de n'avoir pas été aliéné, comme l'avait été son aïeul, et d'être resté dans cette espèce d'état mixte qu'on nomme la *demi-folie*[1].

---

1. C'est la thèse que soutient Jacoby *(op. cit.,* pp. 391-392), et la page vaut d'être citée, sans mutilations, qui la rendraient moins intelligible. « *Louis XI* (m. 1483), roi de France, présente : un exemple frappant de cet état intermédiaire entre la norme et la folie, que l'on trouve si fréquemment dans les familles frappées du vice phrénopathique. La prédisposition héréditaire à la folie, acquise dans le courant des temps par la race royale des Valois, et le vice phrénopathique, né et développé sous l'influence dissolvante de la haute position sociale de cette maison, avaient abouti chez Louis XI, non à la folie caractérisée comme chez son aïeul, non au caractère impétueux, violent et débauché comme chez son grand-oncle ; non à la faiblesse morale comme chez son père, mais à un état, que nous avons signalé bien des fois, de mélange singulier de bon sens et de folie, des qualités et des défauts les plus contradictoires. Lâche et courageux, rusé et imprudent, dévot jusqu'à la superstition la plus absurde et combattant le clergé, il

Les antécédents collatéraux de Louis XI ne nous fournissent que de vagues indications[1].

Ses antécédents physiologiques ne nous apportent guère plus de lumière.

Une phrase de Comynes[2] nous autorise à reconnaître chez Louis XI les signes manifestes de la *manie ambulatoire* :

> Le roy, depuis qu'il est venu à la couronne, a mis toute la peine qui luy a esté possible de mectre [à] garder et entre tenir son royaume en paix… et y a, grasçe à notre seigneur pené et travaillé, en *visitant les parties de son royaume plus que ne fist oncques roy de France en si peu de temps, depuis Charlemagne jusques à présent…*

Si, après la motilité, nous examinons les fonctions de nutrition, nous devrons noter un détail qui nous servira à expliquer certains troubles pathologiques : le roi

---

fut toute sa vie malheureux, sombre, défiant ; il vivait dans un isolement absolu, se laissant dominer complètement les dernières années de sa vie par son médecin. Fourbe, cruel, libertin, capricieux, tremblant devant la mort, abandonné aux superstitions les plus grossières, il est le spécimen le plus complet du névropathisme héréditaire. »

1. Un des frères de Louis XI, *Charles de France,* duc de Berry, de Normandie et de Guyenne, né le 28 décembre 1446, meurt, en mai 1472, de paludisme (il avait fréquemment des accès de fièvre quarte), et non empoisonné par son aumônier, comme des historiens l'ont prétendu (*cf.* PEIGNOT, *op. cit.,* p. 125 ; VAESEN, *Lettres de Louis XI*, t. IV, pp. 325-326, etc.). Une sœur de Louis XI, *Yolande de Savoie,* était une érotomane (dépêche de l'ambassadeur milanais, du 30 juin 1476, *in* BRACHET, t. III, p. 245.)

2. T. II, p. 445 (éd. Lenglet-Dufresnoy).

mangeait gloutonnement[1] ; aussi ne sommes-nous pas surpris qu'en concédant aux moines de Saint-Claude des vignobles du domaine royal, ce goinfre couronné, que l'on nous représente comme ayant réduit les dépenses de bouche de son prédécesseur[2], ait stipulé, dans les lettres patentes de donation à cette abbaye, que « les religieux… seront tenuz prier Dieu, Notre Dame… pour notre estat, prospérité et santé… et mesmement pour la bonne disposition de nostre estomac, pour que vin ne aultres viandes ne nous y puissent nuyre et que l'ayons toujours bien disposé…[3] ».

La légende de la continence du roi a fait également son temps. En dépit du serment que le roi avait fait de « jamais ne toucher à femme que à la royne sa femme »[4], il ne se faisait aucun scrupule, quand l'oc-

1. *Monum. hist. patr.,* t. I, p. 664, cité par Brachet, t. III, p. 262.

2. Seyssel, cité par Brachet, *loc. cit.,* p. 263.

3. *Bulletin du Comité de la langue et de l'hist. de France,* 1853-55, t. II, p. 369.

4. « Des dames, il ne s'en est point meslé, du temps que j'ay esté avec luy ; car à l'heure de mon arrivée, luy mourut ung fils dont il eut grand dueil ; et fit lors vœu à Dieu en ma présence, *de jamais ne toucher à femme que à la royne sa* ; et combien qu'ainsi le debvoit faire selon l'ordonnance de l'Église, si fut ce grant chose à en avoir tant en son commandement, de persévérer en cette promesse ; veu encore que la royne n'estoit point de celles où on debvoit prendre grant plaisir ; mais au demourant fort bonne dame. » Comynes, éd. Dupont, t. II, p. 271. – Seyssel (Ed. Comin., Godefr., II, 303) : « Envers sa femme aussi la Reine Charlotte de Savoye, il ne fut pas plus humain, ni plus courtois que envers les autres ; car outre que par un bien longtemps et tant qu'il fut en aage vigoureux, il luy tint bien mauvaise loïauté de sa personne, il la tint toujours petitement accompagnée, et accoutrée la plupart du temps en quelque château où il l'alloit voir

casion s'en présentait, de prendre des privautés avec des « filles »[1]. Ces privautés allaient-elles bien loin ? Sans doute pas au-delà de l'intention[2] ; ce n'en était pas moins péché mortel, et le dévot[3] monarque ne l'ignorait.

Il est de notoriété que Louis XI faisait mauvais ménage avec sa femme Charlotte de Savoie et l'on est allé jusqu'à prétendre que le commerce des deux époux étant devenu impossible, le dauphin Charles (le futur Charles VIII) serait né d'une autre femme que la reine.

Est-ce une calomnie ? À d'autres le soin de le rechercher[4].

---

quelquefois, plus pour désir d'avoir lignée que pour plaisir qu'il prit avec elle, et pour la crainte qu'elle avoit de lui et pour autres rudesses qu'il lui faisoit souvent, est bien à croire qu'elle n'avoit pas grandes voluptés ni grands passetemps en sa compagnie. » Brachet, III, p. 265.

1. Chastelain, t. III, p. 116 ; *Comptes de l'Argenterie* (Arch. nat. K. K., 60 et 61) ; *Chronique scandaleuse,* éd. Buchon ; Kervyn de Lettenhove, *op. cit.,* etc.

2. Il dut recourir parfois aux aphrodisiaques.

3. Une des plus bizarres superstitions de ce roi, qui en eut tant, est l'investiture historique, faite à la Vierge Marie par Louis XI, en 1478, du comté de Boulonnais, pour obtenir sa protection. Les lettres patentes de cette inféodation stipulaient que le roi et ses successeurs en tiendraient la possession de la suzeraineté directe de leur haute protectrice ; et que chacun d'eux lui ferait hommage d'un cœur d'or, en entrant en jouissance de ce fief. Louis XI comptait bien par cette générosité forcer le cœur compatissant de la Vierge à appeler à elle son grand vassal à l'article de la mort. (Ant. Méray, *La Vie au temps des Libres Prêcheurs,* t. I, pp. 175-176.)

4. V. à cet égard l'*Abrégé chronologique de l'Histoire de France,* du président Hénault, 1761, in-8, 1re partie, p. 392.

Le type morbide que représente Louis XI est relativement aisé à déterminer. Ce roi monomaniaque, pantophobique, est un de ces arthritiques-herpétiques que notre cher maître le professeur Lancereaux réclamerait à bon droit pour son justiciable[1].

Une dépêche d'ambassadeur, datée du 26 mai 1467[2], nous permet de fixer la première étape morbide du royal patient : une « fièvre continue », sans caractère bien précis, mais dont la courte durée exclut toute idée de *fièvre typhoïde,* ou d'une maladie infectieuse de symptômes à peu près analogues. Les maux les plus habituels dont souffrait le roi étaient des maux d'estomac et des douleurs dans la région du foie et de la vésicule biliaire ; au moins peut-on l'inférer de la nature des médicaments[3] qui lui furent administrés.

Le nombre des drogues que ses médecins[4] infligèrent à leur précieux client fut vraiment considérable : pour en donner une idée, il fut payé à ses apothicaires, dans un seul trimestre, celui de

---

1. Nous avons repris l'étude pathologique de Louis XI dans nos *Indiscrétions de l'histoire,* t. VI (éd. de 1909). Notre texte et nos conclusions ne diffèrent que sur quelques points de détail de celles du présent travail.

2. Brachet, t. IV, p. 284.

3. Il prit surtout des tisanes de fumeterre, de houblon, qui avaient alors la vertu de guérir la jaunisse, etc. On lui appliquait, en outre, des pièces d'écarlate et de velours noir au devant de l'estomac.

4. Outre ses médecins ordinaires, Louis XI avait à son service des médecins astrologues (*cf. Archives historiques, artistiques et littéraires ;* t. I, pp. 362-364) et des chirurgiens, dont un, au moins, nous est connu. (V. *les Anciennes Corporations des médecins, chirurgiens et apothicaires de Murat,* par E. Cheylud, pp. 22-23.)

novembre-décembre 1479 et janvier 1480, la somme de 651 livres 14 sols 8 deniers, c'est-à-dire environ 20 000 francs[1].

Le registre du comptable qui a écrit cet article mentionne encore la dépense suivante :

> A Guillaume Bertrand, poislier, demeurant à Amboyse, la somme de trente deux sols, six deniers tournoys, qui deue luy estoit pour une poële d'airain, tenant environ deux seillées et une chare percée (chaise percée) pris et achepté de luy, au dict mois de febvrier, et livré à Jehan Moussignac, varlet de fourrière du roy, nostre Seigneur, pour servir à estuver ledit Seigneur par dessoubs durant sa maladie.

Une matrone, Guillemette Duluys, fut aussi employée par Louis XI en qualité de *sirurgienne,* pour coopérer à la guérison de ses infirmités[2].

Celles-ci étaient nombreuses ; parmi celles qui le tourmentèrent le plus, nous ne devons pas omettre de mentionner les hémorroïdes. Elles ont joué un si grand rôle dans la vie de notre sujet – les rois ne deviennent-ils pas nos sujets après leur mort ? – que nous les indiquons en passant, sauf à y revenir plus longuement[3].

Avec l'estomac, l'intestin était une des parties faibles chez notre monarque, qui avait autant de mal à commander à son sphincter et à ses flatuosités qu'à l'armée la plus indisciplinée. Aussi tenta-t-il vainement de combattre ces dernières, à grand renfort

1. Docteur CHEREAU, *Jacques Coictier,* p. 19.

2. CHERAU, op. *cit.*

3. V. « Documents annexes ».

d'anis, de cumin, de baies de genièvre, « des plus rouges » qu'on pût trouver[1]. Le genièvre était alors employé contre l'anurie[2] ; il entre, d'ailleurs, dans la composition de préparations diurétiques[3] qui jouissent, encore à l'heure actuelle, d'une vogue méritée.

Nous avons parlé, au début, d'*herpétisme* : est-ce autre chose, cette dermatose qui fait croire aux médecins et à l'entourage que le roi est atteint de la lèpre[4], et qui nécessite des bains multipliés, tantôt dans des « cuves à baigner[5] », tantôt dans des « estuves de boys[6] ou de cuivre ? ».

N'est-ce pas pour une dermatose analogue à celle qu'on décrit aujourd'hui sous le nom de *gale,* que le roi fait rechercher certain fromage[7], qu'on assure souverain contre cette affection prurigineuse ?

Est-ce par coquetterie ou par nécessité qu'il emploie de la « farine de pois lupins », excellente pour blanchir le teint et adoucir la peau[8] ; ou qu'il fait acheter des serpents par son écuyer de cuisine, probablement des vipères, dont le bouillon et la gelée servaient à réparer les pertes et mortifications causées par les ulcères malins[9] ?

---

1. Bibl. nat., f. f^os^, 6987, f° 11, cité par Brachet, IV, 295.
2. Platearius, *De simplici medicina,* f° 187.
3. Le *Vin diurétique de Trousseau,* pour ne citer que celui-là.
4. L. Delisle, *Fragments de Thomas Basin,* p. 20.
5. Archives nationales, K. K., 64.
6. British Museum, *Mss Egerton* 883, f°s 41, 56, 66, 79, 85, 86.
7. *Pharmacopea medico-chimica,* 1657, Paris, p. 618 ; Mss Egerton 883, f° 15.
8. *Bibl. de l'École des chartes,* 1894, p. 722.
9. Archives nat., K. K., 64, f° 66 ; *Pharmacopée royale,* etc., de Charas, 1753, t. II, p. 615.

Le lait d'ânesse, la limaille d'or, l'or potable[1] entrent aussi dans la confection du breuvage qu'on administre au roi malade ; toutes choses, produits naturels ou médicaments, qui à l'époque font partie de l'arsenal thérapeutique destiné à combattre les affections cutanées.

Toutes ces drogues se montrant peu efficaces, l'infortuné souverain ne tarde pas à recourir aux empiriques.

En 1478, on annonce l'arrivée, à Lyon, d'un charlatan qui portait un nom prédestiné : Jean *Mercure.* On en donne avis à Louis XI, qui prescrit à ses plus habiles archiâtres d'examiner les drogues dont se sert le médicastre.

Sur le rapport qui est fait au roi que la science de cet homme était « plus qu'humaine », le prince demande à le voir. Le charlatan répondit sans embarras à toutes ses questions, et, en quittant le roi, il lui remit deux présents, deux talismans : une épée très riche, qui renfermait « cent quatre-vingts petits glaives ou couteaux », et un « bouclier, orné d'un miroir, qu'il disait contenir beaucoup de vertus secrètes ». Cet homme était si désintéressé, écrit un de ses biographes[2], qu'il distribua aux pauvres tout l'argent qu'il avait reçu du roi. Il ne demeura que quelques mois dans Lyon et disparut tout d'un coup sans qu'on pût savoir ce qu'il était devenu. Tout cela sentait l'imposteur, d'autant plus qu'il se vantait d'avoir découvert la pierre philosophale et de transmuer les métaux.

---

1. Bibliothèque nationale, fonds français, 2896, f° 98.

2. *Dict. hist.,* de Chaudon et Delandine, article Mercure :

De guerre lasse, le roi commanda six gros cierges de cire, pour être brûlés dans l'église de « Monseigneur Saint-Antoine de Viennoys ». Mais pas plus les cierges que l'anneau de saint Zanobi[1], que Louis XI avait prié Laurent de Médicis de lui envoyer, ne parvinrent à le préserver de ce que ses médecins prirent pour le *morbus sacer,* le *sacré mal* devrait-on dirc, plutôt que mal *sacré* – ou, pour s'exprimer plus clairement, l'*épilepsie.*

On a émis quelques doutes sur l'existence du *haut mal* chez le fils de Charles VII C'est en 1480 que Louis XI aurait subi la première attaque du *mal comitial*[2]. Après tout, il n'est pas extraordinaire, étant donné l'état de la science médicale à cette époque, que les médecins du roi n'aient pas vu clair dans son cas. Et quel singulier et horrible traitement lui infligèrent-ils ! Ceux qui avaient le soin de sa santé, écrit un chroniqueur[3], employèrent pour le guérir « de terribles et merveilleuses médecines... ».

Quelle était donc cette médication dont on ne parlait qu'en se signant ? « Tous les jours de plus en plus estoyt Loys mallade et ne lui proffitoient les médecines prises en merveilleuses manières. Car vehement esperoyt acquérir santé par *le sang humain* qu'il beut et huma de quelques enfans[4] ». On choisissait pour cette opération, qui devait se faire de préférence au mois de mai, des « jeunes hommes bien sains, et dont les

1. Charavay, *Rapport au ministre sur les archives d'Italie,* 1881. Desjardins, *Négociations avec la Toscane,* t. I.
2. Robert Gaguin, *op. cit.,* p. 279.
3. *Chronique scandaleuse,* édition Buchon, p. 354, col. 2.
4. Robert Gaguin, f° 202, verso.

cheveux ne soient pas roux[1]. » ; mais, faute de jeunes gens, on prenait des adultes[2].

Ce n'était pas encore le remède souverain, puisque le roi, au même moment, commandait de quérir en tous lieux des *élans,* dont « l'ongle du pied sert à guérir la maladie d'Hercule[3] » ; du *gui de chêne,* spécifique certain contre l'épilepsie, selon les pharmacopées du temps, etc.

Il n'y a que la *raclure de crâne humain,* que les médecins du roi ne paraissent pas avoir tenté d'expérimenter ; il suffisait d'en aspirer dans le nez, ou d'en appliquer sur les tempes ou au niveau des sutures du crâne, pour voir les attaques cesser.

La singularité du remède n'était pas pour arrêter les archiatres, puisqu'ils allaient jusqu'à conseiller au roi de s'exposer à contracter la fièvre quarte[4], pour être guéri du mal caduc – une maladie chassant l'autre ! Et nos modernes médecins se flattent d'avoir découvert l'antagonisme des maladies[5].

« On a conservé, dit Voltaire, une de ses lettres [de Louis XI] à je ne sais quel prieur de Notre-Dame de Salles, par laquelle il demande à cette Notre-Dame de lui accorder la fièvre quarte : attendu, dit-il, que les médecins l'assurent qu'il n'y a que la fièvre quarte qui soit bonne pour sa santé. L'impudent charlatanisme

1. *Pharmacopée* de Charas, 1753, t. II, p. 612.

2. Mss Egerton, 883, f° 62.

3. J. de Renou, *Œuvres pharmaceutiques,* 1627, p. 14 ; Pomet, *Histoire des drogues,* etc.

4. Duclos, *Hist. de Louis XI,* 1745, t. III, p. 474.

5. V. la thèse d'agrégation de Constantin Paul qui porte ce titre.

des médecins était donc aussi grand que l'imbécillité de Louis XI, et son imbécillité égale à sa tyrannie[1]... »

Sur la tyrannie de Louis XI[2] on pourrait épiloguer[3] : quant à défendre ses médecins, nous n'entreprendrons pas une aussi grosse tâche ; nous dirons seulement, à leur décharge, qu'ils ne faisaient que refléter la science très conjecturale de leur temps, et cette justification en vaut une autre.

Nous ne saurions non plus leur en trop vouloir de n'avoir pas réussi à diagnostiquer la maladie du roi ; c'est la faute du siècle plutôt que la leur. L'anatomie pathologique des affections du cerveau ne remonte pas déjà si loin. Les médecins de Louis XI étaient donc fort excusables d'avoir pris des *ictus apoplectiques* pour des *ictus épileptiques*.

Nous avons mentionné la première de ces attaques, nous n'y revenons que pour en préciser quelques détails. C'est au mois de mars 1480 que l'accident survint. « Il perdit de tous poincts la parolle, et toute cognoissance et mémoire », narre Comynes[4]. Survient alors Monseigneur de Vienne, « pour lors son médecin », qui lui fait « bailler un clystère, et ouvrir les fenestres et bailler l'air. » Aussitôt « quelque peu de luy revint, et du sens : puis monte à cheval et retourne aux Forges... »

---

1. *Essai sur les mœurs*, édition Bouchot.
2. V. *L'Esprit dans l'Histoire*, d'Édouard Fournier, 4e édition, 1882, pp. 130-132.
3. Œuvres d'Abr. de la Framboisière, médecin du Roy, Paris, 1631, in-f°, p. 303 ; Schacht, *Institutionnes medicæ*, Amsterdam, 1767, p. 117 ; Ludwig, *Institutiones medicinæ clinicæ*, Leipzig, 1778, p. 310, etc.
4. Édition de Mlle Dupont, t. II, p. 21.

Il ne pouvait s'exprimer que par signes, il arrivait néanmoins à se faire comprendre. « Il entendoit peu de ce qu'on luy disoit ; mais de douleur, il n'en sentoit point... il ne formoit guère de motz... Au bout de deux ou trois jours, la parolle luy commencea à revenir et le sens. »

Ses défiances lui reviennent en même temps ; le délire des persécutions le reprend ; il s'imagine qu'on veut lui faire subir le même sort que jadis il infligea à son père. Dans cette crainte, il chasse sur-le-champ tous ceux de ses serviteurs qu'il soupçonne tramer contre sa personne un complot. Il exige qu'on lui communique toutes les lettres qui lui sont adressées ; mais, ajoute Comynes, dont le récit équivaut à une véritable observation clinique supérieurement prise et rédigée, « l'on luy monstroit les principales... Il faisoit semblant de les entendre, et les prenoit en sa main, et faisoit semblant de les lire, combien qu'il n'eût nulle cognoissance, et disoit quelque mot, ou faisoit signe des responces qu'il vouloit qui fussent faictes... Cette maladie lui dura bien environ quinze jours, et revint, quant au sens et à la parolle, en son premier estat ; mais il demoura très faible, et en grand suspection de retourner en cest inconvenient : *car naturellement il estoit enclin à ne vouloir croire le conseil des médecins.* » N'était-il pas payé pour avoir perdu en eux toute confiance ?

Le roi pourtant, se rétablit ; il passe une revue de six mille Suisses, qu'on avait fait venir de Normandie, et reprend le chemin de Tours, où il est saisi par une nouvelle attaque. De nouveau *il perd la parole* et reste étendu pendant des heures sur une paillasse, dans une galerie, sans mouvement, au point qu'on le croit mort.

En désespoir de cause, on le voue à Monseigneur Saint-Claude, le grand patron des épileptiques et, incontinent, « la parolle lui revint, et sur l'heure alla par la maison… » Cette seconde attaque le surprit en 1481.

Il tombe de nouveau malade à Argenton, puis à Thouars. Il entreprend alors le pèlerinage de Saint-Claude : une accalmie se produit, qu'il ne manque pas d'attribuer au saint.

Le roi revient à Tours, c'est-à-dire à Plessis-les-Tours, qui lui semblait le seul asile où les conspirateurs ne pussent l'atteindre. Nul n'approchait, en effet, du Plessis, pas même les princes du sang, à moins qu'ils ne fussent expressément mandés. Quatre cents archers veillaient continuellement autour de cette sombre demeure. Dix-huit mille chausse-trapes[1] en éloignaient toute cavalerie. De fortes chaînes dans les cours intérieures, attachées à des boulets, que le peuple, pour les désigner comme les instruments de ses jeux terribles, appelait gaiement les *fillettes du roi* ; des potences plantées en avenues, tels étaient les

1. Enfermé comme une bête fauve dans le château de Plessis-du-Parc, près de Tours, ce Tibère malade « fit faire, tout à l'environ de la Place dudit Plessis, un treillis de gros barreaux de fer, et planter dedans sa muraille des broches ayant plusieurs pointes comme à l'étrée par où l'on eût pu pénétrer aux fossés dudit Plessis. Aussi fit-il faire 4 moyneaux, tous de fer bien espays, en lieu par où l'on pouvoit bien tirer à son ayse et estoit chose bien triomphante, et cousta plus de vingt-mille livres : et à la fin y mist quarante arbalestriers qui jour et nuict estoient en ces fossés, avec commission de tirer à tout homme qui en approcheroit, jusques à ce que la porte fust ouverte le matin. » Comynes, cité par CHEREAU, J. Coiclier, p. 17.

multiples moyens que Louis XI avait imaginés, pour se mettre à l'abri d'une conjuration, fantôme dont s'épouvantaient ses esprits[1].

Dans son délire, il se figurait que son corps puait ; et, pour chasser la mauvaise odeur, il faisait un usage immodéré de parfums, de poudres odoriférantes et surtout de poudre de violette, pour laquelle il avait une préférence marquée[2].

Pour l'égayer et l'empêcher de dormir, on faisait souvent de la musique, et comme il avait fort aimé la chasse[3] et qu'il ne pouvait plus se livrer à cet exercice,

---

1. *Cf.* Berthevin, *op. cit.,* pp. 39, 40.

2. Compte d'Alexandre Sexte, argentier du Roi : « A Jean Hurle, appothicaire, la somme de 55 sols tournois, qui deue luy estoit pour une livre pouldre de violette ; prise et achetée de luy le dixième jour de mars et livrée à Pierre Direy, vallet de chambre du Roi, pour mectre entre les robes et aultres habillements du dit Seigneur. ». Arch. nat., K. K., 6°. Comme les rois, dans les questions d'étiquette et dans les habitudes ordinaires de la vie, se sont plu à imiter leurs prédécesseurs, cette préférence de Louis XI pour la violette se transmit aux règne suivants, et la charmante fleur eut la mission de parfumer la garde-robe et la literie des rois de France. (A. Chereau, *loc. cit.*) Les coffres de la reine [Anne de Bretagne], dans lesquels on conservait son linge, ses rubans, ses coiffures, enfin ces menus objets de toilette que les femmes de tous les temps ont possédés, étaient remplis de sachets, dans lesquels on mettait soit des roses de Provins, soit de la poudre de violette musquée, soit d'autres senteurs. La poudre de violette était employée plus ordinairement : cinq livres de cette poudre avaient été fournies d'une seule fois pour remplir vingt-quatre sachets. (*Cf.* Le Roux de Lincy, *Vie de la reine Anne de Bretagne*.)

3. « Pour tout plaisir il aymoit la chasse, et les oyseaulx en leurs saisons ; mais il n'y prenoit point tant de plaisir comme aux chiens. Encores, en ceste chasse, avoit presque autant d'ennuy

on prit des rats et des souris que l'on faisait chasser par des chiens dans ses appartements[1].

Rien ne parvenait à dissiper l'ennui qui l'envahissait de plus en plus[2] : ni « les joueurs de bas et doux instrumens… ni les bergers de Poitiers… ni les bigots, bigottes et gens de dévotion… occupés sans cesse à prier Dieu qu'il permit qu'il ne mourût point, et qu'il le laissât vivre[3] ».

La Sainte Ampoule est apportée de Reims en grande pompe et sert à l'oindre une deuxième fois ; les moines de Cologne et d'Aix-la-Chapelle lui transmettent les débris des saints dont ils ont la garde ; l'empereur des Turcs lui offre de lui envoyer toutes les reliques trouvées en Grèce. À l'heure où il ne peut plus visiter les églises les plus renommées pour leurs miracles, il leur envoie des donations à profusion, ajoutant devant ses familiers ce mot qui peint bien sa rapacité : « Ah ! si je ne meurs point, je casserai les actes, car ils me ruineraient ! »

Ce n'est que sur ses instances multipliées que l'ermite François de Paule consent à se rendre auprès du

---

que de plaisir : car il prenoit de grans peines, il couroit les cerfz à force, et se levoit fort matin, et alloit aucunes fois loing, et ne laissoit pour nul temps qu'il feist ; et ainsi s'en retournoit aucunes fois bien las, et presque toujours courroucé à quelcun, car c'est mestier qui ne se conduit pas tous jours au plaisir de ceulx qui le conduisent. Toutes fois il s'y congnoissoit mieux que nul homme qui ait regné de son temps, selon l'oppinion de chascun. » COMYNES, éd. Dupont, t. II, p. 271.

1. Thomas BASIN, édit. Quicherat, liv. VII, chap. IX.

2. Son fou lui-même n'arrivait pas à le distraire. (*Cf.* BRANTÔME, *Œuvres,* t. I, pp. 205, n. 3 et 206 ; t. II, pp. 332-333.)

3. BERTHEVIN, p. 41, n. 1.

roi. Le saint avait autant besoin du roi de France en la circonstance, que Louis XI pouvait avoir besoin de l'ermite : François de Paule était malade des écrouelles, que Louis XI guérissait par privilège royal ; c'était entre eux un échange de vertus curatives. Ni l'un ni l'autre ne s'en trouva mieux, du reste.

On conte que François de Paule, lors de sa première entrevue avec le roi, lui dit : « Sire, je vais prier Dieu pour le repos de Votre Majesté. — Oh ! priez seulement pour le corps, aurait répliqué Louis XI ; il ne faut pas demander tant de choses à la fois. » Encore un de ces mots apocryphes dont l'histoire fourmille[1]. Louis XI était trop superstitieux pour faire bravade d'impiété.

Le même mot aurait été dit par le roi à son chapelain, qui invoquait un jour sainte Eutrope, pour *la santé de l'âme et du corps.* « N'en demandez pas tant, interrompit Louis ; vous troubleriez le saint. Ne priez que pour la santé du corps[2]. »

Au mois de février 1483[3], le roi écrit à tous les états de Paris, pour qu'ils se transportent à l'abbaye de Saint-Denis, et qu'ils veuillent intercéder auprès de « nostre Sauveur Jésus-Christ, qu'il vouloit [veuille] permettre que le vent de bise ne courust point, pour ce que par le rapport de tous médecins avoient esté d'oppinion que ledit vent de bise, quant il venteroit, feroit moult de maulx à la santé des corps humains… et par l'ordonnance du roy, furent tous lesdit estatz de Paris à

1. *Cf. L'Esprit dans l'Histoire*, d'Ed. Fournier.

2. Cette version est donnée par Berthevin, *op. cit.*

3. *Journal de Jean de Roye*, t. II, p. 129 (coll. de la Société de l'Hist. de France).

divers jours audit lieu de Saint-Denis faire procession et chanter les dictes messes. »

Le samedi 8 février, le Parlement se rendait processionnellement à Saint-Denis… et l'histoire ne dit pas si le *vent de bise* cessa. Le *vent de bise ou vent d'est* est comme le *mistral* du nord. Il a, paraît-il, une influence désastreuse sur les personnes atteintes de coliques hépatiques[1].

Quoi qu'il en soit, l'état du roi ne semble pas s'être amélioré à la suite de cette manifestation nouvelle de sa foi. La verge de Moïse, voire celle d'Aaron, inestimables trésors conservés à la Sainte-Chapelle[2], restèrent pareillement sans effet. Il fallut qu'il « passât par où les autres ont passé », selon l'expression d'un chroniqueur.

La pensée de la mort lui était si pénible que, même dans les derniers jours de sa maladie, il avait défendu d'en prononcer le nom devant lui : « Quand je serai, disait-il, bien en danger, dites-moi : parlez peu, je saurai ce que cela veut dire[3]. »

L'instinct de la dissimulation ne le quitta qu'à son dernier souffle. Olivier le Daim ou Coictier[4], l'un ou l'autre, lui dit brusquement : « Sire, il faut que nous vous quittions. N'ayez plus d'espérance en ce saint homme (François de Paule), ni en autre chose[5] ; car

1. Article du docteur Fournier dans le *Bulletin médical des Vosges*, vers 1897 ou 1898.

2. *Chronique de Jean de Troyes*, éd. Michaud, t. IV, p. 350.

3. Berthevin, p. 46.

4. *Cf.* sur Coictier le *Cabinet secret de l'Histoire*, t. IV.

5. V. Comynes, éd. Dupont, t. II, chap. VII, IX et XI, pour les « choses » auxquelles il avait eu recours pour se guérir.

sûrement il est fait de vous. Et pour ce, pensez à votre conscience, car il n'y a nul remède. — J'ai l'espérance, répondit le roi, que Dieu m'aidera ; car, par aventure, *je ne suis pas si malade que vous le pensez.* » Le malicieux vieillard aurait trompé la mort même, s'il en avait eu le pouvoir. Enfin il mourut, dit Philippe de Comines, « après de longues et de dures incommoditez de corps et d'esprit » ; c'est-à-dire, pour donner à ces paroles leur vrai sens, en proie à toutes les anxiétés, à toutes les défiances, à toutes les terreurs, qui caractérisent un état morbide que la science de nos jours désigne sous le nom de *panophobie*[1].

Au résumé, le roi Louis XI eut une série d'attaques d'hémorragie cérébrale, qui ont provoqué de l'hémiplégie droite avec aphasie, et finalement la mort. Il était âgé de soixante ans.

Comme l'a dit l'aliéniste Moreau (de Tours), à qui nous emprunterons nos conclusions, on ne saurait nier que Louis XI n'appartienne, pour ainsi dire, *corps et âme* à la médecine. Qui parviendrait jamais sans cela à comprendre ce singulier personnage qui, comme on l'a dit, *se rendit autant considérable en ses vices comme en ses vertus, s'estant en l'un et en l'autre point attaché aux extrémités*[2] ?

Qui peut espérer de voir clair dans cette individualité bizarre, étrange, autant par les grandes choses qu'elle a accomplies que par les excentricités dont elle est pleine ; dans cet inextricable mélange des qualités les plus opposées, d'actes décelant tantôt une sorte d'ineptie, tantôt une intelligence de pre-

1. Moreau (de Tours), *Psychologie morbide, loc. cit.*

2. Pasquier, Lettres, livre III.

mier ordre, s'il ne s'aide du flambeau de la psychologie morbide ? Ses sombres et ridicules défiances, ses ruses, ses fourberies, son libertinage, ses superstitions, ses caprices, ses originalités, son excessive pusillanimité, ses terreurs continuelles, sa lâcheté d'enfant en face de la mort, etc., tout cela est-il autre chose que le reflet de la maladie ?

Et partant, est-il possible de croire qu'une pareille situation mentale ait été sans influence aucune sur une foule d'événements mémorable, qui ont marqué le règne de ce prince[1] ?

DOCUMENTS ANNEXES

LA ZOOPHILIE DE MARIE D'ANJOU[2]

En 1454, Marie d'Anjou se fixe au château de Chinon, qu'elle prend plaisir à embellir. Là, elle mène une existence fastueuse. Elle a une maison nombreuse : dames et filles d'honneur, maîtres d'hôtel, valets de chambre, etc. ; elle a douze chapelains, y compris son premier aumônier, Jean Barbedienne ; elle a son médecin, son astrologue, son peintre, sans parler de plusieurs fous, d'un « folet », le *Petit-Cadet,* et d'une folle, nommée Michon. Elle est entourée de bêtes de toute espèce ; c'est une vraie ménagerie, où figurent des chiens, des cerfs et des biches, une chèvre

1. Moreau (de Tours), *op. cit. Cf.* notre chapitre sur Louis XI, dans *Les Indiscrétions de l'Histoire*, t. VI.

2. Extrait de l'*Histoire de Charles VII,* t. VI, par Fresne de Beaucourt, pp. 17 et 23.

sauvage, deux levreaux, un étourneau, un perroquet, etc.

On connaît les goûts[1] de la reine, et, de très loin, il lui arrive, tantôt deux outardes, tantôt un marsouin. Son frère René, qui est venu la voir à Chinon au mois d'octobre 1454, lui envoie une hure de sanglier.

Marie d'Anjou n'oublie personne : elle distribue des « fleurs de Marie » d'argent et des « demys seins » d'or (ceintures d'orfèvrerie) à tout le personnel féminin ; elle donne à Mme du Monteil six beaux hanaps et une aiguière ; chose inouïe, *elle envoie même des étrennes à la favorite* en titre, à Antoinette de Maignelais ! On ne le croirait pas, si on ne lisait dans le compte de l'argenterie la mention suivante : « Pour la garniture d'or d'une fontaine de cristal bien richement ouvrée tout à l'entour de menuz ouvrages à feuillages en façon de coroune, et à l'entour de ladicte fontaine à quatre gargoules d'or bien gentement faites, d'où sault l'eaue de la dicte fontaine ; et dessus le couvercle garny des mesmes ledit ouvrage, et au-dessus du pié de la fontaine garny à feuillage comme dessus ; au dessoulz dudit pié y a quatre leons d'or bien gentemens faix qui soutiennent ladicte fontaine, *donné ledit jour en estraisnes à Mademoiselle de Villequier...* »

La reine montrait, sous ce rapport, une singulière tolérance ; en voici une nouvelle preuve. On lit dans les mêmes comptes : « A elle comptant en ses mains,

---

1. « Certains individus, écrit Féré (*Pathologie des émotions*, p. 515), qui manifestent une tendresse extraordinaire pour les animaux, se soucient peu de leurs semblables, même lorsque ce sont leurs enfants. Ce sont, en général, des héréditaires, qui offrent ou offriront d'autres troubles physiques ou psychiques. »

le XXVIe jour d'icellui mois (juin 1455), qu'elle voult semblablement avoir et bailler manuellement à son frère Jehan Rousseau pour le restituer de semblable somme qu'il avoit presté comptant à icelle dame le premier jour de may dernier de passé, *pour bailler aux filles joyeuses qui suivent le court,* lesquelles vindrent devers ladicte dame demander le may, en trois escus d'or. »

LES HÉMORROÏDES DE LOUIS XI

Louis XI a souffert, presque toute sa vie, des hémorroïdes ; elles ont été son tourment constant, et elles suffiraient, presque seules, à expliquer l'irritabilité de caractère, l'humeur agressive de ce sombre et maladif monarque, qui avait ses heures de gaieté – une gaieté de pince-sans-rire, mais qui n'allait pas sans une certaine causticité : on en a un exemple dans cette anecdote, qu'a rapportée Armand Baschet[1].

Dès la nouvelle de la mort de Charles VII, les Vénitiens avaient dépêché auprès de Louis XI, pour lui rendre hommage, deux ambassadeurs extraordinaires, Benardo Guistiniano et Paolo Barbo.

Louis XI était loin d'être un ami sûr pour les Vénitiens et, dans les deux ans qui précédèrent la signature du traité de 1478, il se montra plutôt favorable aux intérêts de Milan, excitant l'ambassadeur de Sforza à conseiller à son duc l'envahissement des possessions vénitiennes.

Une dépêche de cet ambassadeur milanais, Francesco Pietra-Santa, nous révèle sous un jour singulier la politique et les procédés du roi de France.

---

1. *Les Princes de l'Europe au XVIe siècle*, pp. 297 et suiv.

La dépêche de l'envoyé milanais, dont M. Baschet a donné l'interprétation fidèle, d'après le texte italien, renferme une phrase latine, que l'ambassadeur met dans la bouche de Louis XI. Il serait malaisé de la traduire sans lui ôter la piquante originalité qui est en elle. Les convenances même du langage de nos jours interdisent particulièrement la traduction du second membre de la phrase. On sait, du reste, que le roi Louis XI avait l'esprit trop gaulois pour ne point appeler les choses par leur nom.

« Le samedi matin j'allais à la Cour, écrit l'ambassadeur, et aussitôt que le roi fut levé, bien qu'il ne fût encore qu'en robe de chambre, il me fit appeler dans son appartement, et s'étant assis à une fenêtre, il me dit avant toutes choses qu'il s'était trouvé malade : puis s'étant informé si maître Pantaléon était avec moi, il le fit appeler.

Sa Majesté s'exprimant alors en latin, dit ces propres paroles : *« Ego sum passus emoroydos, quas etiam alias habui, sed non fuerunt ita vehementes, quod credo fuisse propter labores animi et corporis in isto itinere et in cogitandis rationibus bellorum et etiam propter abstinentiam coïtus quia steti tanto tempore absens ab uxore mea*[1]. En sorte que ce mal m'a causé quelque chaleur de tête *(certe fumositate alla testa)* et m'a produit des palpitations au cœur qui me

1. « J'ai souffert d'hémorroïdes, ce qui m'était déjà arrivé, mais cela n'avait pas été aussi douloureux, parce que, je crois, elles ont eu pour cause les peines de l'esprit et du corps lors de ce voyage, les considérations militaires et également l'abstinence sexuelle du fait que j'ai été retenu très longtemps loin de ma femme. »

donnent de grands tourments. » Et saisissant le bras *(sporgendio il braccio)* à maître Pantaléon, il voulut qu'il lui touchât le pouls et recommanda à ses médecins de s'entretenir avec lui parce qu'il était *valenthomo,* qu'il le connaissait depuis trente ans, et ainsi maître Pantaléon lui donna une consultation… »

On voit la préoccupation constante de Louis XI[1]. Il ira même jusqu'à demander une consultation à un médecin italien, par la double entremise du duc de Milan et de son ambassadeur à la cour ducale, et ce dernier sera chargé de faire la description des hémorroïdes royales.

On peut s'étonner de cette désinvolture du médecin soignant à distance et par lettre ses malades. Mais cela est courant dans la seconde moitié du Moyen Âge[2].

La consultation que nous allons reproduire n'est pas datée. Notre confrère, le docteur Ferrari, à qui nous le devons le texte, pense qu'elle dut être écrite aux environs de 1466. Elle fut, en effet, demandée par Emmanuel de Jacopo ou de Jacob, ambassadeur du duc de Milan ; or, cet ambassadeur fut accrédité à cette époque, si nous nous en rapportons à la *Correspondance* du roi ; on lit, en effet, à la date du 23 avril 1460 :

De par le roy,

---

1. Dans sa *Correspondance,* il ne manque pas à maintes reprises de parler de son infirmité : « Et cuideroit-on que je eusse les *ammoroites* ! » écrit-il, le 21 décembre 1473, au chancelier, au grand maître et au sire de Clisson, après avoir passé une journée à cheval.

2. Ferrari da Grado, *Une chaire de médecine au XVe siècle,* p. 106.

Très cher et très aimé cousin, nostre chier et amé Manuel de Jacob, nostre serviteur et ambassadeur, s'en va presentement par devers vous auquel avons chargé vous dire aucunes choses : si vous prions que en tout ce qu'il vous dira de nostre part, veuillez adjouter plaine foi et créance.

Loys

Ce préambule terminé, voici la *Consultation,* donnée par le docteur Ferrari (qui occupait une chaire de médecine en Italie) à Louis XI, pour ses hémorroïdes. C'est un document qui a presque la valeur d'une pièce historique ; il mérite, en tout cas, d'être conservé, ne fût-ce que pour donner une idée de la thérapeutique de l'époque.

CONSULTATION POUR LE ROI DE FRANCE SUR LES HÉMORROÏDES

D'après le rapport de très respectable Manuel de Jacob, parlant au nom de Sa Très Sacrée Majesté le Roi de France, Sa Majesté aurait des hémorroïdes dont Elle souffre quelquefois. Et puisque j'ai reçu l'ordre de mon très Illustre Maître le prince duc de Milan, d'avoir à donner par écrit les remèdes à apporter à cette affection, ainsi ferai-je.

Les hémorroïdes sont diverses ; elles ont des aspects différents. Il en est de sourdes qui ne donnent pas de sang, mais qui à certains moments s'obstruent et alors se tuméfient. Parmi elles, il en est d'extrêmement douloureuses et d'ailleurs ce sont de toutes les plus douloureuses. D'autres donnent du sang trop abondamment, et alors que dans le premier cas il est nécessaire de provoquer une émission sanguine, à seule fin d'arrêter ou d'atténuer la douleur, ici, au contraire, il est nécessaire de s'opposer à cet écoulement de sang exagéré, de peur que les organes royaux, par suite surtout du refroidissement du foie, ne viennent à s'affaiblir. Et comme j'ignore de quelle sorte d'hémorroïdes est affligée Sa Majesté, je laisserai de côté nombre de choses subtiles et théoriques que je pourrais dire, et sur les causes et sur les remèdes à leur opposer quand elles donnent modérément, quand elles sont indolentes, etc. ; je ne parlerai pas non plus des accidents que peut provoquer une perte sanguine trop considérable, ni du régime à suivre. Non que ces différents points n'aient leur intérêt, mais les très savants médecins de Sa Majesté pourront là-dessus la mieux renseigner que moi-même. Je me contenterai donc de donner les formules de certaines médecines qui pourront utilement être employées contre les diverses espèces d'hémorroïdes, me bornant à les énumérer, m'attachant surtout à indiquer celles que j'emploie d'ordinaire, que j'ai expérimentées dans des cas semblables.

Or donc, si les hémorroïdes ne donnent pas de sang et sont très douloureuses, comme il arrive souvent, il y a deux indications à remplir : en premier lieu, atténuer la douleur ; en second lieu, favoriser l'écoulement du sang. A cet effet, pour atténuer la douleur, on prendra des bains de siège dans la décoction que voici : graines de lin, feuilles de guimauve, fenugrec ; limaces trouvées dans des lieux humides et sans carapaces, fleurs et feuilles de bouillon blanc deux parties de chaque. Faire bouillir le tout dans deux seaux d'eau, jusqu'à évaporation de la sixième partie. Verser la décoction dans un récipient concave dans lequel on pourra s'asseoir.

Sa Majesté prendra un bain de siège de quatre heures. A la sortie du bain, il sera fait sur l'endroit malade une onction destinée à l'adoucir et à l'insensibiliser autant que possible avec l'onguent suivant : huile de graines de lin, huile de camomille, un jaune d'œuf, poudre de nénufar desséché. Ajouter un peu de cire. Sur cet onguent sera appliqué un emplâtre ainsi composé : limaces comme plus haut, feuilles de mauve, de guimauve et de mélilot, fleurs de nénufar, graines de lin. Faire bouillir et agiter. Ajouter huile de violette et moelle de jambe de veau, un peu de safran, et appliquer l'emplâtre sur la région douloureuse.

Si, cependant, il y avait chaleur intense et douloureuse à l'endroit malade, pour empêcher l'attraction des matières en ce point, il sera nécessaire de faire une diversion. On saignera donc d'abord la veine basilique du côté droit ; six ou huit heures après, nouvelle saignée de la salvatelle du côté gauche. De chaque veine, on retirera environ deux onces de sang. Si, malgré tout, la douleur persistait, on pourrait ajouter à l'onguent ci-dessus formulé, et pour détruire toute sensibilité : opium, safran. Sa Majesté en éprouvera un grand soulagement. Mais il se peut faire que la douleur, bien qu'atténuée, ne soit pas complètement éteinte ; alors il sera bon le lendemain de saigner la saphène du pied droit, à moins toutefois que la sensibilité soit surtout exagérée du côté gauche, auquel cas la saignée porterait sur le pied gauche et serait de une once et demie au plus.

Le sang ne sort pas naturellement des hémorroïdes ? Il faut provoquer son écoulement. Si elles sont pendantes, on posera une sangsue ou deux sur les veines tuméfiées, en ayant soin de choisir des sangsues non venimeuses. Voici comment il faut s'y prendre pour les faire adhérer : on introduira la sangsue à l'intérieur d'un tube, puis l'endroit choisi pour la saignée sera recouvert d'un peu de sang de poulet. Ceci fait, et sans tarder on applique le tube sur cette région. La sangsue prisonnière adhérera aussitôt et sucera le sang de la veine.

On retire alors le tube en laissant pendre la sangsue. Quand elle sera bien gorgée de sang, on la saupoudrera de sel, et l'on placera au-dessous d'elle un petit bassin dans lequel elle tombera et rendra le sang qu'elle a sucé. L'endroit paraît-il décongestionné ? Tout est bien ; sinon on appliquera une seconde sangsue de la même manière, après quoi on mettra sur la région malade une compresse imprégnée de l'onguent ainsi composé : jaune d'œuf, huile de rose et safran en très petite quantité. Voilà qui suffit pour les hémorroïdes externes et apparentes.

Sont-elles internes et latentes ? Alors il les faut ouvrir, et provoquer l'émission sanguine au moyen de compresses appliquées sur l'anus, et ayant pour effet de dilater les pores des veines et de faire sortir le sang. À cette intention, le suppositoire que voici sera composé : R. Hiera de plusieurs espèces et mastic préparé, deux parties ; myrrhe, une partie ; miel, quantité suffisante. Faire des suppositoires de médiocre dimension, mais assez épais.

Le suppositoire sera beaucoup plus efficace s'il est fait avec une racine d'iris enveloppée dans un morceau de laine, lequel sera cousu puis trempé dans la composition ci-dessus formulée, à laquelle on ajoutera de l'huile de lys, de rue ou de scorpion.

Voici encore une formule pour suppositoires très actifs : amandes amères, feuilles de rue, pulpe de colloquinte ; musc, safranc, moëlle de cerf dissoute ; bdellium, en petite quantité et dissout dans du vin blanc.

Ces suppositoires seront longs et appliqués sur l'anus. On les renouvellera toutes les heures, et ce pendant cinq heures consécutives. Que si, en raison-même de l'activité de ces médicaments, S. M. éprouverait de la douleur, l'indication serait de l'atténuer par un suppositoire renfermant des substances *ad hoc,* en ayant soin toutefois de ne pas choisir des substances qui mettraient obstacle à l'écoulement du sang.

En effet, j'ai en vue ici ces hémorroïdes chez lesquelles il faut favoriser la sortie du sang, celles qui, à époques fixes forment une tumeur, et donnent alors lieu à une hémorragie, ou bien arrivent à l'état de tumeur mais ne coulent pas. On fera, par exemple, un suppositoire avec une racine de chou ou de blette, ou mieux encore avec une racine de raifort, que l'on plongera dans de l'huile de rose additionnée d'un jaune d'œuf ou de l'huile de violette.

Voici un moyen de faire sortir sans grande douleur les hémorroïdes sourdes et latentes : Faire un suppositoire en se servant des mêmes racines que précédemment, qu'on enveloppera dans de la laine et, qu'on laissera tremper dans de l'huile de pêcher, de camomille, etc., etc.

On traite quelquefois les hémorroïdes sourdes par l'incision et la cautérisation et, pour ce faire, il est divers procédés et inventions. Quelquefois encore on emploie la ligature des hémorroïdes, mais il est besoin dans toutes ces interventions d'une très grande habileté, et je n'ose ici louer ni conseiller semblable pratique sur une si illustre Majesté. Souvent en effet, j'ai été témoin d'accidents au cours de ces opérations.

Si donc les hémorroïdes sont apparentes et sourdes, et si l'on a dessein de les dessécher et d'en amoindrir le volume, sans crainte alors on peut recourir à ce médicament, qu'on appliquera sur trois ou quatre des veines tuméfiées, en ayant soin toutefois d'en laisser une intacte : R. Antimoine, corne de cerf brûlée, corail, hématite, encens. Ajouter huile de myrte. Oindre les veines avec cette mixture au moyen d'une compresse.

En très peu de jours, les hémorroïdes auront diminué de volume. Veut-on les faire disparaître complètement ? Ceci est possible, à condition pourtant qu'elles ne soient ni anciennes, ni sujettes à donner du sang à époque fixe. Ce doivent être exclusivement hémorroïdes se tuméfiant périodiquement et occasionnant des douleurs vives. Dans ce cas, on peut user du même liniment mentionné plus haut, en y joignant une légère saignée de la veine basilique. On donnera aussi les potions appropriées dont parle Avicenne à la fin de son chapitre des *Liquides,* après avoir traité des médicaments à appliquer sur les hémorroïdes.

Et parmi ces potions, il prescrit, à prendre et dans la boisson : le galbanum sec et pulvérisé, dans une potion d'absinthe ou de plantain, ajoutant que le galbanum, pris sous cette forme, fait disparaître les hémorroïdes dont il vient d'être parlé. Il ajoute encore que, si l'on prend de cette potion par trois fois, les hémorroïdes ne récidivent pas. Quant à moi, je n'oserais pas conseiller à Sa Majesté Royale une dose aussi forte en une seule fois. Je serais d'avis qu'elle commençât par la dose de ij. pour atteindre 3i. et qu'elle n'augmentât pas cette dernière. Et cela suffit pour les hémorroïdes sourdes et qui ne donnent pas de sang.

Pour celles qui, au contraire, saignent très abondamment, la première indication pour arrêter ce flux de sang consiste dans un régime approprié. En effet, il faut craindre tout ce qui est susceptible de produire l'inflammation, exercices corporels ou intellectuels ; s'abstenir des aliments, boissons et médecines trop subtiles et excitantes.

La nourriture sera non seulement très styptique, mais il faudra veiller à ne manger que des aliments légers afin de conserver la liberté du ventre, car si les fèces venaient à durcir, elles pourraient au moment de leur évacuation occasionner des accidents. Ces règles observées, une autre indication consiste dans une diversion par une légère saignée de la basilique, par des ventouses posées sur les régions hépatique ou splénique, par une émission sanguine nasale.

Si le sang est trop aigre et trop subtil, par suite de son mélange avec la bile, comme il arrive souvent, on aidera sa digestion ; on le refroidira et on le rendra plus épais, au moyen de sirops, breuvages et autres médecines composées à cette intention ; puis on s'occupera de l'évacuation de la matière aigre. Le sang est-il aqueux, ce qui est mauvais, il le faudra sécher avec certains médicaments que je n'indique pas, laissant ce soin aux excellents médecins de Sa Majesté très Sacrée.

Cependant, je vais mentionner ici quelques médecines, tant pour l'usage interne que l'externe, ayant pour effet de resserrer les pores des veines et d'épaissir le sang. Et en premier lieu, je mentionnerai dans la première catégorie les mirobolans confits, citrons, canelle, et la préparation de scorie de fer de Razès. Car, si deux fois en la semaine on en prend, dans de l'eau de plantain, ou dans de l'eau ayant bouilli, on en retirera grand avantage. Que si, à l'écoulement de sang, se joint de la difficulté pour évacuer les fèces, on pourra prendre du bdellium en pilules : deux suffiront.

Pour l'usage externe, et afin de faire contracter les veines, on appliquera l'onguent suivant : R. noyaux de dattes, noix de cyprès brûlé, corail rouge, hématite préparée, acacia, terre sigillée, encens, santal blanc, glands, enveloppes de grenades, semences d'euphorbe et de plantain. Ajouter suc de menthe et basilicon. De cette mixture oindre les hémorroïdes. Et si au flux de sang s'ajoute de la douleur, voici un remède qui m'est particulier : chercher de ces vers à cent pattes, qu'on appelle encore porcellion et qu'on trouve dans les endroits humides, dans les huches par exemple, ou bien des scarabées. On les pilera avec soin, puis on les fera bouillir et longtemps dans l'huile de graines de lin en quantité suffisante. De ce liniment on oindra les veines tuméfiées. Pour atténuer encore les douleurs, et en même temps resserrer les veines, on prendra un bain de siège dans la décoction suivante : R. plantain, fleurs et feuilles de bouillon sauvage, graines de lin, enveloppes de grenades, balaustes, galles, nénufars. Faire bouillir le tout dans de l'eau et du vin noir styptique jusqu'à évaporation d'une moitié.

Et de tout cela je suis satisfait et prêt à en écrire plus long et à m'étendre davantage sur ce sujet, s'il est besoin.

Dr FERRARI

CHARLES LE TÉMÉRAIRE

† Mort le 5 janvier 1477 de blessures multiples.

La maison ducale de Bourgogne de la première race s'étant éteinte avec Philippe Ier de Rouvres, mort sans postérité (1361), *Philippe II,* le Hardi, épousa la veuve de celui-ci, Marguerite de Flandre : il en résulta neuf enfants. Le plus connu d'entre eux, Jean sans Peur, eut, de son union avec Marguerite de Bavière, six filles et un fils, Philippe III, le Bon. Charles le Téméraire est le seul fruit légitime, du troisième lit, de *Philippe le Bon,* dont les deux premiers mariages avaient été inféconds.

Il est, comme l'a bien vu Jacoby[1], un personnage éminemment névropathique. Sur lui s'appesantit l'influence funeste de la dégénérescence physique et intellectuelle de sa maison et avec lui s'éteignit cette dynastie brillante des ducs de Bourgogne de la seconde race.

Bacon, dans son *Essai sur l'amitié,* dit que Charles le Téméraire ne communiquait ses secrets à personne, et encore moins *(and least of all),* à ceux qui le tourmentaient le plus ; dans les derniers temps, cette réserve

1. Jacoby, *Études sur la sélection,* p. 389.

avait affaibli et ruiné son intelligence *(that closeness did impair and a little perish his understanding)*[1].

Après la défaite de Morat, il reste confiné pendant deux mois dans le sombre château de Joux, en proie à une mélancolie profonde[2], une mélancolie *morbide*.

L'historien Comynes a clairement pénétré la psychologie du duc. « Il eut, dit-il, une grande maladie de douleur et de tristesse de cette honte qu'il avait reçue. Et, à bien dire la vérité, je croy que jamais depuis il n'eut l'entendement si bon qu'il n'avoit eu auparavant. » Et y revenant un peu plus loin, il confirme le diagnostic de vésanie[3] : « Oncques depuis ladite maladie, ne fut si saige qu'auparavent, mais beaucoup diminué de son sens. »

La débilité mentale est ici nettement indiquée.

Charles le Téméraire était sujet à de véritables phobies. N'exigeait-il pas d'avoir toujours autour de lui ses six médecins, chargés d'examiner les viandes qui lui étaient servies[4] ?

---

1. Cité par l'*Intermédiaire,* 1881.

2. « Il fut probablement devenu *fou* de chagrin, dit Michelet (il y avait eu beaucoup de fous dans sa famille : *Charles IV, Guillaume l'Insensé,* etc.), si l'excès même du chagrin et de la colère ne l'avaient relancé. » MICHELET, *Histoire de France* (Louis XI et Charles le Téméraire), t. VI, p. 402.

3. Désordre mental, affaiblissement psychique (NdE).

4. *L'Estat de la maison du duc Charles de Bourgogne dict le Hardy,* composé par messire Olivier de la Marche, l'an 1474, fournit les plus curieux détails sur les médecins et chirurgiens de la cour de Bourgogne à cette époque. (*Cf. Notes et documents pour servir à l'histoire de la médecine en Franche-Comté,* par Bernard PROST, pp. 43 et suiv.)

Sans doute la crainte de la mort devait-elle entrer pour quelque chose dans ce souci constant de sa santé. Et cependant, on nous le dépeint brave jusqu'à la témérité. Il se lançait sans réflexion dans les entreprises les plus hasardeuses, mais il était également prompt à les abandonner : encore un signe de mobilité mentale, qu'un psychiatre ne saurait manquer de noter.

La manière dont fut tué *Charles le Téméraire* à la bataille de Nancy est assez généralement ignorée ; au récit emprunté aux *Curiosités historiques*[1], que nous avons publié dans la première édition de cet ouvrage, nous croyons devoir substituer, parce qu'il présente plus d'exactitude et de précision, celui qu'a donné le docteur REVILLET (de Cannes), dans *la Chronique médicale,* du 1er octobre 1908, p. 633 et suivantes. Cette relation, peu connue, croyons-nous, a le mérite de nous révéler les véritables causes de la défaite et de la mort du duc de Bourgogne ; nous y renvoyons nos lecteurs.

1. Paris, Paulin et Lechevalier (1855), p. 334.

CHARLES VIII

† Mort le 7 avril 1498 à la suite d'un traumatisme crânien.

Le second mariage de Louis XI avec *Charlotte de Savoie* ne fut pas stérile, comme l'avait été sa première union avec la fille de Jacques Ier d'Écosse.

Louis XI s'était marié ou plutôt accordé (le 14 février 1451) avec la fille du duc de Savoie, Louis II ; le mariage ne fut, semble-t-il, consommé que six ans ans après[1].

En 1458, naissait un premier enfant, *Louis,* mort en bas âge, et dont plusieurs historiens ont même nié l'existence. Un second enfant, *Joachim,* qui ne vécut pas, le suivit de près. Vint ensuite *Charles,* qui devait succéder à son père sous le nom de *Charles VIII*[2].

---

1. PEIGNOT, *op. cit.,* p. 137.

2. Postérieurement à Charles, vinrent, successivement, au monde : *Louise,* née en 1461, morte en bas âge ; *Anne de France,* née en 1462, mariée au sieur de Beaujeu en 1474, dont elle eut un fils, mort en bas âge, et une fille ; elle-même mourut le 14 novembre 1522 ; *Jeanne de France,* née en 1464, dite *Jeanne la Boiteuse,* mariée à Louis, duc d'Orléans (depuis Louis XII), qui fit annuler son mariage le 22 décembre 1498 : elle mourut à Bourges le 10 janvier 1504 ; *François,* duc de Berri, né en 1472, mort à l'âge d'un an.

Charles naquit au château d'Amboise, le 30 juin 1470. Certains ont prétendu qu'il était un enfant supposé : on est même allé jusqu'à indiquer son origine, et on lui attribue pour père véritable un boulanger. Louis XI aurait, en ce cas, joué de malheur, puisque l'enfant, dont il avait accepté d'être le père, fut tout aussi stérile que s'il eût appartenu réellement à la branche des Valois : le seul fait que Charles VIII est mort sans enfants viables[1] suffirait à laisser planer un doute sur la supposition d'enfant.

Quoi qu'il en soit, avec Charles VIII s'éteindra la maison royale de Valois, « après avoir passé par la folie, les névropathies, les crimes, les débauches, l'imbécillité, les vices de conformation et enfin la mort prématurée et la stérilité[2] » ; et la couronne de France passera à la branche cadette des Valois, la branche des Valois-Orléans, issue de Louis d'Orléans, fils de Charles V et frère de Charles VI.

Guichardin[3], noble Florentin, ambassadeur des papes Léon X et Clément VII, qui s'est, il est vrai, mon-

---

1. « Si Charles VIII, prince délicat, et successeur de Louis XI, mourut, et subitement, au dire de Brantôme, ce fut pour avoir aimé les femmes plus que ne lui permettoit sa complexion. *Cependant il n'eut point d'enfants naturels.* » *Cf. Mém. hist. et secrets concernant les amours des rois de France,* p. 40.

2. Jacoby , *op. cit.,* p. 393.

3. *Histoire des guerres d'Italie, composée par M. François Guichardin, gentilhomme florentin, et traduite d'italien en français par H. Chousedey, Parisien. Nouvelle édition diligemment réveue, et corrigée, à laquelle ont esté adjoustées les Observations politiques, militaires et morales du sieur de La Noue,* etc., etc., 1593, in-8 ; citée par Le Roux de Lincy, *Vie de la Reine Anne de* Bre*tagne,* t. I, pp. 95-97.

tré dans toutes les circonstances l'implacable ennemi des Français, a tracé ce portrait de Charles VIII :

> Il est certain que le Roy Charles, dès son enfance, fut *de complexion fort délicate,* et de corps malsain, de petite stature[1] et de visage (si tu luy eusses osté la vigueur et dignité des yeux) fort laid, ayant les autres membres proportionnez, en sorte qu'il ressembloit plustot à un monstre qu'à un homme.

Sans nous arrêter à ce que ce jugement a d'exagéré, retenons-en seulement cette indication : que le roi Charles était d'un tempérament débile, demandant de grands ménagements.

S'il faut en croire cette mauvaise langue de Brantôme, il ne fut pas toujours raisonnable, et malgré la laideur que lui prête le chroniqueur Florentin dont nous venons de reproduire le texte, il acquit une réputation de coureur de guilledou, qui n'est peut-être pas, hâtons-nous de le dire, tout à fait méritée. Brantôme n'hésite pas à affirmer que le roi mourut « pour aymer trop les dames et s'y être par trop adonné en sa débile complexion et faible habitude[2] ». Un peu plus loin, il prétend qu'on attribua la mort du roi à une apoplexie et même qu'on parla de poison[3].

---

1. C'était, dit Comines, « un petit homme de corps ».
2. *Œuvres de Brantôme,* éd. Lalanne, t. II, pp. 323 et suiv.
3. Brantôme écrit : « L'on parla fort diversement du genre de la mort de ce grand roy. Aucuns le disoient mort d'un catarre ou apoplexie, à laquelle il ne pouvoit este subject vu sa complexion débille et son naturel point y adonné ; car il n'estoit gros, gras ny replet ; et tels gens y sont subjects. Aucuns disoient qu'il avoit eu le *boucon Italiano,* d'autant qu'il menaçoit fort l'Italie, et le craignoient. » T. II, p. 21 des *Œuvres complètes ;* in-8.

Reportons-nous, pour en décider, au récit de cette mort, tel que l'a résumé le biographe d'Anne de Bretagne[1], d'après les relations contemporaines. Nous verrons ensuite à l'interpréter.

> Le samedi 7 avril, veille de Pâques fleuries, la cour se trouvait au château d'Amboise, vers deux heures après midi. Charles VIII quitta la chambre de la reine, et se dirigea avec elle vers les fossés du château pour assister à une partie de paume qui y était engagée ; il fallait traverser une petite galerie qu'on appelait *Galerie Hacquelebac,* du nom d'un des anciens gardiens ; c'était le plus sale endroit du château car chacun y venait sans se gêner.
>
> En y entrant, Charles VIII, malgré sa petite taille, *se heurta rudement le front à la porte* ; il continua pourtant son chemin, resta quelque temps à regarder les joueurs, causant avec les uns et les autres. Au moment où il disait : *J'espère bien ne commettre aucun péché soit mortel, soit véniel…* il tomba pour ne plus se relever. Étendu sur une mauvaise paillasse, qu'on jeta en hâte à l'entrée de cette galerie, il expira vers onze heures du soir[2], n'ayant pu dire que ce peu de mots, à trois reprises : *Mon Dieu, Vierge Marie, Monseigneur saint Claude, Monseigneur saint Blaise me soient en aide !*
>
> Il était à peine âgé de vingt-huit ans.

1. Le Roux de Lincy, *op. cit.,* I, pp. 137 et suiv.
2. À une heure du soir, d'après une lettre de Louis XII à Isabelle, reine de Castille (*British Museum,* collection Egerton vol. 743, f° 8), citée dans *Le Seizième siècle et les Valois,* par le comte H. de la Ferrière.

Les circonstances de ce récit ont été empruntées à Philippe de Comines (liv. 8, ch. XXV), qui les tenait de l'évêque d'Angers, confesseur du roi ; mais le texte de l'historien de Louis XI ne nous a pas été rendu dans son intégrité par Le Roux de Lincy : « Il marcha, dit Comines, quelque trois ou quatre pas en avant, puis il fut tout à coup atteint d'un catharre (?), qui lui tomba dans la gorge… Ce prince vesquit dans l'effort de ce catharre environ neuf ou dix heures… »

Que signifie ici le mot de catarrhe ? S'agit-il d'une toux quinteuse ? Ou d'une expectoration provenant de la gorge ? Nous avouons notre impuissance à fournir une explication acceptable.

N'oublions pas que Comines n'était pas sur le lieu de l'accident ; que sa version est de seconde main : cela seul doit nous mettre en défiance.

Ce qu'on ne saurait mettre en doute, c'est qu'il y eut un traumatisme crânien, et qu'il a très bien pu en résulter soit une commotion cérébrale, soit même une fracture du crâne ; mais on n'a observé chez le roi, ni convulsions, ni paralysies, ni contractures, ni troubles de l'intelligence ou de la sensibilité. Il a eu, cependant, de l'aphasie transitoire.

Faudrait-il en conclure que le traumatisme ne peut en aucune façon être invoqué comme une des causes de la mort de Charles VIII et qu'il n'y a eu là qu'une coïncidence ? Alors nous serions ramené à l'hypothèse de l'*apoplexie* – ou à celle de l'*empoisonnement.*

Cette dernière version a rencontré, nous devons le dire, quelques partisans. Paul de Musset, qui avait fouillé, lors de son voyage en Italie, les archives de Venise, a publié jadis (dans *Le National,* en 1848), un article qui produisit, à son apparition, une sensation marquée : l'auteur y reproduisait un certain nombre de documents, qui inculpaient nettement le Sénat de Venise d'avoir fait empoisonner Charles VIII[1]. Déjà, dans ses *Annales et Histoire de France,* Belleforest avait rapporté qu'on disait, *mais sans preuves,* que *Charles VIII avait été empoisonné en fleurant une pomme d'orange.*

C'est une tendance trop générale qu'ont la plupart des historiens, j'entends ceux qui mêlent trop complaisamment le roman ou la légende à l'histoire, de faire intervenir la puissance mystérieuse et occulte du poison, quand la solution leur paraît trop « bourgeoise ».

Dans le cas de Charles VIII, il semble que l'ébranlement nerveux, qui a dû résulter du choc de la tête contre le corps étranger[2], chez un homme déjà usé par les plaisirs, et qu'on nous représente de tempérament faible, a pu suffire à provoquer la mort.

Nous nous en tenons à cette conjecture, que de nouveaux et démonstratifs documents pourraient, seuls, infirmer.

---

1. V. un document relatif à une proposition faite, par des proscrits vénitiens, au conseil des Dix, d'assassiner Charles VIII, dans C. de Cherrier, *Hist. de Charles VIII, roi de France* (2e édition), t. II (Paris, 1870), pp. 492-493.

2. La porte, contre laquelle Charles VIII se heurta le front existe encore au château d'Amboise. Elle est au bout de la terrasse. Le haut est cintré et un peu surbaissé. Au-dessus on a sculpté le *porc-épic,* qui est, comme on le sait, l'âme de la devise du roi Louis XII. Le sol a été baissé, depuis, de cinquante centimètres (Le Roux de Lincy, *loc. cit.*).

LOUIS XII

† Mort le 1er janvier 1515 de la goutte.

Les quatre enfants qui naquirent de l'union de Charles VIII avec Anne de Bretagne, union contractée en 1491 (6 décembre), succombèrent en bas âge.

Au mois d'août 1495, Charles VIII, alors à Turin, recevait une lettre l'informant que la petite vérole régnait à Amboise, et qu'on attendait ses instructions. Le roi s'empressa de donner l'ordre d'assembler plusieurs médecins, afin de savoir si le Dauphin courait quelque danger. Olivier Laurens, Bernard Chaussade, Jean Michel et autres « physiciens » se réunirent. Le résultat de la consultation fut qu'il y avait eu des cas de petite vérole à Amboise, mais qu'ils tiraient à leur fin ; au surplus, des ordres avaient été donnés pour empêcher les gens de la ville de communiquer avec le château. Les archiatres estimèrent qu'il n'était pas nécessaire que l'enfant changeât de résidence. Anne de Bretagne dépêcha au roi un courrier rassurant.

Les nouvelles devenaient bientôt plus alarmantes et le 6 décembre le Dauphin succombait, à peine âgé de quatre ans (il était né le 10 octobre 1492).

Chacune des trois années qui suivirent la mort du jeune Dauphin, Anne de Bretagne mit au monde un enfant.

Le premier fut un fils, nommé *Charles* : il naquit le 8 septembre 1496 et mourut le 2 ou le 3 octobre suivant ; le second fut encore un fils, nommé *François,* né en 1497, mort peu de jours après sa naissance ; le troisième fut une fille, née en 1498, qui s'appela, comme sa mère, *Anne* : elle ne vécut pas[1].

Anne de Bretagne ne fut pas plus heureuse avec son second mari. Elle eut avec Louis XII le même nombre d'enfants qu'avec Charles VIII : deux fils, dont l'histoire n'a pas conservé les noms, et deux filles. Les filles seules ont vécu. L'aînée, *Claude de France*[2] ; née le 15 octobre 1499, épousa François

1. « En vain la pauvre mère prenait-elle toutes sortes de précautions pour assurer la vie de ces frêles créatures que la mort lui arrachait si vite : elle appelait, de son pays ou des environs, les femmes des officiers de sa maison, ou de celle du roi, pour lui servir de nourrices ; les croyances superstitieuses de sa Bretagne lui revenaient à l'esprit : elle avait un coffret rempli d'amulettes ; elle en tirait pour les donner à la nourrice, avec un chapelet de cassidoine et jaspe, un écu de Guyenne enveloppé dans du papier, un morceau de cire noire renfermé dans une bourse de drap d'or, six langues de serpent : une grande, deux moyennes, trois petites ; le sort fatal qui poursuivait la reine ne put être conjuré. L'opinion singulière que ces naissances funestes résultaient de l'illégalité du mariage de Charles VIII avec Anne de Bretagne courut le monde, et l'impitoyable Commynes eut soin de la répéter. » LE ROUX DE LINCY, *op. cit.,* t. I, pp. 134-135.

2. Ce fut pendant la première expédition du roi, quelques jours après son entrée à Milan, qu'Anne de Bretagne donna le jour, au château de Blois, à cette fille. L'année 1507, elle eut de vives inquiétudes au sujet de cette enfant : celle-ci fut prise, au mois d'avril, d'une « fièvre continue », que les médecins s'empressèrent de déclarer inguérissable. Claude avait alors un peu plus de sept ans ; elle revint à la santé, malgré les fâcheux pronostics des médecins ; aussi la reine les chassa-t-elle hors de sa présence

d'Angoulême, devenu roi sous le nom de François Ier ; la seconde, *Renée de France* (1527), naquit à Blois[1], le 25 octobre 1510 ; elle épousa le duc de Ferrare[2].

Le premier fils, issu du mariage de Louis XII avec la reine Anne, vint au monde le 21 janvier 1503, après le voyage que fit Anne de Bretagne dans le Dauphiné et à Lyon, mais il mourut en naissant ; le même sort était réservé au second, qui vint au monde le 21 janvier 1512[3].

---

et défendit-elle qu'ils approchassent de son enfant. Obligée de quitter Blois et de se rendre à Grenoble au-devant du roi, qui revenait d'Italie après avoir puni la révolte de Gênes, elle avait défendu à la dame de Tournon, gouvernante de la petite princesse, de laisser venir aucun médecin : « Ma commère, lui écrivait-elle de Grenoble, à la date du 11 juin, j'ay reçu vos lettres et les bonnes nouvelles de ma petite fille dont je suis bien ayse : faites m'en toujours savoir… Elle n'a que faire des médecins et vous en donnez toujours garde comme avez fait jusqu'ici. » Elle semble, toutefois, avoir fait une exception honorable en faveur de maître Honorat PICQUET, médecin du Roi (Louis XII), qui avait sauvé la jeune héritière du duché de Bretagne, en dépit des préventions de sa mère contre la science des physiciens ; aussi celle-ci accorda-t-elle, dans l'élan de sa gratitude, des honoraires très élevés à ce praticien : trois cents écus d'or couronne, valant 525 livres tournois, « en souvenance de plusieurs services qu'il a faiz tant à nous que à nostre chère et amée fille durant sa dernière maladie. » Ce « mandement » d'Anne de Bretagne est daté du 22 janvier 1508 (anc. style).

1. L'enfant fut nommée *Renée,* en l'honneur de saint René d'Angers, aux reliques duquel le roi et la reine avaient fait plusieurs pèlerinages pour obtenir « lignée », car le bienheureux évêque était continuellement invoqué par les femmes stériles (*Le Seizième Siècle,* par Paul LACROIX, t. IV, p. 230).

2. Elle mourut à Montargis, le 12 juin 1575.

3. LE ROUX DE LINCY, *loc. cit.*

De nombreux portraits, en buste ou en pied, de nombreuses médailles nous permettent de juger du physique d'*Anne de Bretagne.*

Elle était d'une taille moyenne (sa taille estoist belle et médiocre, dit Brantôme) ; elle avait de la noblesse dans la démarche, et essayait de pallier de son mieux une difformité qui la déparait sensiblement : elle avait un pied plus court que l'autre, et on s'en apercevait, quelque artifice dont elle usât pour le cacher[1].

La reine Anne fut souvent visitée par la maladie[2]. Outre qu'elle eut des couches très laborieuses, elle fut atteinte, dans le courant du mois de mars de l'année 1511, d'une affection fébrile, longue et douloureuse, qui la mit en péril de mort. Le mois suivant, elle entrait en convalescence[3].

Dans les dernières années de sa vie, elle souffrit d'un mal très incommode, la gravelle[4]. À l'époque, cette affection était peu connue, et la malheureuse

1. Voici le portrait que traçait de la reine Anne un diplomate du XVIe siècle : « La Reine a dix-sept ans ; elle aussi est maigre de sa personne, boiteuse d'un pied et d'une façon sensible, bien qu'elle s'aide de chaussures à talons élevés *(zaccoli),* brunette et fort jolie de visage, et, pour son âge, fort rusée ; de sorte que ce qu'elle s'est une fois mis dans l'esprit elle le veut obtenir de toutes manières, qu'il faille rire ou pleurer pour cela. Elle est jalouse et désireuse de Sa Majesté outre mesure, si bien que depuis qu'elle est sa femme il s'est passé peu de nuits qu'elle n'ait dormi avec le Roi, et en cela elle s'est aussi très bien conduite, puisqu'elle est grosse de huit mois… » *Cf.* A. BASCHET, *les Princes de l'Europe au seizième siècle,* p. 326.

2. Anne de Bretagne avait été, dit-on, *maltraitée* par les sages-femmes et elle était restée depuis maladive.

3. LE GLAY, *Négociations entre la France et l'Autriche,* t. I.

4. Maladie causée par la présence de calculs urinaires (NdE).

reine ne reçut pas les soins que comportait son état. Le 2 janvier 1514, étant au château de Blois, elle eut une attaque plus violente que les autres, très probablement une attaque de *colique hépatique,* et sept jours plus tard, le 9 janvier, environ sur les six heures du matin, elle succombait, les uns disent dans les plus terribles souffrances ; les autres, au contraire, soutiennent qu'« elle était morte en pleine santé, que les médecins s'étaient trompés et qu'on devrait les tous chasser[1] ».

Anne de Bretagne était morte le lundi 9 janvier ; son corps resta dans sa chambre jusqu'au samedi suivant. Les chirurgiens et apothicaires eurent le temps de procéder à l'embaumement du corps et d'en extraire le cœur, qui fut enfermé dans une boîte d'or, en exécution de la dernière volonté de la mourante ; elle avait expressément recommandé que la meilleure partie d'elle-même fût inhumée à Nantes, chez ses Bretons qu'elle avait tant aimés[2].

Louis XII donna plusieurs témoignages de la douleur qu'il ressentit de la mort de son épouse. Néanmoins, neuf mois, jour pour jour, après la mort de la reine-duchesse, le 9 octobre (1514), il contractait sa troisième union avec Marie d'Angleterre, sœur du roi

1. Le Roux de Lincy, *op. cit.,* II, 199.

2. Le cœur de la reine Anne fut porté en grande pompe dans l'église du couvent des Carmes, à Nantes, où se trouvait déjà le tombeau de François II, père de la reine. Le 17 février 1792, le mausolée de François II fut mutilé et la boîte en plomb, contenant le cœur de la reine Anne, brisée ; le cœur d'or fut porté au cabinet des médailles de la Bibliothèque nationale ; mais, en 1817, sur la demande du Conseil municipal de Nantes, la précieuse relique fut restituée à cette ville (Le Roux de Lincy, *op. cit.,* II, pp. 225-226).

Henri VIII : en premières noces, il avait épousé Jeanne de France ; il avait fait annuler son mariage par le pape Alexandre VI (1498).

Louis XII était âgé de cinquante-trois ans, quand il épousa Marie d'Angleterre, *beaucoup plus jeune que lui.* Aussi Brantôme a-t-il pu écrire que « la belle Marie d'Angleterre fut cause de sa mort (de la mort de Louis XII), *pour l'embrasser trop souvent*[1] ».

Pour parler un langage plus sérieux, Louis XII était *goutteux*[2] (la goutte, il est vrai, est souvent le résultat des plaisirs défendus), et il est vraisemblable que c'est une attaque de goutte, ou une complication de cette maladie, qui mit fin aux jours de ce prince[3].

---

1. Brantôme, *Œuvres,* t. III, p. 243 ; *cf. Études sur François Ier,* par Paulin Paris (Paris, 1885), t. I, ch. III.

2. « Le Sénat, dans une lettre à l'ambassadeur de Rome, 15 octobre (1512), lui raconte l'ouverture de négociations amicales entre Antonio Justiniani, et le roi Louis XII… Le Roi est à Blois, en son château ; messer Antonio Justiniani, docteur, d'abord prisonnier des Français, est mis en rapport à Milan avec le seigneur Jean-Jacques Trivulce, qu'il avait ensuite retrouvé à Lyon, arrive à Blois le dernier jour d'août : le Roi souffrait de la *goutte.* » Baschet (A.), *op. cit.,* pp. 366-371.

3. « Les malheurs publics ou privés, qui avaient accablé coup sur coup Louis XII, influèrent sur son tempérament affaibli et altéré par un flux de sang qui l'incommodait tous les trois jours… Sa situation était si alarmante que ses médecins pensèrent *que de lui fût fait* ; néanmoins, il continuait de se montrer de loin, les yeux creux, le teint jaune et plombé, le dos voûté et les jambes chancelantes… Il ne quittait sa chambre que pour se traîner sur une terrasse, dès qu'un rayon de soleil l'invitait à venir se ranimer en plein air. Il avait perdu son embonpoint, son appétit, sa gaieté… » Il se remit de cette chaude alerte et « sa convalescence fut aussi prompte que son dépérissement avait été rapide ». En 1505, il tombe de nouveau malade et se rend à Blois,

DOCUMENTS ANNEXES

LA VÉRITABLE CAUSE DE LA MORT DE LOUIS XII

Fleurange, *le jeune adventureux,* raconte avec un grand charme (ch. XLII de ses Mémoires) comment s'accomplirent les épousailles de Louis XII et ce qui suivit.

> Le lendemain au matin feurent les espousailles et ne feurent pas faites à l'église, mais en une belle et grande salle tendue de drap d'or, là où tout le monde les pouvoit veoir. Et estoient le Roy et la Royne assis, et la Royne toute deschevelée avoit un chapeau sur son chef, le plus riche de la chrestienté, et ne porta point de couronne pour ce que la coustume est de n'en point porter, si elles ne sont couronnées et sacrées à Saint-Denis… Le Roy et la Royne espousés, toute l'après-disner et sur le soir feust faicte la plus grande chère du monde. La nuit venue, se couchèrent le Roy et la Royne ; et le lendemain le Roy disoit qu'il avoit faict merveilles.

---

dont le climat lui a été favorable à maintes reprises. La fièvre ne tardait pas à le quitter. Il reprend des forces et se rétablit une fois de plus. Nouvelle rechute, celle-ci plus grave. Le clergé, la noblesse et le peuple implorent la guérison de leur roi. À Blois, à Amboise, à Tours « on vit des hommes et des femmes aller tout nus aux églises et *se flageller en public,* pour intéresser la clémence divine à rendre la santé à celui qu'on avait eu si grand peur de perdre. » Louis XII donna ainsi des inquiétudes, à deux ou trois reprises, à ses médecins et à son entourage, jusqu'à ce qu'enfin une crise finale l'emportât. (*Cf. L'Histoire du xvi*e *siècle en France,* par P. L. Jacob, t. II, pp. 397 et suiv., 406 ; t. III, pp. 61-77.)

Pour plaire à sa jeune femme de seize ans, le roi changea toutes ses habitudes : « Il avoit voulu faire du gentil compaignon avec sa femme ; mais s'abusoit, car, il n'étoit pas homme pour ce faire. » Les bals, les tournois, les festins, les veilles, la continuelle succession de distractions qui n'étaient pas de son âge conduisirent au tombeau le pauvre roi. « Ceulx de la basoche à Paris disoient que le roy d'Angleterre avoit envoyé une haquenée au roy de France pour le porter bientôt et plus doucement en enfer ou en paradis. »

Louis XII s'éteignit le 1er janvier 1515, à l'hôtel des Tournelles, où il était venu s'installer depuis peu, s'y trouvant en meilleur air qu'au Palais.

> Ledit Roy estant aux Tournelles, feust commencé à lui faire son enterrement comme on a coustume faire aux aultres Rois ; qui sont belles cérémonies et antiques. Et en portant son corps des dictes Tournelles à Nostre-Dame, avoit gens devant avecques des campanes lesquelles sonnaient et crioient : *Le bon Louis, père du peuple, est mort*[1] !

1. *Mémoires de Fleurange,* cités par M. P. Rodiquet, *Hist. municipale de Paris,* pp. 312-331.

FRANÇOIS Ier

† Mort le 31 mars 1547 d'une fistule tuberculeuse.

Avec Louis XII s'était éteinte la branche cadette des Valois, celle d'Orléans. Après ce roi, la couronne passera à la branche des Valois-Orléans-Angoulême, descendant de Jean d'Angoulême, cinquième fils de Louis d'Orléans, qui lui-même était le deuxième fils du roi Charles V, dit *le Sage*[1].

François Ier était donc l'arrière-petit-fils de Louis d'Orléans et de Valentine Visconti ; le petit-fils de Charles, comte d'Angoulême, frère cadet du père de Louis XII ; le fils de Charles d'Orléans, comte d'Angoulême, et de Louise de Savoie[2].

---

1. Jacoby, *op. cit.*

2. Peignot, *op. cit.* À peine âgée de douze ans, Louise de Savoie avait été mariée à Charles de Valois, mort le 1er janvier 1496, la laissant mère de deux enfants : Marguerite d'Angoulême, née le 11 avril 1192, et François d'Angoulême (le futur François Ier), né le 12 septembre 1494. Guillaume de Jaligny, secrétaire de Pierre II duc de Bourbon, a donné quelques détails sur la dernière maladie et la mort du père de François Ier (*Histoire de Charles VIII,* édition Godefroi, pp. 108-110, in Paulin Paris, *op. cit.,* t. I, ch. I.)

Il épousa (1514) la fille aînée de Louis XII, Claude de France, qui mourut dix ans après son mariage.

Le 4 juillet 1530, François Ier s'unissait, en secondes noces, à Éléonore d'Autriche, sœur de Charles-Quint[1].

Nous avons exposé ailleurs[2] les circonstances de la mort de François Ier. Nous rappelons seulement les points principaux de notre argumentation.

Il est aujourd'hui prouvé que, contrairement à la légende, le roi François ne succomba pas aux suites de la maladie dont il fut atteint[3], maladie que nos voisins appellent le *mal français* et que, par représailles, nous nommons le *mal napolitain.* Le savant spécialiste Cullerier a fait cette démonstration le plus lumineusement du monde, dans une substantielle brochure[4].

Contrairement à Cullerier, qui attribue la mort de François Ier à « une affection des voies urinaires, avec

---

1. Sur le voyage dans les Pays-Bas et la maladie d'Éléonore, v. un article de M. Paillard, dans la *Revue historique,* t. XVIII, p. 101.

2. V. le *Cabinet secret de l'histoire,* 1re série, dernière édition.

3. Le 20 juillet 1529, François Ier avait fait appel aux lumières d'un médecin de Montpellier, Jehan Falco, et du chirurgien Antoine Quesson, pour lui donner leurs soins conjointement avec les médecins de la cour. Il fut alloué au médecin la somme de 400 livres tournois, « pour le récompenser des frais, mises, despenses, paines et travaux, qu'il a eus en un voyage qu'il a faict de la ville de Montpellier jusques au dict Fontainebleau. » *Union médicale,* 20 et 27 juillet 1869. En 1543, François Ier faisait appareiller un vaisseau, pour aller jusqu'au nouveau monde, au Brésil, lui chercher certain remède, du *gayet* ou *palme Saincte,* autrement dit du bois de gaïac, qui passait à l'époque pour un remède « spécifique » de l'avarie (v. à cet égard l'*Histoire de la marine française,* par de la Roncière, Paris, 1906, t. III, p. 291).

4. Tirage à part de la *Gazette hebdomadaire de médecine,* 1856.

abcès dans les environs du canal de l'urètre, accompagné probablement d'une fistule urinaire » ; contrairement à Corlieu[1], qui, après avoir parlé d'*intoxication urineuse,* conclut que le roi a succombé ; « consumé à la fois par les embarras politiques, par les jouissances d'une vie de fatigue et de plaisirs de toute nature, à l'exception de ceux de la table », nous nous en tenons à l'opinion que nous avons déjà émise à une autre place, à savoir que le roi François est mort des suites d'une *fistule tuberculeuse*[2].

Il avait, à quelques mois près, le même âge que son prédécesseur au trône : cinquante-trois ans[3].

---

1. *La Mort des rois de France depuis François Ier,* par le docteur Corlieu (1892).

2. Au mois d'août 1526, il avait eu un abcès dans la région occipitale, qui s'ouvrit spontanément un mois plus tard. Cet abcès pouvait bien être de nature tuberculeuse, d'autant que, s'il s'est ouvert spontanément, il a très bien pu rester fistuleux.

3. Sur *la mort de François Ier,* on consultera utilement un fort intéressant opuscule de M. Auguste Castan (ext. des *Mémoires de la Société d'émulation du Doubs,* 9 mars 1878).

LE DAUPHIN FRANÇOIS

† Mort le 12 août 1536 d'une pleuro-pneumonie.

Sur les sept enfants qui naquirent de l'union de François Ier avec Claude de France, deux d'entre eux (deux filles) succombèrent en bas âge : *Louise,* née le 19 août 1515, morte deux ans plus tard ; *Charlotte* (1516-1524), une troisième fille, *Madeleine,* épousa Jacques V d'Écosse ; son mariage fut stérile ; elle mourut à dix-sept ans[1].

Des trois garçons, *François,* né le 28 février 1518[2], mourut âgé de dix-huit ans (1536) : nous dirons tout

1. « D'une fièvre éthique » ; traduisons phtisie aiguë.

2. Étienne Charavay a trouvé dans le *Fonds Béthune* (Bibl. nat., F. Fr., 2990, f° 29), cette curieuse lettre, annonçant la naissance du dauphin François : « Dimanche dernier environ cincq heures apres mydy la Royne nous feit ung beau daulphin qui est le plus beau et puissant effant que lon sauroit veoir et qui se faict le myeulx nourrir. Et la Royne qui se trouve fort bien et faict tres bonne chere grace à Nostre Seigneur. Aussy faict le Roy, Madame et mez, petittez dames, leurs filles. » *Revue des Documents historiques,* 2e année, p. 49 (n.). Par Marguerite de Navarre nous apprenons que le Dauphin eut la rougeole au commencement de l'année 1526, en même temps que ses frères. Il fut sans doute soigné par les médecins attachés à sa personne, c'est-à-dire : Me Christophe de Forest, qui touchait 300 l. t. d'appointements annuels ; Me Pierre Tremeulet, 400 l. t., tandis que les apothicaires,

à l'heure de quelle façon. *Henri,* qui fut roi de France sous le nom de *Henri II,* succomba accidentellement ; enfin le troisième, *Charles,* duc d'Orléans (1522-1545), mourut sans alliance et, par suite, sans descendance légitime. Il succomba aux suites d'une affection aiguë (fébrile) des voies respiratoires, consécutive à l'ingestion d'eau placée. Une tumeur qu'il eut dans la région axillaire fit croire à ses médecins et à lui-même qu'il avait… la peste ![1]

Cela dit, donnons quelques détails sur la dernière maladie[2] de François, dauphin de France, dont la mort,

---

Julien Bauge et Gentien Larcher, ne touchaient que 160 l. t. Ces médecins et apothicaires ne sont point ceux qui firent l'autopsie du Dauphin. (*Rev. des doc. hist., loc. cit.*) Le dauphin François était très taciturne, fuyant la société et même brutal. Quand les enfants de son âge venaient partager ses jeux, il les maltraitait tellement que les gentilshommes ne laissaient plus leurs fils se mêler à la compagnie de l'héritier du trône.

1. Le 5 septembre 1545, François Ier, qui, pour forcer, les Anglais à lui rendre Boulogne, avait envoyé le baron de la Garde s'emparer de l'île de Wight, et s'était lui-même transporté dans les environs d'Abbeville, s'arrêta à l'Abbaye de Fôrest-le-Moustier, où il eut la douleur de perdre son fils Charles, duc d'Orléans, qui mourut subitement, d'« une fièvre pestilente, disent quelques auteurs ; tandis que d'autres prétendent qu'il fut empoisonné par les partisans du dauphin et font retomber l'odieux de ce crime sur Diane de Poitiers. » Destigny (de Caen), *Histoire de Catherine de Médicis,* pp. 63-64. On a, d'autre part, conté que le fils du roi François serait mort d'un « ulcère aux parties honteuses ». V. Paulin Paris, *op. cit.,* t. II, up. 310-311.

2. Il avait été malade au mois d'octobre 1533, à Marseille ; il fut soigné par le médecin du pape Clément VII, à qui il fit remettre, à titre d'honoraires, cinq cents écus soleil *(Rev. des doc. hist.,* II, p. 61).

au rapport de certains, ne reconnaîtrait pas une cause naturelle.

Un apothicaire de Tours a déploré, dans une tirade versifiée, la mort du dauphin François, que la rumeur publique disait avoir été empoisonné par l'arsenic. Les vers de l'apothicaire sont franchement mauvais, mais ne sait-on pas que c'est dans *La Muze historique* du gazetier Loret, écrite en vers non moins mirlitonesques, que l'on trouve la chronique la plus pittoresque, la plus véridique de la vie au temps de Louis XIII ?

Or donc, messire Thibault Lespleigney[1], apothicaire à Tours, s'exprime en ces termes :

> Le primogenite (premier-né) de France,
> François, dauphin, de François fils,
> En cest an de mil trente et six (1536),
> En mourut par fausse traison...
> O *pernicieuse poison*[2],
> Pestilente et envenimée.
> Par ton dart fut exanimée
> La fleur des très loyaux François...

On voit à quelles rumeurs avait donné naissance la mort du Dauphin, si subite et si imprévue. Les uns prétendaient y reconnaître la main de l'Empereur

1. *Promptuaire des médecines simples en rythme joieuse,* par Thibault Lespleigney, chapitre de l'*Arsenic* (nouvelle édition, par P. Dorveaux) ; Paris, H. Welter, 1899, p. 12.

2. Il est à remarquer que *poison* est ici du genre féminin. Ce mot a été féminin jusqu'au commencement du XVIIe siècle. Il signifiait primitivement *breuvage ;* ce n'est que plus tard qu'il prit un sens malfaisant. (*Cf.* les dictionnaires de Littré, Hatzfeld, Darmesteter, Thomas, etc.).

tandis que d'autres nommaient tout bas Catherine de Médicis[1].

Il est peu vraisemblable que Charles Quint ait été pour quelque chose dans la mort du Dauphin, fils de François Ier ; et, quand son caractère autoriserait à le croire capable d'un pareil crime, on cherche vainement quel intérêt il aurait eu à le commettre ; l'opinion, en France, ne l'en chargea pas moins avec acharnement ; il fut réduit à se défendre[2].

On arrêta le comte Sebastiano de Montecuculo ; on lui fit avouer, dans les tortures, qu'il était l'agent d'Antoine de Lève, l'un des favoris de Charles Quint, et l'on pensa avoir fait ainsi la lumière sur les relations qui rattachaient cet empoisonneur subalterne au véritable coupable, que l'on était décidé à trouver plus haut[3].

---

1. *Cf. Archives curieuses de l'Hist. de France,* de CIMBER et DANJOU, 1re série, t. IX, p. 10. Quelques-uns insinuèrent que Catherine de Médicis avait peut-être songé, par ce moyen, à rapprocher son mari des marches du trône. *(Œuvres de Marot,* édit. Guiffrey, t. III, pp. 465 et suiv. V. également « Documents annexes », et *Poisons et Sortilèges,* des docteurs CADANÈS et L. NASS, 2e série, ch. III.)

2. *Lettre privée, responsive d'ami à autre, réfutant conputation controuvée et publiée calomnieusement et sinistrement du côté du roi de France et par ses ministres contre l'empereur et aucuns princes ses serviteurs, sur la mort du feu dauphin* (Granvelle, t. II, pp. 500 et suiv.) Cité par A. DESJARDINS, *Les Sentiments moraux au seizième siècle,* p. 126.

3. G. GUIFFREY, *Cronique du Roy Françoys, premier de ce nom,* Paris, 1860, pp. 184-186, note ; *cf.* B. HAURÉAU, *François Ier et sa cour,* nouvelle édition., Paris, 1855, pp. 98 et suiv. (V. dans le *Journal officiel* du 5 avril 1907, l'étude critique présentée au Congrès des sociétés savantes, séance du 2 avril, par M. HAUSER,

Pourquoi les soupçons s'étaient-ils portés sur Montecuculo (ou Montecuculli) ? C'est que les apparences étaient, vraiment, contre l'infortuné gentilhomme.

Le dauphin François était de passage à Tournon, se rendant à Valence avec le roi son père. En dépit de la chaleur, qui était accablante, le dauphin voulut se livrer à son sport favori et jouer une partie de paume. Très altéré à la suite de cet exercice violent, il envoya son écuyer, Sébastien Montecuculli, chercher de l'eau dans une tasse en terre, dont Brantôme a donné une minutieuse description[1].

Le dauphin vida la tasse d'un trait ; presque aussitôt il se sentit pris d'un malaise.

On assure, mais rien n'est moins prouvé, que, profitant d'un moment d'inattention, l'écuyer aurait mêlé au breuvage une poudre empoisonnée (de l'acide arsénieux ou réalgar, qui est un sulfure d'arsenic)[2].

Quoi qu'il en soit, le dauphin dut rentrer à Tournon, tandis que le roi poursuivait sa route. C'était le 6 août (1536). Le mal empira rapidement et quatre jours plus tard le dauphin n'était plus.

---

professeur à l'Université de Dijon et les remarques de M. Meyer sur la valeur, comme référence, de l'ouvrage réédité par M. G. Guiffrey, en 1860).

1. V. dans les œuvres de B. le chapitre sur le *Dauphin François* (t. III, pp. 174-177).

2. Ce n'était qu'une supposition ; néanmoins, Sébastien de Montecuculo fut condamné à être tiré à quatre chevaux. La rédaction de cet arrêt laissait subsister tous les soupçons qui avaient été répandus contre l'Empereur. Le récit de l'exécution est rempli de détails atroces. Le peuple mutila les restes du supplicié, et les enfants jouèrent « à la pellote » avec sa tête.

François Ier ne chercha pas à calmer l'opinion publique, qui se montrait fort surexcitée, car cette agitation servait à la fois et sa politique et ses ressentiments. Tout indique même que ceux qui l'approchaient de plus près avaient fini par ajouter créance à ces bruits. Dans une lettre à son frère, Marguerite ne se borne pas à compatir à sa douleur, mais elle exprime énergiquement le désir que la « vengeance » suive de près cette « sy grande cruaulté » de Charles Quint[1].

Les historiens, les poètes[2], accréditèrent la version de l'empoisonnement. Toutefois, un chroni-

---

1. GÉNIN, *Lettres de Marguerite de Navarre,* I, 334 (cité par Guiffrey).

2. Le P. LELONG *(Bibl. hist. de la France)* et BRUNET (*Manuel du Libraire,* II, 5e éd.), mentionnent sur ce sujet les trois opuscules suivants : 1° *Copie de larrest du grand conseil donné à l'encontre du misérable et meschant empoisonneur de Monseigneur le Dauphin ; avec aucunes épistres et rondeaux sur la mort de mondict seigneur* (1536) ; 2° *Nouvelle deffence pour les Françoys. A lencontre de la nouvelle entreprinse des ennemys. Comprenant la manière deviter tous poisons, avec les remèdes à lencontre diceulx, dedié au gentilhomme qui a faict responce au secrétaire Alemand son amy sur le différent de l'Empereur et du roy tres chrestien Françoys premier de ce nom* (par Bertrand de la LUCE, médecin), Paris, Denys Janot, (1537) ; 3° *Du glorieux retour de Lempereur de Provence, par ung double de lectres, escriptes de Bouloigne à Romme à Labbé de Caprare ; translaté d'Italien en Françoys : adjousté le double du dicton prononcé à la condempnation de l'empoisonneur de feu monsieur le Dauphin de France,* Lyon, 1537. Le docteur DORVEAUX *(Promptuaire de Lespleigney)* a, en outre, signalé : *l'Apparition de Ganellon,* publiée à Lyon en 1542, que le *Bibliopoliana* (n° 43) dit être une pièce satirique contre Antonio de Leyva, célèbre général

queur, Belcarius[1], parle bien du verre d'eau sucrée, mais il attribue la mort à une imprudence d'un genre particulier[2].

Ce qu'il y a de certain, c'est que les médecins du temps ignorèrent complètement la nature de la maladie à laquelle succomba le dauphin. Cette maladie était, selon toute vraisemblance, une *pleuro-pneumonie,* occasionnée par l'ingestion d'une boisson froide en pleine transpiration.

Le procès-verbal d'autopsie[3], tout imparfait qu'il soit, permet cependant de tirer quelques inductions. Nous pouvons – et en cela nous sommes d'accord avec Littré, qui l'a formulé avant nous[4] – affirmer que *le dauphin François n'est pas mort empoisonné.*

Mais le procès-verbal est rédigé en termes trop obscurs pour qu'on puisse en conclure rien de plus. Cc sont les circonstances dans lesquelles est survenue la mort qui nous autorisent à émettre l'hypothèse qu'il a dû succomber à une pleuro-pneumonie *a frigore.*

---

espagnol, et l'écuyer Sébastien Montecuculli, l'empoisonneur prétendu du dauphin fils de François Ier.

1. Voici comment s'exprime Belcarius (Beaucaire), en latin : « *Delphinum nonnulli, ex parvæ pilæ ludo multo sudore madentem, aqua frigida intemperantius hausta, alii ex nimia venere cum Lestrangia, aulica matrona, mortem sibi conscivisse existimarunt.* » BELCARIUS, *Commentarii rerum gallicarum,* XXI, 677). *Cf.* GUIFFREY, *op. cit.,* p. 466. Cette demoiselle de Lestrange, dont il est ici question, était une fille de la reine, cousine germaine de Brantôme *Rev. des documents historiques, loc. cit.,* p. 62).

2. Comme son père, il aimait la chasse et… la galanterie, ce qui n'avait pas peu contribué à affaiblir son tempérament. (*Cf. Rev. des documents historiques,* ann. cit., p. 61.)

3. V. « Documents annexes ».

4. V. « Documents annexes ».

DOCUMENTS ANNEXES

CATHERINE DE MÉDICIS RÉHABILITÉE

Dans combien de libelles, écrits dans des temps de trouble et de faction, des écrivains mercenaires ou mal instruits n'ont-ils pas entrepris de noircir la mémoire de Catherine de Médicis par des empoisonnements imaginaires ? N'a-t-on pas été jusqu'à l'accuser d'avoir chargé deux Italiens d'empoisonner toute l'armée du prince de Condé, et de leur avoir donné dix mille francs, qui devaient être employés à payer les drogues nécessaires pour l'exécution de cet horrible projet ? Si la reine de Navarre, mère d'Henri IV, meurt à Paris, d'un abcès dans la poitrine, on ne laisse pas de dire et de publier qu'elle a été empoisonnée par des gants parfumés, qui lui ont été vendus par un marchand, nommé maître René, que l'on qualifie d'empoisonneur aux gages de Catherine de Médicis.

Si Dandelot, frère de l'amiral de Coligny, meurt à Saintes, d'une fièvre pourprée, on met encore sa mort sur le compte de cette princesse. Ces calomnies se trouvent dans les écrits des contemporains, et les historiens les répètent.

Il n'y a pas jusqu'à M. le Laboureur qui ne nous ait débité de fausses anecdotes sur la méchanceté de la Reine, quoiqu'il ait presque toujours travaillé sur les pièces les plus authentiques, et qu'il ait mérité d'être mis au rang des auteurs classiques, par la multitude et par l'utilité de ses recherches. Cet écrivain, si sage d'ailleurs, et si judicieux, si accoutumé à puiser les faits qu'il raconte dans les meilleures sources, ne suit plus sa méthode ordinaire quand il se met à parler de la reine Catherine de Médicis. On voit qu'il n'écrit plus que d'après les libelles manuscrits ou imprimés des huguenots, dont il avait fait une étude particulière.

On ne prétend pas sans doute justifier cette reine sur toutes ses actions : il s'en faut beaucoup ; mais encore ne faut-il pas lui en attribuer auxquelles il est évident qu'elle n'a jamais pensé… Il est donc évident que la reine Catherine désira sincèrement de voir le duc d'Anjou, son fils, élevé sur le trône de Pologne. M. le Laboureur ne se contente pas de le nier, il va plus loin encore, puisqu'il accuse tacitement la reine Catherine d'avoir fait périr son fils, Charles IX. *On pensera ce que l'on voudra,* dit-il, *de la mort du roi Charles, arrivée quatre mois après le départ du duc d'Anjou pour la Pologne* ; et pour faire mieux entendre ce que l'on doit en penser, il ajoute : *que véritablement il faut avouer que cette princesse étoit trop savante dans la destinée de cet état et de sa famille ;* comme pour dire qu'étant résolue de faire périr Charles IX, il ne lui était pas difficile de prévoir sa fin prochaine[1].

PROCÈS-VERBAL D'OUVERTURE DU CORPS DU DAUPHIN FRANÇOIS, FILS DE FRANÇOIS Ier

Quoique *l'acte de visitation et ouverture du corps de Monseigneur le Dauphin* ait déjà été publié par M. A. de Terrebasse, dans ses *Inscriptions de la ville de Vienne en Dauphiné,* t. II, p. 330, et par M. Ludovic Lalanne, dans son édition de Brantôme, t. III, p. 446, nous croyons devoir le reproduire à nouveau. En voici le texte :

1. Griffet, *Traité des preuves de l'Histoire,* pp. 263 et suiv.

Par devant nous Pierre Broë et Jehan Pelous, notaires royaulx, habitans de la ville de Tournon-sur-le-Rosne, en ladite ville et chasteau d'icelle, furent présents en leurs personnes messeigneurs messires Pierre de Werty, grand maître des eaues et forestz de France ; Adrien Tiercellen, seigneur de Brosse, chevaliers et chambellans ordinaires de feu très hault, très puissant et très excellent prince François, dauphin de Viennoys, duc propriétaire de Bretagne, filz aisné du roy notre sire, roy de France à présent régnant ; Charles de Cossé ; Jacques des Quars ; François de la Noë, gentilz-hommes de la chambre dudit feu seigneur messire Loys de Ronsart, chevalier, seigneur de la Poissonière, conseiller et maistre d'hostel ordinaire dudit feu seigneur ; Jehan Babon, maistre de sa garde-robe ; Jehan Bernart de Bertinholes ; Julien Crochart, dit Cortinhy ; Jehan Lefranc ; Françoys de Senesmes, dit Luzerches ; Jehan de Montjoye, varlets de chambre ordinaires ; Thomas Gilbert, barbier, et George Le Bouchier, huissier de chambre dudit feu seigneur, lesquels tous ensemble ont présenté à maistres François Myron, Jehan Lemoyte, médecins ordinaires dudit seigneur, et maistre Jehan Champier, médecin ordinaire de monseigneur le cardinal de Tournon, et à maistre Noël Giraudeau et Loys Buysson, dit Panchart, chirurgiens ordinaires dudit seigneur, tous actestans et affermant par leur foy et sermens prestez corporellement, levans leurs mains à Dieu, estre icelluy lequel trespassa hier en ce lieu de Tournon entre sept à huit heures du matin pour icelluy corps estre visité par dehors et ouvert par dedans, et estre embasmé ainsi qu'on a de coustume embasmer les corps des princes pour les ensépulturer. Lesquelz médecins, cirurgiens, barbiers et apothicaire l'ont receu de leurs mains et visité ainsi que s'ensuyt :

Premièrement ledit corps a été apporté tout nud sur une table et visité par dehors, auquel ne s'est trouvé aulcune pustule que une cicatrice d'une apostume qu'il avoit eue entre les deux espaules. Le reste des espaules et muscles du doz, l'entour du col et hault de poitrine sont de couleur de sang meurdri, et derrière s'étendoit jusques aux fesses. La bouche et le nez tous environnez de glaçons de sang.

Item, a esté ouvert ledit corps et s'est trouvé par dedans ès parties de la poitrine quand on les a ouvertes plus de humidité que en bas.

Item, les intestins se sont trouvez tous jaunastres et pleins de vent et de grande puanteur.

Item, l'estomac bel et entier et vuyde.

Item, la rate de mesme en son estat naturel.

Item, le foy s'est trouvé, pour la moitié de luy, de couleur lyvide, et quant l'on l'a fendu ladicte moytié s'est trouvée fort seiche, et l'autre moytié naturelle. *Item,* la bourse du fiel a été trouvée grande et naturelle.

Item, le polmon a esté trouvé… plein de eslevures.

Item, le cuer grand, tout flestry, mol et uny.

Item, les roignons se sont trouvez grands et entiers et bien netz.

Item, la veyne grande et entière.

Item, a esté ouverte la teste et s'est trouvé le cerveau grand et entier, et les voynes des foyes fort pleines de sang.

Item, pour ce que ledict seigneur, luy vivant, durant la maladie de laquelle il est décédé, s'étoit plaingt de quelque doleur, quand on le tournoit, au costé droit, a esté regardé par dedans s'il y avoit apparence d'appostume et ne s'en est point trouvé : et a esté par dehors incisé à plusieurs lieux et ne s'est rien trouvé aussi.

Ce faict, ledict corps a été embasmé, et icelluy prest à mectre en cercueil, les susdicts médecins, cirurgiens et appothicaire l'ont rendu illec aux chambellans et varletz de chambre cy dessus nommez actestans et affermans par leur serment ce que dessus estre vray.

En signe de quoy, nous dicts notaires royaulx, nous sommes soubzignés et avons fait signer ces présentes auxdicts sieurs médecins, cirurgiens et appothicaire, le onziesme jour d'aoust, mil cinq cens trente six : P. Broë, notaire ; F. Myron ; J. La Moueste ; Jean Champier ; N. Giraudeau ; Loys Buisson ; Bineau ; Baugé.

En tesmoing des quelles choses et pour les faire formes auctentiques et establis à tousjours y a esté mys et apposé le scel royal establi au baillage de Viveroys.

Signé : P. BROE, notaire ; J. PELOUS, notaire.

OPINION DE LITTRÉ SUR LA MORT DU DAUPHIN FRANÇOIS

Préoccupé du problème de la mort du dauphin François, M. Étienne Charavay, désirant connaître l'avis d'un homme autorisé, avait prié Littré de lui donner son opinion sur cette question de pathologie rétrospective. L'illustre savant, qui a résolu avec tant de sagacité et d'esprit critique les problèmes si ardus de la mort d'Alexandre et de celle de Henriette d'Angleterre, écrivit alors la lettre suivante à M. Charavay, qui l'a jadis publiée dans sa très intéressante *Revue des documents historiques*.

D'après une pièce aussi imparfaite que celle qu'on vient de lire, Littré ne pouvait formuler qu'une hypothèse ; mais on verra que, pour Littré comme pour nous, la question de poison doit être définitivement écartée.

Ménil-le-Roi, par Maisons-Laffite, 5 août 1874.

Monsieur,

J'ai lu attentivement le procès-verbal d'ouverture du corps. Je n'y ai rien vu que de négatif, c'est-à-dire que les organes, intestins, estomac, rate, foie, vésicule du fiel, cœur, reins et cerveau, n'ont présenté aucune apparence morbide, ou bien les apparences, comme au foie, ne nous apprennent rien. Peut-être faut-il faire une exception pour le poumon. Cet organe, dit le procès-verbal, était plein d'élevures. De plus, le corps avait la bouche et le nez pleins de caillots de sang. On peut croire que le défunt avait eu une hémoptysie et que par conséquent, les *élevures* notées indiquaient une lésion, sans doute des tubercules disséminés.

Cette ouverture de corps ne permet de songer à aucun poison.

Mais pour la question de poison comme pour celle de phthisie à laquelle je viens de faire allusion, il faudrait pouvoir comparer au résultat de l'ouverture du corps l'histoire de la maladie. Cela ajouterait de la probabilité aux conjectures que j'émets ou les écarterait tout à fait. Non pas que je veuille affirmer que l'histoire de la maladie, jointe à l'autopsie, permettrait de résoudre absolument le problème de pathologie rétrospective qui vous occupe : mais, du moins, tous les éléments médicaux de la question auraient été mis à contribution.

Agréez, Monsieur, l'assurance de ma haute considération.

É. Littré

HENRI II

† Mort le 10 juillet 1559 de méningo-encéphalite traumatique.

Les historiens ont fait la remarque, assez piquante, que le règne d'Henri II commença par un duel et finit par un combat singulier, où ce prince trouva la mort. Ils ajoutent que ce genre de mort avait été pronostiqué au roi par un certain Gauric[1] qui, tirant l'horoscope du souverain, avait prédit que les années climatériques lui seraient funestes (les années climatériques sont toutes les septièmes années de la vie humaine et plus spécialement la soixante-troisième, particulièrement redoutable) ; en outre, que s'il passait la soixantième année de son âge, il n'arriverait certainement pas à la soixante-dixième. Le sieur Gauric ne se risquait guère ; aussi sa prophétie n'eut-elle pas de peine à se réaliser. Le roi mourut, en effet, âgé de près de quarante-deux ans.

Ce que Montluc a rapporté des pressentiments du roi est (six fois sept) plus singulier[2]. Voici la citation

---

1. Berthevin, *Recherches historiques sur les derniers jours de rois de France,* etc., Paris, 1825, p. 59.

2. Dans ses fameuses prophéties, si longtemps prises au sérieux, et qui, même de nos jours, ont trouvé des adeptes convaincus, Nostradamus avait prédit la mort d'Henri II : « Le lyon jeune le

du paragraphe de ses Commentaires, où il raconte lui-même le songe qu'il eut en Guyenne, la veille du jour qui précéda le tournoi où le roi trouva la mort.

> Je songeais, écrit Montluc, que je voyois le roi assis sur une chaise, ayant le visage couvert de gouttes de sang, et ne sembloit que ce fut tout ainsi que l'on peint Jésus-Christ, quand les Juifs lui mirent la couronne et qu'il tenoit les mains jointes. Je lui regardois, ce me sembloit, sa face, mais je ne pouvais voir autre chose que sang au visage, ne découvrant aucun mal. J'oyois, comme il me sembloit, les uns dire *il est mort,* les autres *il ne l'est pas encore.* Je voyois les médecins et chirurgiens entrer et sortir dans la chambre et cuide que mon songe ne dura longuement, car à mon réveil je trouvoi une chose que je n'avais jamais pensée, c'est qu'un homme puisse pleurer en songeant : car je me trouvoi la face tout en larmes et mes yeux qui en rendoient toujours ; falloit que je les laissasse rire, car je ne puis garder de pleurer longuement.

Mézerai relate[1] aussi, pour l'avoir appris de gens de qualité, qui le tenaient de Charles de Lorraine gendre du roi, que la nuit qui précéda le tournoi une dame, logée près de la Bastille, avait vu en songe qu'Henri II avait été blessé et abattu par terre, d'un coup de lance dans l'œil, et que l'éclat en avait rejailli dans l'oreille du dauphin, qui en avait été renversé

vieux surmontera/En champ bellique par singulier duelle,/Dans caige d'or les yeux lui crèvera : /Deux classes une, puis mourir, mort cruelle. » Les contemporains crurent y trouver, très clairement prédit, l'événement où le roi trouva la mort ; il faut reconnaître que, pour cette fois, le hasard servit assez bien le prophète.

1. Berthevin, *op. cit.,* p. 60.

mort auprès de son père : ce qui marquait que le dauphin ne lui survivrait pas longtemps : or, François II succomba – bizarre coïncidence[1] ! – à une affection qui commença par l'oreille.

Pour Henri II, le songe se réalisa pareillement.

À l'occasion du mariage de la fille du roi, Élisabeth de France, avec Philippe II, qui eut lieu le 26 juin 1559, des tournois avaient été organisés.

Une lice avait été dressée à l'extrémité de la rue Sainte-Antoine, sur une place assez vaste qui s'étendait entre le palais des Tournelles et la Bastille. On sait en quoi consistaient alors les tournois. Les deux champions, entièrement revêtus d'une solide armure, se tenaient l'un à droite, l'autre à gauche d'une barrière haute d'un mètre et demi environ, le long de laquelle ils devaient courir sans jamais la toucher du genou. Au bruit des trompettes et des clairons, ils s'élançaient l'un sur l'autre la lance en arrêt et chacun d'eux cherchait à désarçonner son adversaire. Si les deux lances se rompaient sans que ni l'un ni l'autre eussent chancelé

---

1. Étant dauphin, Henri II *avait crevé un œil* à son écuyer. Juste retour des choses d'ici-bas, il recevait à son tour, quelques années plus tard, une blessure mortelle dans la même région : « Quand il pleuvait et qu'il ne pouvait sortir dehors, il fallait au dedans choisir force autres passe-temps dont il n'y en avait point manque, ou à jouer avec les dames ou avec les gentilshommes, tirer des armes, qu'il avait bien en main, et trop pour M. de Boucard, son écuyer, auquel il creva l'œil étant monsieur le Dauphin, dont il lui demanda pardon, car c'était un fort honnête et brave gentilhomme, du depuis en nos guerres, il se fit hugenot. » Armand Eudel du Gord, *Fragm. hist. sur les derniers Valois,* p. 81.

sur leurs montures, les applaudissements éclataient de toutes parts[1].

Il y avait déjà quelques jours que duraient ces carrousels, lorsqu'il prit envie au roi, le 29 juin, de prendre part au tournoi. Chacun des *tenants* du tournoi devait lutter successivement avec trois *assaillants*. Le duc de Savoie se présenta le premier contre le roi, le duc de Guise lui succéda, puis le jeune Gabriel de Montgomery, sieur de Lorges.

Henri montra dans ces trois rencontres sa vigueur accoutumée.

Il ne put se résoudre à abandonner si tôt la lice et, contre l'usage, il voulut fournir encore une course avec Montgomery. Celui-ci dut obéir. Au signal donné, les deux champions se précipitaient l'un contre l'autre.

Leurs lances s'étant brisées, le roi, qui avait malheureusement la visière de son casque levée, fut blessé à l'œil d'un éclat de lance ; il chancela sur son cheval,

1. Henri II y arriva ce jour-là, portant sur sa riche armure les couleurs de sa dame, de sa vieille maîtresse Diane, qui comptait alors près de soixante ans. FRANKLIN, *Grandes Scènes historiques du seizième siècle.* « Henri II, voulant célébrer les noces de madame sa fille et de madame sa sœur avec toutes les somptuosités et magnificences qu'il pût, dressa un tournoi solennel contre tous venants, et lui, M. de Ferrare, M. de Guise et M. de Nemours, furent les quatre venants. Il portait, pour livrée, blanc et noir, qui était la sienne ordinaire, cause de la belle veuve qu'il servait, M. de Guise, son blanc et incarnat qu'il n'a jamais quitté, pour une dame que je dirais, qu'il servit étant fille à la cour, M. de Ferrare, jaune et rouge, et M. de Nemours, jaune et noir. » *Fragments historiques sur les derniers Valois,* Armand EUDEL DU GORD, pp. 74-75.

et soutenu par ses officiers, fut transporté au château des Tournelles[1].

Mézerai a fait de l'épisode un récit qui n'est pas seulement dramatique mais qui est d'une précision dans les détails qu'il importe de souligner, pour les considérations dont nous le ferons suivre.

> Il arriva, dit Mézerai, que ce seigneur [Montgomery] ayant rompu sa lance contre son plastron, l'atteignit encore du tronçon, qui lui restoit à la main, *au-dessus du sourcil de l'œil droit.* Le coup fut si grand qu'il le renversa par terre et *lui fit perdre la connaissance et la parole ; il ne les recouvra jamais plus* ; d'où l'on peut convaincre de faux tous les différents discours que les uns et les autres lui mirent à la bouche[2] selon leurs intérêts et leurs passions. Toutefois il *vécut encore près de onze jours* et ne rendit le dernier soupir que le dizième juillet.

---

1. Franklin, *op. cit.* et de Thou, *Histoire universelle.*

2. « On dit qu'alors ce prince, passant devant la Bastille, jetta les yeux de ce côté là et que se souvenant des conseillers qu'il y avoit fait emprisonner depuis peu de jours, il dit plus d'une fois qu'il craignoit bien d'avoir traité injustement des innocens, et que le cardinal de Lorraine qui étoit présent dit à ce prince que cette pensée ne pouvoit lui être inspirée que par l'ennemi du genre humain ; qu'il devoit la rejetter et demeurer inébranlable dans sa foi. *Je n'oserais assurer si ce fait est, véritable ou supposé,* ne voulant écrire que des choses certaines et dont tout le monde convienne ; car les médecins soutiennent que quand on a reçu une pareille plaie, *on perd l'usage de parole,* soit que le cerveau soit blessé, soit que la violence du coup l'ébranle de son siège, soit qu'une veine rompue épanche le sang dans sa substance, soit que la dure-mère, qui l'enveloppe, étant enfoncée, le pénètre et en sépare la continuité. » De Thou, *loc. cit.*

D'après le récit de Mézerai, le roi perdit donc la parole et la connaissance aussitôt après l'accident.

On a voulu y voir la preuve que le cerveau avait été touché : cela est exact, mais il peut arriver, même en ce cas, que le blessé ne perde pas connaissance.

Mackensie et d'autres auteurs ont insisté sur ce point, que, fréquemment, le blessé non seulement ne perd pas connaissance, mais fait quelquefois plusieurs kilomètres à pied après l'accident, avant de tomber mort presque subitement ; ou qu'il n'est pris que plusieurs jours après d'accidents phlegmoneux, méningitiques ou tétaniques, rapidement mortels, qui, d'autre fois, ne surviennent pas malgré une perte de substance cérébrale. La porte d'entrée est, du reste, quelquefois si petite que ni le blessé ni l'entourage, surtout dans une rixe, ne se rendent compte de la profondeur de la pénétration[1].

On doit donc toujours attendre, avant de formuler un pronostic, quel que soit l'état, parfois excellent, du blessé pendant les premiers jours : état général ou état local. On examinera aussi avec le plus grand soin l'état cérébral, vu la possibilité d'accidents méningitiques, *quelquefois très tardifs.*

C'est ce qui est arrivé dans le cas de Henri II.

La méningite ne s'est déclarée que quelques jours après l'accident[2] : on trouva un épanchement entre

1. *Pronostic et traitement des plaies de l'orbite,* par le docteur Alb. Terson, *(Journal des Praticiens,* 9 octobre 1897).

2. L'on mit tout en œuvre pour le guérir : « durant quatre jours, les chirurgiens anatomisèrent quatre testes de criminels, que l'on avoit décapitez en la Conciergerie du Palais et aux prisons du Grand-Chastelet, contre lesquelles testes on coignoit le tronsson

les membranes du cerveau, bien qu'il n'y eût pas de lésion extérieure apparente.

Cet épanchement, d'abord sanguin, était devenu purulent.

Il s'agit donc bien, comme l'a indiqué le professeur Lannelongue, dans la remarquable consultation que nous donnons ci-après de *méningo-encéphalite, consécutive à un traumatisme.*

DOCUMENTS ANNEXES

EXAMEN CHIRURGICAL DE LA BLESSURE REÇUE PAR HENRI II AU TOURNOI DU 30 JUIN 1559[1], PAR LE PROFESSEUR O. LANNELONGUE, DE L'INSTITUT.

Si les descriptions abondent sur l'accident royal (lettres privées, documents historiques variés), il n'en est pas ainsi pour ce qui a trait à la maladie elle-même ; ici tout est incertain et contradictoire. Les renseignements scientifiques qu'on croirait trouver dans Ambroise Paré, chirurgien ordinaire du roi, sont tellement insuffisants qu'on a le droit de se demander si Paré a réellement assisté le roi dans sa dernière maladie.

La plupart des récits concordent d'une manière suffisante pour faire admettre que l'accident a été immédiatement suivi de perte de la connaissance et de la parole. M. de Vieilleville, dont le témoignage

---

par grande force au pareil costé qu'il estoit entré dedans celle du Roy. » *Mémoires de Vieilleville,* liv. VII, chap. XXVIII.

1. Extrait des *Grandes Scènes historiques du seizième siècle,* par Alf. Franklin.

a paru suspect à divers historiens[1], affirme cependant que le roi prononça, d'une voix faible il est vrai, quelques paroles, qu'il pardonna au jeune comte de Montgomery, défendit qu'on lui infligeât aucun châtiment, et commanda à M. de Vieilleville de ne laisser pénétrer qui que ce fût dans ses appartements, sauf les médecins et les chirurgiens. Ces derniers, accourus en toute hâte, cherchèrent à sonder la plaie et malgré des expériences faites sur la tête de quatre suppliciés, ils ne parvinrent pas à se rendre un compte exact des lésions qui pouvaient exister. Chose incroyable, Paré, comme nous le verrons, ne donne aucun renseignement sur l'état du blessé, pas plus qu'il ne parle des soins qui lui furent donnés.

D'après une lettre d'Anne de Cossé[2] à M. le maréchal de Brissac, une légère amélioration se serait produite dans l'état du roi ; mais ce renseignement, d'une bien minime valeur on le comprend, n'est même pas confirmé par M. de Vieilleville[3], dont nous suivons le récit, à défaut du témoignage des médecins.

Le quatrième jour, la fièvre qui s'était montrée aussitôt après l'accident cessa ; le roi reprit connaissance, fit venir la reine, la pria de hâter les noces de sa sœur,

1. « Les Mémoires du maréchal de Vieilleville contiennent diverses circonstances curieuses et intéressantes des règnes de Henri II, de François II et de Charles IX, que l'on chercherait en vain dans les historiens de, son temps, qui les ont totalement omises, ou rapportées trop superficiellement. Ils ont été écrits par Vincent Carloix, son secrétaire, et par conséquent ils n'ont pas la même autorité que s'il les avait écrits lui-même. » GRIFFET, *Traité des preuves de l'Histoire,* p. 134 (A. C.).

2. Nous donnons un peu plus loin (note B) cette lettre.

3. *Cf. Mémoires de Vieilleville,* p. 416.

et lui fit signer un brevet de maréchal de France pour M. de Vieilleville. Ses dernières recommandations terminées, il perdit de nouveau parole et connaissance, et s'éteignit sept jours après, le lendemain des noces de sa sœur avec le duc de Savoie. Telle est la version de M. de Vieilleville, version qui a trouvé bien des sceptiques, pour ne pas dire plus ; il suffit de se reporter à la citation de Mézerai, pour être édifié sur la valeur que la critique historique a accordé aux documents émanant de cette source.

Ambroise Paré n'était pas encore à l'apogée de sa réputation ; il partageait sa charge de chirurgien ordinaire du roi avec Jacques le Roy et Jehan d'Amboise. A-t-il été appelé à voir Henri II dans cette circonstance ? Le simple raisonnement semble l'indiquer ; cependant le fait a été contesté, et malgré l'opinion de Malgaigne, qui se prononce d'une manière affirmative, on doit rester, selon nous, dans une réserve formelle, en l'absence de tout document capable d'entraîner la conviction.

Dans son ouvrage sur les plaies de teste, Paré, faisant allusion à la blessure du roi Henri, remercie M. Chapelain de la considération avec laquelle il lui demandait parfois son avis à ce sujet, mais les termes qu'il emploie nous semblent indiquer qu'il n'assistait pas aux consultations[1].

Dans le chapitre IX du livre X de ses œuvres, Paré est plus explicite et il semble donner une description *de visu* de la plaie ; mais qu'il y a peu de détails pour un fait de cette importance ! On peut en juger :

---

1. Voir un peu plus loin (note C) la lettre d'A. Paré à son confrère Chapelain.

> Le roy receut un très grand coup de lance au corps, qui fust cause luy eslever la visière, et un esclat du contrecoup luy donna au-dessus du sourcil dextre et lui dilacéra le cuir musculeux du front près l'os, transversalement jusques au petit coin de l'œil senestre, et avec ce plusieurs petits fragmens ou esquilles de l'esclat demeurèrent en la substance dudit œil sans faire aucune fracture aux os. Donc, à cause de telle commotion ou esbranlement du cerveau, il décéda l'onzième jour qu'il fut frappé.

Rien non plus dans le passage suivant, qui a trait à l'autopsie, ne prouve que Paré en ait été le témoin oculaire :

> On luy trouva en la partie opposite du corps, comme environ le milieu de la commissure de l'os occipital, une quantité de sang espandue entre la dure mère et pie mère, et l'altération en la substance du cerveau qui estoit de couleur flave ou jaunastre, environ la grandeur d'un poulce, auquel lieu fut trouvé commencement de putréfaction, qui furent causes suffisantes de la mort, et non le vice de l'œil seulement qu'aucuns ont voulu référer à cause de la mort.

Paré relate avec un grand luxe de détails un accident analogue à celui du roi, arrivé à un simple valet (en citant les noms des médecins et chirurgiens appelés à lui donner secours) ; il est vraiment extraordinaire qu'il n'ait pas cru devoir donner une relation plus complète, plus précise, plus personnelle de la maladie et de l'autopsie du roi Henri II.

Le peu de précision des médecins dans cette circonstance, et de Paré en particulier, ne s'explique que par des suppositions. Serait-ce que, pour raison d'État, on ait caché pendant plusieurs jours la mort du roi, et que dans ce cas, les médecins aient pensé devoir garder le silence ; serait-ce que Paré ait été écarté pour un motif quelconque ? Quoi qu'il en soit, les documents que nous avons eus sous les yeux ne permettent pas d'affirmer la présence de Paré parmi les médecins appelés à donner des soins au roi après sa blessure.

Un autre fait, de nature à montrer lui aussi combien tout n'est qu'incertitude dans cette maladie, est relatif à Vésale. D'après de Thou, Philippe II, roi des Pays-Bas et gendre d'Henri II, lui aurait envoyé de Bruxelles l'illustre Vésale, son médecin ; mais ce dernier serait arrivé trop tard, un abcès s'étant déjà formé dans le cerveau du roi. En se reportant à la *Collection des voyages des souverains des Pays-Bas,* on voit que Philippe II, averti le deuxième jour de juillet de la blessure de Henri II, lui envoya deux chirurgiens très estimés, mais rien ne permet d'affirmer que Vésale fut l'un de ces deux chirurgiens. D'ailleurs Vésale, dans ses écrits, ne fait pas mention de ce voyage.

Il est bien difficile d'établir, à l'aide de documents aussi insuffisants, la nature des lésions qui ont entraîné la mort du roi Henri II.

On a incriminé, ainsi que le dit Paré, les désordres de l'œil. Dans l'hypothèse de petits fragments de « l'esclat » restés dans l'œil, on a pu supposer le développement d'une phlogose de l'œil et la propagation de cette inflammation aux méninges et au cerveau. Cette manière de voir ne s'accorde guère avec la marche de l'affection, avec la perte de connaissance, qui vraisemblablement n'a pas cessé un seul instant. Elle n'est pas justifiée non plus par les résultats de l'autopsie, qui, malgré leur regrettable brièveté, semblent bien indiquer que la mort doit être attribuée à une lésion traumatique des parties encéphaliques elles-mêmes : c'est d'ailleurs l'opinion de Paré.

Existait-il une fracture du crâne, fracture de la voûte orbitaire avec irradiation vers les parties postérieures ? Rien ne nous autorise à le dire, et les seuls documents que nous possédons à cet égard consistent dans le récit de Paré. Or, on se le rappelle, chez le roi blessé on ne constatait pas de signes de fracture et dans sa relation de l'autopsie, Paré ne fait pas mention de l'état du crâne : ce qui ne veut point dire qu'il n'y eut pas une fracture linéaire, qui a pu d'autant mieux passer inaperçue que la contusion directe des parties molles de l'orbite a pu masquer l'ecchymose sous-conjonctivale, ce signe important des fractures du crâne.

Un épanchement sanguin, nous dit Paré, s'était produit entre la dure-mère et la pie-mère, à la partie postérieure du crâne, au niveau de l'occipital, c'est-à-dire dans un siège opposé au point d'application du traumatisme ; de plus, au voisinage de cet épanchement, la substance cérébrale de couleur jaunâtre avait subi un commencement de putréfaction. Il n'est donc pas nettement question d'abcès. Les lésions précédentes, l'épanchement sanguin, de même que l'altération de la substance cérébrale elle-même doivent être rapportés à une contusion cérébrale.

Quant à la cause directe de la mort, tout porte à croire, en l'absence de données plus précises, qu'*elle est due à une méningo-encéphalite,* provoquée par un foyer de contusion cérébrale, avec épanchement sanguin dans les enveloppes de l'encéphale, au voisinage de ce foyer.

Ce diagnostic du savant professeur est d'accord avec celui que nous avons nous-même formulé.

LETTRE D'ANNE DE COSSÉ À M. LE MARÉCHAL DE BRISSAC, RELATIVE À L'ACCIDENT D'HENRI II

1er juillet 1559.

Monsieur, j'ai sçeu de vos nouvelles par M. de Monbazin bien au long et le mandement de vostre santé, qui m'a fort réjouie, et mesmement tant de bonnes paroles qu'il m'a dites de vostre part qui me remet la vie… Je crois que ne faudre[z] à remercier la royne par une honestre laictre que je vous assure qui porte vertus ; je n'ay sorti de la chambre que hier, qui fust ung jour malheureux pour nous tous et surtout pour le roy qui voulut estre des tenans du catrième. Après avoir fort bien faict, le fils de Mons. de Lorges contre qui il couroit en lice, lui donna un si malheureux coup de lance qui le blessa en l'euil de fasson qu'on ne savoit ce qui devoit avenir. Ce matin sur les dix heures on l'a pancé, et l'a-t-on trouvé mieulx beaucoup qu'on ne le panssoit, toutefois l'on pance qui [qu'il] perdera l'euil, et i a aparance ; toute fois l'on n'ose encore juger certenement. Monsieur de Savoye l'a veillé ceste nuit, et il lui a donné un orge monde à quatre heures, qui [qu'il] la [a] retenu et a reposé, et autres bon sines, grâces à Dieu. Mes l'on crainct fort l'euil. Les fiansailles dudict seigneur et de Madame furent mercredy dernier ; les nosses devoist estre mardi, qui seronst retardées par ce falcheux accident, et vous promès que l'on connoist une amitié entre le Roy et lui qui contante tout le monde. Il n'est possible de leur parler de chose de ce monde, car toutes ces princesses et princes estrangers sont tous épleurés et fort estonnés ; il sanble à leur contenance que nous aultres francoys nous ne le saurions estre davantage. Vous serez avertit de ce que adviendra Dieu vous veuille consailler et tenir en parfaicte santé. Je espère que je vous voyre[z] contant, avec l'aide de nostre seigneur, Monsieur, pour la fin je lui suplie vous donner très-heureuse et longue vie. De Paris, ce premier jour de juillet 1559.

Votre très humble et obéissante seur

Anne de Cossé

LETTRE D'AMBROISE PARÉ À M. CHAPELAIN, CONSEILLER ET PREMIER MÉDECIN ORDINAIRE DU ROY[1]

Entre les occasions, Monsieur, qui ont eu le pouvoir de me résoudre à ne différer plus longuement la publication et lumière de ce présent traitté, la plus notable et suffisante a esté ceste là que je ne puis sans un grand regret et douleur extrême vous exposer, attendu le dommage et malheur que par le moien d'icelle tout royaume de France a dernièrement receu. Ce a esté la playe du feu Roy Henry, nostre très souverain seigneur, pour à laquelle remédier toutes et quantes fois qu'estoient assemblez les médecins et chirurgiens délégués à ce, et vous, Monsieur, comme premier et supérintendant de tous, estiez ordinairement présent pour après raisons entendus, de tous les délibérans, donner une conclusion et certain arrest de ce qu'il falloit exécuter en mal si dangereux, vous de vostre grace me faisiez quelque fois l'honneur de m'en demander mon opinion et advis. En quoy certes je ne feis faute d'observer et retenir plusieurs sentences notables lors mises en avant, cognoissant par cela combien est la science de chirurgie non moins nécessaire que

1. Ext. des *Œuvres d'Amb. Paré,* édit. Malgaigne, t. II.

prouffitable aux inconvénients qui journellement et à l'impourveu surviennent tant aux grands seigneurs que gens de basse et médiocre condition.

Tous les quels accidens en la plupart, on a veu advenir au feu Roy Henry dernier décédé, lequel au tournoy receut un très grand coup de lance au corps qui fust cause luy eslever la visière, et un esclat du contre-coup lui donna au-dessus du sourcil dextre, et luy dilacéra le cuir musculeux du front près l'os, transversalement, jusqu'au petit coin de l'œil senestre, et avec ce plusieurs petits fragmens ou esquilles de l'éclat demeurèrent en la substance dudit œil, sans faire aucune fracture aux os. Donc, à cause de telle commotion ou esbranlement du cerveau, il décéda l'onzième jour après qu'il fut frappé. Et après son décès on lui trouva en la partie opposite du coup, comme environ le milieu de la commissure de l'os occipital, une quantité de sang espendue entre la dure mère et la pie mère, et altération en la substance du cerveau qui estoit de couleur flave ou jaunastre, environ la grandeur d'un poulce, auquel lieu fut trouvé commencement de putréfaction : qui furent causes suffisantes de mort advenue au dict seigneur et non le vice de l'œil seulement, qu'aucuns ont voulu référer à la cause de la mort.

LA MORT ET LES OBSÈQUES D'HENRI II

Les Registres de la Ville contiennent la mention suivante, au sujet de ce grave événement :

Le lundi X^e^ jour du d. moys, le Recteur de l'Université et ses suppostz feirent une belle procession pour le Roy, des Mathurins en l'église Monsieur St-Jehan en Grève.

> Ce jour, environ dix heures du matin, le noble roy Henri IIe de ce nom mourut aux Tournelles, dont les habitants de la Ville de Paris menèrent si grand deuil que jamais fut Roy, parce qu'il avoit esté en son vivant autant débonnaire, gratieulx et béning qu'on en veist de cent ans[1].

M. le comte de Galembert a publié, d'après une copie, faite par M. André Salmon, un manuscrit appartenant à la collection Philippe, *le Roole des parties et somme de deniers pour le faict des dits obsèques et pompes funèbres du roy Henri II* (Paris, Fontaine, 1879). La dépense totale, ordonnée par le contrôleur d'écurie Sanson de Saccarlarre, s'éleva à 43163 livres 19 sols tournois, environ 122680 francs de notre monnaie. Les trois premières pages du *Roole* indiquent les payements faits à *François Clouet, dit Jeannet, painctre et vallet de chambre* du feu roi, pour avoir exécuté *l'effigie* d'Henri II, « accoustré par deux fois le dit effigie au lict parade et sur le lict qui a été porté par la ville durant deux jours ; et pour avoir noircy le corps du chariot roues et cordagaiges d'icellui, dans lequel s'est porté le corps du dit deffunct roy. »

Clouet toucha en tout la somme de 288 livres 13 sols tournois pour *son paiement et façon.*

---

1. REG. H. 1785, fol. 38, cités par M. P. Robiquet, *Histoire municipale de Paris,* pp. 480 et suiv.

FRANÇOIS II

† Mort le 15 décembre 1560 de méningo-encéphalite, consécutive à une otite suppurée.

Après neuf ans d'union stérile[1], Catherine de Médicis mettait au monde, le 20 janvier 1544, celui qui devait occuper le trône sous le nom de *François II.*

Une pièce satirique[2], publiée à l'époque de la naissance de l'enfant royal, nous fait connaître un détail intéressant : le nouveau-né, en venant au monde, présentait une *procidence du bras droit*[3].

Dès les premières années de sa *vie,* s'étaient manifestés, chez François II, les symptômes du mal auquel il devait succomber. Une lettre du roi Henri, qu'on n'a pas assez remarquée[4], est à ce point de vue des plus explicites. Cette lettre est écrite avec la sollicitude d'un père qui, lorsqu'il s'agit de la santé de son enfant, ne rougit pas de descendre aux plus infimes détails ; elle signale chez le jeune prince, alors âgé de six ans,

---

1. Sur la stérilité de Catherine de Médicis, v. le ch. II du *Cabinet secret de l'Histoire,* 1re série, dernière édition, Paris, 1910.

2. *L'Aigle qui fait la Poulie devant le coq.*

3. *Cf.* les *Curiosités historiques sur les accouchements,* par le docteur Witkowski, pp. 27-28.

4. Cette lettre est reproduite par nous aux « Documents annexes » qui terminent le chapitre.

précisément le germe de la maladie qui devait l'emporter à l'âge de seize ans[1].

Un historien contemporain, qui n'appartient pas à notre corporation, mais qui n'en est pas moins un bon observateur[2], a, en quelques lignes, formulé la symptomatologie, aussi claire qu'on la puisse souhaiter, de l'affection à laquelle devait succomber le roi François II.

> Le fils de Catherine de Médicis, écrit d'Aubigné, était de ceux qu'on appelle *mal-nez,* ne se purgeant ni par le nez, ni par la bouche, *laquelle il portoit ouverte pour prendre son vent, dont se forma un abcès à l'oreille...*

D'où provenait cet abcès ; quel en était le point de départ ; à quelle affection ancienne était-il lié ? C'est ce qu'il nous sera facile d'établir, en prenant l'avis d'un spécialiste, très versé en ces matières, qui a fait du cas qui nous occupe une étude des plus consciencieuses, des plus approfondies[3].

Notre confrère ne s'est pas contenté de reproduire des documents qui remontent à plus de trois siècles ; c'est un travail de reconstitution à la Cuvier que le docteur Potiquet a entrepris et il y a, disons-le de suite, réussi à merveille.

Il relève, tout d'abord, une phrase de Regnier de la Planche, confident du connétable de Montmorency, appelé à la cour vers 1560 par Catherine de Médicis.

1. Il avait exactement seize ans, dix mois et dix-sept jours. *Cf. Le Cabinet historique,* par L. Paris, t. II, pp. 56-77.

2. A. d'Aubigné, *Histoire universelle.*

3. Docteur Potiquet, *La Mort de François II* (1893).

Durant son séjour, Regnier de la Planche a eu tout loisir d'examiner le rejeton princier. En quelques traits, il burine le portrait de son héros, et l'esquisse n'a nul besoin de retouche.

> Ce prince malsain, écrit-il, et qui, dès son enfance, avait montré de grandes indispositions pour n'avoir ni craché, ni mouché, avait un visage blaffart et bouffi… comme aussi se formait une corruption en l'une de ses aureilles, qui faisait l'office du nez, lequel il auvait fort camus.

De Thou, d'Aubigné[1], qui écrivent presque à la même époque, sont moins précis.

Pierre Mathieu, historiographe de France sous Henri IV, complète le tableau, en faisant observer que, chez François II, « l'obstruction du crible du cerveau le faisait parler du nez ».

Enfin, s'il faut un dernier témoignage, on n'a qu'à consulter l'émail de Léonard Limosin au musée du Louvre : le roi, qui est à l'âge de l'adolescence, a une physionomie presque enfantine. À ce jeune homme de seize ans on serait tenté de donner un cerceau et des billes. Les épaules, d'assez forte carrure, soutien-

1. De Thou et d'Aubigné se trompent, quand ils pensent que la maladie du roi venait de ce que Catherine n'avait été sujette que fort tard aux… incommodités périodiques qui assaillent les femmes. « La Reyne avoit eu des menstrues, si tard, écrit d'Aubigné, que son fils estoit de ceux que l'on appelle mal nez… » Il n'est pas besoin de dire qu'il n'existe aucune relation entre les menstrues tardives de la mère et les végétations adénoïdes de son enfant ; mais, comme l'observe judicieusement l'auteur de la *Psychologie des derniers Valois,* le docteur Dusolieh *(infrà cit.),* cette perturbation génitale est un stigmate connu de dégénérescence.

nent une tête « poupine ». Un coup d'œil exercé ne s'y trompe pas. Pâleur du visage, béance de la bouche, arrêt de développement du nez, et physionomie restée infantine ; difficulté d'évacuer par le nez et la bouche les mucosités accumulées, voix nasonnée, inflammation de l'oreille moyenne, dureté de l'ouïe, ces signes ne sont-ils point ceux dont nous regardons le groupement comme caractéristique de la présence des végétations adénoïdes dans le pharynx nasal, et comment ne pas reconnaître là le *facies adénoïdien*[1] ?

D'Aubigné signale, il est vrai, la puanteur de l'haleine, le visage boutonneux ; mais la punaisie et l'eczéma, sans être inséparables de l'amygdale pharyngienne, sont loin d'être rares dans cette affection, dont l'histoire date d'hier.

Un des plus compétents parmi les auristes étrangers, le professeur W. Meyer (de Copenhague), a mis en doute le diagnostic du docteur Potiquet, et voici les arguments qu'il donne à l'appui de son opinion.

> Il est possible que François II ait été atteint de tumeurs adénoïdes ; cependant le cas est discutable.
>
> Une *otorrhée* peut exister sans tumeurs adénoïdes.
>
> La *puanteur de l'haleine* est plutôt rare en cas de tumeurs adénoïdes. Les mémoires du temps racontent que le roi ne se mouchait ni ne crachait : or, cela est en contradiction avec ce qu'on observe d'habitude chez les adénoïdiens qui nettoient presque continuellement leur pharynx.

1. Faciès propre aux enfants ayant des végétations adénoïdes (NdE).

Mais ce qui vient surtout à l'encontre de l'opinion soutenue par Potiquet, ce sont les portraits du personnage.

Il y a, dans la collection royale de gravures de Copenhague, un bon portrait de François II en armes, de van Houlsen, et l'opuscule de Potiquet contient quatre phototypies de portraits de François II, vu de profil, empruntés à la Bibliothèque nationale de Paris. Tous représentent le roi la bouche fermée. Peut-être ce trait de physionomie doit être rapporté au désir de plaire des portraitistes de la cour. En tout cas, le bout du nez gros n'indique nullement une atrophie par inactivité des ailes du nez. Une des phototypies qui montre le nez, le bout et les ailes renflées, éveille plutôt l'idée de *polypes du nez,* et leur existence ne se trouverait pas en contradiction avec les symptômes énumérés plus haut. Cependant, comme les polypes du nez sont extrêmement rares chez les enfants, et que, dès l'âge de six ans et demi, François II était forcé de respirer par la bouche, on ne peut guère se rattacher à cette hypothèse. Si donc l'opinion qui consiste à admettre l'existence de *végétations adénoïdes* chez François II est assez bien fondée, on ne peut cependant se défendre encore de quelques doutes à cet égard[1].

Certes, en matière de diagnostic rétrospectif, il convient de faire des réserves, puisqu'on n'a pas le sujet sous les yeux, mais faut-il renoncer pour cela à ce mode d'investigation médico-psychologique ?

Pour ce qui est de François II, on ne saurait, selon nous, tirer une conclusion quelconque de ses portraits. Comme le dit W. Meyer lui-même, sinon expressé-

1. *Chronique médicale,* 1er décembre 1898.

ment au moins en substance, les portraitistes de la cour connaissaient leur métier de courtisan et se seraient bien gardés de déplaire au souverain. Il suffit de regarder avec quelque attention les médaillons reproduits par le docteur Potiquet, pour constater que le jeune roi avait ce que nous appelons aujourd'hui le *facies adénoïdien.*

Le faciès dit adénoïdien permet-il de conclure avec certitude à la présence de tumeurs adénoïdes dans l'arrière-nez ? Non, répond le docteur Potiquet. Ce faciès fournit une présomption, non une certitude. La gêne apportée à la respiration nasale, gêne qu'exprime la béance de la bouche, peut être due à une cause tout autre, comme l'étroitesse anormale des fosses nasales et du pharynx supérieur, une déviation excessive de la cloison nasale, un coryza hypertrophique, des polypes des fosses nasales, etc.

De même, le coryza et la dureté de l'ouïe, qui s'associent assez fréquemment à l'hypertrophie de l'amygdale pharyngienne, ne l'impliquent point forcément. Même réunis sur un même sujet, ces trois signes, béance de la bouche, coryza, dureté de l'ouïe, ne donnent qu'une présomption, présomption que l'examen avec le miroir rhinoscopique ou l'exploration du cavum pharyngé avec le doigt pourra mettre à néant. En dépit de la similitude des qualificatifs, faciès adénoïdien et tumeurs adénoïdes ne forment nullement les deux termes d'une équation, car, suivant l'heureuse formule de M. Castex, de même qu'on peut être adénoïdien sans le paraître, on peut paraître adénoïdien sans l'être[1].

1. *Chronique médicale,* 1er janvier 1899.

Il est un autre point que relève avec raison le docteur Potiquet, et qui, en dépit de ses apparences frivoles, mérite d'être pris en sérieuse considération. Le 24 avril 1558, on célébrait le mariage de François II avec la reine d'Écosse, plus âgée que son époux de quelques semaines, « très avancée pour son âge, grande et belle », assure Mignet dans son *Histoire de Marie Stuart*[1]. Le mari avait à peine quinze ans et n'était pas encore pubère, alors qu'il était fiancé avec « la fort jolie-petite fille » qui devait être sa femme.

Il avait poussé le flirt jusqu'aux extrêmes limites, mais ses manières restaient d'une adorable gaucherie, et sa nature molle et timide ne le poussait pas à prendre l'offensive. Il était taciturne, peu enjoué, morose, d'une gravité que son âge ne comportait pas. Quelques vers rimes par un huguenot, peu de jours après la mort du roi, nous renseignent sur ce trait de caractère. C'est François II qui parle :

> Quant à mes mœurs, je fus froid de nature,
> Morne, hautain, parlant peu, triste et quoy,
> Non point enfant à ce que j'entendoy,
> Ny mal croissant de taille et de stature,
> Sobre de vins, de Vénus et de vice,
> D'oiseaux, de chiens, j'aimay fort l'exercice.

Tout cela est assez concluant. L'adénoïdien n'est-il pas, comme chacun sait, un enfant en retard, aussi bien au physique qu'au moral ?

---

1. Il mourut de Marie Stuart, dit le duc d'Albe. Sans doute le mariage et aussi les fatigues du pouvoir, la chasse dont il abusait, etc., furent pour quelque chose dans sa mort prématurée, mais c'est surtout son mal, le poison lent qui le consumait, qui hâta sa fin.

Mais, dira-t-on, on ne voit pas bien jusqu'ici la relation de tous ces symptômes avec cet abcès profond auquel succombera le jeune roi. Pouvons-nous raisonnablement demander aux médecins de François II et, à plus forte raison, à ses historiens patentés, d'être plus affirmatifs qu'on ne l'aurait été trois cents ans plus tard ? Les végétations adénoïdiennes ont été décrites il y a quelques années à peine, ne l'oublions pas ; nous n'avons donc pas le droit d'être trop exigeants à l'égard des contemporains de François II.

Si, aujourd'hui, nous jugeons avec indulgence ce pauvre roitelet, débile de corps et d'esprit, c'est parce que cette débilité ne nous apparaît que comme « la conséquence logique d'un mal qui, en raison de sa situation particulièrement abritée, devait pendant longtemps encore échapper aux investigations de l'art médical ». La raillerie doit faire place à la pitié ; l'historien doit lâcher prise : François II relève de notre domaine.

Songez que, dès l'âge de trois ans et demi, au témoignage de l'ambassadeur vénitien Dandolo, l'enfant ressent les premières atteintes du mal qui doit abréger ses jours.

Un an plus tard, il a la variole, dont il ne se remet que très lentement.

À dix ans et demi, il présente un des signes les moins trompeurs de la présence de tumeurs adénoïdes dans le pharynx supérieur, à savoir la difficulté de se moucher ou l'impossibilité d'expulser par le nez toutes les mucosités que recèle l'arrière-nez.

Depuis, le temps a marché, mais les signes objectifs de la maladie restent les mêmes. Encore de nos jours, la négligence des parents, leur ignorance n'entretiennent-elles pas, comme à plaisir, une affection, qui, mieux dépistée, s'éteindrait progressivement ou tout au moins perdrait de sa fréquence et de sa gravité ?

L'exemple de François II est suffisamment probant. Il atteste assez qu'une maladie, bénigne au début, peut, faute de soins, amener les plus périlleuses complications. La mort était le dénouement prévu, inévitable, de cet état asphyxique permanent, dont avait souffert, toute sa vie durant, le jeune monarque…

Vers la fin d'octobre 1559, la cour venait d'arriver à Blois, le bruit court que François II, dont le visage est couvert d'efflorescences de mauvais aspect est atteint… de la lèpre. On déclare qu'il n'y a qu'un moyen de le guérir, c'est de « le baigner au sang des petits enfants ». Cette lèpre, est-il besoin de le dire, était un vulgaire eczéma.

Quelques mois plus tard, en février 1560, la cour se transporte de nouveau à Blois, puis à Amboise et d'Amboise elle se rend successivement à Chenonceaux, Loches et Romorantin. Elle passe ensuite toute la saison d'été à Fontainebleau, une bonne partie de l'automne à Saint-Germain-en Laye, pour, en novembre, venir s'installer à Orléans, où sont réunis les états généraux[1].

---

1. Médecins et chirurgiens consultés ordonnèrent le grand air, c'est ce qui explique qu'un règne cependant si court se passa tout entier en voyages. Tout d'abord, c'est à Saint-Germain-en-Laye, à Nanteuil-le-Haudouin chez les ducs de Guise ; à Villers-Cotterets que le roi se rend. Après le sacre, il part en Lorraine, à Bar-le-Duc, puis à Fontainebleau. Les médecins conseillent ensuite au prince de passer l'hiver à Blois. Le séjour dans cette ville semble lui réussir. « Cependant, le roy, promené çà et là…

Le dimanche 15 novembre (1560), le roi, qui assistait aux vêpres à l'église des Jacobins, est tombé subitement en syncope. On l'a emporté en toute hâte dans ses appartements. Revenu à lui, il se plaint d'une violente douleur dans l'oreille gauche. Les jours suivants, la fièvre redouble et la céphalalgie persiste.

Une accalmie survient, mais de peu de durée. Le mal s'aggravant, un conseil de médecins et de chirurgiens discute l'opportunité du trépan. Mais cette opération semblant sans doute beaucoup trop hardie, on n'ose la tenter. Le 15 décembre, l'état du roi est désespéré : il meurt, étouffé, entre 10 et 11 heures du matin.

Des écrivains, inspirés par la passion plus que par l'amour de la vérité, ont cherché à accréditer une version d'empoisonnement qui ne supporte pas l'examen[1].

---

commença à un instant de croistre à vue d'œil… » écrit Régnier de la Planche. Mais la maladie s'aggrava et le climat aussi bien que les médecins restèrent impuissants. (*Cf. Psychologie des derniers Valois,* par le docteur L. DUSOLIER, Lyon, 1895.)

1. La mort si rapide de François II fut regardée par les catholiques comme l'œuvre des Huguenots. On sait, en effet, qu'au moment de sa fin, le prince de Condé était prisonnier d'État à Orléans et sous le coup d'un arrêt de mort, par suite du complot d'Amboise. « Un valet de chambre, huguenot déguisé, empoisonna la coiffe de son bonnet de nuit, à l'endroit qui répondoit à son oreille, en le luy mettant sur la teste, ce qui auroit enflammé cette fistule et provoqué par ce moyen un abcès dans le cerveau de ce prince. » Cette imputation des catholiques est tout aussi fondée, tout aussi ingénieuse que celle des huguenots accusant la cour de la mort de Jeanne d'Albret. À cette époque de passions haineuses, les partis s'accusaient volontiers des crimes les plus odieux, sinon les plus invraisemblables. (*Cf. Le Cabinet historique*, *loc. cit.*)

Un catholique ardent, précepteur du duc de Lorraine, s'est fait l'écho complaisant de ce racontar. Il est même allé jusqu'à affirmer qu'Ambroise Paré, le chirurgien impeccable, aurait été le principal fauteur de ce crime monstrueux. Point n'est besoin d'aller chercher si loin une explication qui s'offre d'elle-même, quand on a lu attentivement l'étude du docteur Potiquet : François II non seulement mourut, mais vécut empoisonné. Les produits septiques, ne trouvant pas issue au dehors, devaient naturellement s'écouler au dedans. Sa mort était l'épilogue attendu de cette suppuration livrée à elle-même et que nul n'avait essayé d'enrayer.

« Quelques-uns ont écrit que ce Roi [François II] étoit mort empoisonné, se fondant sur des bruits populaires et frivoles. On a toujours dit, surtout en des temps de confusion et de trouble, que la mort des princes et des grands hommes avait été avancée par le poison. Les sentiments furent divers là-dessus, suivant le penchant ou la haine qu'on avoit pour le roi de Navarre. Mais la faible santé du Roi dès son enfance et sa mauvaise constitution prouvent certainement que sa mort fut naturelle. » De Thou, *Hist.,* l. XXVI, t. III, p. 575 ; cité par A. Desjardins, *Les Sentiments moraux au seizième siècle,* p. 128, note.

Nous avons nommé, au cours de cette étude, la lésion morbide qui fut le point de départ des accidents dont la mort devait être l'aboutissant fatal : ce sont les *végétations adénoïdes du pharynx* qui ont produit tous les désordres.

L'amygdale hypertrophiée empêche, en effet, la respiration par le nez ; et avec la respiration par la bouche, surviennent les angines à répétition, la laryngo-trachéite, la bronchite. Les fosses nasales n'étant plus balayées par un courant d'air salutaire, des mucosités vont s'accumuler sur cette amygdale ; elles ne pourront être chassées, elles vont alors glisser peu à peu et silencieusement dans le pharynx. Or, les enfants ne crachent pas : voici bientôt les mucosités dans l'estomac. Cette morve, toute grouillante de microbes, quelle admirable cause d'auto-intoxication ! Et voici expliqués l'odeur mauvaise de l'haleine du pauvre sire, ces flux de ventre dont se plaignait amèrement François II ; expliquées aussi les vilaines rougeurs qui maculaient le visage de François, rougeurs si fréquentes dans les mauvais états gastriques symptomatiques d'une intoxication intestinale.

Les angines vont hypertrophier les ganglions du cou ; la voix sera nasonnée, par obstruction du nez ; l'ouïe deviendra dure, soit par obstruction mécanique, soit par propagation de l'inflammation à la trompe d'Eustache. Et le malade aura des douleurs d'oreille, percevra des bruits insupportables ; puis, pour clore une si triste évolution, viendront la suppuration, la méningite, l'encéphalite et enfin la mort[1].

Ce diagnostic de *végétations adénoïdes* comporte assurément quelques réserves, mais nous persistons à croire, malgré les remarques[2] des docteurs Potiquet et

1. Docteur Dusolier, *Th. cit.*

2. W. Meyer, tout en soulevant de nombreuses objections, veut bien reconnaître que l'opinion de Potiquet, sur François II, qui, du reste, n'est pas si éloigné que cela d'être d'accord avec son contradicteur, ainsi que Potiquet le reconnaît lui-même, dans un écrit ultérieur dont nous donnons l'essentiel, est assez bien fondée *(ziemlich wohl begründet)* : « W. Meyer me flatte, écrit le docteur Potiquet, au-delà de toute mesure, sans s'en douter. Car,

W. Meyer, qu'il est celui qui se rapproche le plus de la vraisemblance.

S'agirait-il, par exemple, de *syphilis,* comme l'ont avancé maints historiens ? Un de nos confrères a résolu la question de telle façon qu'il n'y a pas à y revenir.

> La maladie de François II n'est pas une manifestation hérédo-syphilitique, écrit le docteur Dusolier[1]. Les comtemporains savaient bien que Françoss Ier avait pris la vérole et peut-être ont-ils pensé à l'influence de

---

que François II fut adénoïdien, j'en suis, à cette heure, un peu moins persuadé qu'autrefois. Pour parler net, Bonivard aurait dit sur lui le mot vrai : c'était un punais. « Son nez fort camus, écrit Chantonnay, dont j'ignorais en 1893 ce témoignage, son nez fort camus distille une humeur fort puante… Son haleine semble aigrie par une corruption intérieure… Dès son enfance, il ne s'est pas accoutumé à purger par les narines, et lorsqu'il le fait par hasard, il sort une matière noire comme de l'encre. » Si Chantonnay avait dit : une matière verte comme pré, le tableau aurait été d'une précision achevée, et le plus novice en rhinologie eût crié vite : haro sur le punais ! Cependant, noire comme de l'encre ou verte comme pré, cela peut s'arranger. Ce n'est pas un des moindres charmes de l'étude de la médecine que l'infinie diversité des signes par lesquels s'exprime une même maladie, y compris la variété de coloris des sécrétions qu'on y observe. Si, dans l'ozène ou punaisie, la matière, comme dit encore le populaire en parlant de ces sécrétions, est le plus souvent verdâtre ou grisâtre, elle s'y montre parfois noirâtre, par suite du suintement sanguin qui accompagne le détachement des sécrétions concrètes. Et puis Chantonnay, en homme du monde causant médecine, n'aurait-il pas poussé les choses au noir ? Donc, Bonivard avait probablement raison contre moi. J'ai douté un moment de sa véracité. Que ses mânes me le pardonnent ! » *Cf.* l'étude du docteur Potiquet, parue dans la *Chronique médicale*, du 1er janvier 1899.

1. DUSOLIER, *Psychologie des Valois,* p. 8.

> cette vérole de l'aïeul sur le petit-fils, quand ils parlent de « sang corrompu en toute masse[1] » ; mais Michelet dit beaucoup en écrivant des fils de Catherine de Médicis : « Dans leur enfance la bouffissure héréditaire se surenflait d'humeurs mauvaises, trop visiblement héritées des deux grands-pères : François Ier, malade dès seize ans ; Laurent, qui meurt à vingt ans, consumé jusqu'aux os. Ce mal épouvantable sautait parfois une génération. Indulgent pour Henri II et Catherine, il retomba d'aplomb sur les petits-fils, qu'il mina sous diverses formes ; il nous délivra des Valois[2].

Michelet visiblement exagère : ni François Ier, ni Henri II ne pouvaient donner ce qu'ils n'avaient pas, au moment où ils concevaient leurs enfants : la syphilis des pères était postérieure à la naissance de ces derniers. Cette affection se révèle par de tels signes qu'ils n'auraient pu passer inaperçus.

S'il ne s'agissait pas de syphilis, il ne saurait davantage être question d'une *rhinite* fétide.

Le malade avait-il des *polypes nasaux* ? Mais, outre que les polypes du nez auraient à la longue sailli à l'extérieur, il est rare de les rencontrer chez l'enfant. Les *végétations adénoïdes, au* contraire, sont des plus fréquentes dans la première et même dans la seconde enfance.

Il y a donc toutes probabilités – à trois siècles et demi de distance on ne saurait affirmer avec certitude – que François II est mort d'une *méningo-encéphalite, consécutive à une inflammation suppurée*

---

1. Agrippa d'AUBIGNÉ, *Œuvres complètes,* par Eugène RÉAUME. Paris, F. de Caussade, 1873.
2. MICHELET, *Histoire de France au seizième siècle,* Paris, 1855.

de l'oreille gauche, liée à des végétations adénoïdiennes.

Cette maladie peut-elle avoir exercé une influence sur l'état intellectuel du roi ? Sans aucun doute, il existe une relation entre une affection qui tient constamment celui qui en souffre dans un état voisin de la demi-asphyxie et le développement des facultés du cerveau. Certains sens, notamment l'ouïe, l'odorat, sont atteints par propagation du mal de son point de départ aux régions du voisinage.

Des documents de l'époque nous apprennent que c'était l'oreille gauche qui suppurait ; cet écoulement, joint à l'obstruction de l'arrière-cavité des fosses nasales, devait apporter une entrave sérieuse à l'audition : le roi, en effet, était dur d'oreille[1]. On sait encore que François II parlait du nez[2].

Or, nos sens sont éducateurs. Et s'il est vrai que *Nihil est in intellectu, quod prius non fuerit in sensu, nisi intellectus ipse* quelles immenses lacunes dans ce cerveau royal[3] !

Il était sournois, triste, méfiant, hypocondriaque : un malade dur d'oreille ne s'imagine-t-il pas, en effet, quand il voit l'entourage rire, que c'est à ses dépens ? N'en arrive-t-il pas à se suggestionner insensiblement et à se persuader qu'une vaste conspiration s'organise contre lui : d'où parfois un délire des persécutions, qui

---

1. Agrippa d'Aubigné, *Œuvres complètes, loc. cit.*

2. Son frère, Henri III, était atteint de la même infirmité, qu'il exagérait à plaisir. Cette infirmité, que ne tardèrent pas à imiter les courtisans, surtout les mignons d'Henri III, devint bientôt une façon de parler distinguée et de haut goût.

3. Dusolier, *th. cit.*

ne reconnaît pas d'autre cause… qu'une amygdale végétante !

Mais n'y a-t-il, chez le roi François II, autre chose pour expliquer son infantilisme prolongé, c'est-à-dire l'arrêt de développement que nous avons signalé ? Ce jeune prince appartient à cette branche des Valois-Orléans-Angoulême où l'on ne compte plus les dégénérés, tant ils sont nombreux. Et ici, nous nous rallions pleinement aux conclusions du docteur Dusolier quand il écrit : que les Valois ont disparu accablés sous le poids de leur hérédité, non pas de l'hérédité syphilitique – comme d'aucuns l'ont à tort pensé[1], – mais de l'hérédité nerveuse et psychopathique, grandie et accumulée en eux par tous leurs ancêtres.

François II, « ce roy sans vices et sans vertus », nous apparaît maintenant sous son vrai jour : c'était *un héréditaire dégénéré,* atteint, par surcroît, d'une maladie qui le déprima, enraya son développement, le mina et finit par le conduire prématurément au tombeau.

DOCUMENTS ANNEXES

LE ROI HENRI III À M. DE HUMYERES[2]

De Montreul, le 16 septembre 1549.

Mon cousin, j'ai receu deux lettres de vous, les dernières du IIe de ce mois, par lesquelles j'ay veu comme mon filz le dauphin se trouvoit mal d'un flux de ventre, procédé, ainsy que disent les médecins,

1. Michelet, par exemple.

2. *Le Cabinet historique, loc. cit.*

des humeurs cuittes et accumullées dedans son corps, *pour ne se moucher point la pluspart du temps.* A quoy, pour l'advenir, il faut bien que vous pourvoyez, l'admonestant par doulceur de se moucher, et luy mettant en avant ceste malladie qui par faulte de celuy est advenue : et là où pour cela il n'en feroit rien, vous l'y contraindrez, car il seroit bien difficile que autrement il feust jamais sain. Vous avez très bien faict d'envoyer querir Aquaquia et Fernel – et suis très aise de ce qu'ils n'ont encores trouvé aucun danger en sa malladie, et aussy de ce que mon filz d'Orléans et mes filles sont en bonne santé ; vous asseurant bien, mon cousin, que ne me scauriez faire plus agréable plaisir et service que de m'advertir souvent de leurs nouvelles.

HENRY.

Et plus bas :

CLAUSSE.

(Lettres et mémoires du règne de Henri II, Mss. Egerlon, 2 et 3.)

CHARLES IX

† Mort le 30 mai 1574 de broncho-pleuro-pneumonie tuberculeuse.

Charles IX avait dix ans quand il monta sur le trône[1]. Un historien rapporte que, dans l'oraison funèbre qu'un frère prêcheur prononça devant le cercueil de ce roi, on trouve ce suggestif détail : qu'au moment de son sacre, le jeune prince *versa d'abondantes larmes,* parce qu'il avait de la peine à supporter les ornements royaux, trop lourds pour ses faibles épaules[2]. Ce n'est pas tout à fait en accord avec ce que d'autres disent de l'énergie, de la résolution et de la volonté ferme du roi-enfant, qui aurait répondu à sa mère, le jour du sacre, lorsqu'elle lui avait demandé si toutes ces cérémonies ne le fatiguaient point : « Je

---

1. *Charles-Maximilien,* fils d'Henri II et de Catherine de Médicis, est né à Saint-Germain-en-Laye le 27 juin 1550, à cinq heures un quart du matin. Il fut duc d'Angoulême, d'abord ; ensuite duc d'Orléans à la mort de son père, Henri II. (V. dans *Le Journal de l'Estoile,* t. V, p. 287, comment la reine-mère s'empara de la régence, qui devait revenir à Antoine de Bourbon, roi de Navarre, en lui présentant l'une des filles de sa cour « par laquelle il se laissa captiver au lieu de veiller à ses intérêts ».)

2. BERTHEVIN, *op. cit.,* p. 77, n.

ne reffuseray jamais, Madame, une telle peine, et me sera très doux, toutes et quantes fois qu'un tel royaume se présentera à moi[1]. »

La connaissance de l'éducation de Charles IX nous permettra de comprendre certains traits de son caractère futur.

Il s'annonça de bonne heure tel qu'il devait être plus tard : coléreux, irrésolu, jaloux, cruel avec volupté.

Les ambassadeurs vénitiens, accrédités à la Cour de France, en font, au début de sa minorité, le portrait suivant[2] :

Sa figure est belle, il a surtout de très beaux yeux, tout à fait ceux de son père. Il n'est pas robuste, il mange et boit peu ; il demande à être ménagé. Les exercices violents lui plaisent, il s'y fatigue et y perd toute sa respiration…

Il se montre adroit à tous les sports, habile à tous les métiers. Il danse, joue à la paume, dresse des chevaux, mène à volonté le carrosse ou le chariot. Il connaît parfaitement le métier d'armurier, aussi bien que celui de canonnier[3].

Artiste musicien[4], il s'occupe en outre, de peinture, de ciselure, et lit beaucoup. Mais le jeu des armes

---

1. Brantôme, *Œuvres complètes,* éd. Lalanne ; Paris, 1864.

2. Baschet, *loc. cit.*

3. Cimber et Danjou, *Archives curieuses de l'Histoire de France,* 1re série, t. VIII, pp. 341 et suivi.

4. « Entre toutes les sciences, il s'attacha d'affection à celle que le Roi son père chérissoit davantage, je veux dire la musique, en faveur de laquelle il fit estime de bons chantres et entre tous d'un chastré nommé Leroy, lequel non seulement il ne se contentoit pas d'entendre, mais luy-mesme se mesloit dans le chœur des musiciens, pour chanter sa partie ; il leur donnoit, outre leurs

l'emporte et l'exercice des chevaux, et le tumulte des chasses. La fougue qu'il montre à courre le cerf, est d'autant plus surprenante qu'à le voir on n'imaginerait pas en lui une telle fièvre ni une telle ardeur.

Il veut à tout prix la fatigue ; il reste à cheval douze ou quatorze heures consécutives ; il va, chassant et courant à travers bois la même bête jusqu'à des deux et trois jours, ne s'arrêtant que pour manger, ne se reposant qu'un instant dans la nuit. Aussi a-t-il des mains calleuses, rugueuses, pleines de coupures et d'ampoules.

« Lorsque Sa Majesté mourut, dit l'ambassadeur italien Cavalli, il ne lui manquait plus qu'un mois pour avoir accompli sa vingt-quatrième année ; si elle n'eut point détruit sa complexion par les exercices d'une violence inouïe auxquels elle se livrait, peut-être eût-elle vécu davantage.

C'est une chose à ne point croire, que les insupportables fatigues qu'elle prenait à la chasse[1], et quand

gages, des bénéfices de grand revenu, et sçavoit bon gré à ceux de ce mestier qui se faisoient valoir. » GIMBER et DANJOU, *loc. cit.*

1. « Dès sa jeunesse il s'adonna si fort à la chasse qu'on peut dire qu'il estoit fol de ce pénible exercice, qui le rendoit errant nuit et jour dans les forests, jusques à perdre le boire et le manger, aussi bien que le repos du sommeil, pour satisfaire sa passion. On voit un livre qu'il composa des armes et des engins nécessaires à la vénerie, comme aussi des moyens de prendre les bestes et de les forcer dans leurs retraites, lequel il donna à traduire en latin à un sçavant de la Cour… » Avec une sorte de rage il s'attaquait aux sangliers de la forêt de Fontainebleau, seul à pied et l'épieu à la main. Une fois, entre autres, il faillit être victime de son imprudent courage ; un moment même, on crut qu'il avait été mortellement blessé et le bruit en arriva jusqu'à l'armée qui assiégeait la Rochelle. Catherine de Médicis, pour dissiper ces craintes,

elle n'y pouvait aller – c'était d'ailleurs bien rare – elle s'adonnait aux armes, à la paume. Bien plus, ce roi poussait la recherche des exercices violents jusqu'à battre une enclume trois ou quatre heures durant, usant d'un marteau énorme, forgeant un corps de cuirasse ou toute autre arme solide, et rien ne le rendait plus glorieux que de lasser ses rivaux. Lorsque l'un d'eux renonçait à la lutte, Sa Majesté ressentait a cette défaite un plaisir merveilleux. »

Dans les derniers temps de sa vie, Charles IX s'occupait d'écrire un livre sur la chasse au cerf, chasse où il avait acquis une très grande expérience. On parlait beaucoup entre gentilshommes de cet ouvrage ; l'am-

---

écrivit de sa main au duc d'Anjou : « Mon filz, j'ay été d'advis de vous envoyer ce courrier pour autant que l'on fera croyre que le roy vostre frère seroit fort blessé, mais, Dieu mersy, ce n'est pas guères ; il est vray qu'il a eschappé ung grand coup, car il s'est mis en opinion de tuer le sanglier à pied, à coup d'espieu, et ilz n'y estoient pas beaucoup, et estant Brion et Fontaine et luy, à pied, voullant enferrer le sanglier, il y a retourné son mesme espieu sur le pié et luy a coupé auprès du gros orteil, mais il n'y touche point au nerf, mais seulement quelques tendons, et affin que l'on ne vous fasse pas le mal plus grant, je vous en ay voullu advertir incontinent, car je l'ai veu penser et sa blessure n'est pas plus longue que ceste raye. Il est au lit, j'espère que dans cinq ou six jours, il sera aussi gaillard qu'il fust jamais. Je prye à Dieu qu'il vous garde de plus grande blessure. Envoyez quelqu'un de vostre part le visiter. Il en sera bien ayse. » Le 23 mars suivant (1573), Charles IX écrivait de Fontainebleau au duc d'Anjou : « Je commence à me guérir de ma petite blessure, j'espère l'estre bientost du tout. Je garde le lit de peur de la défluxion et vous asseure ma playe n'avoir esté que la moitié de celle que j'ay eue au bras. » Biblioth. impér. de Saint-Pétersbourg, vol. 20, p. 84, cité par le comte Hector de la FERRIÈRE, *Les Chasses de François Ier*, pp. 84-85.

bassadeur Cavalli n'omet pas de le mentionner dans sa relation.

> Je ne veux pas omettre comme détail que la chasse étant son amusement favori, il avait composé un livre qui en traitait et qui, d'après ce que j'ai su, était tel qu'on ne pouvait voir chose plus parfaite en cette matière.

Le *Livre du Roi Charles*[1] nous autorise à dire que Charles IX était plutôt chasseur que Roi[2].

Si nous avons insisté sur ce goût de Charles IX pour la chasse, c'est qu'il dénote, selon nous, des instincts de cruauté, qui avec l'âge ne feront que se développer.

> Ce continuel acharnement après les bestes, écrit un chroniqueur[3], le rendit sanguinaire, mais contre les seuls animaux ; car on ne remarque point qu'il ait jamais tué personne de sa propre main, mais bien qu'il couppa le col en présence de ceux de sa suite à quelques asnes qu'il rencontra en son chemin ; encore les payoit à ceux auxquels ils appartenoient. Il tuoit aussi des pourceaux, et sans épargner ses mains dans leur sang, leur arrachoit les entrailles, et les habilloit avec autant d'adresse qu'auroit fait un garçon char-

---

1. M. Henri Chevreul a publié naguère l'intéressant *Livre du Roi Charles*, d'après le manuscrit de la Bibliothèque de l'Institut. Cette édition a été fort soignée, tant au point de vue littéraire qu'au point de vue typographique (Paris, chez Auguste Aubry, 1859. Imprimerie Bonaventure et Ducessois).

2. Le Roi n'a pas fini cette étude singulière, il n'a pu composer que vingt-neuf chapitres ; son livre a été interrompu par cette maladie si violente qui, déclarée le 20 mai 1574, en peu de jours lui ôta la vie.

3. Cimber et Danjou, *loc. cit.*

cutier. Un jour qu'il voulut aussi tuer le mulet du sieur de Lanssac, l'un de ses plus grands favorys : « Quel différend, Roy très chrétien, luy dit-il, peut estre survenu entre vous et mon mulet ? »

On voit se silhouetter le sinistre et falot personnage qui présidera aux massacres de la Saint-Barthélemy ; le cerveau faible et insensé, qui laissera, tout au moins, se consommer le monstrueux attentat, sans rien faire pour l'empêcher. Encore, s'il faut en croire un de ses contemporains, aurait-il eu un rôle plus actif qu'on ne l'a dit dans cette tragédie[1] : ne prit-il pas une grande arquebuse de chasse pour tirer « tout plein de coups » sur les mécréants ? Et incessamment criait : « Tuez ! tuez[2] ! » N'alla-t-il pas repaître ses yeux du spectacle des débris sanglants de ceux qu'on avait, par ses ordres, exterminés ? N'insulta-t-il pas, avec un air d'odieuse forfanterie, aux restes de l'amiral Coligny ? Mais, tout cela, c'est de l'histoire connue.

Un de ceux qui observèrent le jeune roi en 1564, l'ambassadeur Marc-Antonio Barbaro, fait cette observation, que « son teint tourne au pâle, son corps

1. Charles IX fit vendre jusqu'aux châsses et aux reliquaires pour subvenir aux frais des guerres de Religion qui ensanglantaient le pays. (Lettre de Charles IX au gouverneur de la Normandie, in Leber, *Appréciation de la fortune privée au Moyen Âge,* 2e édition, p. 28.)

2. Brantôme, *op. cit.* En revoyant les bonnes feuilles de notre volume, M. F. Chambon, bibliothécaire à la Sorbonne, nous fait observer qu'il a été établi, par diverses communications à *L'Intermédiaire des chercheurs*, et par Édouard Fournier, dans son livre sur *L'Esprit dans l'Histoire*, que la part active qu'aurait prise Charles IX à la Saint-Barthélemy, en « giboyant aux passants » n'est qu'une légende. Dont acte.

est bien pris, quoique maigre un peu trop. Ses jambes sont grêles et sans proportion avec le reste du corps ; il marche un peu courbé et sa pâleur est extrême. Il ne boit que de l'eau[1], et cependant le foie est malade et très attaqué ».

L'ambassadeur ajoute ce trait, qu'il convient de relever : « Le Roi avait coutume de dire que jusqu'à l'âge de vingt-cinq ans il voulait faire le fou, c'est-à-dire ne penser qu'à son bon temps[2]. »

Cependant, cet être à moitié sauvage s'humanisa un jour : il aima Marie Touchet[3], fille d'un apothicaire d'Orléans, qui « étoit fort belle et de bonne grâce » et de laquelle il eut deux enfants naturels[4].

On dit qu'ayant vu le portrait de la reine Élisabeth, nouvellement arrivée en France, il dit en riant : « cette Allemande-là ne me fait point mal à la teste. »

Le roi étant allé la voir, dans un intervalle de sa longue maladie, le bruit courut aussitôt que, pour n'avoir pas été « en estat de l'approcher, ou pour avoir

1. « Il ne mangeoit qu'autant qu'il en avoit besoin pour se fortifier, et dans son enfance il beuvoit son vin pur, jusques à ce que, croyant que cela nuisit à sa santé, il se contenta d'eau ou d'hypocras, composé d'eau, de sucre et de cannelle ; il dormoit peu, et bien souvent estoit levé devant minuit ; il aimait les chiens et les chevaux, et estoit toujours en action… » CIMBER et DANJOU, *loc. cit.*

2. BASCHET, *op. cit.*

3. Marie Touchet épousa en 1578, François de Balzac d'Entraigues, et en eut deux filles, dont l'une fut la célèbre marquise de Verneuil, maîtresse d'Henri IV.

4. Un enfant mort en bas âge, et Charles de Valois, qui fut successivement grand prieur de France et duc d'Angoulême.

fait quelques excez » sa maladie empira, et que cette visite hâta sa fin[1].

Jusqu'en 1573, sa santé s'était maintenue relativement en bon état. On parle seulement d'une saignée que lui fit le médecin Portal, saignée qui fut suivie d'une syncope, dont les archiatres furent fort effrayés. Seul, Paré conserva son sang-froid en la circonstance ; c'est même à cette cure qu'on attribue généralement l'affection du roi pour son chirurgien. Mais, pour Brantôme, l'origine de cet attachement serait autre. Le malicieux conteur assure que le roi aurait été affecté du mal vénérien, pour lequel Paré le traitait encore au temps de la Saint-Barthélemy, et que c'est à cette circonstance que le médecin aurait dû son salut[2].

Quoi qu'il en soit, il est certain que, sur l'esprit de Charles IX, la Saint-Barthélemy eut une répercussion manifeste. Son besoin d'activité devint plus grand ; sa physionomie prit un aspect singulier, qu'on ne lui avait pas encore connu.

Les deux ambassadeurs qui l'observèrent de près et dont l'un, Sigismondo Cavalli, demeura à la Cour jusqu'à sa mort, survenue deux ans plus tard, ont rapporté sur lui ces impressions :

> Ses regards sont devenus sombres. Dans ses entretiens et ses audiences, il ne regarde pas en face celui qui lui adresse la parole ; il baisse la tête, ferme les yeux, puis il les ouvre tout à coup, et, comme s'il souffrait de ce mouvement, il les referme avec non moins de soudaineté. On craint que l'esprit de ven-

---

1. On fit à ce sujet l'épitaphe suivante : *Pour aimer fort Diane et Cythérée aussi,/L'une et l'autre m'ont mis en ce tombeau ici.*
2. V. « Documents annexes ».

> geance ne se soit emparé de lui ; il n'était que sévère, on redoute qu'il ne devienne cruel[1].

On sait que, le soir et le lendemain du massacre, le roi manda Ambroise Paré : il se plaignait de fièvre et d'hallucinations.

> Ambroise, dit-il, s'adressant à son médecin, je ne scay ce qui m'est survenu depuis deux ou trois jours, mais je me trouve l'esprit et le corps grandement esmeus, voire tout ainsi que si j'avois la fiebvre, me semblant à tout moment, aussi bien veillant que dormant, que les corps massacrez se présentent à moy, les faces hydeuses et couvertes de sang[2].

Dès ce moment, il se livre à des exercices de plus en plus violents, pour fuir le remords et chasser les horribles visions. Les fatigues ne tardent pas à altérer profondément sa santé, et en 1573 commence la maladie à laquelle il succombera[3].

> Il tomba malade au mois d'octobre 1573, lors du départ de Henry, son frère, pour le voyage de Pologne, *d'une fièvre* erratique qui le prit ensuite *d'un mal de poulmon* jusqu'alors ignoré, laquelle tantost se tournoit en quarte, tantost en continue, et ne le quittoit jamais que [Jean] Mazille, son premier médecin, ne le creut guéry. Son mal s'augmenta de l'appréhension et de l'horreur qu'il eut de deux conspirations qui se brassèrent contre lui pendant sa maladie[4].

---

1. Baschet, *op. cit.*
2. Sully, *Mémoires ou économies royales,* etc. Amsterdam, 1725.
3. V. « Documents annexes ».
4. Cimber, *loc. cit.*

Le mal évolua avec rapidité ; des hémoptysies[1] [rejets de sang issus des voies aériennes (NdE)] de la dyspnée survinrent. Le roi changea plusieurs fois de séjour, sans que se produisit l'amélioration qu'il espérait de ces déplacements, allant de Vitry à Saint-Germain, du faubourg Saint-Honoré à Vincennes.

Au mois de mai 1574, survient une fièvre continue, qui bientôt se transforme en « tierce, quarte, puis erratique, *avec frissons* ».

Désespérant de guérir et, d'ailleurs, très mal soigné par ses médecins, il se livre à des imprudences qui ne font qu'aggraver son état.

« Aulcuns ont voulu dire, écrit Brantôme, que, durant sa maladie, il s'échappa auprès de la reyne, sa femme, et il s'y eschauffa tant qu'il abrégea ses jours. » Sauval[2] va plus loin ; il ne craint pas d'affirmer que ce n'est pas avec sa femme, mais avec sa propre sœur, la reine Margot, que le roi se serait « échauffé ». Toujours est-il qu'il alla de mal en pis, et qu'une consultation fut provoquée. Les archiâtres ne se prononcèrent pas sur la nature de la maladie, ni sur le traitement qu'elle comportait.

---

1. D'un document découvert par M. Baschet au *Record office, State papers,* France, vol. LVII, nous extrayons ces quelques lignes : « Le Roy, par l'indisposition de sa personne et longueur de maladie, est réduit en telle maigreur et foiblesse qu'il n'a plus que la peau et les os, et les jambes et cuisses si amoindries et atténuées qu'il ne se peust soutenir, mercredy dernier se trouva *tant failly de haleine* et paroles à l'occasion du *flux du sang par la bouche* qu'on en attendoit plus la mort que la vie, mais depuis sa saignée s'est mieux trouvé… » A. Baschet, *op. cit.,* p. 389.
2. Cité par Dusolier, *th. cit.*

Le vendredi 28 mai, le roi fit appeler son premier médecin et le conjura de le soulager, s'il ne pouvait le guérir. Celui-ci répondit qu'il n'y avait plus d'espoir que dans la Providence, ce qui ne l'engageait pas beaucoup.

Le 30 mai (1574), jour de la Pentecôte, sur les trois heures de l'après-midi, Charles IX mourait au château, de Vincennes, âgé de vingt-quatre ans moins vingt-huit jours.

Le lendemain son corps était ouvert[1], en présence des magistrats de Paris, et on n'y trouva rien qui pût appuyer le fâcheux bruit[2] qu'on avait fait courir que son frère ou sa mère l'avait empoisonné[3].

Quelque incomplet que soit le procès-verbal d'autopsie, il résulte de sa lecture que Charles IX a succombé à une broncho-pleuro-pneumonie

1. V. « Documents annexes ».

2. Les mêmes bruits qui avaient couru à la mort de François II se renouvelèrent à la mort de Charles IX (de Thou, *Hist.,* liv. LVII, t. VII, pp. 23 et 63 ; *cf.* Cl. Haton, p. 764). Bassompierre rapporte, dans ses *Mémoires,* qu'ayant représenté au jeune Louis XIII, qui sonnait du cor, que cet exercice lui dessécherait les poumons et lui causerait la mort comme à Charles IX : « Bon, bon, répondit le roi, sachez que Charles IX n'est mort que pour avoir dîné chez Gondi, la créature de Catherine de Médicis, immédiatement après une querelle qu'il eut avec sa mère. » Mais Louis XIII parlait de ce qu'il n'avait pas vu.

3. Le père Griffet (*Traité des preuves de l'Histoire,* pp. 261 et suiv.) a justifié Catherine de cette absurde accusation. Son argumentation est si judicieuse que nous n'avons rien trouvé de mieux que de la reproduire, sans y rien ajouter. (V. « Documents annexes », la note A de la p. 259 : « Catherine de Médicis réhabilitée ».)

du poumon gauche[1] ; il eut à la fin une vomique purulente[2] qui, en se rompant, donna issue à une grande quantité de pus, envahit la trachée et produisit l'asphyxie.

On a depuis longtemps remarqué que la scrofule, nous dirions aujourd'hui la scrofulo-tuberculose[3], va souvent de pair avec l'idiotie, avec l'aliénation mentale. « Aliénés, idiots, scrofuleux, rachitiques, en vertu de leur commune origine, de certains caractères physiques et moraux, doivent être considérés comme

---

1. Peu de jours après la mort du roi, Catherine de Médicis écrivait à M. de Matignon les détails suivants : « La maladye du feu Roy monsieur mon fils a esté une grosse fièvre continue causée d'une inflammation de polmons que l'on estime luy estre procédée des viollens exercices qu'il a faictz, et ayant été ouvert après sa mort, on a trouvé toutes les aultres parties de son corps aussi seines et entières que se puisse veoir en homme bien composé, et est à présupposer, que sans les dicts viollens exercices qu'il a faictz, il estoit pour vivre fort longuement. » L'original existe dans le volume 8765 des manuscrits de Béthune, fol. 94.

2. Dans *Le vray Discours des derniers propos mémorables du feu roi Charles IX,* publié l'année même de la mort du roi, nous avons relevé le passage suivant : « Survint audict seigneur appétit de boire ; ce qu'ayant faict, *lui survint un grand vomissement de matière gluante,* jaunastre et fort noire : puis entra en un grand frisson. »

3. Le diagnostic de tuberculose, chez Charles IX, est incontestable ; le confirment, outre le procès-verbal d'ouverture du corps, l'ardeur sexuelle manifestée par le roi au plus fort de sa maladie, et aussi l'inconscience du danger imminent (v. « Documents annexes »), si fréquente chez les tuberculeux. Pour le surplus, lire la remarquable consultation de MM. Brouardel et G. de la Tourette (*cf.* « Documents annexes »).

les enfants d'une même famille, les rameaux divers d'un même tronc[1]. »

L'aliéniste Esquirol a noté la fréquence de la phtisie chez les aliénés[2].

Si on a eu la patience de nous suivre jusqu'au bout, on doit avoir son opinion faite sur l'état mental du roi Charles IX. Les hallucinations[3] qu'il éprouva sont un suffisant indice pour le médecin aliéniste. Elles prouvent l'existence, chez ce prince, d'un trouble mental grave, d'une psychopathie, déterminée peut-être par l'émotion, mais dont la cause véritable gît dans son organisation vicieuse et dans la dégénérescence de sa race ; il est mort dans un état de folie complète[4].

Rappelons – autant de stigmates de dégénérescence ! – qu'il était hémophile[5] ; qu'il avait le cou de travers (contracture) et des mouvements convulsifs de la face ; qu'il était voûté[6] ; sans compter ses cruautés, son inversion sexuelle, ses excentricités, etc.

---

1. Moreau (de Tours), cité par Dusolier.

2. *Cf. Annales médico-psychologiques*, 1851, III, p. 144 et 1856, II, 112.

3. Il eut des hallucinations à plusieurs reprises. Sans parler de celles qu'il eut après le massacre, il eut aussi une vision peu de temps après son mariage. « Ainsy qu'il estoit à la chasse dans la forest de Lyon, près de Roane, très belle et plaisante, un feu s'apparut à lui de la hauteur d'une picque ; le roy sans s'estonner et fort asseuré met la main à l'épée, poursuit ce feu luy tout seul jusqu'à ce qu'il s'esvanouist. » Brantôme, *loc. cit.*

4. Jacoby, *op. cit.*

5. N'a-t-on pas dit qu'il avait eu des *sueurs de sang* ? Sur ce phénomène, plutôt rare, v. le savant travail de Parrot, dans la *Gazette hebdomadaire de médecine et de chirurgie,* 1859, pp. 633 et suiv.

6. Il estoit grand de taille, mais un peu voûté, avoit le visage

Des cinq fils d'Henri II, Charles IX fut le seul qui eut, outre un enfant mort en bas âge, un second bâtard, Charles de Valois, avec les deux enfants duquel s'éteint définitivement la race.

Des cinq filles d'Henri II, deux meurent en bas âge ; *Élisabeth* a une postérité évidemment névropathique ; *Marguerite,* intelligente, mais débauchée et incestueuse, n'a que des bâtards, qui meurent tous en bas âge, sauf un, qui se fait capucin et meurt sans enfants.

Des deux bâtards d'Henri II, l'un meurt, sans enfants, l'autre n'a qu'un fils stérile.

À l'extinction des Valois, la maison de Bourbon accède au trône de France (1589).

DOCUMENTS ANNEXES

AMBROISE PARÉ ÉTAIT-IL PROTESTANT ?

Ambroise Paré, le célèbre praticien du XVIe siècle, était-il protestant ou catholique ? Nous ne sommes plus au temps des guerres de Religion, et cependant nous nous passionnons, au moins dans le monde des chercheurs, pour ces sortes de rébus.

C'est qu'on n'est pas près de se mettre d'accord, si nous en croyons les derniers échos[1]. Le débat vient de

pasle, les yeux jaunastres, bilieux et menaçans, le nez aquilin, et le col un peu de travers. Il estoit naturellement impétueux, impatient, furieux dans sa colère, maigre et non trop crédule. » CIMBER et DANJOU, *loc. cit.*

1. Cette étude a paru originairement dans *La France médicale,* du 24 juin 1894, sous la signature de l'un de nos pseudonymes

renaître dans le pays même qui a donné naissance au savant médecin.

Un officier supérieur de Laval, protestant, admet la conversion, devant l'appréhension de la mort. Un prêtre catholique, également compatriote de Paré, penche pour la fidélité constante du chirurgien à ses croyances. Où est la vérité ? Elle n'est pas si simple à établir que l'on pourrait en augurer.

Il faut remonter aux *Mémoires* de Sully pour trouver le premier témoignage, presque contemporain, de la religion attribuée au maître chirurgien.

> De tous ceux qui approchaient ce prince [Charles IX], dit positivement Sully, il n'y avait personne qui eut tant de part à sa confiance qu'Ambroise Paré. Cet homme, qui n'était que son chirurgien, avait pris avec lui une si grande familiarité, quoiqu'il soit huguenot…

Ce n'est là qu'une affirmation, sans l'appui de preuves solides ; mais dépouillons tout le dossier, et avant de poser des conclusions, faisons une sélection des arguments pour et contre. « Tout le monde sait que Paré était calviniste, dit Eloy, et qu'il ne tint pas aux auteurs du massacre de la Saint-Barthélemy qu'il ne fut sacrifié à leurs fureurs. »

On a prétendu, en effet, et Brantôme a mis cette version en circulation, que Charles IX, le jour de la Saint-Barthélemy, « l'envoya querir et venir le soir dans sa chambre et garde-robes, lui commandant de n'en bouger, et disait qu'il n'était raisonnable qu'un

---

(docteur QUERCY).

qui pouvait servir à tout un petit monde fût ainsi massacré ».

« Le roi ne voulut cependant sauver la vie à personne[1], dit encore Brantôme, sinon à maître Ambroise Paré, son premier chirurgien et le premier de la chrétienté. » La vérité est que Charles IX payait une dette de reconnaissance. Il ne pouvait plus se passer de son médecin (lit-on dans une note de l'édition de Brantôme de 1787), « depuis son voyage de Vitry, dont il lui restait un vieux mal qui se réveillait tous les printemps. »

Quelle était la nature exacte de ce mal ? S'agissait-il, comme le croit le docteur Giraudeau de Saint-Gervais, d'excroissances, de polypes de l'urètre ? Encore un problème qui peut exercer la sagacité d'un amateur de débats rétrospectifs.

Le docteur le Paulmier croit avoir trouvé la preuve que Paré appartenait à la religion réformée, dans ce passage, à la vérité assez troublant, extrait d'un mémoire rédigé en 1575 par Paré lui-même, au moment d'un procès avec la Faculté :

> Ce mot, dit-il expressément, ce mot *religion* a esté cité par moy pour ne me glorifier avoir suivi telle opinion… et moins en intention de monstrer que ceux qui suivent la savante Église catholique et romaine abusent de moyens illicites pour se défaire de leurs ennemis.

1. Ce n'est pas tout à fait exact : le docteur Le Paulmier n'a pas eu de peine à établir qu'il y eut d'autres médecins préservés : tels Simon Piètre, prévenu à temps par son gendre Riolan et qui put se réfugier à l'abbaye Saint-Victor ; Jean Mazille, premier médecin de Charles IX, etc.

Les historiens protestants ne se sont pas fait faute de reproduire un autre passage des œuvres de Paré, pour étayer leur argumentation : il s'agit d'une tentative d'empoisonnement, dont aurait failli être victime le grand chirurgien, lors du siège de Rouen. Le passage mérite d'être tout au long rapporté :

> Après la prise de Rouen, me trouvoy à disner en quelque compagnie, où en avoit quelques-uns *qui me hayoient à mort pour la religion* : on me présenta des choux où il y avait du sublimé ou arsenic ; de la première bouchée n'en apperceu rien ; la seconde, je senti une grande chaleur, et cuiseur, et grande astriction en la bouche, et principalement au gosier, et saveur puante de la bonne drogue, et l'ayant appercevé, subit je pris un verre d'eau et de vin et lavay ma bouche, en avallay bonne quantité, et promptement allay chez le proche apoticaire : subit que je fus parti, le plat aux choux fut jeté par terre.

De tous ces documents résulte-t-il la preuve que Paré fut toute sa vie protestant ? Et s'il le fut un temps, à quelle époque cessa-t-il de l'être pour se convertir ?

Eloy, dont nous avons ailleurs consigné l'opinion, dit avec beaucoup de sens : « Comme Paré fut enterré le 22 dans l'église de Saint-André-des-Arcs, au bas de la nef, il est bien apparent qu'il donna des preuves de catholicité avant que de mourir. » À quoi le docteur Dureau de répliquer[1] : un acte de décès n'est pas un acte d'abjuration, et les parents d'Ambroise Paré

1. Le docteur Dureau a depuis changé d'avis et semble s'être rangé à l'opinion de Jal, que nous exposons plus loin.

ou les témoins de sa mort ont fort bien pu le déclarer catholique, sans l'avoir consulté à cet égard.

« Je sais, ajoute notre docte confrère, un professeur de la Faculté de Paris, dont la famille a possédé des papiers provenant d'ascendants de Paré, réfugiés en Suisse lors des regrettables avanies faites aux huguenots. » Et venant à la rescousse du docteur Dureau, les protestants militants, tels que les frères Haag, expliquent que Paré a bien pu, quoique appartenant à la religion réformée, être enterré dans un cimetière catholique ; tel encore M. Bordier, qui assure que « tout, dans les paroles, les actions, les écrits de Paré, empreints à chaque page du sentiment biblique, révèlent l'âme élevée du huguenot... »

Eh bien, nous ne sommes pas convaincu par ce luxe de preuves, dont quelques-unes sont si contestables.

Malgaigne, qu'il faut toujours consulter quand il s'agit de Paré, n'hésite pas à affirmer que Paré appartenait, depuis longtemps, à la religion catholique, et il arrive à cette conclusion à la suite d'une dissertation critique du plus haut intérêt.

Mais à ces arguments, d'ordre philosophique, nous pouvons en ajouter d'autres, plus documentaires. Et, pour notre part, nous nous y référons, sans plus.

L'auteur du *Dictionnaire de biographie critique,* le très érudit A. Jal, qui a compulsé tous les registres de l'église Saint-André-des-Arcs, a relevé jusqu'à vingt-cinq actes parfaitement catholiques, actes de baptêmes, de mariages et de décès, dont *dix-huit* antérieurs à la mort d'Ambroise Paré. Paré a été parrain dans un baptême catholique, ses deux femmes étaient catholiques, tous ses enfants ont vécu et sont morts au sein de l'Église romaine. S'il vous en faut davantage[1], c'est que vraiment vous êtes difficile à contenter.

Pour nous la cause est définitivement jugée. Nous faisons suivre, néanmoins, notre dissertation d'une étude[2] parue postérieurement à notre travail et qui, par des voies différentes, arrive au même but.

*

S'appuyant seulement sur les actes de décès et sur les actes de baptême des enfants, Malgaigne et après lui A. Jal, concluent, peut-être un peu vite, qu'Ambroise Paré était catholique, ou tout au moins l'était devenu depuis la Saint-Barthélemy. C'était oublier qu'à cette époque le clergé était seul officier de l'état civil et que l'Ordonnance de 1539 avait rendu obligatoire l'inscription sur les registres de la paroisse ; que l'omission de cette formalité légale pouvait entraîner la nullité du mariage et l'exhérédation des enfants ; que les édits de 1561 et 1562 défendaient expressément de célébrer des mariages et des baptêmes dans les assemblées protestantes, et prononçaient d'avance l'illégitimité des enfants nés de ces mariages. D'autre part, l'usage de cimetières distincts pour les protestants (le cimetière Saint-Germain et celui de la Trinité) ne devint habi-

1. Ceux que la question intéresse pourront consulter : *Journal de la Mayenne,* avril et mai 1873 ; *Intermédiaire des Chercheurs,* 1869 et 1870 ; docteurs Le Paulmier, Perdrix, Vimont, etc. ; *Biographies d'A. Paré* ; Turner, *Études historiques,* pp. 89-121, 487-504, etc.

2. *Bulletin de la Montagne Sainte-Geneviève,* 1896, pp. 201-207.

tuel et régulier que sous l'édit de Nantes. Jusque-là, conformément aux édits de 1563 et de 1568, « ceux de la religion de la vicomté de Paris étoient enterrés ès cimetières de la paroisse dont étoient les maisons auxquelles ils avoient passé de la vie à trépas. »

L'édit de 1570 ordonnait bien l'établissement de cimetières particuliers pour les protestants, mais cet édit rencontra chez les catholiques tant de mauvais vouloir que sa non-exécution soulevait encore en 1597 d'innombrables plaintes au sein des églises réformées. On vit même, en 1601, le curé de Saint-Jacques de la Boucherie enlever de force le cadavre d'un marchand huguenot, qu'on allait transporter au cimetière de la Trinité, et l'inhumer dans son église. D'ailleurs, nombre de familles qui avaient embrassé la Réforme possédaient des caveaux dans les églises catholiques et entendaient maintenir leur droit d'y être déposées.

Rappelez-vous maintenant qu'à la date de la mort de Paré on était dans la période la plus aiguë de la Ligue, dont le but hautement avoué était l'extermination de l'hérésie ; comment un enterrement « à la mode de Genève » eût-il été alors possible ?

Les preuves données par Malgaigne et ensuite par A. Jal étaient donc d'une faiblesse extrême ; aussi l'*Encyclopédie des sciences religieuses,* publiée sous la direction de N. Lichtenberger, doyen de la Faculté de théologie protestante de Paris (1881) – à l'article PARÉ – sous la signature de M. O. Douen, s'empressa-t-elle de les réfuter, et de conclure à son tour qu'Ambroise Paré avait toujours été protestant.

Pour nous, restant étranger aux partis pris, vénérant Paré non pour sa croyance religieuse, mais pour les services qu'il a rendus à l'humanité et n'ayant d'autre souci que celui de la vérité, nous estimons que les écrivains protestants se sont trop hâtés de triompher de la faiblesse des arguments de Malgaigne et de A. Jal.

On a voulu aussi tirer un argument, pour soutenir la thèse de « Paré protestant », du fait de la tentative d'empoisonnement dont il fut victime au siège de Rouen, tentative attribuée, je ne sais pourquoi, au fanatisme des catholiques. Voici, d'ailleurs, l'événement raconté par Paré lui-même :

> Après la prise de Rouen, me trouvant à dîner en quelque compagnie, où en avoient quelques-uns qui me hayoient à mort pour la religion, on me présenta des choux où il y avoit du sublimé ou arsenic ; de la première bouchée n'en aperçus rien ; à la seconde, je sentis une grande chaleur et cuiseur et grande astriction en la bouche, et principalement au gosier et saveur puante de la bonne drogue ; et l'ayant aperçut subit je pris un verre d'eau et de vin et lavai ma bouche, aussi en avalai bonne quantité et promptement allai chez le proche apothicaire ; subit que je fut parti, le plat de choux fut jeté en terre.

Nous voyons bien dans ce récit que « quelques uns le hayoient à mort pour la religion », mais quels étaient-ils ? Catholiques ou huguenots ? Paré ne prend pas la peine de nous renseigner, et il est à supposer qu'à cette époque de trouble le fanatisme était dans un camp comme dans l'autre.

Plein de tolérance pour les autres, donnant ses soins également aux huguenots et aux catholiques, Paré garda toujours son franc-parler, même sous la Ligue. Quoi d'étonnant qu'il eût indisposé contre lui l'un des deux partis, tous les deux peut-être ? L'argument manque de précision et dès lors doit être rejeté. À l'historien consciencieux il faut des faits précis.

Jusqu'ici la question demeure posée ; aucune preuve décisive n'est venue départager les adversaires.

Nous allons clore le débat et mettre sous les yeux du lecteur la preuve irréfutable qu'Ambroise Paré était catholique.

Voici d'abord un acte relevé sur les registres de la paroisse de Saint-André-des-Arcs :

> 1553, avril 9 (dimanche des octaves de Pasques), baptême de Geneviève Gréaulme, fille de Marie Du Puys. Parrain, M. Ambroise Paré, chirurgien du Roy. Marraine, Catherine Du Puy, fille non mariée.

Cet acte était passé dix-neuf ans avant la Saint-Barthélemy. L'enfant était fille de Robert Gréaulme, docteur régent, et de Marie Du Puys.

Voici un autre acte, celui-ci passé après la Saint-Barthélemy.

> 1578, mars 21, baptême d'Ambroise, fils de Claude Viart, M^e^ chirurgien à Paris, et de Jeanne Paré. Parrains, Me Ambroise Paré et Guillaume Loquet.

Nous croyons devoir rappeler ici, que jusqu'à la fin du XVIe siècle, les garçons avaient deux parrains.

Le baptême des enfants de Paré, leur inhumation dans l'église Saint-André-des-Arcs ou dans le cimetière y attenant, son mariage à Saint-Séverin, son inhumation au bas de la nef, près le clocher qui s'élevait au milieu de l'église, c'est-à-dire à une place d'honneur, tout cela ne suffirait pas à nous convaincre, mais ces deux actes de baptême nous semblent un argument décisif. Comment admettre que Paré, qui était d'une profonde piété, ainsi qu'en témoignent ses écrits, pût être protestant et venir tenir des enfants sur les fonts de baptême de l'église Saint-André-des-Arcs, sa paroisse ?

Qu'un protestant fasse entrer ses enfants dans le sein de l'Église catholique ; qu'à la dernière heure, alors que les affres de la mort obscurcissent son cerveau, paralysent sa volonté, il répudie la croyance de toute sa vie, à la rigueur cela peut s'admettre, et nous comprenons qu'un doute puisse subsister. Mais que, durant sa vie, en pleine santé, sain de corps et d'esprit, d'un caractère généreux et d'un esprit libre, ce protestant, reniant sa foi, fasse acte d'adhésion à la religion catholique et récite devant l'officiant le Symbole, reconnaissance solennelle de la souveraineté de l'Église catholique, apostolique et romaine, voilà ce que nous ne pouvons admettre, lorsqu'il s'agit d'Ambroise Paré. Il eût fallu, pour cela, qu'il cachât sa véritable religion et trompât le prêtre.

Paré habitait alors la rue de l'Yrondelle (actuellement la rue de l'Hirondelle), qui était parallèle au quai des Augustins et à la rue Saint-André-des-Arcs.

C'était une rue fort étroite, qui a disparu en grande partie, pour faire la place de la Fontaine Saint-Michel. M. Le Paulmier, s'appuyant sur les actes de vente et sur les papiers de famille, a pu retrouver l'emplacement de la maison d'Ambroise Paré. Il avait acheté cette maison des héritiers Mestreau, où pendait l'enseigne des *Trois Maures*. Derrière était une grande cour donnant sur la rue des Augustins, et c'est sur cette rue, aujourd'hui quai des Grands-Augustins, qu'était l'entrée de la maison, qui se trouvait à peu près sur l'emplacement occupé actuellement par le refuge qui est vis-à-vis la Fontaine Saint-Michel.

Ainsi, Ambroise Paré habitait à quelques pas de Saint-André-des-Arcs, à proximité de cette église, où il avait déjà fait baptiser son fils François et sa fille Madeleine, lorsque, pour la première fois, il fit acte de parrain ; où il avait fait présenter sur les fonts baptismaux sept de ses enfants, lorsqu'il devint parrain pour la deuxième fois, moins de deux mois après le baptême de sa fille Marie (6 février 1578).

Comment admettre qu'Ambroise Paré, chirurgien du roi, certainement connu dans sa paroisse, eût pu, s'il avait été huguenot, faire acte de parrain dans une église catholique, sans soulever l'opposition du curé de la paroisse ? Cela n'est pas possible ; ce n'était ni dans les mœurs de l'époque, où l'indifférence en matière de religion n'existait pas comme de nos jours, ni, il faut le reconnaître, dans le caractère loyal d'Ambroise Paré.

Se présenter devant le prêtre catholique, pour donner à son mariage une consécration légale ; présenter ses enfants au baptême, administré par le prêtre catholique, pour donner à ceux-ci une reconnaissance légale, qui leur permît, plus tard, d'hériter de sa fortune, cela eût été obligatoire à Ambroise Paré, s'il eût été protestant, et le prêtre, seul officier de l'état civil, n'aurait pu s'y refuser. Mais, quant à accepter un hérétique comme parrain, le prêtre ne pouvait pas le faire : l'Église le lui défendait, comme elle le prohibe encore de nos jours.

LA MALADIE DE CHARLES IX EN OCTOBRE 1573

Le 31 octobre (1573), le secrétaire du roi, Pinart, écrit à la Ville que « le roy a esté un peu indisposé depuis deux jours, mais grâces à Dieu il se porte maintenant fort bien, espérant partir d'ici lundy prochain pour s'acheminer en son voyage ; dont je n'ai voullu faillir de vous advertir, afin que vous n'en soyez point en peyne ». REG. H. 1787, ap. f° 340.

Le 1er novembre, le roi lui-même adresse à la Ville les explications qui suivent sur sa maladie :

> DE PAR LE ROY : Très chers et bien amez, nous arrivasmes, il y a quatre jours en ce lieu, où nous nous trouvasmes ung peu mal disposé, qui a esté cause que nous y sommes arresté pour nous reposer et prandre quelque purgation, affin de nous guarir, comme espérons, Dieu aydant, que nous serons entièrement dedans quatre ou cinq jours, et que nous poursuivrons après nostre voyage de Nancy et de Metz, pour conduire nostre très cher et très amé frère le roy de Polongne suivant nostre délibération, dont nous avons bien voulu donner advis, affin que, si d'avanture l'on faisoit courir d'autre bruict de nostre indisposition, vous en saichiez la vérité, qui est telle que ce que nous vous en escripvons cy-dessus et n'en croyrez autre chose. » Donné à Vitry-le-François, le premier de novembre 1573. *Ainsi signé :* CHARLES ; et au dessoubz : PINART et, à côté, sont escriptz ces mots : « Nc voulions vous celler que les médecins disent qu'il y a quelque apparence que c'est la petite vérolle, combien que nous l'ayons déjà eue une fois, toutefois, grâces à Dieu, nous n'avons aucune fiebvre, et commance la graine et petites pustulles qui nous

sont sortiz à maturer et blanchir de sorte que nous espérons estre bien tost du tout guary[1].

Le 12, le roi écrit une seconde lettre, datée de Vitry-le-François, pour annoncer à la Ville de Paris que le roi de Pologne s'est mis le même jour en route pour son royaume, mais que, par suite de sa maladie[2], il a dû laisser la reine-mère et le duc d'Alençon « faire compagnie à son dict frère le roi de Polongne, le reste du chemin jusqu'à Metz ».

Charles IX venait enfin de se débarrasser de son « très cher et très amé frère le roi de Pologne », et pour être bien sûr que ce n'étoit pas un faux départ, il l'avait reconduit avec toute la cour vers les Marches d'Allemagne. Mais Charles IX avait été obligé de s'arrêter à Vitry-sur-Marne. Il était épuisé « par une fièvre lente qui croissait tous les jours, ce qui donna à deviser à toutes sortes de gens, accordant à cette maladie les menées de la reine-mère pour prolonger le partement du roy de Pologne jusques après l'hyver, les regrets de cette princesse qui n'estoyent pas peu violents, tesmoignez avec aigres paroles[3]. »

De Thou fait exactement les mêmes réflexions que d'Aubigné sur le caractère singulier de la maladie de Charles IX (t. VII, p. 23). Il est intéressant de rapprocher de ces deux appréciations d'historiens comme de Thou et d'Aubigné, les lettres de Charles IX à la

1. Cité par Robiquet, *op. cit.*, p. 655.

2. La santé de Charles IX n'était pas rétablie le 4 février 1574, car le secrétaire Pinart écrit à cette date au prévôt des marchands, M. le Charron, « que le roy n'a pu lire ses despesches parce qu'il estoit ung peu indisposé ».

3. D'Aubigné, *Hist. Univ.*, col. 669.

Ville de Paris, que nous venons de reproduire, lettres dans lesquelles le royal malade explique et précise les symptômes de son mal[1].

Charles IX, en proie aux cruelles souffrances qui devaient l'emporter à quelques jours de là (cette lettre[2] est du 24 mai, et il mourut le 30), parle de sa santé ou plutôt de sa maladie, comme s'il n'était pas condamné à brève échéance. Il ne se doutait pas, à coup sûr, de la gravité de son mal et s'abusait sur son état : il n'est pas rare de voir les phtisiques[3], arrivés à la dernière période, s'illusionner ainsi jusqu'au bout.

> Monsieur de Matignon,
>
> Le surplus de ma lettre sera pour vous dire et assurer que grâces à Dieu, je voye tousiours de bien en mieulx en ma guérison. Ne me restant plus qu'à me fortifier comme je fais de sorte que j'espere estre bientost du tout achevé de guairir. J'ay eu depuis jeudi dernier quelque petit accès de fièvre de double-tierce, mais les médecins asseurent que cella aidera fort bien à m'achever du tout de bien guairir, dont aussi je vous ay bien voullu advertir et les gens de bien qui sont avec vous, sçachant certainement que ces bonnes nouvelles-là vous seront et à eulx, et aussi à mes autres bons subjects, estimé par delà très agréable ; priant Dieu, Monsieur de Matignon, vous avoir en sa sainte garde.
>
> [Je] me porte fort bien grâces à Dieu, mais je seray encores plus content et me trouveray beaucoup

1. Robiquet, *op. cit.*

2. Nous la reproduisons d'après le *Cabinet historique,* de L. Paris, t. II, pp. 239-240.

3. Tuberculeux (NdE).

mieulx quand je sauray la prinse de Dompfront et de Montgommery et des autres places que tenés assiégées ; à quoi je m'asseure que vous et les gens de bien, qui sont par delà pour mon service ne perdez point de temps et ferés en sorte que Montgommery et Colombieres ne se sauveront pas ; prenez-y bien garde, je vous prie, sur tous les services que vous désirez me fere. — Escript au bout le *Linarmur* (?), le XXIIIj^e jour de May, 1574.

CHARLES

(Let. des Rois et Reines de Fr., Ms Egerton, 5.)

LA MORT DE CHARLES IX[1]

Par MM. le professeur BROUARDEL *et le docteur* GILLES *de la* TOURETTE.

Une cruelle hérédité morbide, aussi évidente, que l'hérédité intellectuelle, a pesé sur toute la lignée du roi François Ier.

Ce prince aima fort les femmes : il s'est même trouvé des historiens pour mettre sa paillardise au nombre de ses hauts faits. Il n'est pas moins vrai, que, s'il ne mourut pas précisément *« … à Rambouillet/De la v… qu'il avait »* et qui fut toujours très mal traitée, la fistule vésico-périnéale, qu'il portait depuis longtemps et qui le conduisit au tombeau, était due presque certainement à ses excès antérieurs.

Avant sa mort, il avait vu disparaître deux de ses filles et ses deux fils aînés, emportés par des maladies ressortissant de très près à la tuberculose pulmonaire.

1. Extrait des *Grandes Scènes historiques du seizième siècle,* par Alf. FRANKLIN.

Henri II, qui lui succéda, et dont une des sœurs mourut également tuberculeuse, était tué le 30 juin 1559, dans un tournoi, par le comte de Montgommery ; il n'était âgé que de quarante et un ans. Peut-être eût-il échappé à la tuberculose ! Dans tous les cas, l'influence néfaste de l'aïeul allait terriblement se faire sentir sur les petits-enfants.

Henri II, de son mariage avec Catherine de Médicis, avait eu dix rejetons : cinq filles, dont quatre moururent jeunes – seule la reine de Navarre, Marguerite, vécut jusqu'à soixante ans – et cinq garçons : FRANÇOIS II, mort en 1560, à l'âge de dix-sept ans, d'un abcès tuberculeux de l'oreille ; Louis D'ORLÉANS, mort à deux ans et demi ; Charles IX, dont nous allons parler ; Henri III, qui fut assassiné par Jacques Clément, à l'âge de trente-huit ans ; et François, duc d'Alençon, qui succomba à la phtisie pulmonaire, en 1584, à l'âge de trente ans.

Charles IX avait donc des antécédents pathologiques désastreux. Son grand-père était syphilitique ; son père n'était guère moins débauché que son aïeul ; presque tous ses frères étaient ou allaient devenir poitrinaires. Devait-il, pouvait-il échapper à cette terrible affection, la tuberculose pulmonaire ?

Lorsque, dans une famille, les enfants naissent aussi malingres que dans celle d'Henri II et de Catherine de Médicis, lorsque le fils aîné est chétif, que le second est mort deux ans après la naissance, il devient au moins utile de veiller à la santé ultérieure du troisième, en lui épargnant dès son jeune âge toutes les causes de fatigue ou d'épuisement.

Charles IX eût pu, sous la direction de son précepteur Amyot et de son gouverneur M. de Sipierre, préluder à son futur règne par des études sérieuses ; mais gâté par sa mère, il préféra s'adonner de bonne heure, et avec une ardeur inconsidérée, à son penchant pour les exercices corporels. De bonne heure, il devint un excellent écuyer et, dès lors, il ressentit pour la chasse une véritable passion : passant les nuits presque sans sommeil, pour être le premier à l'aube sur la piste et chevauchant par tous les pays et par tous les temps.

Restait-il enfermé dans son palais, il battait le fer, forgeait des armures, et tirait l'épée sans relâche. En dehors de ces écarts fort nuisibles, il était assez sobre, buvait rarement du vin, n'était pas trop débauché, bien que Brantôme affirme qu'il avait contracté une maladie vénérienne.

> Il estoit grand de taille, mais un peu voûté, avoit le visage pâle, les yeux jaunastres, bilieux et menaçants, le nez aquilin et le col un peu de travers… Le reste de son corps estoit assez bien proportionné, il avoit seulement les jambes un peu débiles ou moins grasses eu esgard au reste des proportions supérieures de son corps, à quoy aussi on doit sa valétudinaire indisposition, qui estoit si grande qu'à peine le voyait-on un seul mois sans être indisposé.

Son caractère répondait assez bien à cet état physique, rendu vigoureux par la volonté, mais toujours faible par constitution. Comme Catherine de Médicis,

> Il estoit, nous apprend de Thou, d'un tempérament colère et emporté et l'exercice continuel et violent du cheval joint à la fatigue des veilles fortifiait encore ce penchant : en sorte que, malgré sa dissimulation profonde, il se laissait quelquefois emporter à une

sorte de fureur… De plus, il jurait et parjurait sans grand scrupule.

À l'exagération de ces exercices physiques, trop violents pour cette faible organisation, n'allaient pas tarder à s'ajouter les ennuis d'un règne qui passe à juste titre pour l'un des plus troublés et des plus néfastes.

Fourbe et dissimulé, mal conseillé de toutes parts, Charles IX commettait bientôt la Saint-Barthélémy (24 août 1572), qui n'eut son pendant qu'un siècle plus tard, à la révocation de l'édit de Nantes (1685). Mais le meurtrier devait boire l'amertume de son attentat jusqu'à la lie : désormais il ne dormira plus ; son sommeil sera interrompu par d'atroces cauchemars, et le chant de ses pages ne parviendra pas à le rendormir.

À l'époque du massacre, il suivait un traitement sous les ordres d'Ambroise Paré, qu'il sauva du carnage. Quelques jours plus tard, il faisait mander le grand chirurgien huguenot :

> Ambroise, lui-dit-il, je ne scay ce qui m'est survenu depuis deux ou trois jours ; mais, je me trouve l'esprit et le corps grandement esmeus, voire tout ainsi que si j'avois la fièvre, me semblant à tout moment aussi bien veillant que dormant que ces corps massacrés, se présentent à moy les faces hideuses et couvertes de sang ; je voudrois que l'on n'y eust pas compris les imbéciles et les innocents.

Les regrets qu'il manifestait ainsi devaient être impuissants pour calmer ses nuits d'insomnie, pour sauver son existence déjà menacée : la toux à laquelle il était sujet revenait plus fréquente, l'amaigrissement faisait des progrès incessants.

L'année suivante (1573), son frère, le duc d'Anjou, ayant été élu roi de Pologne, se disposa à quitter la France pour se rendre dans ses États. Charles voulut l'accompagner jusqu'à la frontière, mais il fut forcé, par les crachements de sang qui s'étaient déjà montrés autrefois, lorsqu'il avait trop sonné du cor, de s'arrêter à Vitry et de s'y aliter (octobre-novembre 1573).

Sa maladie était sérieuse : on la jugeait tout au moins telle, car « elle l'empescha d'aller plus avant et donna subjet à beaucoup de gens de vouloir divertir le roy de Pologne de poursuivre plus avant son voyage ; luy remonstrans l'estat incertain de la maladie du Roy provenant du poulmon qui apportoit son vent des accidents périlleux. »

Peut-être eût-il la variole à cette époque, car il fut malade, dit Sorbin[1], « d'une ébullition de sang que d'aucuns estimoient petite vérole ». Toutefois, cela est peu probable, et cette ébullition du sang ressemble fort, dans la circonstance, à une violente hémoptysie.

De Vitry, Charles, toujours souffrant, fut transporté à Saint-Germain-en-Laye, où il ne se trouva guère en sûreté, car le duc d'Alençon tentait de le faire enlever avec sa mère, aux fêtes du carnaval de 1574. Mais Catherine de Médicis veillait : le complot s'ébruita. Elle fit venir dans sa chambre le duc d'Alençon, qui eut peur, plia sous son ascendant, et nomma ses complices. Elle mit immédiatement la cour sur pied. Le départ eut lieu la nuit, sous la protection des Suisses ;

---

1. *Histoire contenant un abrégé de la Vie, mœurs et vertus du roy très chrestien et débonnaire, Charles IXe, vraiment piteux propugnateur de la Foy catholique et amateur de bon esprit,* par A. Sorbin, dit de Sainte-Foy. Paris, 1574, un vol. in-8° (A. C.)

le roi malade fut emporté dans une litière et l'on se retira en tumulte, avec précipitation, à Vincennes, dont le château était à l'abri d'un coup de main.

> Toutefois l'ennuy fut si grand au cueur du roy Charles le Débonnaire que finalement, après s'être retiré à Paris et de Paris au bois de Vincennes, la maladie qu'il avoit en ses poumons se rangregea, et, accompaignée d'un foye altéré et mal attrempé, receut une inflammation si grande et véhémente que les effets ont fait paroistre.

Alors les consultations commencent. Jean Mazille, son premier médecin, réunit ses confrères de la Faculte, et par

> telle consultation fut advisé qu'il seroit purgé et saigné ; ce que fut exécuté, mais en vain, car ses forces diminuoient à veuë d'œil, et le voyoit-on descroître pressé d'une courte haleine qui l'a accompaigné jusqu'à la mort.

À ces graves symptômes s'ajoutait, nous le savons, une insomnie constante, hantée de cauchemars épouvantables ; de plus, les médecins semblaient ignorer complètement la nature du mal.

> Tant qu'ils y perdirent leur latin d'autant qu'ils ne peurent jamais bien cognoistre sa malladie, car il lui survint une fiebvre erratique qui tantost estoit quarte, tantost continue, et pensoit M. Mazille, son premier médecin, qu'il se porteroit de bien en mieux, ainsi que la fiebvre diminueroit.

Cette ignorance de la vraie cause de la maladie était bien faite pour donner du corps aux bruits les plus absurdes qui circulaient à la Cour et dans le peuple, bruits qui prirent une forte consistance lorsqu'on apprit que :

> Aux extrêmes douleurs, il sortait du sang par les pores de la peau de ce jeune prince, presque en tous les endroits... De là plusieurs conjecturèrent qu'il y avoit du poison meslé à la maladie du roy, et à dire vray il y avoit argument de penser l'un des trois, ou poison, ou art diabolique ou intelligence avec ceux qui avoient eu le moyen de cognoistre la maladie du Roy et en donner quelque résolution.

Catherine de Médicis, l'Italienne superstitieuse, ne pouvait que prêter une oreille favorable a tous ces bruits ; c'est alors que La Môle et Coconnas furent arrêtés, jugés et décapités (30 avril 1574). Ils avaient bien comploté contre le roi, mais on les accusait surtout d'avoir, aidés du nécromancien Côme Ruggieri, fabriqué plusieurs figures de cire enchantées, dans le but de faire mourir le monarque agonisant. Ce qui était certain, c'est que Charles IX allait de plus en plus mal.

> Sur ces entrefaites et comme le mal s'augmentoit de plus en plus en la personne dudit seigneur roy, lui print appétit de boire. Ce qu'ayant fait, luy survint un grand vomissement de matière gluante, jausnatre et fort noire, puis entra en un grand frisson qui luy donna tel travail et peine qu'il n'y avoit celuy qui n'eust grande compassion de tant veoir endurer son prince. Cela passé, Sa Majesté demanda la royne sa mère et la royne sa femme... Lors il entra de rechef en ces accez de vomissements et frissons et de plus en plus se sentant abaisser et diminuer ses forces, pria qu'on ne lui parla plus que de prières et oraisons.

Catherine, en effet, venait de lui annoncer la prise du comte de Montgomery, qui, comme on le sait, avait tué son père dans un tournoi, et s'était fort étonnée de ce que la nouvelle de cette arrestation l'eût laissé tout à fait indifférent.

Et cependant, Charles IX, malgré ses souffrances et ses remords, se cramponnait à la vie en désespéré.

> Le vendredy dont il mourut, le dimanche ensuivant, sur les deux heures après-midi, ayant fait appeler Mazille, son premier médecin[1] et se plaignant des grandes douleurs qu'il souffroit, lui demanda s'il n'estoit pas possible que luy, et tant d'autres grands médecins qu'il y avoit en son royaume luy pussent donner quelque allégement en son mal, « car je suis, dit-il, horriblement et cruellement tourmenté. » A quoy Mazille répondit que tout ce qui dépendoit de leur art ils l'avaient fait, et que même, le jour de devant, tous ceux de leur Faculté s'étoient assemblés pour y donner remède ; mais que pour en parler à la vérité, Dieu étoit le grand et souverain médecin en de telles maladies, auquel il falloit recourir. « Je crois, dit le roy, que ce

1. Guy Patin a prétendu que Catherine de Médicis voulut faire pendre Mazille, pour n'avoir pas fait voir le roi malade par les plus fameux médecins de Paris ; mais Patin doit se tromper, sciemment ou non, car, selon l'Estoile, tous ceux de la Faculté s'étaient assemblés pour chercher un remède à la situation du roi. On n'a, toutefois trouvé jusqu'ici aucune trace de cette délibération générale. Seul, Chomel *(Essai historique sur la médecine)* avance que Simon Piètre et Nicolas Legrand, qui étaient alors deux des premiers médecins de Paris, furent appelés en consultation. (*Cf. Procès-verbaux authentiques de l'ouverture des corps des rois de France depuis Charles IX jusqu'à Louis XVIII,* recueillis et publiés par Henri Dupuy, docteur en médecine ; Paris, 1829 (A. C.).

que vous dites est vray, et n'y sçavez autre chose. Tirez-moy ma custode que j'essaye à reposer. » Et à l'instant « Mazille, étant sorti et ayant fait sortir tous ceux qui étoient dans la chambre, hormis trois, savoir : La Tour, Saint-Pris et sa nourrice que Sa Majesté aimoit beaucoup, encore qu'elle fut huguenote, confine elle se fut mise sur un coffre et commençoit à sommeiller, ayant entendu le Roy se plaindre, pleurer et soupirer, s'approcha tout doucement du lit, et tirant sa custode, le Roy commença à luy dire, jettant un grand soupir et larmoyant si fort que les sanglots lui interrompaient la parole : « Ah ! ma nourrice, ma mie, ma nourrice, que de sang et que de meurtres ! Ah, que j'ay suivi un méchant conseil ! O mon Dieu, pardonne-le moy, et me fais miséricorde, s'il te plaist ! Je ne sais où j'en suis tant ils me rendent perplexe et agité. Que deviendra tout cecy ? que feray-je ? je suis perdu, je le vois bien. » Alors la nourrice luy dit : « Sire, les meurtres soient sur ceux qui vous les ont fait faire ! Mais, de vous, sire, vous n'en pouvez mais ; et, puisque vous n'y prestez pas consentement et en avez regret, croyez que Dieu ne vous les imputera jamais et les couvrira du manteau de la justice de son fils, auquel seul faut qu'ayez votre recours. Mais, pour l'honneur de Dieu, que Votre Majesté cesse de larmoyer ! » Et sur cela, luy ayant été quérir un mouchoir pour ce que le sien étoit tout mouillé de larmes, après que Sa Majesté l'eût pris de sa main, luy fit signe qu'elle s'en allât et le laissât reposer.

Le lendemain samedi, il eut une de ces rémissions trompeuses, si fréquentes chez les phtisiques à la dernière période, au point qu'il se crut presque guéri.

Le dimanche 30 mai, jour de la Pentecôte, sur les trois heures de l'après-midi, Charles IX mourait, à l'âge de vingt-trois ans, onze mois et deux jours, après avoir régné près de treize ans et demi.

Il était très important, pour savoir quel degré de créance on devait accorder aux bruits malveillants qui circulaient, de faire l'autopsie du cadavre. Elle eut lieu le lendemain de sa mort, le 31 mai, en présence de Mazille, le premier médecin qui présida à l'opération que les chirurgiens du roi exécutèrent sous ses ordres.

Guillemeau qui, pour la circonstance, assistait Ambroise Paré, Guillemeau[1] fait précéder de ces quelques lignes le procès-verbal, qui fut sans doute rédigé par lui :

> Le Roy estant mort, son premier médecin et son premier chirurgien, assistez des médecins et chirurgiens ordinaires de Sa Majesté, se trouvent à l'ouverture du corps, ensemble le grand chambellan, le premier gentilhomme de sa chambre et le maistre de garderobe, accompagnez de ses premiers vallets de chambre et vallets de garderobe.
>
> Le corps estant mis et posé sur une table, couvert d'un grand linceul, son premier médecin commande aux chirurgiens d'en faire ouverture, pour voir et cognoistre quelle peut estre la cause de sa mort, afin d'en faire un rapport à vray, et le signer tous ensemble.
>
> Ce que tous ayant diligemment observé, tout après le corps est embaumé par lesdits chirurgiens.

1. Nous ajoutons au procès-verbal ce préambule, qui ne figure pas dans l'étude de MM. les docteurs Brouardel et G. de la Tourette, et qui nous a paru le compléter.

Et d'autant que j'ay assisté à telles cérémonies plusieurs fois, et que cela peut servir à ceux qui ne l'ont veue observer, j'ay mis ici le rapport qui fut fait du corps du feu roy Charles neufviesme, pour l'ouverture et embaumement duquel je fus commandé par M. Mazille, son premier médecin, de l'ouvrir, en la place de feu monsieur Paré, son premier chirurgien, mon maistre, au logis duquel j'estois pour lors demeurant.

RAPPORT DU CORPS MORT DU FEU ROI CHARLES IX, LEQUEL COMME IL A ESTÉ FAIT EN LATIN, JE L'AY AINSI VOULU METTRE.

Anno Domini miles, quinquent. Septuag., quarto pridi kal junii, hora a meridie quarta, facta est dissectio corporis Caroli IX, régis Galliarum christ ; assidentibus medicis hic subsignatis, et chirurgis qui eam administrarunt, in qua accuratè hæc observata et deprehensa sunt :

1. Hepatis totum parenchyma rarefactum, exsangue, et extremis lobis ad simas partes vergentibus nigricans.

2. Folliculus fellis a bile vacuus, in sese considens, subater.

3. Lien nullo modo malè affectus.

4. Ventriculo nulla noxa et stomachi cum pyloro integritas.

5. Intestinum colon flavum colorem contraxerat, cæteris bene habentibus.

6. Epiploon male coloratum, supra modum extenuatum, parte aliqua ruptum, et omnis pinguedinis expers.

7. Ren uterque nullo vitio obsessus, nullo similiter vesica, nullo ureteres.

8. Cor flaccidum et veluti contabescens : omni aquoso humore, qui pericardio contineri solet, absumpto.

9. Pulmo, qui in partem sinistram thoracis incubebat, a costis illegitimis ad claviculas usque totus

lateri adhærebat, ita firmiter et obstinatè, ut avelli non potuerit sine dilaceratione et discerptione cum putredrine substantiœ, in qua sese prodidit vomica rupta, e qua colluvies purulenta, putrida et graveolens effluxit, cujus tanta fuit copia, ut in asperam arteriam redundaret, et præclusa respiratione prœcipitis et repentini interitùs causam attulerit.

10. Alter pulmo sine adhœsu fuit, magnitudine tamen naturalem constitutionem, turgidus et distentus superans (ut et sinister supérabat in substantia, insignem corruptelam præse ferens), parte superiore putris refertus et conspurcatus humore pituitoso, mucoso spumoso, puri finitimo.

11. Cerebum omni vitio carens.

Medici qui præfuerunt.

Regii, MAZILLE, VATERRE, Alexis GAUDINUS, VIGOR, LEFÈVRE, SAINT-PONS.

Parisienses, PIÈTRE, BRIGARD, LAFILÉ, DURET.

Chirurgii qui udministraverunt,

PARÉ, D'AMBOISE, DUBOIS, PORTAIL, EUSTACHE, DIONEAU, LAMBERT, COINTRET, GUILLEMEAU.

Nous traduisons ce procès-verbal[1] ainsi qu'il suit :

---

1. Nous avons apporté quelque modification au texte du procès-verbal donné par MM. Brouardel et Gilles de la Tourette, en nous référant à l'opuscule précité de Dupuy. Nous avons, toutefois, maintenu les signataires du premier texte, notamment les noms de COINTRET et GUILLEMEAU, qui sont remplacés (dans le rapport pour la première fois publié par Papyre Masson et après lui, par le docteur Dupuis) par celui de COINTENEL (?) (A. C.).

L'an du Seigneur 1574, la veille des calendes de juin (31 mai), a été faite l'autopsie du corps de Charles IX, très chrétien roi de France, avec l'assistance des médecins soussignés et des chirurgiens qui l'ont exécutée.

Voici ce qui a été soigneusement observé et reconnu :

Tout le parenchyme du foie est desséché, exsangue et tirant sur le noir, depuis les parties les plus externes des lobes jusqu'à leur surface plate.

La vésicule biliaire est vide, affaissée sur elle-même, noirâtre.

La rate est saine.

L'estomac et le pylore sont sains.

Le colon était jaunâtre, les autres parties de l'intestin étaient saines.

L'épiploon était de mauvaise couleur, très friable, rompu par places et entièrement dépourvu de graisse.

Les reins, les uretères, la vessie étaient sains.

Le cœur était flasque et mou, comme desséché : tout le liquide qui se trouve ordinairement dans le péricarde ayant disparu.

Le poumon gauche adhérait tellement aux parois thoraciques dans toute son étendue, qu'on ne put l'enlever sans déchirer et arracher sa substance qui était en putrilage. On y trouva une vomique rompue, d'où s'échappa une humeur purulente, putride et de mauvaise odeur, en telle quantité qu'elle a dû refluer dans la trachée artère et causer une mort rapide et imprévue en mettant obstacle à la respiration.

L'autre poumon n'était pas adhérent ; il était plus volumineux qu'à l'état normal, de même que le gauche le dépassait en matière ; gonflé et distendu, il présentait une notable corruption. Il était pourri dans sa partie supérieure et rempli d'une humeur pituiteuse, muqueuse, spumeuse, se rapprochant du pus.

Le cerveau était sain.

Il n'est pas désormais bien difficile de se faire une idée exacte de la maladie dont mourut Charles IX ; nous avons en main toutes les pièces du procès.

Les symptômes observés pendant la vie et sur lesquels nous croyons nous être très suffisamment appesantis, ne laissent aucun doute sur l'existence d'une maladie de poitrine. Et quelle autre affection, en dehors de la phtisie pulmonaire, donne lieu à ces hémoptysies répétées, à cet amaigrissement progressif, à cette dyspnée constante, à ces *vomiques* de matière gluante et jaunâtre, lorsque se sont formées les cavernes ?

Quant aux sueurs de sang dont parle d'Aubigné, elles se rapportent directement à de petites ecchymoses sous-cutanées, à des taches de *purpura hemorrhagica,* que l'on observe si fréquemment dans toutes les cachexies en général, et dans la tuberculose pulmonaire en particulier.

L'affection dont fut atteint Charles IX était donc mortelle, étant donné surtout qu'elle évoluait sur un terrain prédisposé tout particulièrement par l'hérédité. Cependant, à proprement parler, ce prince ne mourut pas de ses lésions de tuberculose chronique, qui se traduisirent, spécialement, à l'autopsie, par la grande caverne du poumon gauche et l'ancienne pleurésie qui enveloppait cet organe dans son ensemble. Il succomba aux atteintes d'un élément fébrile surajouté.

Nous avons vu que, quelques jours avant sa mort, il avait été tourmenté par de violents frissons, accompagnés de douleurs vives, qui n'étaient très probablement autres que des points de côté. Le poumon droit subissait alors l'envahissement d'une *broncho-pneumonie,* dont les tubercules qu'il renfermait déjà avaient été certainement le prétexte. Le volume considérable de l'organe, la distension de son parenchyme partout infiltré de matière purulente, de liquides, qui l'engorgeaient, ne permettent pas l'erreur.

C'est, en résumé, à une broncho-pneumonie, entée sur des lésions avancées de tuberculose pulmonaire, que succomba Charles IX.

Nous ne nous arrêterons pas à discuter l'hypothèse d'un maléfice ; mais le poison existait-il ? Charles IX, le poitrinaire, mourut-il empoisonné ?

Les lésions qu'il portait étaient plus que suffisantes pour entraîner la mort, et l'examen des organes fut assez complet pour permettre de ne pas hésiter.

Un seul point paraît obscur dans les résultats fournis par l'autopsie : la coloration toute spéciale du foie, qui, mal interprétée, pourrait donner prise à la confusion. Toutefois, il nous semble possible de ne voir là autre chose qu'une altération cadavérique ; tous ceux qui sont familiers avec la pratique des nécropsies savent, en effet, que les parties externes et convexes du foie présentent, dans presque tous les cas, une teinte violacée *(nigricans),* indépendante de toute altération pathologique. C'est également à une transsudation *post mortem* de la bile à travers les parois de la vésicule que le colon devait sa coloration jaune ; de même, l'épiploon[1] était bien celui d'un tuberculeux.

1. Formé de deux feuillets de péritoine qui, accolés, relient deux viscères (NdE).

Les partisans du poison, tous les courtisans qui avaient intérêt à flatter la reine-mère pour la rendre complice de rancunes qu'elle ne demandait qu'à partager, insistèrent sur ce fait que le cœur était desséché, brûlé en quelque sorte et que le péricarde, à l'inverse de ce qui existe ordinairement, ne renfermait pas trace de liquide. Si l'on veut bien admettre que, régulièrement, on ne trouve jamais dans cette séreuse, sauf dans les cas où le cœur et son enveloppe sont altérés, plus de 15 à 20 grammes de sérosité, on comprendra facilement que l'absence d'une si faible quantité de liquide, constatée par des anatomopathologistes aussi peu avancés que les médecins et les chirurgiens du temps de Charles IX, n'ait véritablement aucune importance.

Eux-mêmes, du reste, ignorèrent toujours, et pour cause, la véritable nature du mal : le premier médecin, Mazille, qui ne pouvait, pendant la vie, reconnaître par des signes certains la maladie de poitrine, pensa toujours à une mauvaise fièvre, tierce ou quarte, ne songeant même pas à la consomption pulmonaire, que l'on connaissait cependant à l'époque où il vivait et dont les symptômes auraient dû lui ouvrir les yeux.

Quant à Ambroise Paré, qui d'ailleurs n'était appelé que pour les cas chirurgicaux et qui probablement dut lui-même, en sa qualité de premier chirurgien, faire l'autopsie sous les ordres de Mazille (tout art manuel étant repoussé et fort méprisé par ces médecins que Molière devait bientôt fustiger), il se soucia fort peu de donner son avis aux demandeurs plus ou moins intéressés qui vinrent l'assiéger.

Brantôme, en effet, l'alla voir en compagnie de Strozzy et lui demanda son opinion :

> Il nous dit en passant et sans longs propos qu'il estoit mort pour avoir trop sonné de la trompe à la chasse du cerf, qui lui avoit tout gasté son pauvre corps et ne nous en dist pas plus. Sur quoy aucuns prirent subjet de faire pour son tombeau ces deux vers :
>
> Pour aimer trop Diane et Cytherée aussi,
> L'une l'autre m'ont mis dans ce tombeau icy.
>
> Si est-ce qu'on ne sauroit oster à aucuns l'opinion qu'il ne fust empoisonné dès que son frère partit pour Pouloigne : et disoit-on que c'estoit de la poudre de corne d'un lièvre marin qui faict languir longtemps la personne et puis après peu à peu s'en va et s'estainct comme une chandelle : ceux qu'on a soupconné autheurs n'ont pas faict meilleure fin.

Et le vieux chroniqueur ajoute : « Ainsi Dieu punist les forfaitz, de loing, secrettement, sans qu'on s'en donne garde. Charles IX venait d'en faire la triste expérience. » (Docteurs BROUARDEL ET GILLES de la TOURETTE.)

CHARLES IX A-T-IL ÉTÉ EMPOISONNÉ ?

Michelet, qui croit à l'empoisonnement de Charles IX, dit que le 1er mai, Catherine avait écrit que son fils était guéri, et il rapproche cette affirmation audacieuse de la date de la mort du roi, si rapprochée de l'autre. Qu'aurait donc pensé le grand historien, écrit M. Paul ROBIQUET (*Histoire municipale de Paris,* p. 658), s'il avait connu la lettre suivante, que Catherine adressait à la Ville le 28 mai :

> Messieurs, je vous assure que le roy Monsieur mon filz se porte bien, et espère avec l'ayde de Dieu que la médecine qu'il a prise ce matin, *l'achèvera de guérir*

en tout de sa fiebvre tierce qui est bien diminuée à son dernier accez, et n'aiant quasi plus d'émotion ou si peu que ce n'est rien. *Ainsi signé :* CATHERINE et plus bas PINART. Apportée le XXVIII mai 1574[1].

M. Paul Robiquet a cru découvrir dans les termes de la lettre qu'il a pris soin de souligner, une ambiguïté que nous avouons n'y pas trouver.

Il est impossible, écrit ce distingué historien[2], d'affirmer d'une manière absolue que *Charles IX* est mort empoisonné ; mais cette conclusion pourrait être appuyée sur des présomptions assez fortes.

DE THOU, après avoir insisté sur la constitution robuste du roi, rapporte que bien des gens croyaient qu'on avait avancé sa mort : l'autopsie, d'après le même historien, ne fit qu'augmenter les soupçons, *car on trouva dans le corps des taches livides.* (*Cf. Hist. univ.,* t. VII, p. 64.)

D'AUBIGNÉ accuse Catherine[3] d'avoir fait un étalage hypocrite de sa douleur, pour « arracher de la pensée des grands et du peuple l'opinion que *presque tous* avoyent qu'elle eust apporté de la fraude et de l'artifice à la mort de son fils. « (*Hist.,* col. 701.)

---

1. Le 30 mai, sur les trois heures, le roi de la Saint-Barthélemy s'éteignait. Voici en quels termes les registres de la Ville (II. 1787, f° 141) mentionnent la mort de Charles IX : « L'an après le partement du roy de Polongne, le roy Charles neufiesme de ce nom, ayant longuement esté malade au chasteau de Vincennes, rendit son esprit à Dieu au dict lieu, le XXXe et pénultième jour de dimanche de la Pentecôte, au présent an 1574. »

2. *Hist. municipale de Paris,* par P. ROBIQUET, p. G58, n. 1.

3. V. dans BALZAC, *Études philosophiques sur Catherine de Médicis,* tome XV de l'édition Houssiaux (1874), p. 471 et suiv., une très curieuse réhabilitation de cette reine, mère de trois rois.

Enfin Brantôme, qui nie les taches livides, confirme qu'on professait publiquement l'oppinion de la poison. (*Hommes illustres,* t. IV, p. 216.)

Voilà, évidemment, quelques vagues présomptions, mais nous persistons, malgré tout, à nous en rapporter au document médico-légal que nous avons commenté et jusqu'à la découverte d'une pièce décisive, nous nous en tiendrons aux conclusions que nous avons adoptées, et qui ne diffèrent pas sensiblement de celles qu'avec sa haute autorité le professeur Brouardel a lui-même formulées.

HENRI III

† Mort le 1er août 1589 d'une plaie pénétrante de l'abdomen.

Le plus intelligent, a-t-on dit, et aussi le plus dépravé des derniers Valois ; nous ajouterons, en notre qualité de clinicien, le mieux portant : s'il n'était pas mort d'accident, il est vraisemblable qu'il aurait fourni une longue carrière, à moins qu'il ne fût mort fou – il l'était déjà plus qu'à moitié – ainsi que l'avait pronostiqué son médecin Miron.

À l'encontre de ses frères, Henri était de tempérament robuste, et sans les débauches qui l'usèrent prématurément, il était organisé pour vivre très vieux[1]. « Il faisait, dit l'historien de Thou, deux repas par jour, mangeait beaucoup et buvait du gros vin coupé avec trois quarts d'eau. Il avait beaucoup d'embonpoint, mais faisait quotidiennement un exercice modéré : il se maintenait en bonne santé. »

Cette santé commença à s'altérer à la mort de Charles IX. On sait que, pour se dérober à l'attachement importun des Polonais, il dut s'évader. Son retour à petites journées à travers les pays autrichiens

1. Né le samedi 19 septembre 1551 (à minuit trois quarts), Henri III n'avait que trente-huit ans au moment de sa mort.

fut marqué par une longue suite de fêtes : c'est au milieu de ces fêtes qu'il contracta la syphilis[1].

Cet avertissement ne lui servit pas de leçon et il se livra plus que jamais à des excès de toute nature[2]. Sans doute, ces excès auraient amené le dénouement que le poignard d'un assassin devait précipiter.

Le mercredi 1er août 1589, un moine jacobin, du nom de Jacques Clément, introduit auprès du roi sous prétexte d'importantes révélations à lui faire, lui communiquait un paquet de lettres supposées. Tandis que le souverain était absorbé dans leur lecture, le fanatique lui plongeait un couteau dans le ventre.

---

1. *Cf.* docteur Dusolier, *th. cit.,* p. 30.

2. C'est probablement à ces excès qu'est attribuable le « mal d'aureille » dont parle l'Estoile, dans son *Journal* (septembre 1579) ; et qui fit croire au roi qu'il avait été victime d'une tentative d'empoisonnement. Nous passons la parole au chroniqueur : « Le mercredi second jour de septembre, le Roy se trouva mal, d'un mal d'aureille, qui lui fist peur, pour ce que le Roy François second, son frère aisné, en estoit mort. Ce qu'il répéta, ce jour, par deux ou trois fois. Le jeudi 10 septembre, le Roy alla au château de Madrid, en coche, contre l'avis de ses médecins, dont il revint tost après extrêmement vexé de son mal d'aureille, et en fut, la nuit ensuivante, si travaillé, que par tous les monastères de Paris on envoia faire prières pour sa santé. Fust aussi à la Roine-Mère envoié en diligence un courrier pour l'advertir de l'aigreur de ceste maladie, dont on doutait l'yssue, car tous les médecins en désespérèrent, 24 heures durant, excepté le Grand, le médecin, et attribuoient la cause de son mal aux veilles de la nuit et aux excès des jours gras, durant lesquels, nonobstant les affaires qu'il avait sur les bras, il avoit passé les nuits entières à mouliner et wasquer, et à autres exercices peu convenables a sa santé. »

On prétend que le roi était sur la chaise percée[1], une simple robe de chambre jetée sur les épaules[2], quand il fut frappé par Jacques Clément.

D'autres disent[3] qu'il se retira dans une embrasure de fenêtre, pour lire les lettres qui lui étaient présentées, et que, lorsqu'il fit signe au moine d'approcher, les courtisans s'éloignèrent par respect[4]. L'assassin, profitant de cette disposition bienveillante du prince, le frappa d'un coup de couteau[5] dans le ventre, un pouce au-dessous du nombril, du côté droit, « si avant qu'il laissa le cousteau au trou pour y servir de faulcet (fosset)[6] ».

---

1. *Journal de l'Estoile,* 1er août 1589.

2. Il venait de se lever et n'avait pas encore ses chausses attachées, dit une relation du temps, dont nous donnons plus bas le titre. Il avait endossé un pourpoint de chamois, sur lequel il mettait ordinairement un corps de cuirasse, sorte de corset baleiné.

3. Berthevin, *op. cit*

4. D'après le roi lui-même, qui écrivit, presque aussitôt après l'accident, à la reine, pour la rassurer (*Cf.* Berthevin, *loc. cit.,* pp. 82-83, n.). M. L. Paris donne à tort cette lettre comme inédite dans son *Cabinet historique,* t. III, pp. 159 et suiv. ; nous la reproduisons aux documents annexes. Il n'y avait, à ce moment, dans la pièce, avec le roi, que Bellegarde, son grand écuyer, quand le procureur général, le sieur de la Guesle, introduisit auprès de Henri, par son ordre, le jeune jacobin qui devait lui porter le coup fatal (v. « Documents annexes »).

5. Le couteau était « pointu, assez chestif et de peu de prix », et, disait-on à l'époque, « frotté de quelque composition, maligne et venimeuse ». *Discours aux François avec l'histoire véritable sur l'admirable accident de la mort de Henry de Valois naguères roy de France,* etc., lequel fait partie d'un recueil de notre collection personnelle, intitulé : *Mort et obsèques de quelques rois et princes* (1515-1610).

6. *Discours aux François, loc. cit.*

Vivement le roi saisit l'arme et d'une telle violence qu'« il en agrandit de beaucoup la playe, et au même instant l'ayant retiré, en donna un coup de la pointe sur le sourcil gauche du religieux[1]. » La pointe du couteau, ayant rencontré l'os de la tête du moine, rebondit et le roi fut blessé à la main : d'autres prétendent que c'est en voulant détourner l'armé dirigée contre lui que la blessure se serait produite[2].

Un gentilhomme du nom de Montferrier (le même qui donna le premier coup de poignard à monseigneur de Guise) tua d'un coup d'épée l'assassin d'Henri. Le moine mourut sur le coup. Son cadavre, après avoir été frappé de plusieurs coups de hallebardes, fut dépouillé nu jusqu'à la ceinture : on supposait que l'assassin était un soldat déguisé en moine et on voulait s'en assurer.

Ce qui avait donné lieu à cette supposition, c'est qu'on trouva, sur l'une de ses oreilles, une petite cicatrice, qui pouvait laisser croire qu'il avait reçu quelque blessure dans un duel.

Le roi avait perdu beaucoup de sang[3]. Mis au lit, il fut pansé par ses médecins et chirurgiens, *qui n'osèrent point le sonder* : conduite assurément très sage et qui, à notre époque, serait encore suivie.

---

1. *Idem.*

2. Suivant un des témoins, le procureur La Guesle, le roi « tenait ses boyaux entre ses mains », ce qui serait en contradiction avec des versions déjà si différentes.

3. Pour ce qui précède, comme pour ce qui va suivre, nous avons analysé la brochure qui est en notre possession et dont nous avons donné le titre. Comme c'est une relation contemporaine de l'événement, notre récit a bien des chances de se rapprocher de la vérité.

On lui administra un clystère[1], qu'il rendit peu à peu après par sa plaie[2], ce qui fit porter aux médecins cet étrange pronostic : qu'il ne mourrait pas de l'accident ! Le blessé reprit lui-même espoir et assura le roi de Navarre, qu'on avait été chercher, qu'il n'appréhendait rien de fâcheux et s'attendait à remonter bientôt à cheval.

Quand on enleva le premier appareil, la plaie fut trouvée « livide et en mauvais estat ». On lui appliqua un second « appareil » [pansement], et peu d'heures après, il ressentait les premiers signes d'une inflammation interne : une grande douleur, une forte chaleur, et enfin la fièvre, qui le prit pour ne le plus quitter[3].

La nuit, les souffrances augmentèrent. Comme il se trouvait trop enfoncé dans son lit, il pria qu'on le plaçât plus haut sur l'oreiller ; mais il glissa de nouveau dans le lit, perdit connaissance, et continua à s'affaiblir jusqu'au moment fatal.

Il succomba le mercredi 5 août 1589, environ vers les trois heures après minuit, selon le rapport d'autopsie[4].

À l'ouverture du corps, on put se rendre compte du siège et de l'étendue de la blessure. C'était une

1. Nom anciennement donné au lavement : injection d'eau chargée ou non d'un médicament. (NdE)

2. *Les Derniers Propos de Henri de Valois à d'Espernon* (recueil personnel).

3. « Une fièvre continue l'empoigna avec une telle véhémence qu'elle lu y fit rendre les derniers soupirs. » *Le Martyre de Jacques Clément* (1589).

4. V. « Documents annexes ».

plaie pénétrante de l'abdomen, qui avait atteint l'iléon, « percé d'outre en outre ».

Le mésentère était également coupé en deux endroits, ainsi que les veines et artères mésaraïques : c'est cette dernière blessure qui avait provoqué, aussitôt le coup donné, l'abondante hémorragie externe dont nous avons parlé. Il s'était produit, en outre, une hémorragie interne : dans le péritoine furent trouvés de gros caillots en voie de putréfaction. La mort était inévitable à la suite d'un tel traumatisme et de ses graves complications.

Les viscères retirés, le corps du roi fut mis dans un coffre de plomb ; les entrailles furent placées dans un autre coffre du même métal. Particularité curieuse : le plomb qui servit à la confection des coffres fut emprunté aux tuyaux et bassins des fontaines de Saint-Cloud.

Le corps fut ensuite « porté et délaissé à Compiègne, pour être enterré à l'abbaye Sainct-Cornille[1] ». Il était resté exposé pendant quelques jours sur un lit de parade, selon la coutume en usage pour les rois de France.

Le jour même de la mort du Roi, le cadavre du moine Clément fut tiré à quatre chevaux et mis en quartiers, puis brûlé sur la place de l'église de Saint-Cloud, par les ordres du roi de Navarre, le futur Henri IV.

Clément était âgé de vingt-sept à vingt-huit ans[2], ou du moins il paraissait avoir cet âge, d'après ce que

1. *Discours aux François, loc. cit.* Le corps du roi fut laissé à Compiègne jusqu'en 1610, époque à laquelle il fut transporté à Saint-Denis.

2. Il était âgé seulement de vingt-deux à vingt-trois ans, d'après une autre relation du temps : *Discours véritable de l'estrange et*

nous rapporte le procureur général au Parlement, qui l'avait introduit auprès d'Henri. Il s'était présenté à ce magistrat de la part du fils de l'un des chirurgiens du roi, Portail, conseiller à la Cour, alors enfermé à la Bastille. Il avait fabriqué une fausse lettre, signée du nom de ce personnage et avait, par ce moyen, gagné la confiance du procureur La Guesle[1]. Celui-ci l'avait même logé chez lui.

La veille de l'assassinat, il soupa gaiement avec les gens du magistrat, et l'on fit plus tard la remarque qu'il avait taillé ses morceaux avec le couteau même qui devait être l'instrument du crime.

On a prétendu que Jacques Clément avait été poussé à commettre son acte par des influences diverses. Ignorant, grossier, de culture médiocre, et de plus, libertin et dévot à l'excès[2], il était tout préparé à recevoir les suggestions d'un entourage intéressé à détruire le roi.

On a supposé que son prieur, Bourgoin, lui avait fait absorber un breuvage « pour le faire rêver » et que, durant son sommeil, il lui avait fait entendre une voix[3], qui lui commandait de tuer le roi.

« Une nuit, écrit Palma Cayet, Jacques Clément étant dans son lit, Dieu lui envoya un ange en vision, lequel avec une grande lumière se présenta à lui et lui montra

---

subite mort de Henry de Valois, etc., *in* recueil précité.

1. *Lettre du procureur de la Guesle,* opuscule cité de notre collection personnelle. V. la lettre indiquée dans une précédente note.

2. J. Clément, la veille de son meurtre, dormait la tête sur une bible ouverte au chapitre de Judith. (Régis, *Les Régicides dans l'Histoire et dans le présent,* p. 77.)

3. *Le Martyre de Jacques Clément* (1589), recueil précité.

un glaive nud en lui disant ces mots : “Frère Jacques, je suis messager du Dieu tout-puissant, qui te viens accertener que par toi le tyran de France doit être mis à mort : pense donc à toi comme la couronne du martyr t'est aussi préparée”. Cela dit, l'ange disparut[1]. »

Mais les visions, qu'est-ce autre chose que des hallucinations et qu'est-il besoin, comme en a judicieusement fait la remarque le docteur Régis, d'invoquer la complicité du prieur Bourgoin ou de la duchesse de Montpensier, qui, au dire de certains, se serait prostituée à Clément, pour achever de le décider ?

Quoi qu'il en soit, le clergé presque tout entier glorifia bruyamment l'acte du moine assassin ; on osa même proposer de lui élever une statue dans l'église Notre-Dame ! Si, donc, le crime du moine régicide ne lui a pas été inspiré par les supérieurs de son ordre, parce qu'on n'inspire pas sa folie, ses hallucinations et son impulsion à un aliéné, ceux-ci n'ont pas caché, du moins, la joie qu'ils en éprouvaient[2].

Ce qui pourrait atténuer notre indignation à l'égard de l'acte commis par Jacques Clément, c'est que sa victime était aussi peu digne d'intérêt que possible.

Dans ses *Études sur la sélection,* Jacoby a buriné, en traits ineffaçables[3], la physionomie de ce prince sans caractère et sans dignité :

1. *Discours véritable de l'estrange mort de Henri de Valois.*

2. Docteur Régis, *op. cit.*

3. Le portrait que nous donnons, gravé par Thomas de Leu, a été exécuté par un des artistes de la Cour, probablement Jean de Court, son peintre ordinaire (renséignement communiqué par le regretté Henri Bouchot, en son vivant conservateur du département des estampes de la Bibliothèque nationale).

« Henri III, écrit ce savant psychopathe, est le type du caractère névropathique, tout de contradictions et d'extrêmes : brave et efféminé, esprit brillant et superficiel, rusé et insouciant, chevaleresque et assassin, dévot, incestueux et adonné à un vice infâme. »

Ce vice, c'est l'inversion sexuelle, décrite parfois sous le nom d'*uranisme* et sur lequel il nous répugne d'insister[1].

Aux yeux d'un moine fanatisé, débarrasser l'humanité d'un tel monstre était, certainement, faire œuvre pie.

1. *Cf.* RAFFALOVITCH, *Uranisme et unisexualité,* p. 41.

CATHERINE DE MÉDICIS

† Morte le 5 janvier 1589[1].

la même année que son fils Henri III, le jeudi 5 janvier, était morte la reine-mère Catherine de Médicis, au château de Blois. Elle était âgée de soixante et onze ans.

> Son corps, mis en l'église Saint-Sauveur [de Blois] dans un cercueil de plomb, en attendant que la France plus calme, on la puisse transporter à Saint-Denys. Vrai est que, n'ayant été bien embaumée [car la ville de Blois n'est fournie de drogues et épices pour cet effet], quelques jours après, commençant de mal sentir depuis l'appartement du Roy, on a été contraint de l'enterrer en pleine nuit, non dans une voûte, pour n'y en avoir aucune, mais en pleine terre, tant ainsi que le moindre de nous tous, et mêmement en un lieu de l'église où il n'y a aucune apparence qu'elle soit. Misérable certes est la condition humaine !… (PASQUIER, *Lettres*.)

1. Sur les maladies de Catherine de Médicis, v. un très curieux travail de H. BOUCHOT (*Chronique médicale,* 15 mars 1900).

DOCUMENTS ANNEXES

DOUBLE DE LA LETTRE ESCRIPTE PAR LE FEU ROY [HENRI III] DEUX HEURES APRÈS SA BLESSURE, A LA ROYNE, SON ÉPOUSE[1].

Mamye, après que mes ennemis ont veu que tous leurs artifices s'en alloyent dissipez par la grâce de Dieu et qu'il n'y avoit plus de salut pour eulx que en ma mort, sçachant bien le zèle et la dévotion que je porte à ma religion catholique, apostolique et romayne, et l'accès et libre audiance que je donne à tous religieux et gens d'église quand ils veulent parler à moy, ils ont pensé n'avoir poinct de plus beau moyen pour parvenir à leur malheureux desseing que soubz le voille et l'habit d'un religieux ; en ceste maudicte conspiration, viollant toutes les lois divines et humaynes et la foy qui doibt estre en l'habit d'un ecclésiastique.

Ce matin estant à mes affaires, et le sieur de Bellegarde seul en ma chambre, mon procureur-général m'a amené, par mon commandement, ung jeune jacobin qui disoit avoir lettres du premier président de ma court de parlement ; et à me dire quelque chose de sa part. Après m'avoir salué et baillé des lettres faulces dudict premier président, feignant avoir à me dire quelque chose de secret, j'ay faict retirer et ledit sieur de Bellegarde, et mon procureur-général : lors, ce méchant et malheureuz m'a donné ung coup de coutteau pensant me tuer ; mais Dieu qui est protecteur des roys et qui n'a pas voulu que son très-humble serviteur perdist la vie, soubz la

1. *Cabinet historique,* de L. Paris, *loc. cit.* C'est à Chenonceaux que Louise de Lorraine a dû recevoir cette missive : le château de Chenonceaux était, en effet, le séjour de prédilection de la reine.

révérence qu'il a portée à l'habit de ceux qui se disent vouez à son service, me l'a conservée par sa saincte grâce à Dieu, ce n'est rien et que j'espère dans peu de jours recouvrer ma santé, tant par le sentiment que j'en ay en moy mesme que par l'asseurance des médecins et chirurgiens qui m'ont pensé et recongneu n'y a voir aucun danger, dont j'ay bien voulu vous advertir aussitost, afin que vous ne soyez poinct en peine pour les bruictz que l'on pourra faire courir à contraire : *Priant Dieu vous avoir en sa sainte et digne garde et faict* au pont de Saint-Cloud, le premier jour d'aoust 1589[1]. *El au dessoubz est escript de la main du roi :* Mamye, j'espère que je me porteray très bien, priez Dieu pour moy et ne bougez de là. *(Avec ung pareil chiffre qui est celuy qu'il avoit accoustumé de mettre au bas des lettres qu'il écrivait à ladicte dame.)*

« L'original de cette lettre est demeuré ès mains de la royne, à laquelle a esté rendue seulement le 10e d'aoust 1590, ouverte par le sieur de Razelin, gentilhomme servant ladicte dame, qui suivant son commandement l'a retirée du sieur de… duquel elle avoit este baillée, incontinant, après le coup, pour la rendre et faire tenir à ladicte dame, ce que toutes fois il n'auroit fait que sur la poursuytte et recherche qu'elle en auroit tousiours depuis faict faire.

« Collationné à l'original, pour moy conseiller et secrétaire du roy.

Signé : MEGRET[2]. »

(Anc. f. fr. 8966, fol. 66.)

1. Les mots en italique, formule de chancellerie, sont biffés dans le manuscrit.

2. L'annotation et ce qui suit le *post scriptum* autographe sont de la main de Megret.

RAPPORT DU CORPS MORT DU TRÈS CHRESTIEN HENRI TROISIÈME, ROI DE FRANCE ET DE POLOGNE[1].

Nous soussignez, conseillers médecins et chirurrurgiens ordinaires du roy, certifions que, le jour d'hier, mercredi deuxiesme de ce présent mois d'aoust mil cinq cens quatre-vingt et neuf, environ les dix heures de nuict, suivant l'ordonnance de monsieur le grand prevost de France et hostel du roy, nous avons veu et diligemment visité le corps mort de deffunt de très heureuse mémoire et très chrestien Henri III, vivant roy de France et de Pologne, lequel estoit décédé le mesme jour environ les trois heures après minuit, à cause de la playe qu'il reçeut de la pointe d'un cousteau au ventre inférieur, au-dessous du nombril, partie dextre, le mardy précédent sur les huit à neuf heures du matin, et à raison des accidens qui survindrent à Sa Majesté très-chrestienne, tost et après icelle playe reçeuë, de laquelle et accidens susdits nous avons fait plus ample rapport à justice.

Et pour avoir très-ample cognoissance de la profondeur de ladite playe et des parties inférieures offencées, nous avons fait ouverture dudit ventre inférieur, nous avons trouvé une portion de l'intestin gresle, nommée *iléon,* percée d'outre, en outre, selon la largeur du cousteau, de la grandeur d'un pied, qui nous a été représenté saigneux plus de quatre doigts, revenant à l'endroit de la playe extérieure. Et profondant plus avant, ayant vuidé plus avant une très-grande quantité de sang espandu par ceste capacité, avec gros *thrombus* ou caillons de sang, nous avons aussi veu le

1. Extrait des *Œuvres de chirurgie,* de J. Guillemeau, 1649, in-f°.

mezentere percé en deux divers lieux, avec incision des veines et artères.

Toutes les parties nobles, les naturelles et animales, contenues en la poictrine, ventre inférieur et en la teste, estoient naturellement bien disposées et suivant l'aage bien tempérées et sans aucune lésion ny vice, excepté que toutes les susdites parties (comme aussi les veines et artères tant grosses que petites) estoient exsangues et vuides de sang, lequel estoit très-abondamment sorti hors par ces playes internes, principalement du mezentere, et retenu dedans ladite capacité, comme en lieu estrange et contre nature : à raison de quoi la mort de nécessité et en l'espace d'environ dix-huict heures, est advenue à Sa Majesté très-chrestienne, estant précédée de fréquentes foiblesses, douleurs extrêmes, suffocation, nausée, fièvre continuë, altération et soif intolérable, avec très grandes inquiétudes ; lesquelles indispositions commencèrent peu après le coup donné, et continuèrent ordinairement jusques au parfait et final sincope de la mort : laquelle poures raisons et accidents susdits, quelque diligence qu'on y eust peu apporter, estoit inévitable.

Faite sous nos seings manuels, au camp de Saint-Cloud, prez Paris, le jeudi matin troisiesme d'aoust mil cinq cens quatre-vingt-neuf.

Les médecins qui ont assisté :
LEFÈVRE, DORTOMAN, REGNARD, HÉROARD.
Les chirurgiens qui l'ont embaumé :
PORTAIL, LAVERNOT, D'AMBOISE, VAUDELON, LE GENDRE.

Le docteur Chaussier, en reproduisant ce rapport dans sa *Médecine légale,* l'accompagne des intéressantes réflexions qui suivent :

Dans le rapport de l'ouverture d'*Henri III,* on dit : *Nous avons trouvé une portion de l'intestin grêle, nommé iléon, percé d'outre en outre, selon la largeur du couteau de la grandeur d'un pied.* Cette tournure de phrase n'exprime point d'une manière assez précise la forme, l'étendue de la plaie de l'intestin, et laisse aux personnes qui ne connaissent point la structure des parties, l'idée que la plaie de l'intestin avait *grandeur d'un pied,* ce que certainement n'ont point voulu dire les auteurs du rapport ; mais il fallait éviter cette amphibologie ; dans un acte judiciaire, les objets doivent être exprimés de la manière la plus claire, la plus précise, et ne laisser aucune incertitude, même aux personnes étrangères à l'art[1].

---

1. CHAUSSIER, *Médecine légale,* etc., pp. 148-149.

HENRI IV

† Mort le 14 mai 1610 d'une plaie pénétrante du poumon gauche.

Le premier roi de la branche des Bourbons[1] ; fils d'Antoine de Bourbon et de Jeanne d'Albret.
Antoine de Bourbon fut tué d'un coup de feu au siège de Rouen ; on prétend qu'il fut atteint au moment où il satisfaisait à un besoin naturel[2].

Quant à *Jeanne d'Albret,* il semble bien qu'elle n'ait pas été, comme on l'a prétendu, victime d'un empoisonnement[3]. *Pleurésie* ou peut-être *pneumonie,* de nature tuberculeuse[4] : telle est, après examen critique des différentes versions, le diagnostic auquel nous nous sommes arrêté[5].

Henri IV était le deuxième fils de Jeanne d'Albret et d'Antoine de Bourbon.

---

1. Pour la filiation des Bourbons, voir Jacoby, *op. cit.,* pp. 397 et suiv., et Peignot, *op. cit.,* p. 195.

2. Au moment où il urinait dans la tranchée, dit Jacoby.

3. *Cf. Poisons et Sortilèges,* 3e édition, t. I, p. 283 et t. II pp. 48-54, 70-72.

4. C'est l'opinion du docteur Legué. (*Cf. Médecins et Empoisonneurs au dix-septième siècle.*)

5. Dans notre ouvrage, *Poisons et sortilèges, II,* 2° édition, p. 52.

Deux de ses frères étaient morts en bas âge : l'un *Henri,* duc de Beaumont, à l'âge de deux ans, par accident ; l'autre, *Louis-Charles,* comte de la Marche, mort au berceau, également par accident. Un troisième, *Charles,* mourut sans alliance.

La sœur d'Henri, *Catherine,* épousa Henri de Lorraine et mourut sans postérité.

Dès sa naissance[1], on peut dire que le jeune Henri annonçait qu'il serait un « gaillard ». De fait, il n'eut, pendant sa vie, à part quelques accès de goutte, qui le tourmentèrent de temps à autre[2], et une affection secrète dont nous avons ailleurs parlé[3], que des indispositions bénignes, pour lesquelles il prenait volontiers médecine[4], ayant peu de goût pour les autres drogues ou remèdes.

1. V. le récit de la naissance d'Henri IV et celle de Marie de Médicis dans les *Archives curieuses de l'Histoire de France,* par Cimber et Danjou, 1re série, t. XIV, et les *Pièces intéressantes,* etc., de La Place, t. I, pp. 326-362.

2. *Cf. Journal d'Héroard,* édition Eudore Soulié et de Barthélemy, t. I.

3. V. notre *Cabinet secret de l'Histoire,* 1re série, nouvelle édition.

4. Ainsi l'atteste cette curieuse lettre, écrite par Henri IV à Marie de Médicis, et dont nous avons trouvé le texte dans un catalogue d'autographes de Noël Charavay ; elle est datée de Châteauroux, 27 octobre (1605) : « Mon cœur, je pansoy courre hyer un serf, venant ycy, mais je me treuvé sy mal que je n'executé point ce desayn. *J'ay prins médecyne* aujourd'hui, qui me mène comme yl faut. Je partiré demayn pour aller à Vatan et samedy à la Mesonfort. J'envoye ce porteur vysyter Me. de Monpansyer et me réjouyr avec son mary et son oncle de leur fylle. Chaque jour que je passe me dure un syecle, pour l'anvye que j'ai de vous voyr. Yl n'y a rien de

Il aimait, pourtant, à s'entourer de médecins, et en faisait parfois venir de très loin[1] ; il avait confiance en eux, sans toujours suivre rigoureusement leurs prescriptions.

D'après les médicaments qu'il consomma, on peut présumer la nature des incommodités qui l'assaillirent. Il souffrit de l'estomac, pour lequel on lui recommandait l'usage de l'absinthe et de l'aloès. Il croyait à la vertu des eaux thermales – voire à l'efficacité des bains de mer[2] !

Il avait été blessé à Aumale[3], et se ressentit assez longtemps de cette blessure. Mais il se préoccupait moins des suites de cet accident, auquel il se savait exposé, que de sa gravelle ou de sa goutte. Encore mettait-il une certaine coquetterie à ne pas laisser paraître au dehors que cette dernière affection pût le rendre perclus et impotent[4].

On ne saurait donc prétendre qu'Henri IV jouissait d'une santé excellente, quand le poignard de Ravaillac vint brusquement interrompre le cours de sa vie.

---

nouveau. Bonjour mon cœur, je, te bese un mylyon de foys. » Avant d'aller voir ses maîtresses, il prenait également médecine, témoin ce curieux billet, adressé par le Vert-Galant à sa Gabrielle : « … Sy je me porte tant soyt peu bien je ne panderé poynt médecine demayn pour vous voyr. Je vous donne encore un mylyon de besers. H. » Ce billet a paru dans *Mes voyages aux environs de Paris*, par Delort, pp. 227-228.

1. De Lagrèze, *Henri IV* ; Germain, *Deux lettres inédites de Henri IV, concernant l'École de Montpellier*, etc. (V. « Documents annexes ».)

2. V. « Documents annexes ».

3. *Interméd. des Ch. et Curieux,* 1864, col. 149.

4. V. « Documents annexes ».

On a pu reconstituer de façon très précise le drame dans ses moindres péripéties[1].

Au coucher du soleil d'une des premières journées du mois de mai 1610, ayant vainement cherché un gîte dans la ville, toute obstruée alors par la foule des étrangers qu'attiraient les fêtes du sacre de la reine, Ravaillac arrivait vers la porte Saint-Honoré, à la hauteur du numéro 163 actuel.

Un peu avant les Quinze-Vingts, notre rue de Rohan actuelle, il s'arrêta et, tentant un dernier effort, il entra dans une hôtellerie, où l'on ne put le recevoir encore. Un couteau à lame large et pointue était sur une table ; il s'en saisit, au moment où la servante qui venait de lui parler se retournait, et il sortit.

Alors, pressant sous son vêtement l'arme dérobée, il franchit la porte et s'engagea dans le faubourg, tout peuplé de tavernes et de guinguettes s'accrochant au flanc de la butte Saint-Roch, que l'ouverture de l'avenue de l'Opéra a fait disparaître.

Il n'alla pas loin : sur l'emplacement du numéro 197, faisant face à l'hôtel Gaillon, que le portail de l'église Saint-Roch a remplacé, se trouvait un cabaret, d'apparence plutôt modeste : les Trois-Pigeons. Ravaillac y heurta et l'hôtelier le reçut.

Le 14 mai au matin, il en sortait, et, à quatre heures un quart, rue de la Ferronnerie, exactement

---

1. Nous empruntons le récit de l'assassinat à M. Edmond Beaurepaire, qui s'est montré en la circonstance historien très scrupuleux et très exact, ainsi que nous avons pu nous en assurer en puisant aux sources. L'article de M. Beaurepaire a paru dans le *Petit Bleu,* du 8 juin 1899.

en face le numéro 8, il frappait mortellement le vainqueur d'Arques et de Vitry[1].

Ravaillac s'était glissé près du carrosse sans être vu[2] et avait frappé le roi de deux coups de couteau[3].

Le premier coup, porté entre la deuxième et la troisième côte, n'avait pas pénétré. Dans le second, l'arme, passant obliquement entre la cinquième et la septième côte, avait traversé le poumon gauche et coupé « le tronc de l'artère véneuse à y mettre le petit doigt un peu au-dessous de l'oreille (oreillette) gauche du cœur[4] ».

L'assassin était âgé de trente ou trente-deux ans. Il n'était pas marié. Il avait été successivement *clerc* et *valet de chambre* d'un conseiller nommé Rosière, et devint ensuite *praticien, sollicitateur de procès* et *maître d'école*[5].

---

1. Bizarre coïncidence ! On sait que ce fut à la faveur d'un embarras de voitures, causé par l'étroitesse de la rue, que le fanatique put approcher du carrosse du roi. Or, le 14 mai 1554, cinquante-six ans avant, le même mois et le même jour, Henri II avait signé des lettres patentes ordonnant l'élargissement de la rue de la Ferronnerie ! Ce n'est pas à dire, assurément, que Ravaillac n'eût point fait son coup ailleurs, si la rue eût été élargie ; et cependant… qui sait ? (Edm. B.)

2. « Chose surprenante, dit Lestoile, nul des seigneurs qui étaient dans le carrosse n'a vu frapper le roi et si ce monstre d'enfer eut jeté son couteau, on n'eut su à qui s'en prendre ; mais il s'est tenu là comme pour se faire voir et pour se glorifier du plus grand des crimes. »

3. *Cf.* dans la *Chronique médicale,* 1er juin 1900, notre article sur les « Poignards historiques ».

4. V. dans « Documents annexes » le rapport de l'ouverture du corps d'Henri IV.

5. *Procès de Ravaillac* (1610), brochure de notre recueil factice

Comme Clément, c'était un halluciné[1], qui prétendait avoir des visions[2]. Il ne paraît pas avoir obéi à des suggestions étrangères : c'était, comme nous dirions aujourd'hui, un *solitaire.*

Il y avait plusieurs jours déjà qu'il cherchait à se mettre sur le passage du roi pour l'assassiner ; il a fallu un embarras de voitures, et un moment d'inattention du roi et des gentilshommes qui l'accompagnaient – le roi était en cet instant penché du côté du duc d'Épernon, le dos tourné à l'assassin – pour qu'il ait pu réussir son coup.

Henri IV pouvait s'attendre à succomber sous le poignard d'un assassin : il avait été l'objet de pas moins de dix-huit tentatives d'assassinat[3], sans

---

précité.

1. *Cf.* dans les *Archives curieuses,* etc., de Cimber et Danjou, t. XV, l'*Histoire de la mort déplorable de Henri IV,* par P. Mathieu.

2. *Idem,* pp. 115-116 et 128.

3. Le roi était prévenu qu'on en voulait à sa vie. Voici ce que nous trouvons rapporté dans les *Pièces intéressantes et peu connues,* de La Place (t. III, pp. 31-35) : « M. *Jean Durel* était médecin du cardinal *de Vendôme,* qui avait pour secrétaire le frère du même *Durel* qui depuis a été le président de *Cheverny. Durel* le médecin dit un jour chez ce cardinal, en parlant *de Henri IV,* qu'il falloit lui faire avaler *des Pillules Césariennes,* c'est-à-dire 23 coups de poignards, ainsi qu'autrefois César dans le Sénat. Ce qu'étant su et rapporté par *du Perron,* le roi depuis l'a fort haï, sans pourtant jamais lui faire de mal. Ce médecin voyoit quelquefois la Reine Marie de Médicis, quand elle étoit malade, laquelle se fioit fort en lui, à cause qu'il avoit grande réputation, et ayant fait, par ce moyen, prier le roi de lui donner la place de premier médecin, après la mort de M. de la Rivière, le roi répondit à ceux qui lui en parlèrent : « Dites à Durel, qu'il se contente que je le laisse vivre, et que

compter les complots[1].

On a voulu attribuer à Ravaillac une foule de complices : la maison d'Autriche, le duc d'Épernon, la marquise de Verneuil, Marie de Médicis, etc. La lecture des pièces du temps nous a permis de corroborer l'opinion que nous avons formulée quelques lignes plus haut, à savoir : que Ravaillac fut un fanatique, un mystique, sujet à des hallucinations, qui avait un projet peut-être généreux et logique, mais qui se transforma, par suite d'une auto-suggestion, en une obsession morbide, en manie homicide et impulsive.

Tel est, d'ailleurs, l'avis d'un historien qui a fait du règne d'Henri IV une étude approfondie. « Ravaillac, écrit M. Poirson, est le seul auteur de l'assassinat du roi ; il a seul conçu le forfait qu'il exécuta. Il appartient à cette race d'hommes, d'un esprit à la fois étroit et passionné, d'une raison malade, d'une âme atroce, chez lesquels la religion, la philosophie, la liberté se changent en poison, l'État et les lois, deviennent le principe de crimes capables de ruiner, de déshonorer leur pays et leur siècle. »

« On ne comprend Ravaillac, écrit de son côté J. Loiseleur, que si on le laisse dans sa sombre solitude, dans l'ardeur de son exaltation personnelle, en tête à tête avec ses visions, avec ses hallucinations, avec la trompette de guerre qu'il croyait sentir à sa bouche et les hosties qu'il voyait des deux côtés de sa face. De tels criminels n'ont ni guides ni confidents ; on ne les dirige pas par l'intérêt ; on ne les presse qu'en exaltant

---

je sais bien le mal qu'il a voulu me faire, il y a longtemps. »

1. Le docteur Régis a reconstitué la liste complète des assassins d'Henri IV. (*Op. cit.*, p. 76, n.)

leur aveugle fanatisme[1]. » Il s'est trouvé, néanmoins, des historiens pour déclarer que Ravaillac, en assassinant Henri IV, avait voulu venger l'honneur de sa sœur, que le roi avait « trompée et déshonorée ». C'est la thèse qu'a soutenue M. Marc Dufraisse[2].

> Je ne suis pas, dit-il, de l'école historique où l'on assigne les moindres origines aux plus grands événements. Toutefois, je ne puis m'empêcher de reconnaître que la guerre eut souvent de tristes causes. J'ai vu, disait Mirabeau, l'Europe incendiée pour le gant d'une duchesse trop tard ramassé. Si l'on en croit l'abbé de Saint-Pierre, la rivalité de Colbert et de Seignelay, son fils, contre les frères Louvois et Le Tellier, alluma la guerre de Hollande, en 1671. Tout le monde sait également que Henri IV, dans sa verte et galante vieillesse, tomba violemment amoureux de Henriette de Montmorency, et que, pour l'avoir à sa main, il maria la jeune personne, à la Cour, au prince de Condé. On sait que l'époux malappris résolut d'emmener sa femme hors de France. On sait encore que la fugitive fut longtemps poursuivie ou plutôt précédée sur la route, de relai en relai, par Henri le Grand, déguisé en postillon, avec un emplâtre sur l'œil gauche ; et qu'enfin sous prétexte de Julie de Clèves, les régiments de France partaient déjà pour la conquête de la dame, quand *le vieux satyre, ayant trompé et déshonoré une sœur de Ravaillac, cet exécrable vengeur de la sainteté de la famille arrêta d'un coup de couteau l'exécution d'un grand dessein…*

1. Poirson et Loiseleur, cités par Régis, *op. cit.*, pp. 86-87.
2. *Cf. Le Collaborateur des Érudits et des Curieux,* 15 janvier, 1896.

Malheureusement, M. Dufraisse ne nous indique pas ses références, et nous ne saurions faire état d'une simple assertion. Une hypothèse que rien ne justifie ne saurait ébranler la conviction que nous avons exprimée et qui nous est commune avec MM. Régis et Loiseleur, dont le sens critique et le solide jugement nous servent de garants.

Le corps d'Henri IV avait été, par les soins des gentilshommes de sa chambre, enfermé dans un cercueil de plomb, recouvert d'un autre cercueil en bois. Il resta dix-huit jours dans la chambre du Louvre ; après quoi, il fut descendu et porté dans la grande salle du Palais, et « mis dedans un chalit sous son effigie[1] ».

L'effigie resta exposée onze jours. Il en fut fait deux autres, qui furent vendues à de riches particuliers. Le musée Carnavalet s'est rendu possesseur de l'une d'elles, en 1899. L'autre se trouve au musée de Chantilly[2].

Le corps du roi et son effigie[3] furent transportés à Saint-Denis ; et la nuit qui suivit, l'effigie fut ôtée de dessus le cercueil.

Le 17 octobre 1793, les membres composant la municipalité de Franciade, *alias* Saint-Denis, ayant donné l'ordre d'exhumer les corps des rois et autres personnages qui avaient été inhumés dans l'abbaye, pour en extraire les plombs, les ouvriers mirent tout

1. *Funérailles de Henri* IV (1610) ; extrait du *Mercure françois,* t. I.

2. *Cf. L'Éclair* (de Paris), 5 juin 1899 et *Le Petit Bleu* (de Paris), 8 juin 1899.

3. Gilbert, *Description de Saint-Denis.* (V. « Documents annexes ».)

d'abord à découvert le corps de Turenne et aussitôt après celui d'Henri IV, tous deux en parfait état de conservation. Les traits du visage du roi étaient si peu altérés qu'il fut facile de mouler sur nature le plâtre, d'après lequel on a fait depuis tant de moulages[1].

Le corps d'Henri IV fut transporté de là dans le cimetière dit des Valois, puis jeté dans une grande fosse, sur un lit de chaux.

Le cadavre avait le crâne scié et contenait, à la place de la cervelle qui en avait été ôtée, de l'étoupe enduite d'une liqueur extraite d'aromates, qui répandait une odeur encore tellement forte qu'il était presque impossible de la supporter. Un soldat mû par un subit enthousiasme, se précipita sur le cadavre, et après l'avoir longuement contemplé coupa avec son sabre une longue mèche de la barbe et se l'appliqua sur la lèvre supérieure en s'écriant : « Maintenant, je suis sûr de vaincre les ennemis de la France, et je marche à la victoire[2] !… »

Cette moustache a sa légende, mais ce n'est pas le lieu de la rééditer[3]. Disons seulement que, depuis l'exhumation de 1793, elle s'est à ce point développée, qu'on compte aujourd'hui presque autant de moustaches du roi Henri que de cannes de Voltaire, ou de mâchoires inférieures de Molière[4].

1. *Mercure françois, loc. cit.*

2. D'après l'ouvrage de M. de Lagrèze, *Henri IV,* pp. 183 et suiv.

3. G. d'Heilly, *Extraction des cercueils royaux à Saint-Denis,* en 1793 ; Paris, Hachette, 1868.

4. Sur la destinée des masques et du crâne d'Henri IV, *cf. L'Intermédiaire des Chercheurs et Curieux,* 1874, pp. 127, 343, 369,

DOCUMENTS ANNEXES

LES MÉDECINS D'HENRI IV

Nous ne compterons pas ceux qui, du temps d'Henri IV, furent honorés du titre de premier médecin ou de médecin du roi, comme Nicolas DORTOMAN, Bonaventure de MÉDICIS (B. 2602)[1], Raphaël de TAILLEVIS (B. 2624), LA MEZIÈRE (B. 2300), etc.

Nicolas Dortoman était professeur de l'École de médecine de Montpellier. La chambre des comptes de Pau constate le payement fait à Laurent Dortoman de 11 000 écus dus à son père, Nicolas Dortoman, premier médecin du roi et professeur à la faculté de Montpellier (B. 174).

Le service médical de la maison du roi de Navarre était-il bien organisé ? Quand Henri fut malade à Pau, en 1582, au lieu de se contenter des médecins ordinaires, il fit venir de Lescar, petite ville voisine, un médecin nommé DUFRESNE, qui avait de la renommée, et il dut être satisfait de ses soins puisqu'il le paya 90 livres (B. 157).

L'état du roi parut un jour si grave qu'il fallut faire une consultation. On appela à Pau DUFRESNE de Lescar, BERTRAND de Bazas, et D'ESPAGNET de Bordeaux (B. 2682).

436, 534, 633 ; 1875, pp. 171, 681, 753 ; 1876, p. 306 ; 1879, p. 524 ; 1893, t. I, p. 402 ; sur l'exhumation, même recueil, 1893, t. I, p. 665 ; sur le cœur, v. *Souvenirs et Mémoires,* édités par Gougy, entre 1898 et 1900 ; l'article est intitulé « Le cœur d'Henri IV et la Révolution ».

1. Ces lettres et chiffres désignent les cotes d'archives du Béarn, consultées par M. de Lagrèze.

Henri aimait beaucoup certains de ses médecins, notamment le sieur de La Mezière. Il lui donna des gratifications diverses. En 1577, il lui accorda trente arpents de terre (B. 2300). Ces dons de terre faits à des médecins paraissent avoir été dans les usages des seigneurs du Béarn. La reine Jeanne avait eu à se louer, pour elle et pour son fils Henri, du sieur de CASAUX, qui recevait des états 60 écus comme médecin du pays (C. 682). Par lettres patentes de 1560, elle lui donna 63 journaux de terre dans le bois et *herms* à défricher. En 1563, la terre agrandie et défrichée fut ennoblie et la reine l'appela *Tout y croît* : quand elle le concéda, rien n'y croissait, mais tout y pouvait très bien croître.

Nous avons dit que si Henri avait à Pau des médecins, il aimait à en consulter d'autres. Il en faisait venir de loin, il en emmenait d'étrangers. En 1588, une somme est comptée à Daniel POULLET, chirurgien, pour accompagner le roi en Gascogne (B. 297).

Nous pourrions citer plusieurs noms de chirurgiens du roi. La chambre des comptes fournit la note de nombreux payements faits à des chirurgiens, à FERRAND 30 livres (B. 157), à TAUSIN 24 livres (B. 162), etc.

On distingue parfois le cas de guérison de celui de simples soins. Ainsi Nicolas FERRAND reçoit 10 écus *pour avoir soigné le roi (B.* 2624), et François MARTEL 1 200 écus *pour avoir guéri le roi* (172).

Comme l'on ne précise pas le nombre des visites, il serait difficile de dire combien elles étaient payées par le roi. Dans les fors de Béarn, revisés par l'aïeul d'Henri IV, nous trouvons la rubrique des *médecins et apothicaires* (p. 50, éd. de 1551).

L'article V est ainsi conçu : « Les médecins, quand ils sortiront de la ville où ils font leur demeure, auront par jour 9. s. morlàas, et la dépense en sus. En ville ils auront par visite un sou 8 deniers morlàas et *per veder la urina* 4 deniers morlàas. »

Il paraît qu'il en prenait des drogues, Henri IV ! Les apothicaires du roi sont souvent cités, et nous n'avons pas recueilli tous les noms.

Il y en a un qui portait un nom sinistre LONGUEMORT (B. 2. 175). ARNAUD de CASSOU recevait pour le service de la maison 24 écus (B. 232). Une somme de 1 200 livres fut payée à LALUIRE (B. 3414).

L'apothicairerie royale se trouvait au château même.

Après avoir parlé des apothicaires, disons un mot de *l'opérateur des dents*. C'était un chirurgien faisant partie du service médical de la maison du roi.

Nous trouvons qu'il a été alloué à l'argentier « 15 livres 15 sols pour un cautère d'or qu'il a fait faire pour cautériser les dents du roi, cautère pesant 5 écus, et la façon 15 sols lequel a été mis en mains de Me PIERRE, chirurgien » (B. 63).

Les remèdes pris par le roi sont constatés dans les comptes de l'apothicaire. Au premier aspect, et en n'examinant que le total, il nous avait paru que les remèdes étaient chers et que l'on en prenait en quantité. En vérifiant les articles un par un, nous avons vu que les friandises, mêlées aux médicaments, était très nombreuses et très coûteuses.

Les remèdes qu'Henri employait surtout, c'étaient la diète, les médecines et les eaux-chaudes. Comme le roi se rendait souvent malade pour avoir trop mangé, on le condamnait alors à la diète. Si la chambre des comptes fournit des détails sur ce qu'il mangeait, on ne s'attendait pas d'en trouver sur les jeûnes qu'il s'imposait, et cependant nous lisons qu'il a été payé à Étienne *Choine, boulanger, 50 livres pour 25 livres de biscuits fournis au roi pendant la diète que Sa Majesté a faite au mois d'avril 1583.*

À Pau, le roi de Navarre soignait sa santé ; il prenait du lait d'ânesse ; une ânesse noire avait été achetée pour lui donner du lait (B. 2.398). Il prenait des lavements laxatifs (à 20 sols pièce) (B. 47).

Dans ses lettres, il parle souvent de médecines dont l'usage lui était familier. Ainsi, dans une lettre (t. IV, p. 730), il dit : « J'ai pris aujourd'hui une médecine qui m'a tant affaibli qu'il n'est pas possible de plus. »

Nous n'entrerons pas dans l'examen de la nature des remèdes dont il avait l'habitude de faire usage. Il avait très souvent des douleurs d'estomac ; il prenait alors de l'absinthe (B. 48) ou de l'aloès (B. 71). Il est question aussi de remèdes secrets (B. 2.893). La chambre des comptes ne répugne devant aucun détail. Elle cite le raccommodage de la chaise percée (B. 126) ; l'achat d'un urinal (B. 109) ; le prix de la façon d'un pot de chambre d'argent (B. 64).

Le roi avait confiance dans la médecine et dans les médecins. Dans une de ses lettres (t. IV, p. 732), il dit qu'il veut se mettre entièrement dans les mains de son médecin. Il fit usage des bains de mer (B. 127), mais ce sont les eaux thermales qui lui plaisaient surtout. Elles ont des vertus merveilleuses pour la guérison des blessures et de la gravelle. Henri était atteint de cette dernière maladie et il fut aussi blessé en combattant.

Nous aurions d'amples matériaux dans le détail que fournit la chambre des comptes, pour faire l'histoire des maladies secrètes du grand roi ; mais nous n'aborderons pas ce sujet[1].

HENRI IV SUPERSTITIEUX

On s'étonnera peut-être[2] que, tranquille sur le trône depuis 1598, Henri IV ait laissé le corps de Henri III dans un si long oubli. Les chroniques du temps en donnent une singulière excuse : on aurait prédit à Henri IV qu'il serait enterré lui-même huit jours après Henri III !

La mort tragique d'Henri IV avait été précédée de circonstances surnaturelles, que connaissaient ses contemporains, mais qui ne sont pas restées dans la tradition. On crut plus tard qu'elle avait été présagée par la chute du mai planté devant le Louvre. D'après Pasquier, le diable apparut à Ravaillac et lui dit de frapper hardiment. Le petit homme rouge se montra pendant la nuit du 14 mai 1610, veille de l'assassinat d'Henri IV. (SÉBILLOT, *Le Folklore de France,* t. IV, 1907, p. 371.)

LA COQUETTERIE D'HENRI IV

Henri IV, dans une de ses lettres, parle d'une *fluxion au pied* dont il était incommodé , mais il n'était pas satisfait qu'on le peignît à la cour de Madrid comme impotent et perclus de goutte. Un jour que don Pedro de Tolède, ambassadeur d'Espagne, vint le visiter, « il le prit par la main et parlans seuls d'affaires, le roi cheminant à grands pas le long de ses galeries le tint cinq

1. Ce dont M. de Lagrèze a volontairement négligé de parler, nous en avons fait le sujet d'un de nos chapitres du *Cabinet secret de l'Histoire,* t. I (dernier tirage).

2. V. *Le Château de Compiègne,* par VATOUT, p. 306.

heures durant, jusqu'à ce qu'il reconnut que don Pedro n'en pouvait presque plus : alors il le licencia. »

Un autre jour, Mayenne qui, à la prière de Gabrielle d'Estrées, avait obtenu, pour lui comme pour sa famille, les conditions les plus avantageuses, vint trouver Henri IV au château de Monceaux. Il se jeta aux pieds d'Henri, qui l'embrassa, et lui fit faire une longue promenade dans le parc : feignant de ne pas s'apercevoir que sa marche vive et leste mettait au supplice le duc affligé d'une sciatique et chargé d'embonpoint, il lui montrait dans les plus grands détails les embellissements de cette maison de plaisance. Enfin, il dit à l'oreille à Sully : « Si je promène encore longtemps ce gros corps, me voilà vengé sans grande peine de tous les maux qu'il nous a faits, car c'est un homme mort. » Et se retournant vers le duc de Mayenne : « Avouez, mon cousin, lui dit-il en riant, que je vous ai un peu essouflé ; c'est là tout le mal et le déplaisir que vous recevrez jamais de moi. » Et ils soupèrent ensemble avec Gabrielle ; et Henri IV but le premier au duc de Mayenne.

RAPPORT DE L'OUVERTURE DU CORPS

Du roy deffunct Henry le Grand, IVe de ce nom, roy de France et de Navarre, qui a esté faite le quinziesme jour de may mil six cent dix, à quatre heures du soir. Ayant esté blessé le jour précédent d'un cousteau, estant dedans son carosse, dont il seroit décédé incontinent, après avoir dit quelques paroles et jetté du sang par la bouche[1].

1. Guillemeau. *Œuvres de chirurgie,* p. 855.

S'est trouvé par les médecins et chirurgiens soussignez ce qui s'ensuit :

Une playe au costé gauche, entre l'aisselle et la mammelle, sur la deux et troisième coste d'en haut, d'entrée, du travers d'un doigt, coulant sur le muscle pectoral, vers ladite mammelle, de la longueur de quatre doigts, sans pénétrer au dedans de la poictrine.

L'autre playe en plus bas lieu, entre la cinq et sixiesme coste, au milieu, du mesme costé, d'entrée de deux travers de doigts, pénétrant la poictrine, et perçant l'un des lobes du poulmon gauche, et de là couppant le tronc de l'artère véneuse (veine pulmonaire) à y mettre le petit doigt, un peu au-dessus de l'oreille gauche du cœur. De cet endroit, l'un et l'autre poulmon a tiré le sang, qu'il a jetté à flot par la bouche, et du surplus se sont tellement remplis, qu'ils s'en sont trouvé tous noirs, comme une ecchimose.

Il s'est trouvé aussi grande quantité de sang caillé en la cavité de ladite poictrine, et quelque peu au ventricule droict du cœur ; lequel ensemble les grands vaisseaux qui en sortent, estoient tous affaissez de l'évacuation ; et la veine cave, au droict du coup (fort près du cœur) a paru noircie de la contusion faite par la pointe du couteau ;

Par quoy tous ont jugé que cette playe estoit seule et nécessaire cause de la mort.

Toutes les autres parties du corps se sont trouvées fort entières et saines, comme tout le corps de très bonne température et de très-belle structure.

Fait à Paris les jour et an que dessus.

Médecins du roy :

A. Petit, A. Miron, De Lorme, Regnard,
Héroard, Le Maistre, Falaiseau, De Maierne,

Hubert, Le Mirrhe, Carré, Auberi, Yvelin, De Lorme le jeune, Hautin, Péna, Lusson, Séguin.

Chirurgiens du roy :

Martel, Pigrai, Guillemeau, Regnaud, Gardé, Philippes, Jarret, de la Noue, Joubard, Bérart, Bachelier, Robillard.

Voici les observations du médecin légiste Chaussier (*op. cit.,* p. 149), sur le rapport qu'on vient de lire :

Dans le rapport de l'ouverture d'Henri IV on dit : que *la veine cave a paru noircie de la contusion faite par la pointe du couteau.* Mais, dans un rapport judiciaire, tout doit être positif ; on doit dire ce qui est, ce qu'on a reconnu, constaté, et non pas seulement ce qui a *paru* : l'apparence ou un premier aperçu, si on s'y borne, peuvent conduire à l'erreur. On doit aussi désigner la forme, l'étendue de l'altération que l'on indique ; enfin, on doit toujours employer l'expression propre ; ainsi, dans le cas actuel, il ne fallait point dire : 1° que la veine cave *a paru noircie* ; 2° il fallait désigner l'étendue de cette *noirceur* ou couleur noire ; 3° enfin, il est certain que l'on a confondu la *contusion* avec l'*ecchymose.* La pointe d'un couteau qui ouvre une veine ne produit point une contusion ; mais le sang qui s'échappe d'une veine peut s'infiltrer dans les mailles du tissu lamineux qui l'environne, produire ainsi un *thrombus* plus ou moins gros, ou une *ecchymose* plus ou moins diffuse : ce qu'il faut bien distinguer, surtout dans quelques cas.

CE QU'ON ENTENDAIT PAR « L'EFFIGIE D'APRÈS LE VIF[1] »

Aussitôt après la mort du roi, on en prend le moule, pour obtenir l'*effigie d'après le vif ;* cette effigie préparée, on la place dans une salle richement parée ; la salle reste garnie de sièges et de plians couverts de drap d'or rayé, comme pour une réception : c'est là que se tiennent les prélats, les évêques, les courtisans et les officiers du service du feu roi, pour accompagner cette effigie ; on la tient sur un lit de parade, revêtue d'une couverture de drap d'or frisé traînant jusqu'à terre ; cette couverture est garnie d'une riche bordure de deux pieds de largeur, et composée d'hermine ; sous cette bordure est, pour la soutenir, une toile de Hollande de la plus grande beauté et qui dépasse d'un pied la bordure. L'effigie a d'abord une chemise de toile de Hollande, brodée en soie noire aux manches et au collet ; elle est revêtue ensuite d'une riche camisole de satin rouge, doublée de taffetas de même couleur, avec un passement d'or. La camisole dépasse, aux jambes et aux bras, une tunique qui la recouvre ; ce nouveau vêtement est de satin bleu azuré et semé de fleurs de lis ; les bords sont relevés par un passement d'or et d'argent de quatre doigts.

Par-dessus, enfin, est le manteau royal[2] de velours violet, semé de fleurs de lis, doublé de taffetas ; le collet du manteau, renversé d'environ un pied, est d'hermine ; la même fourrure garnit les paremens et la queue du manteau, qui a cinq aunes de longueur. Au manteau, sont attachés les cordons des ordres qui pendent ainsi

1. Ext. des *Recherches historiques sur les derniers jours des rois de France,* par BERTHEVIN.

2. Pour désigner sa couleur, Dutillet a dit : le velours est *violet cramoisi azuré.*

au cou de l'effigie : sur sa tête se trouve un petit bonnet de velours cramoisi foncé ; le tout est surmonté d'une couronne garnie et étincelante de pierreries. Les jambes reçoivent des bottines de toile d'or avec des semelles de satin rouge ; la tête de l'effigie repose sur un oreiller de velours rouge cramoisi, richement brodé en or. À droite est placé le sceptre du roi, à gauche la main de justice. Un dais forme le ciel du lit. Au chevet du lit, à droite, se trouve une chaise de drap d'or avec un carreau de même étoffe. Au pied du lit, sur deux escabelles, sont une croix d'argent et un bénitier aussi d'argent doré. Aux deux côtés des escabelles se tiennent, sur deux petits sièges, deux héraults chargés de présenter de l'eau bénite aux princes et à ceux qui sont admis à cet honneur.

Au fond de la salle est dressé, en face de l'effigie, un autel richement paré. Pendant les huit à dix jours que l'effigie reçoit les honneurs rendus à la mémoire du prince, on fait le service de la table comme si le prince était vivant. Aux heures accoutumées, le dîner et le souper sont apportés par les gentilshommes servans, l'huissier marche devant ; les officiers du gobelet couvrent la table des mets ordinaires ; ils font les révérences et les saluts accoutumés, comme du vivant du prince. La table est bénite par un aumônier ; les pages, les huissiers, les maîtres d'hôtel et tous les gens de service vaquent à leurs fonctions pendant à peu près le même temps que durait le repas du roi ; la présentation de la coupe, le changement de services, tout a lieu dans les mêmes intervalles ; l'on donne à laver. Le prélat ou l'aumônier de service dit ensuite les grâces ; après quoi il ajoute seulement le *De profundis* et l'oraison pour le repos de l'âme du roi. Après le repas, les vins et les viandes sont tous distribués aux pauvres.

Au bout de huit jours, on substitue le corps à l'effigie.

Les mêmes honneurs sont rendus à son effigie, comme ils, l'étaient au prince lui-même ; une cour nombreuse se range autour de l'effigie et les mêmes cérémonies retracent, pendant plusieurs jours, et prolongent, pour ainsi dire, la vie du prince.

La religion chrétienne, indulgente pour la faiblesse, a conservé quelques-uns des rites païens ; mais elle les a empreints de son sceau, pour leur ôter tout ce qu'ils avaient de profane : ainsi, dans cette circonstance imposante, on retrouve les cérémonies de l'apothéose, telles que l'historien Dion et Hérodien les ont décrites ; témoins oculaires de la déification de l'empereur Pertinax, ils nous apprennent comment son effigie, artistement préparée, était couchée sur un lit triomphal ; elle montrait le prince revêtu des habits et de tous les ornemens de la dignité impériale. Il semblait reposer, et, de peur de l'éveiller, un enfant, richement paré, chassait les mouches avec un éventail de plumes de paon. Pendant plusieurs jours, les médecins faisaient leur service accoutumé, tâtaient le pouls de l'effigie et rédigeaient un bulletin de santé. Les repas, les conseils se tenaient comme à l'ordinaire ; le prince était censé y participer.

Aux obsèques des rois François Ier et Henri II, le corps, *séparé de l'effigie,* fut placé dans le chariot d'armes, depuis appelé *corbillard.* Il ne s'agissait plus alors que de porter ou peut-être faire semblant de porter une effigie légère ; les gentilshommes de la chambre, ne voyant plus dans ce soin qu'un honneur sans travail, l'enlevèrent aux *hanouards,* et se présentèrent la sangle au col. Il paraît que, bien que marchant à pied, ils étaient enfermés dans la tenture, soit d'un chariot, soit tout autre ; car, selon Dutillet, « on ne leur voyoit que la tête et le haut des épaules. » Mais, à l'enterrement de Henri II, ses gentilshommes, se tenant aux côtés de l'effigie, soutenaient seulement avec les mains la couverture du drap d'or sur laquelle elle était couchée.

Le Parlement a toujours joui du privilège d'entourer seul, devant, derrière et sur les côtés, le corps et l'effigie, tant qu'ils ont été ensemble. Au décès de Charles VIII, les gentilshommes de sa maison et ses archers (gardes du corps) voulurent demeurer à l'entour du tombeau. Le grand-maître apaisa cette contestation, en faisant marcher les gentilshommes par devant et les archers par derrière.

À l'enterrement d'Henri II, les archers et leurs capitaines environnaient le corps. L'évêque de Paris et le grand aumônier précédaient l'effigie[1].

Il y avait à Saint-Denis, dans les armoires au-dessus de celles qui renfermaient les objets du trésor, les effigies de huit rois. Les visages, soigneusement moulés en cire au moment du décès, étaient adaptés à des mannequins couverts d'un manteau rouge semé de fleurs de lys d'or.

Les poêles et dépouilles des effigies des rois et des reines appartenaient aux abbés et religieux de Saint-Denis. Il revenait aux religieuses de la Saussaye, près de Villejuif, le linge de corps, les sceaux d'or et d'argent, les mulets, mules, palefrois, chevaux d'honneur, tant ceux qui avaient traîné le char des rois et reines que ceux qui avaient figuré à leurs obsèques, avec les harnais, colliers, selles, etc.

1. *Des Sépultures nationales,* par LEGRAND.

MARIE DE MÉDICIS

† Morte le 3 juillet 1642 d'une lésion organique du cœur.

Marie de Médicis était la fille du grand-duc de Toscane François de Médicis et de Jeanne d'Autriche. Après la dissolution de son premier mariage avec Marguerite de Valois, mariage resté stérile, Henri IV l'avait épousée à Lyon, le 10 décembre 1600.

Devenue régente à la mort du roi (1610), Marie de Médicis dut se constituer, selon l'usage, une *maison médicale.*

De ses médecins il n'en est guère que trois dont le nom ait survécu : Vautier, docteur de Montpellier, que Richelieu fit enfermer à la Bastille[1], pour le guérir de sa manie de cabale ; Riolan, dont les découvertes anatomiques font oublier les errements cliniques et thérapeutiques ; et Pietre, praticien fameux en son temps.

Vautier avait gagné la confiance de la reine mère en la guérissant d'un érysipèle. Quand celle-ci tomba malade en Belgique, le roi refusa de lui envoyer son médecin ordinaire, qu'il soupçonnait et avec raison

1. Il avait été d'abord emprisonné à Senlis ; plus tard, il fut transféré à la Bastille, dans le carrosse même de l'évêque de Senlis. Il resta dans cette prison jusqu'à la mort de Richelieu.

de conspirer contre sa politique et il lui substitua les médecins dont nous venons de rappeler les noms.

D'après le texte de la consultation retrouvée par le docteur Corlieu[1] et qui date du 15 juin 1633, l'auguste malade souffrait d'hémorroïdes, de migraines ; outre le foie, dur et douloureux, elle avait la rate augmentée de volume, les chevilles enflées, de la fièvre.

De la fièvre avec de l'hypertrophie de la rate, cela se concilierait assez avec l'idée d'une fièvre typhoïde, mais le tableau symptomatique est vraiment trop imparfait pour nous autoriser à porter un tel diagnostic[2].

Les médecins se hâtèrent de prescrire – c'était le bon temps de l'humorisme – saignées[3], purgatifs, lavements et bouillons rafraîchissants ; des demi-bains d'eau tiède ; des eaux de Pougues – déjà ! – et, pour augmenter l'action de ces eaux minérales, il était recommandé de les additionner de séné, « qui aura trempé toute la nuit en cinq ou six cuillerées d'eau froide assaisonnée de jus de citron ».

La malade devait prendre, en outre, de *l'eau d'acier,* un grand verre, le matin à jeun. Il lui était enfin conseillé de partir de Gand, l'air de cette ville étant particulièrement malsain et le palais où Sa Majesté était logée pouvant, par son humidité, entre-

1. Btbl. nat., Mss. F. fr., 10217, f°s 78 et suiv. (*Cf. Gazette des Hôpitaux,* 1900, p. 1390.)

2. Pour le docteur Masson *(La Sorcellerie et la Science des poisons au dix-septième siècle* ; Paris, 1904, p. 228), « il est probable que la reine-mère eut une attaque de rhumatisme articulaire aigu, à manifestation tibio-tarsienne ».

3. Elle avait été saignée cinq fois, tant des bras que du pied (Corlieu, *loc. cit.*).

tenir les « maladies scorbutiques » si fréquentes dans les Flandres. L'eau de Gand était, au surplus, reconnue par les consultants comme des plus malsaines, et c'était prétexte suffisant pour engager la reine à quitter sa résidence.

Le traitement dut faire son effet, puisqu'on n'entend pas parler de nouvelle maladie de la reine jusqu'en 1641.

Dès son arrivée à Cologne, vers la fin d'octobre, Marie de Médicis réclame à nouveau des soins médicaux. Riolan, qui n'avait pas sa confiance, mais que le roi lui avait imposé, se rend auprès d'elle au mois de janvier 1642. Il la trouve mal en point : la reine est tout enflée, c'est-à-dire *hydropique* ; elle a une fluxion oculaire (probablement de l'érysipèle de la face, auquel elle était sujette). Le 23 mai, il écrit à Paris que l'état de la malade s'aggrave et que « ce n'est plus qu'un squelette qui a toujours courte haleine[1] ».

Cette dyspnée s'explique : il y avait une mauvaise irrigation sanguine ; la circulation était gênée par suite de la compression des vaisseaux résultant de l'œdème abdominal.

D'où provenait cet œdème, cette hydropisie ; et, consécutivement, pouvons-nous déterminer la nature du mal qui devait, à quelques semaines de là, enlever la reine de ce monde ? Une affection du cœur expliquerait très bien cet œdème, cette ascite[2] ; mais n'anticipons pas.

---

1. V. dans la *Chronique médicale* (1905), p. 151, l'article intitulé « Riolan, agent secret de Richelieu ».
2. Épanchement liquidien intra-abdominal (NdE).

Les historiens ne se sont pas embarrassés pour si peu : *Marie de Médicis,* disent la plupart, *est morte de misère*[1].

Il en est de mieux informés : tel un des biographes de Marie de Médicis[2], qui n'a eu que le tort de ne pas nous indiquer la source de ses informations, ce à quoi nous essaierons de suppléer par un document inédit[3], que nous n'allons pas tarder à reproduire et à commenter.

Riolan avait vu juste quand il prononçait, dans les premiers jours du mois de juin, cette sentence : « Je répète le secret qu'elle ne passera cette année. » Cette année, il aurait pu dire ce mois, puisque Marie de Médicis succombait, jour pour jour exactement, un mois plus tard, le 3 juillet, en dépit des astrologues qui l'avaient rassurée sur son sort.

Le 25 juin [c'est la relation du biographe de la reine], elle avait été attaquée d'une grosse fièvre, accompagnée d'une soif ardente ; comme on remarqua le lendemain quelques rougeurs à son visage, on les prit pour un érisipèle ; mais le 1er juillet, la fièvre ne diminuant point et son agitation étant extrême, Riolan, son premier médecin, l'examina avec encore plus d'attention et s'aperçut de quelques taches noires à une de ses jambes. Il ne douta pas qu'elle n'eût la gangrène et désespéra dès lors de sa vie. Il crut

1. Ch. Barthélemy s'élève contre la légende, dans ses *Erreurs et Mensonges historiques,* t. VII, pp. 215 et suiv. Cela n'empêche qu'un écrivain moderne (Roca, *Règne de Richelieu,* I, 188), lui donne encore créance.

2. D'Arconville, *Marie de Médicis,* t. III.

3. Nous en devons la communication à M. Noël Charavay, dont on ne réclame jamais en vain le concours dans les recherches historiques.

devoir l'instruire de son état. Elle reçut cette nouvelle sans témoigner aucune émotion… Cependant la gangrène faisant des progrès très rapides, les médecins décidèrent qu'il fallait couper la jambe à cette princesse… Sur le soir, Marie se trouva un peu mieux et les médecins espérant qu'en enlevant la partie des chairs gangrenées, ils pourroient éviter l'amputation de la jambe, se déterminèrent à prendre ce parti. Les incisions qu'on lui fit parurent la soulager : elle souffrit moins pendant la nuit ; mais le lendemain elle sentit qu'elle s'affaiblissoit et voulut profiter du peu de moments qui lui restoient pour faire son testament[1]…

Désormais elle n'avait plus que quelques heures à vivre : elle succombait, le 3 juillet 1642, à midi et demi, âgée de soixante-neuf ans, deux mois et neuf jours[2].

Le récit que nous venons de reproduire de la dernière maladie de l'épouse d'Henri IV est exact, mais il est loin d'être complet.

C'est le 14 juin que la maladie, qui jusqu'alors avait suivi une évolution chronique, avait pris tout à coup une marche plus aiguë : il était survenu des sueurs nocturnes ; la sécrétion urinaire avait considérablement diminué ; par contre, il s'était établi un flux de ventre qui avait été plutôt salutaire.

Le 26, la fièvre renaissait, s'accompagnant de frissons « par tout le corps[3] », qui ne durèrent pas moins de trois heures.

---

1. D'Arconville, *loc. cit.,* pp. 497 et suiv.

2. Corlieu, *loc. cit.*

3. *Cf.* les « Documents annexes », que nous résumons ici et que nous discuterons ensuite.

La malade était très altérée, et les urines étaient de plus en plus rares, malgré les boissons abondantes, tisanes, limonades rafraîchissantes, qu'elle avait absorbées.

La respiration était devenue difficile ; il y avait de l'orthopnée. Dans la matinée suivante, la reine put dormir quelques heures, et la fièvre disparut. Mais les cuisses enflaient et le filtré rénal était toujours obstrué.

Dans la nuit du vendredi au samedi, elle se plaignit d'une douleur à la jambe gauche : une plaque érysipélateuse se montra bientôt à nouveau, mais disparut au bout de vingt-quatre heures. Elle reparut, plus étendue, à la cuisse du côté opposé et s'étendit à la jambe, jusqu'au pied. La fièvre et les étouffements revinrent les jours suivants ; puis il lui prit un grand tremblement, suivi d'un mouvement fébrile, et le pouls s'affaiblit progressivement.

Une saignée qu'on avait tentée ne donna aucun résultat ; on mit cet insuccès sur le compte de la maladresse du barbier qui, paraît-il, n'avait pas bien ouvert la veine.

Comme on ne perdait pas de vue un instant la malade, on aperçut, dès qu'elle se produisit, une première tache noire à la jambe droite. La tache ne fit dès lors que s'étendre ; des pustules naquirent tout autour. Les médecins appréhendaient la gangrène, sans oser y croire.

Trois « des plus célèbres et expérimentez chirurgiens de la ville de Cologne » sont alors appelés au chevet de la royale patiente et déclarent qu'il n'y a pas péril en la demeure et que ces sortes d'accidents sont fréquents dans ce pays, où l'érysipèle n'offre pas de gravité. Un mieux apparent semble leur donner un moment raison. Mais, bientôt, la malade a une évacuation abondante d'une « matière sanieuse avec de la boue et des morceaux de chair pourrie. » Durant cette évacuation, elle tombe en syncope, le pouls est de plus en plus bas, et l'on redoute une issue fatale.

Le jour suivant, elle rend par la bouche une matière « noire comme de l'encre ». Peu après, on lui faire boire deux cuillerées de vin blanc, étendu d'une quantité double d'eau ; elle se plaint qu'elle a « un feu dans l'estomac », et que le passage des liquides, aussi bien les bouillons que les tisanes, lui incendie le corps. C'est surtout au niveau de l'œsophage et dans l'intérieur de l'estomac qu'elle ressent la brûlure. Elle a une difficulté de plus en plus grande à avaler ce qu'on lui donne. Elle reste deux jours dans cet état, puis elle entre en agonie et meurt[1].

L'autopsie fournit quelques indications intéressantes[2].

Et d'abord, l'examen extérieur du corps permit de constater que la gangrène s'était généralisée et de la jambe droite avait gagné tout le dos, de la tête jusqu'aux fesses. De grands lambeaux d'épiderme se détachaient et le reste de la peau était « d'une très mauvaise couleur et fort jaune ».

Le cœur avait acquis le double de son volume : il était donc manifestement hypertrophié.

---

1. La légende veut que la chambre où la reine est morte soit celle-là même où Rubens était né, en 1577.

2. Après sa mort, son cœur fut porté à la Flèche, le 12 avril 1643 ; quant au corps, il était à Saint-Denis depuis le 8 mars précédent : seules les entrailles furent conservées à Cologne, dans la grande église Saint-Pierre. Le corps de Marie de Médicis fut exhumé le 14 octobre 1793, lors de la profanation des tombeaux de la basilique. (V. « Documents annexes ».)

La cavité abdominale était remplie d'un liquide sanieux et purulent.

Les intestins, le foie tombaient en pourriture ; de même, les reins, surtout le rein droit, étaient très atrophiés.

Le pancréas, le mésentère étaient également en voie de destruction.

« Le ventricule », lisez l'estomac, était dilaté et présentait à son intérieur « comme une excoriation universelle semblable aux aphtes ». N'oublions pas que la malade avait rejeté par la bouche « un liquide noir comme de l'encre » : elle avait donc eu une hématémèse[1]. Elle avait expulsé par la voie rectale une matière analogue.

Étant donnés l'âge de la malade, l'état de ses principaux organes, et aussi l'hydropisie résultant d'une compression que pouvait exercer une tumeur, on pourrait, au premier abord, pencher en faveur de l'hypothèse d'un *cancer,* ayant débuté par l'estomac ou l'intestin ; mais les symptômes auraient été plus nettement accusés : les hématémèses plus fréquentes, les douleurs plus vives, etc.

La *tuberculose* serait-elle plutôt en cause ? Cela ne nous paraît pas invraisemblable, d'après ce qu'on nous dit de l'état des poumons « complètement pourris ». Mais il s'agirait plutôt, en l'espèce, de tuberculisation secondaire.

Il ne semble pas douteux qu'une *péritonite* (l'abcès trouvé dans la cavité péritonéale et aussi les vomisse-

1. Rejet buccal de sang d'origine digestive, souvent au cours de vomissements (NdE).

ments noirs en sont l'indice) ait été l'accident terminal.

Mais comment étiqueter l'affection qui a donné naissance à ces divers symptômes ?

Pour le docteur Guillon[1], qui, toutefois, reconnaît que les documents sur lesquels il étaie son diagnostic sont insuffisants, Marie de Médicis a bien pu succomber à « une forme foudroyante de la *variole* ». Nous ne discuterons pas ce qui n'est qu'une hypothèse sans fondement, de l'aveu même de celui qui l'a émise.

Le docteur A. Masson[2], d'autre part, veut que Marie de Médicis ait été une *cardiaque* (en quoi nous sommes d'accord avec lui) ; mais il ajoute : « *empoisonnée,* pendant le cours d'une rechute, par des substances caustiques administrées par la bouche et, par conséquent, très probablement mélangées avec les aliments, les boissons ou les médicaments » ; ce qui signifie qu'une intoxication aurait hâté la fin d'une cardiopathe avérée.

Cette intoxication a-t-elle été accidentelle ou volontaire ? Volontaire, répond notre confrère, qui n'hésite pas à affirmer que la reine, appréhendant une terrible opération, a préféré mettre fin à ses jours en absorbant un poison à doses massives, « dont la formule absolument exacte ne peut être indiquée d'une façon précise ». Pour cause, nous permettons-nous d'ajouter, car de poison il n'en a

---

1. *La Mort de Louis XIII,* étude d'histoire médicale, d'après de nouveaux documents, par le docteur Paul Guillon (Paris, 1897), p. 63.
2. *Op. cit.,* ch. XIX.

existé que dans l'imagination de celui qui en a la trop fréquente obsession.

DOCUMENTS ANNEXES

RELATION INÉDITE DE LA DERNIÈRE MALADIE DE MARIE DE MÉDICIS[1]

La Royne s'estant bien portée deux mois et demi avec bon appétit et dormant assez bien à son ordinaire son corps se remplissant peu à peu et son naturel du visage luy estant revenu le 14 du mois de juin, elle a commencé à faire moins d'urine qu'à l'ordinaire et avoit des sueurs les nuitées qui la contraignoient de changer de chemise et de linge à la teste, elle estoit de jour eschauffée et beuvoit à ses repas plus qu'à l'ordinaire dimanche 22 elle eut un petit flux de ventre de sérosités qui continua la nuit et le lundy 23 qui fut cause qu'on ne luy donna point son médicament qu'elle avoit accoustumée de prendre tous les 15 jours et au lieu elle eut deux lavements détersifs. Jeudi matin 26 à huit heures la fiebvre reprit avec des petits frissons de douleurs par tout le corps, elle fut de la sorte près de 3 heures avant que d'entrer dans le chaud et en toute l'après dînée la fiebvre très forte et la nuit suivante

1. Ce manuscrit autographe n'est point signé, mais il est presque certain qu'il a été rédigé par un médecin ou écrit sous la dictée d'un homme de l'art, car il abonde en termes techniques. (*Cf.* sur le même sujet les ms français 10761, 16696 et 23061 de la Bibliothèque nationale, signalés par M. Louis Batiffol.)

eut la fiebvre, elle beut plus de 3 pintes à cause de la grande altération et rendu fort peu d'urine non obstant son breuvage fut limonade et ptisane avec cristal minéral elle avoit durant l'accès la courte haleine très grande ; vers le matin dormit quatre heures de suite et autant sur les huit heures ; la fiebvre estant passée et voyant l'abondance de sérosités qui s'estoient jettees sur ses cuisses qu'elle faisoit peu d'urine et que les eaues arrestées pouvoient croupir vers les poulmons qui lui augmentoient la difficulté de respirer nous luy donnames un petit hydragogue pour évacuer les eaux elle n'en vuida qu'une pinte, la nature faisant un mouvement contraire sur les jambes : la nuit du vendredy au samedy elle se plaignit d'une douleur à la jambe gauche et la regardant nous trouvâmes une eresipèle qui fut esteinte en vingt-quatre heures avec loxicrate et l'eau rose. Il luy revint une plus grose à la cuisse droite puis à la jambe jusques au pied qui a commencé dimanche au matin et s'est toujours augmentée ; elle eut la fiebvre dimanche au soir avec estouffement à cause de leresipele laquelle se passa lundy matin par deux grandes sueurs, nous voulumes saigner sa ma^{te}[1] à cause dudy eresipele et aussy pour soulager sa poitrine mais le chirurgien se trouvant malade avec la fiebvre ne peut la saigner. Mardy du grand matin luy prit un grand tremblement suivy de fiebvre et un petit poulx : on a tenté la saignée sur les 11 heures et n'est point venu de sang la vene n'estant pas bien ouverte à 1 heure du matin on a apperceu une petite noirceur à la jambe droite qui est fort accreue jusques à 10 heures ; la regardant à deux heures après midy elle s'estoit estendue à la largeur

1. Sa Majesté.

d'un patacon avec pustules qui separoient lepiderme ce qui nous a fait appréhender la gangrène. La dessus sont arrives meseigneurs les nonces qui ont disposé sa majesté à se confeser et communier et cependant avons appelé les trois plus célèbres et expérimentez chirurgiens de la ville de Cologne pour consulter sur ces accidents qu'ils ne jugent pas estre dangereus arrivant assez souvent aux érésipèles de ce pais, on y a fait des remèdes pour cette nuit et avons trouvé le matin 2 juillet à 5 heures l'épiderme emporté, la peau ulcérée et assez belle, les forces meilleures et semble que la nature se relève qui estoit hier tout à fait abbatue et par ses selles nous voyons un commencement de bonne coction dans les heumeurs. Si nous eussions peu la saigner nous leussions fait, ce que n'avons pas oublié aus autres maladies qu'elle a eues et depuis Pasques a este saignée deux fois fort copieusement pour un grand eresipele qui luy estoit venu au visage.

Mercredy environ sur le midy luy commença un flux de ventre de matière sanieuse avec de la boue et des morceaux de chair pouri et durant cette évacuation eut de très grandes foiblesses, refroidissement et perte de poux estant fort inquiétée d'esprit et de corps j'appréhendois qu'elle ne mourut subitement sur le soir la voiant revenir en chaleur et son poux descouvert nous luy donnames un clistère détersif et rafraîchissant nous avons continué avec la bonne nourriture et aposemes rafraîchissantes et cardiaques de la traiter desquelles elle se moquoit avec ses femmes de chambre disant puisque je suis réduite aux cardiaques les médecins n'ont plus de remèdes puissans pour me guérir, toute la nuit du mercredy elle fut fort inquiétée voulant sortir du lit et se roulant au pied du lit, se mettant à son séant puis se recouchant sur les orilliers elle vomit par 5 ou

6 fois de latrabile noire comme de lancre procèdent de son foyer et de saratte nous luy donnames contre son gré 2 cuillerées de petit vin blanc avec 4 cuillerées d'eau pour conforter et nettoyer son estomac car elle ne beuvoit jamais de vin, elle nous dit un peu après qu'elle avoit un feu dans l'estomac n'osant user de remèdes chauds comme d'élixir et autres cordiaux qui estoient tous prêts sur la table depuis que la gangrène parut : dès le midy se plaignit de toute la nourriture qu'on lui donoit, c. à d. bouillons jeus de veau gelées restaurants simples de chair sans conserves, etc., aromates lui blessoient l'estomac la ptisane et l'eau faite de chicorée et feuilles de fraisiers qu'elle beuvoit en santé lui causoient pareilles douleurs. De la nous jugeames que dans lestomac il y avoit excoriation par apltes [aphtes] comme il y avoit au fond de la gorge dans lœsophage qui luy causoit douleur et peine en avallant depuis 24 heures pendant 2 jours : son poux durant la violance des estouffements se perdit et devenoit froide aux mains et au voisinage puis la chaleur revenait son poux paroissoit ; jeudy au matin sur les 6 heures demanda le R. P. gardien des capucins pour fere confession générale et communia et receut ensuitte lextreme onction avec des grandes inquiétudes et estouffement et perdition de poulx.

Sur les 10 heures elle se tourna à la mort et a este dans l'agonie une bonne heure et demie sur le midy rendit son âme à Dieu, après la mort elle deuvin si changée qu'elle nestoit plus recognoissable.

Ce jourd'huy 4 de juillet à 4 heures de relevéés a este ouvert pour estre embaumé le corps de la Royne mère du Roy en sa chambre lequel estant exposé nous avons visité par les parties extérieures et avons trouvé la gangrène à la jambe droite ou estoit venue la noirceur et de grandes taches noires de la grandeur de la main en diverses parties de son corps et particulièrement depuis la moitié du dos jusques à la teste aux fesses, etc., lépiderme séparé de la largeur de la main et tout le reste de la peau d'une très mauvaise couleur fort jaulne.

Ayant fait une grande section cruciale depuis les clavicules jusques à los barré nous avons trouvé si peu qu'il y avoit de gresse toute jaulne comme saffran toutes les chers livides et pouries.

Le ventre ouvert nous avons trouvé 1 à 8 onces deau sanieuse tout au bas du vantre qui setoit escoulée den haut comme d'un abses rompu.

Lomentum estoit tout poury et presque consummé.

Tous les intestins de chaleur livide et comme pourris.

Le foye estoit fort grand tout poury et molasse de couleur verdastre avec des grandes pustules ou vessies pleines d'eau.

La ratte presque quarre, dassez bonne consistence et couleur, le vasbrene (?) fort gros et fort apparant dans l'estomac comme un tuyau de plume divisé en deux.

Les reins particulièrement le droit estoit plus petit et poury et sans pieres.

Le gauche estoit plus grand et de meilleure consistance.

Dans la vessie il n'y avoit rien.

La matrice estoit à son naturel.

Le pancreas mollasse et pourry.

Le mesentere verdastre et pourry.

Le ventricule fort ample et enflé en sa tunique intérieure qui représentait comme une excoriation universelle semblable aux aphtes et de fait se plaignoit d'une escorcheure au bas de la gorge 2 jours avant sa mort et 24 devant sa mort se plaignoit d'une douleur extrême à l'estomac particulièrement après avoir pris de la nourriture et ne se plaisoit qu'à boire de l'eau.

Remontant en haut de la poitrine ayant levé le sternon nous avons trouvé le cœur deux fois aussi grand qu'il doit estre naturellement pesant sur le diafragme qui lui causait la douleur et pesanteur au cartilage xiphoïde dans son ventricule droit et dans son oreille avons trouvé un grand morceau de graisse approchant du cartilage avec du sang noir comme de lancre du ventricule senestre qui estoit fort ample contre lordinaire en est sorty beaucoup deau et la circonférence de la orla [?] estoit osseuse comme un gros anneau dans les deux cavitez de la poitrine, il y avoit 5 à 6 onces d'eau et beaucoup dans le péricarde qui estoit cartilagineux du coste droit et aderant aux costes.

Les poulmons pourris et noirs comme de lancre et retirés tout en haut attachés aux costes et au dedans fort.

Venant à la teste nous avons trouvé le cerveau fort beau sa couleur et consistence sans eau sinon que le plexus choroïde estoit tout blanc et spongieux par pituite congrégée le cervelet estoit plus mol qu'il ne doit estre.

La moille espinière de bonne couleur et consistence ; en séparant la peau de toute lhabitude du corps pour enbaumer nous avons trouvé beaucoup deau entre la peau et les muscles.

RÉCIT DES OBSÈQUES DE LA REINE MÈRE FAITES À SAINT-DENIS[1]

La Reine ayant marqué par son testament qu'elle souhaitait d'estre inhumée dans l'église de Saint-

1. Document trouvé au dos d'une estampe de la collection Hennin et qui nous a été communiqué très obligeamment par le docteur Paul Guillon.

Denis auprès du feu Roy Henry IV, son Époux, Le Roy Loüis XIII son fils donna les ordres nécessaires pour transporter son corps d'Allemagne en France, ce qui ne fut pas si tost exécuté.

Cepandant les Religieux de Saint-Denis de leur propre mouvement célébrèrent un service solennel l'onzième d'Aoust pour cette princesse. Au mois de mars suivant son corps estant prest d'arriver à Saint-Denis, Dominique Séguier de Ligny Evesque de Meaux premier aumosnier du Roy fut envoyé de Sa Majesté pour régler les Cérémonies de la Réception. Le septième de mars il fit tendre de deuil la Chapelle de Saint-Eustache qui est dans la partie supérieure de l'église.

Le lendemain qui estoit un dimanche le convoy arriva près de Saint-Denis sur les trois heures après midy. L'evesque de Meaux qui avoit ordre de ne faire recevoir le corps que sur les sept heures du soir et sans beaucoup de solennité, fit rester le chariot hors la ville près de l'Eglise Saint-Remy. Sur les six heures le Clergé et la Justice de La Ville sortirent au devant du convoy : et environ cent pas hors de la porte de Saint-Remy, les Religieux de Saint-Denis tous en chappes, et un cierge à la main, receurent le Corps de la feüe Reine-Mère. L'officiant ne put s'empescher de se plaindre au sieur de Percy chef du Convoi, de ce qu'il ne se trouvait aucun Ecclésiastique pour présenter le corps selon la coutume, et pour attester que c'estoit celuy de la feue Reine Marie de Médicis, et qu'elle estoit décédée munie des derniers sacremens dans la communion de l'église Catholique.

Après les prières accoutumées, le Convoy accompagné d'environ cinquante flambeaux marcha vers l'église où le Corps fut mis d'abord dans le Chœur pendant que lon chanta les vêpres des morts ; et ensuite déposé dans la Chapelle de Saint-Eustache. Il y resta jusqu'au vingtiesme may sur une estrade environnée d'un balustre avec des cierges allumez à l'entour, après quoy le cercueil fut descendu dans le caveau des Bourbons, et posé a costé de celuy de Henry IV. Le vingt huitiesme d'Avril le cœur de la feüe Reine, qui avait esté apporté avec le corps, fut remis par ordre du Roy entre les mains des Jésuites pour le porter à La Flèche auprès de celuy du Roy Henry IV, leur fondateur.

L'on fit sur cette malheureuse princesse, le sonnet satirique qui suit en forme d'Epitaphe.

Le palais florentin me donna le berceau.
Le Louvre de Paris a veü briller ma gloire ;
Le nom de mon Epoux d'Immortelle mémoire
Est placé dans Le Ciel comme un Astre nouveau.

Pour gendres J'eus deux Rois, pour fils ce clair flambeau
Qui de mille rayons éclate dans l'histoire.
Entre tant de Grands Rois, se pourroit-il bien croire ?
Je suis morte en exil, Cologne est mon tombeau.

Cologne, œil des Citez de La terre Allemande,
Si jamais un passant curieux te demande
Le funeste Récit des maux que J'ay soufferts,

Dis, ce triste cercueil chétivement
Enserre La Reine dont le sang règne en tout L'univers,
Qui n'eut pas en Mourant un seul pouce de terre.

TABLE DES MATIÈRES

HARRAP'S

GRAMMAIRE ANGLAISE

HARRAP'S

Grammaire anglaise

HARRAP

21, rue du Montparnasse
75283 Paris Cedex 06, France

HARRAP's® est une marque de Larousse SAS
www.harrap.com

ISBN 978 2 81 870035 8

Directeur de projet : Georges Pilard
Avec : Nadia Cornuau, Alexandra Jaton
Direction éditoriale : Anna Stevenson
Prépresse : Nicolas Echallier
Maquette : Chambers Harrap Publishers Ltd, Edinburgh

Imprimé en Italie par LegoPrint
Dépôt légal : janvier 2009
306116-01/11013465 – janvier 2012

Préface

Cette grammaire anglaise a été conçue pour répondre aux besoins de ceux qui pratiquent et étudient l'anglais. Du débutant à l'utilisateur plus avancé, elle permet d'acquérir et/ou de réviser les mécanismes de la langue anglaise.

Les règles essentielles sont clairement expliquées et illustrées par de très nombreux exemples de la vie quotidienne. Un glossaire de termes grammaticaux de la page 9 à la page 16 permet de se repérer et de mieux comprendre les termes employés tout au long de l'ouvrage.

Cette nouvelle édition s'est enrichie d'un chapitre sur les expressions idiomatiques anglaises.

Cette grammaire de poche, très vivante et représentative de l'anglais d'aujourd'hui, est l'outil de référence idéal pour ceux qui recherchent un ouvrage pratique et accessible.

Abréviations dans le texte :

adj	adjectif
adv	adverbe
Am	anglais américain
Br	anglais britannique
Fam	familier
pl	pluriel
pron	pronom
sing	singulier

TABLE DES MATIÈRES

GLOSSAIRE DES TERMES GRAMMATICAUX

ABSTRAIT	Un nom abstrait est un nom qui ne désigne pas un objet physique ou une personne, mais une qualité ou un concept. *Bonheur*, *vie*, *longueur*, ou en anglais **kindness** (*gentillesse*), **love** (*amour*), etc. sont des exemples de noms abstraits.
ACTIF	La voix active (ou l'actif) correspond aux phrases dont le sujet est considéré comme agissant, par exemple *mon père lave la voiture*. Elle s'oppose à la forme passive : *la voiture est lavée par mon père*. Voir PASSIF.
ADJECTIF	Mot adjoint au nom pour le décrire ou le déterminer. Parmi les adjectifs, on distingue les adjectifs qualificatifs (*une petite maison*), les adjectifs démonstratifs (*cette maison*), les adjectifs possessifs (*ma maison*), etc.
ADJECTIF SUBSTANTIVÉ	C'est un adjectif employé comme nom. Par exemple les adjectifs *jeune*, *réel*, *virtuel*, etc. peuvent aussi s'employer comme noms : *les jeunes*, *le réel*, *le virtuel*. De même en anglais, **the blind** (*les aveugles*), **the homeless** (*les sans-abri*), etc.
ADVERBE	Les adverbes accompagnent le plus souvent un verbe pour ajouter une information supplémentaire en indiquant **comment** l'action est accomplie (adverbe de manière), **quand**, **où** et **avec quelle intensité** l'action est accomplie (adverbes de temps, de lieu et d'intensité), etc. Certains adverbes peuvent aussi s'employer avec un adjectif ou un autre adverbe (par exemple *une fille très mignonne*, *il y va trop souvent*).
ANTÉCÉDENT	Mot auquel renvoie un pronom. Par exemple, dans *je connais l'homme qui a fait ça*, *l'homme* est l'antécédent du pronom relatif *qui*.
APPOSITION	On dit qu'un mot ou une proposition est en apposition par rapport à un autre mot ou une autre proposition lorsque l'un ou l'autre est placé directement après le nom ou la proposition, sans y être relié par

	aucun mot (par exemple *M. Duclos, notre directeur, a téléphoné ce matin*).
ARTICLE DÉFINI	Les articles définis sont *le*, *la*, *les* en français. Ils correspondent tous à **the** en anglais.
ARTICLE INDÉFINI	Les articles indéfinis sont *un*, *une* (et *des* au pluriel) en français. Ils correspondent à **a** (ou **an** devant une voyelle ou un h muet) en anglais.
ASPECT	L'aspect correspond à la manière dont on envisage l'action exprimée par le verbe : dans sa durée, son déroulement, son achèvement, etc. On distingue en anglais l'aspect simple, l'aspect progressif (ou continu) et le "perfect". Voir FORME PROGRESSIVE et PERFECT.
ATTRIBUT	Nom ou, le plus souvent, adjectif, relié au sujet ou au complément d'objet par le verbe *être* ou un autre verbe d'état. Par exemple, I am **tired** (*je suis fatigué*), it seems **interesting** (*cela semble intéressant*). Voir aussi ÉPITHÈTE.
AUXILIAIRE	Les auxiliaires sont employés pour former les temps composés d'autres verbes, par exemple dans he **has** gone (*il est parti*), l'auxiliaire employé est **have** (et *être* en français). En anglais, on distingue les auxiliaires ordinaires (**have**, **be**, **do**) et les auxiliaires modaux (**can**, **could**, **may**, etc.). Voir MODAL.
CARDINAL	Les nombres cardinaux sont *un*, *deux*, *trois*, etc. Ils expriment la quantité. On les oppose aux nombres ordinaux. Voir ORDINAL.
COLLECTIF	Un collectif est un mot qui est au singulier mais qui désigne un groupe de gens ou de choses. Par exemple, **crowd** (*foule*), **flock** (*troupeau*) et **fleet** (*flotte*) sont des noms collectifs.
COMPARATIF	Le comparatif des adjectifs et des adverbes permet d'établir une comparaison entre deux personnes, deux choses ou deux actions. En français, on emploie *plus... que* (comparatif de supériorité), *moins... que* (comparatif d'infériorité) et *aussi... que* (comparatif d'égalité).
COMPLÉMENT D'OBJET DIRECT	Groupe nominal qui accompagne un verbe (= verbe transitif direct), sans préposition entre les deux. Par exemple, *j'ai rencontré un ami*. Les pronoms peuvent

aussi s'employer comme compléments d'objet direct : *je l'ai rencontré.*

COMPLÉMENT D'OBJET INDIRECT Groupe nominal ou pronom qui suit un verbe (= verbe transitif indirect), normalement séparé de ce dernier par une préposition (en général *à* en français) : *je parle à mon ami.* Vous noterez qu'en français comme en anglais, on omet souvent la préposition devant un pronom. Par exemple, dans *je lui ai envoyé un cadeau*, *lui* est l'équivalent de *à lui* : c'est le complément d'objet indirect. De même, him correspond à to him dans la phrase équivalente anglaise I sent him a present.

CONDITIONNEL Mode verbal employé pour exprimer ce que quelqu'un ferait ou ce qui arriverait si une condition était remplie, par exemple *il viendrait s'il le pouvait* ; *la chaise se serait cassée s'il s'était assis dessus.*

CONJONCTION Les conjonctions sont des mots qui relient deux mots ou propositions. On distingue les conjonctions de coordination, comme *et*, *ou*, *or*, et les conjonctions de subordination comme *parce que*, *après que*, *bien que*, qui introduisent une proposition subordonnée. Voir SUBORDONNÉE.

CONTINU Voir FORME PROGRESSIVE.

DÉMONSTRATIF Les adjectifs démonstratifs (*ce*, *cette*, *ces*, etc.) et les pronoms démonstratifs (*celui-ci*, *celui-là*, etc.) s'emploient pour désigner une personne ou un objet bien précis.

DÉNOMBRABLE Un nom est dénombrable s'il peut avoir un pluriel et si on peut l'employer avec un article indéfini. Par exemple house (*maison*), car (*voiture*), dog (*chien*). On les oppose aux noms indénombrables. Voir INDÉNOMBRABLE.

ÉPITHÈTE Adjectif ou nom qui n'est pas relié au nom par un verbe, par opposition à l'attribut. Par exemple, an interesting film (*un film intéressant*). Voir aussi ATTRIBUT.

FORME PROGRESSIVE La forme progressive (ou forme continue) d'un verbe exprime l'action dans sa durée. Elle se forme avec to be + participe présent : I am thinking (*je pense*), he has been writing all day (*il a passé la*

	journée à écrire), **will she be staying with us?** (*est-ce qu'elle va loger chez nous ?*).
GÉNITIF	Le génitif anglais (ou cas possessif) permet d'exprimer l'appartenance ou la dépendance. Il se forme avec **'s** après un nom singulier (**my father's car**, *la voiture de mon père*) et simplement avec l'apostrophe après un nom pluriel (**my parents' car**, *la voiture de mes parents*).
GÉRONDIF	Le gérondif anglais est une forme verbale ayant une fonction nominale. On l'appelle aussi "verbe substantivé". Il se forme en ajoutant la terminaison **-ing** au radical du verbe. Par exemple, **skiing is fun** (*c'est amusant de faire du ski*). Il peut aussi être précédé d'une préposition : **I'm fed up with waiting** (*j'en ai assez d'attendre*). Attention à ne pas le confondre avec le participe présent anglais qui se forme de la même manière.
IDIOMATIQUE	Se dit d'un emploi ou d'une expression propres à une langue donnée et qui ne peuvent donc pas se traduire mot à mot dans une autre langue. Par exemple, **he thinks he's the cat's whiskers** correspond en français à *il se croit sorti de la cuisse de Jupiter.*
IMPÉRATIF	Mode qui permet d'exprimer un ordre (*va-t'en, tais-toi !*) ou de faire des suggestions (*allons-y*).
INDÉFINI	Les pronoms et les adjectifs indéfinis sont des mots qui ne se rapportent pas à des personnes ou des choses précises (par exemple *chaque, quelqu'un*, etc.).
INDÉNOMBRABLE	Les indénombrables sont des noms qui n'ont pas de pluriel et ne peuvent normalement pas être précédés de l'article indéfini ou d'un adjectif cardinal. Par exemple *le beurre, la paresse* en français, et **advice** (*conseil*), **travel** (*voyage*) en anglais. On les oppose aux noms dénombrables. Voir DÉNOMBRABLE.
INDICATIF	Mode qui permet de décrire l'action ou l'état de ma-nière neutre : *j'aime, il est venu, nous essayons.* Il s'oppose au subjonctif, au conditionnel et à l'impératif.
INFINITIF	Forme de base du verbe qui ne porte pas d'indication de personne et qui, en anglais, peut être précédée ou

	non de **to**. Le verbe à l'infinitif employé sans **to** s'appelle le "radical". Par exemple, **to eat** ou **eat** (*manger*).
INTERROGATIF	Les pronoms interrogatifs sont employés pour formuler une question. Il peut s'agir d'une question directe (*quand arriveras-tu* ?) ou d'une question indirecte (*je ne sais pas quand il arrivera*). Voir QUESTION.
INTRANSITIF	Se dit d'un verbe qui n'a pas de complément d'objet et dont l'action se limite au sujet, par opposition à un verbe transitif. Par exemple, *marcher* est un verbe intransitif. Voir TRANSITIF.
MODAL	Les auxiliaires modaux permettent de modifier un verbe en exprimant différentes notions : la capacité, la possibilité, l'obligation, etc. Les auxiliaires modaux anglais sont **can/could**, **may/might**, **must/had to**, **shall/should**, **will/would**, **ought to**. On trouve aussi les "semi-auxiliaires" : **used to**, **dare** et **need**.
MODE	Le mode représente l'attitude du sujet parlant vis-à-vis de l'action dont il est question dans la phrase. Voir aussi INDICATIF, SUBJONCTIF, CONDITIONNEL, IMPÉRATIF.
NOM	Un nom (ou substantif) est un mot qui sert à désigner une chose, un être animé, un lieu ou des idées abstraites. Par exemple *passeport*, *chat*, *magasin*, *vie*. On distingue aussi les dénombrables, les indénombrables et les collectifs. Voir DÉNOMBRABLE, INDÉNOMBRABLE et COLLECTIF.
NOM COMPOSÉ	Nom formé de deux mots distincts ou plus, comme *ouvre-boîte* en français, ou **table napkins** (*serviettes de table*) et **mother-in-law** (*belle-mère*) en anglais.
NOMBRE	Le nombre d'un nom indique si celui-ci est **singulier** ou **pluriel**. Un nom singulier fait référence à une seule chose ou à une seule personne (*train*, *garçon*), et un nom pluriel à plusieurs (*trains*, *garçons*).
OBJET DIRECT	Voir COMPLÉMENT.
OBJET INDIRECT	Voir COMPLÉMENT.
ORDINAL	Les nombres ordinaux sont *premier*, *deuxième*, *troisième*, etc. Ils expriment l'ordre, le classement. On les oppose aux nombres cardinaux. Voir CARDINAL.

PARTICIPE PASSÉ	Forme verbale qui se place après l'auxiliaire pour former les temps composés (*il a mangé, ils sont arrivés*) ou la voix passive (*la maison vient d'être vendue*). Le participe passé anglais se forme en ajoutant la terminaison -d ou -ed au radical (participes passés réguliers) et s'emploie après l'auxiliaire have, pour former le "perfect" et après l'auxiliaire be dans les phrases au passif. Voir PASSIF et PERFECT. Pour la liste des participes passés irréguliers, voir p. 205.
PARTICIPE PRÉSENT	Le participe présent en anglais est la forme verbale qui se termine en -ing. Il permet par exemple d'exprimer la manière : they went running out of the house (*ils sont partis de la maison en courant*). Il sert aussi à former l'aspect progressif. Voir FORME PROGRESSIVE.
PARTITIF	En français, l'article partitif *de* (ou *du, de la*) permet de désigner une partie par rapport à un tout qu'on ne peut pas dénombrer. Par exemple, *j'ai de l'argent, il nous faut du bois*, etc.
PASSIF	Un verbe est au passif ou à la voix passive lorsque le sujet n'accomplit pas l'action mais la subit. En français, le passif se forme avec le verbe être + participe passé, par exemple, *il est aimé, les tickets sont vendus à l'entrée*, etc. En anglais, la voix passive se forme avec le verbe to be + participe passé, par exemple he was rewarded (*il fut récompensé*). Voir ACTIF.
PAST PERFECT	Voir PERFECT.
PERFECT	C'est l'aspect qui permet d'exprimer une action accomplie dans le passé ayant des conséquences au moment de l'énonciation ou une action commencée dans le passé et qui se poursuit dans le présent. Il se forme avec to have + participe passé. On distingue le "present perfect", comme dans I have arrived (*je suis arrivé*) ou I have seen (*j'ai vu*), et le "past perfect" (ou "pluperfect") comme dans I had arrived (*j'étais arrivé*) ou I had seen (*j'avais vu*).
PLUPERFECT	Voir PERFECT.
POSSESSIF	Les adjectifs et pronoms possessifs s'emploient pour indiquer la possession ou l'appartenance. Ce sont des mots comme *mon/le mien, notre/le nôtre*, etc.

PRÉPOSITION	Les prépositions introduisent le complément d'un nom, d'un verbe, d'un adjectif ou d'un adverbe. Ce sont des mots tels que *avec*, *dans*, *vers*, *à*. Ils sont normalement suivis d'un nom ou d'un pronom.
PRESENT PERFECT	Voir PERFECT.
PRINCIPALE	Au sein d'une phrase, la proposition principale est celle dont dépendent les autres propositions (dites subordonnées). Par exemple *il a dit* dans *il a dit qu'il viendrait*. Voir SUBORDONNÉE.
PRONOM	Mot qui remplace un nom. Les principales catégories de pronoms sont les : * pronoms personnels (*je*, *me*, *moi*, *tu*, *te*, *toi*, etc.) * pronoms démonstratifs (*celui-ci*, *celui-là*, etc.) * pronoms relatifs (*qui*, *que*, etc.) * pronoms interrogatifs (*qui ?*, *quoi ?*, *lequel ?*, etc.) * pronoms possessifs (*le mien*, *le tien*, etc.) * pronoms réfléchis (*me*, *te*, *se*, etc.) * pronoms indéfinis (*quelque chose*, *tout*, etc.)
PROPOSITION	Une proposition est un groupe de mots qui contient au moins un sujet et un verbe : *il chante* est une proposition. Une phrase peut être composée de plusieurs propositions : *il chante* | *quand il prend sa douche* | *et qu'il est content.*
QUESTION	Il existe deux types de questions : les questions au style **direct**, qui sont retranscrites telles qu'elles ont été posées, avec un point d'interrogation (par exemple, *quand viendra-t-il ?*) ; les questions au style **indirect**, qui sont introduites par une proposition et ne nécessitent pas de point d'interrogation (par exemple, *je me demande quand il viendra*).
RADICAL	Voir INFINITIF.
RÉFLÉCHI	Les verbes réfléchis "renvoient" l'action sur le sujet (par exemple *je me suis habillé*). En anglais, on emploie les pronoms réfléchis myself, yourself, etc. : enjoy yourself (*amuse-toi bien*). Les verbes réfléchis sont moins nombreux en anglais qu'en français.
SUBJONCTIF	Mode employé pour exprimer un souhait, un doute ou une possibilité, etc. Par exemple, le verbe *venir*

	est au subjonctif dans la phrase *il se peut qu'il vienne*. En anglais, on le trouve notamment dans les propositions conditionnelles (**if I were you, I would tell him** *si j'étais toi, je lui dirais*) mais de manière générale, son emploi n'est pas très courant.
SUBORDONNÉE	Au sein d'une phrase, la subordonnée est une proposition qui dépend de la proposition principale. Sans cette dernière, la subordonnée ne formerait pas une phrase complète du point de vue syntaxique. Par exemple, dans *il a dit qu'il viendrait*, *qu'il viendrait* est la proposition subordonnée.
SUBSTANTIF	Voir NOM.
SUPERLATIF	C'est le degré le plus élevé de la comparaison. On distingue d'une part le superlatif relatif qui se construit en français avec *le plus...*, *le moins...*, et d'autre part le superlatif absolu (*très sympathique*).
TEMPS COMPOSÉ	Les temps composés sont des temps verbaux formés de plus d'un élément. En anglais, ils se forment avec l'**auxiliaire + participe présent** ou **passé** du verbe conjugué. Par exemple **I am reading** (*je suis en train de lire*), **he has gone** (*il est parti*).
TRANSITIF	Se dit d'un verbe qui se construit avec un complément d'objet. Les verbes transitifs s'opposent aux verbes intransitifs. Les verbes transitifs directs régissent leur complément (complément d'objet direct) sans intermédiaire ; c'est le cas de *manger*. Les verbes transitifs indirects régissent leur complément (complément d'objet indirect) par l'intermédiaire d'une préposition ; par exemple, *parler à*. Voir INTRANSITIF.
VERBE COMPOSÉ	Les verbes composés anglais ou verbes à particules (en anglais "phrasal verbs") sont des verbes dont le sens n'équivaut pas forcément à la somme du sens des deux éléments qui les composent. Par exemple, **run up** peut avoir le sens de "monter en courant" ou de "laisser s'accumuler" (**I've run up a huge overdraft** *j'ai un découvert énorme*). Les verbes composés forment donc un tout ; la particule est indispensable, elle permet de modifier le sens du verbe principal.

1 LES ARTICLES

A LES FORMES

a) L'article indéfini "un/une" se traduit par **a** devant une consonne et **an** devant une voyelle :

a cat	*un chat*	**an** owl	*une chouette*
a dog	*un chien*	**an** umbrella	*un parapluie*

Il est cependant important de se souvenir que l'on emploie **a/an** selon que l'initiale du mot qui suit se prononce comme une voyelle ou non. Ainsi, le "h" muet des trois mots suivants (ainsi que ceux de la même famille) est précédé de **an** :

an hour ['aʊə(r)]	*une heure*
an heir [eə(r)]	*un héritier*
an honest man ['ɒnɪst]	*un honnête homme*

Il en est de même pour les abréviations commençant phonétiquement par une voyelle :

an MP ['em'piː]	*un député*

En revanche, la diphtongue se prononçant "iou" et qui s'écrit "eu" ou "u" est précédée de **a** :

a university ['juːnɪ'vɜːsətɪ]	*une université*
a eucalyptus tree ['juːkə'lɪptəs]	*un eucalyptus*
a union ['juːnjən]	*un syndicat*

Avec le mot **hotel**, on peut employer **a** ou **an**, bien qu'à l'oral on préfère l'emploi de **a**. Les deux formes de l'article indéfini sont également possibles devant les adjectifs **historic** et **historical**, même si à l'écrit ou dans un style littéraire on dira plutôt **an historic**.

b) L'article défini "le", "la", "les" se traduit toujours par **the** :

the cat	*le chat*
the owl	*la chouette*
the holidays	*les vacances*

On peut prononcer le **e** de **the** un peu comme un "i" français lorsque le mot qui suit commence phonétiquement par une voyelle (voir a) ci-dessus), comme pour the owl, ou lorsqu'il est accentué :

he's definitely the man for the job
voilà vraiment l'homme qu'il faut pour ce travail

B LA POSITION DE L'ARTICLE

L'article précède le nom et tout adjectif (avec ou sans adverbe) placé devant un nom :

a good book/the good book
un bon livre/le bon livre

a very good book/the very good book
un très bon livre/le très bon livre

Cependant all et both précèdent l'article défini :

they drank all the wine
ils ont bu tout le vin

both the men (= both men) were guilty
les deux hommes étaient tous les deux coupables

L'adverbe rather peut se placer avant ou après l'article, sans qu'il y ait de différence de sens :

it was rather a good play/a rather good play
c'était une assez bonne pièce

that was a rather unfortunate remark/rather an unfortunate remark
c'était une remarque plutôt malencontreuse

À la différence de rather, l'adverbe quite ne signifie pas la même chose lorsqu'il est placé avant ou après l'article. Il a le même sens que rather (*assez*) quand il précède l'article, mais il signifie "complètement", "tout à fait", quand il se trouve entre l'article et l'adjectif. Comparez :

it was quite a good play
c'était une assez bonne pièce

that would be a quite useless task
ce serait une tâche tout à fait inutile

Les adverbes too, so et as précèdent l'adjectif et l'article indéfini. On a donc la construction too/so/as + adjectif + article + nom :

if that is not too great a favour to ask
si ce n'est pas trop vous demander

never have I seen so boring a film
je n'ai jamais vu de film aussi ennuyeux

I have never seen as fine an actor as Olivier
je n'ai jamais vu d'acteur aussi bon qu'Olivier

On peut aussi trouver many a (*plus d'un*), such a (*un tel*) et what a (*quel !*) :

many a man would do the same
plus d'un homme ferait la même chose

she's such a fool
elle est tellement idiote

what a joke!
quelle blague !

Remarquez qu'avec such l'adjectif suit l'article indéfini, tandis qu'avec so il le précède (voir aussi ci-dessus) :

I have never seen such a beautiful painting
je n'ai jamais vu une peinture aussi belle

I have never seen so beautiful a painting
je n'ai jamais vu une peinture aussi belle

Half (*la moitié de*) aussi précède en général l'article :

half the world knows about this
presque tout le monde est au courant

I'll be back in half an hour
je reviens dans une demi-heure

Lorsque half fait partie d'un nom composé (half-bottle, half-brother, etc.), l'article se place bien sûr en premier :

why don't you buy just a half-bottle of rum?
pourquoi tu n'achètes pas simplement une demi-bouteille de rhum ?

Comparez avec :

he drank half a bottle of rum
il a bu la moitié d'une bouteille de rhum

C L'EMPLOI DES ARTICLES

1 L'article indéfini (a, an)

L'article indéfini ne s'emploie normalement que pour les noms dénombrables, bien que la distinction "dénombrable/indénombrable" ne soit pas toujours évidente, comme nous le verrons p. 32.

a) Devant un nom générique, pour faire référence à une catégorie ou à une espèce :

a mouse is smaller than **a** rat
une souris est plus petite qu'un rat

A mouse et **a rat** représentent les souris et les rats en général. Avec une légère différence de sens, l'article défini peut aussi s'employer devant un terme générique. Voir p. 22.

Remarquez que le terme générique **man** représentant l'humanité (à la différence de **a man** = "un homme", "une personne de sexe masculin") ne prend pas d'article :

this could be considered **man**'s greatest achievement
on pourrait considérer ça comme le plus grand exploit de l'homme

b) Avec des noms attributs du sujet ou dans des appositions, ou bien après **as** (en particulier avec des noms de métiers, à la différence du français) :

he is **a** hairdresser
il est coiffeur

she has become **a** Member of Parliament
elle est devenue députée

John McIntyre, **a** journalist with over twenty years' experience, seems the best candidate for the job
John McIntyre, journaliste ayant plus de vingt ans d'expérience, semble être le meilleur candidat pour ce travail

her brother, **a** retired police officer, was able to give her advice on making her home more secure
son frère, policier à la retraite, a pu la conseiller sur la manière de rendre sa maison plus sûre

he used to work as **a** skipper
il travaillait comme capitaine

L'article indéfini s'emploie lorsque le nom fait partie d'un groupe. S'il n'y a pas d'appartenance à un groupe, on omet l'article, comme dans l'exemple suivant, où la personne mentionnée est unique :

she is now Duchess of York
elle est maintenant duchesse d'York

Professor Draper, head of the English department
le professeur Draper, chef du département d'anglais

Si on a une liste de mots en apposition, on peut omettre l'article :

Olivia Ford, actress, charity worker and campaigner, died yesterday after a long illness
Olivia Ford, actrice, bénévole et militante, est morte hier après une longue maladie

Mais on emploiera l'article défini the pour une personne célèbre (ou pour distinguer deux personnes ayant le même nom) :

Nicole Kidman, the actress
Nicole Kidman, l'actrice

c) Comme préposition :

L'article indéfini peut s'employer dans le sens de "par", comme dans les exemples suivants :

the haddock is £6 a kilo
le haddock est à 6 livres le kilo

take two tablets twice a day
prenez deux comprimés deux fois par jour

d) Avec little (*peu de* + indénombrable) et few (*peu de* + dénombrable) :

L'article indéfini qui accompagne ces deux mots indique un sens positif (*un peu de*). Employés seuls, little et few ont un sens négatif :

she needs a little attention (= some attention)
elle a besoin d'un peu d'attention

she needs little attention (= hardly any attention)
elle a besoin de peu d'attention

they have a few paintings (= some)
ils ont quelques tableaux

they have few paintings (= hardly any)
ils ont peu de tableaux

Only a little/only a few signifient plus ou moins la même chose que little/few, qui sont moins courants :

I have only a little coffee left (= hardly any)
il ne me reste presque plus de café

I can afford only a few books (= hardly any)
je ne peux me permettre d'acheter que quelques livres

Remarquez aussi l'expression a good few, qui équivaut à "pas mal de" en français :

there are **a good few** miles to go yet
il y a encore pas mal de kilomètres à faire

he's had **a good few** to drink
il a pas mal bu

2 L'article défini (**the**)

a) L'article défini s'emploie avec des noms dénombrables et des noms indénombrables :

the butter (indénombrable)	*le beurre*
the cup (sing. dénombrable)	*la tasse*
the cups (pl. dénombrable)	*les tasses*

b) Comme l'article indéfini, l'article défini peut s'employer devant un nom générique. Il semble alors plus scientifique :

the mouse is smaller than **the** rat (comparez avec 1a) ci-dessus)
la souris est plus petite que le rat

when was **the** potato first introduced to Europe?
quand est-ce que la pomme de terre fut introduite en Europe pour la première fois ?

c) Si un groupe prépositionnel est placé après le nom et qu'il a pour fonction de définir de manière précise le nom auquel on fait référence, il faut employer l'article défini. Cet article désigne alors un objet ou une personne en particulier :

she has just met **the** man of her dreams
elle vient juste de rencontrer l'homme de sa vie

the money from my parents hasn't arrived yet
l'argent que mes parents m'ont envoyé n'est pas encore arrivé

Si par contre le groupe prépositionnel sert à décrire le nom de manière générale et que la phrase exprime un fait général, on omet normalement l'article. Comparez l'exemple qui suit avec le dernier des exemples précédents :

I often receive money from my parents
je reçois souvent de l'argent de mes parents

knowledge of a second language would be an advantage
la connaissance d'une deuxième langue serait un avantage

presence of mind is what he needs
ce qu'il lui faut, c'est de la présence d'esprit

Dans la phrase :

the presence of mind that she showed was extraordinary
la présence d'esprit dont elle a fait preuve était extraordinaire

l'emploi de **the** est obligatoire car la proposition relative (**that she showed**) permet de faire référence à un exemple de présence d'esprit bien précis.

Cependant, quand le complément du nom introduit par **of** sert à la fois à définir et à décrire le nom, on emploie l'article défini :

the women of Paris (= women from Paris, in general)
les femmes de Paris

the children of such families (= children from such families)
les enfants de telles familles

d) L'omission de l'article défini :

À la différence du français, l'omission de l'article défini en anglais est très fréquente. Ainsi, un grand nombre de noms ne sont pas précédés de l'article s'ils font référence à une fonction ou à des caractéristiques générales, plutôt qu'à l'objet. On n'emploie pas l'article défini pour :

i) les institutions, par exemple :

church	*l'église*
prison	*la prison*
college	*l'établissement d'enseignement supérieur*
school	*l'école*
court	*le tribunal*
university	*l'université*
hospital	*l'hôpital*

Exemples :

do you go to church?
tu vas à la messe ?, tu es pratiquant ?

she's in hospital/in prison
elle est à l'hôpital/en prison

Laura is at university
Laura est à l'université

aren't you going to school today?
tu ne vas pas à l'école aujourd'hui ?

Cependant, en anglais américain, on préfère l'emploi de l'article défini devant **hospital** :

Caroline is back in **the** hospital
Caroline est de retour à l'hôpital

Si le nom fait référence au bâtiment plutôt qu'à sa fonction, on emploie alors the :

walk up to the church and turn right
allez jusqu'à l'église, puis tournez à droite

the taxi stopped at the school
le taxi s'est arrêté devant l'école

The s'emploie aussi pour désigner un nom défini ou précisé par le contexte :

at the university where his father studied
à l'université où son père a étudié

she's at the university
elle est à l'université (dans cette ville, etc.)

Pour faire référence à l'institution en général, on emploie l'article :

the Church was against it
l'Église était contre

ii) les moyens de transport précédés de by :

we always go by bus/car/boat/train/plane
nous partons toujours en bus/en voiture/en bateau/en train/en avion

iii) les repas :

can you meet me before lunch?
tu peux me voir avant le déjeuner ?

buy some chicken for dinner, will you?
tu veux bien acheter du poulet pour le dîner ?

Mais si l'on fait référence à une occasion précise, on emploie l'article. Ainsi, il y a une différence entre :

I enjoy lunch *j'aime le déjeuner*	et :	I enjoyed the lunch *j'ai apprécié ce déjeuner*

Dans le premier cas, on fait référence au plaisir de manger à midi ; dans le second cas, on parle d'un repas particulier.

iv) les moments de la journée et de la nuit, après une préposition autre que in et during :

I don't like going out at night
je n'aime pas sortir le soir/la nuit

these animals can often be seen after dusk
on peut souvent voir ces animaux après le crépuscule

they go to bed around midnight
ils vont se coucher vers minuit

mais :

see you in the morning!
à demain matin !

if you feel peckish during the day, have an apple
si tu as un petit creux dans la journée, mange une pomme

v) les saisons, en particulier pour exprimer un contraste par rapport à une autre saison plutôt que pour faire référence à une période de l'année. Ainsi :

spring is here! (winter is over)
le printemps est là ! (l'hiver est fini)

it's like winter today
on se croirait en hiver aujourd'hui

mais :

the winter was spent at expensive ski resorts
on passait l'hiver dans des stations de ski de luxe

he needed the summer to recover
il avait besoin de l'été pour récupérer

Après in, on emploie parfois l'article défini, avec très peu de différence de sens entre les deux cas :

most leaves turn yellow in (the) autumn
la plupart des feuilles deviennent jaunes en automne

En anglais américain, on préfère l'emploi de the.

vi) les expressions de temps avec next et last :

Si de telles expressions sont envisagées par rapport au présent, on n'emploie normalement pas l'article :

can we meet next week?
est-ce qu'on peut se voir la semaine prochaine ?

he was drunk last night
il était soûl hier soir

Dans les autres cas, on emploie l'article :

we arrived on 31 March and **the next day** was spent relaxing by the pool
nous sommes arrivés le 31 mars et on a passé le jour suivant à se relaxer près de la piscine

vii) les noms abstraits :

a talk about politics
un discours sur la politique

a study of human relationships
une étude sur les relations humaines

suspicion is a terrible thing
le soupçon est quelque chose de terrible

Mais, bien sûr, lorsque le mot est précisé, on emploie l'article (voir 2c) ci-dessus) :

the politics of disarmament
la politique de désarmement

viii) certaines maladies :

he has diabetes
il a du diabète

I've got jaundice
j'ai la jaunisse

Cependant, pour certaines maladies courantes, on peut employer l'article dans un anglais un peu plus familier :

she has (**the**) flu
elle a la grippe

he's got (**the**) measles
il a la rougeole

ix) les noms de couleurs :

red is my favourite colour
le rouge est ma couleur préférée

x) les noms de matériaux, d'aliments, de boissons, de corps chimiques, etc. :

concrete is used less nowadays
on utilise moins le béton de nos jours

I prefer gold jewellery
je préfère les bijoux en or

oxygen is crucial to life
l'oxygène est indispensable à la vie

xi) les noms de langues (qui prennent des majuscules en anglais) et de matières scolaires :

German is harder than English
l'allemand est plus difficile que l'anglais

I hate maths
je déteste les maths

xii) les noms pluriels pris dans un sens général :

he loves antiques *il adore les antiquités*	he's frightened of dogs *il a peur des chiens*

e) L'article défini n'est normalement pas employé lorsque l'on fait référence à des noms de pays, de comtés, d'États :

Switzerland	*la Suisse*	**Sussex**	*le Sussex*
England	*l'Angleterre*	**Texas**	*le Texas*

I live in France *j'habite en France*	**he went to South America** *il est parti en Amérique du Sud*

i) mais il existe quelques exceptions :

(the) Yemen	*le Yémen*	**(the) Sudan**	*le Soudan*
(the) Gambia	*la Gambie*	**(the) Lebanon**	*le Liban*

Et l'on emploie l'article lorsque le nom du pays est qualifié :

the Republic of Ireland *la République d'Irlande*	the People's Republic of China *la République populaire de Chine*

ii) les noms de lieux au pluriel prennent l'article :

the Philippines	*les Philippines*
the Azores	*les Açores*
the Shetlands	*les Shetlands*
the Midlands	*les Midlands*
the Netherlands	*les Pays-Bas*
the United States	*les États-Unis*
the Borders	*la région des Borders*

iii) les fleuves, les rivières et les océans prennent l'article :

the Thames	*la Tamise*	**the Pacific**	*le Pacifique*
the Danube	*le Danube*	**the Atlantic**	*l'Atlantique*

iv) les noms de régions prennent l'article :

the Tyrol	*le Tyrol*	**the Ruhr**	*la Ruhr*
the Orient	*l'Orient*	**the Crimea**	*la Crimée*

the City (of London)
la Cité de Londres

v) les noms de montagnes et de lacs ne prennent pas l'article :

Ben Nevis	*le Ben Nevis*	**Loch Ness**	*le loch Ness*
K2	*le K2*	**Lake Michigan**	*le lac Michigan*

Mais les chaînes de montagnes sont précédées de l'article :

the Himalayas	*l'Himalaya*	the Alps	*les Alpes*

Cependant, il existe des exceptions :

the Matterhorn	*le mont Cervin*	the Eiger	*l'Eiger*

vi) les noms de rues, de parcs, de places, etc. ne prennent normalement pas l'article :

he lives in Wilton Street
il habite Wilton Street

they met in Hyde Park
ils se sont rencontrés à Hyde Park

there was a concert in Trafalgar Square
il y avait un concert à Trafalgar Square

Mais il existe des exceptions où l'article fait partie intégrante du nom :

the Strand	*le Strand*

Et parfois on trouve des exceptions fondées sur un usage purement local :

the Edgware Road	*l'Edgware Road*

f) On omet l'article dans les **énumérations** (même à deux termes) :

the boys and girls
les garçons et les filles

the hammers, nails and screwdrivers
les marteaux, les clous et les tournevis

g) Les noms d'hôtels, de pubs, de restaurants, de théâtres, de cinémas, de musées sont normalement précédés de the :

the Caledonian (Hotel)
the Copper Kettle
the Odeon
the Red Lion
the Old Vic
the Tate (Gallery)

h) On trouve l'article défini dans les titres de journaux (the Observer, the Independent, the Guardian, etc.) et de quelques magazines (the Spectator, the Economist, etc.)

Cependant, la plupart des magazines ne sont pas précédés de l'article : FHM, Vanity Fair, Punch, Private Eye, etc.

i) Les instruments de musique :

L'article défini s'emploie lorsqu'on fait référence à une aptitude :

she plays the clarinet
elle joue de la clarinette

Cependant, lorsqu'on fait référence à une occasion précise plutôt qu'à une aptitude d'ordre général, on omet l'article :

in this piece he plays bass guitar
il joue de la basse dans ce morceau

j) Les noms de titres sont normalement précédés de l'article défini :

the Queen *la reine* **the President** *le président*

Cependant, on omet l'article défini lorsque le titre est suivi du nom de la personne :

Doctor MacPherson *le docteur MacPherson*
Queen Elizabeth *la reine Élisabeth*
Prime Minister Churchill *le Premier ministre Churchill*

Remarquez :

Christ *le Christ*

k) L'omission de l'article défini pour produire un effet particulier :

i) dans des phrases auxquelles on veut donner de l'importance ou dans un jargon :

all pupils will assemble in hall
tous les élèves se rassembleront dans le hall

the number of delegates at conference
le nombre des délégués à la conférence

ii) dans les gros titres de journaux (omission aussi de l'article indéfini **a/an**) :

Attempt To Break Record Fails
La tentative de pulvériser le record échoue

New Conference Centre Planned
Projet pour un nouveau Palais des Congrès

iii) dans les instructions (omission aussi de l'article indéfini **a/an**) :

break glass in emergency
casser la vitre en cas d'urgence

Pour la traduction de l'article partitif, voir **some**, **any**, **no** et **none** pp. 113-18. Pour les articles employés avec les parties du corps, voir pp. 101-2.

2 LES NOMS

A LES TYPES DE NOMS

Les noms anglais n'ont pas de genre grammatical ("le" et "la" se disent **the**).

1 Les noms concrets et les noms abstraits

On peut classer les noms de différentes manières. On peut ainsi les diviser en noms concrets, c'est-à-dire des noms qui font référence à des êtres animés ou à des choses, comme **woman** (*femme*), **cat** (*chat*) et **stone** (*pierre*), et en noms abstraits, c'est-à-dire des noms qui expriment des concepts, des caractéristiques ou des activités : **love** (*l'amour*), **ugliness** (*la laideur*), **classification** (*la classification*).

Un grand nombre de noms abstraits se forment en ajoutant une terminaison (suffixe) à un adjectif, à un nom ou à un verbe. Cependant, beaucoup de noms abstraits ne prennent pas cette terminaison. C'est le cas, par exemple, de **love** (*l'amour*), **hate** (*la haine*), **concept** (*le concept*). Voici quelques terminaisons de noms abstraits couramment employées (certaines peuvent aussi s'employer pour des noms concrets).

a) *Les noms abstraits formés à partir d'autres noms*

-age	percent + -age	percentage	*pourcentage*
-cy	democrat + -cy	democracy	*démocratie*
-dom	martyr + -dom	martyrdom	*martyre*
-hood	child + -hood	childhood	*enfance*
-ism	alcohol + -ism	alcoholism	*alcoolisme*
-ry	chemist+ -ry	chemistry	*chimie*

b) *Les noms abstraits formés à partir d'adjectifs*

-age	short+ -age	shortage	*pénurie*
-cy	bankrupt + -cy	bankruptcy	*faillite*
	normal + -cy	normalcy (*Am*)	*normalité*
-hood	likely + -hood	likelihood	*probabilité*
-ism	social + -ism	socialism	*socialisme*
-ity	normal+ -ity	normality	*normalité*
-ness	kind+ -ness	kindness	*gentillesse*

c) *Les noms abstraits formés à partir de verbes*

-age	break + -age	breakage	*rupture*
-al	arrive + -al	arrival	*arrivée*
-ance	utter + -ance	utterance	*déclaration*
-(at)ion	starve + -ation	starvation	*famine*
	operate + -ion	operation	*opération*
-ing	voir le gérondif, p. 140		
-ment	treat + -ment	treatment	*traitement*

Remarquez que la terminaison du nom, de l'adjectif ou du verbe doit parfois subir quelques changements avant l'ajout du suffixe (likely → likelihood, arrive → arrival, etc.). Voir chapitre 18, p. 254

2 Les noms communs et les noms propres

On peut aussi classer les substantifs en noms communs et en noms propres, ces derniers faisant référence à des noms de personnes ou à des noms géographiques, de jours et de mois. Ils s'écrivent avec une majuscule.

COMMUNS		PROPRES	
cup	*tasse*	Peter	*Pierre*
palace	*palais*	China	*la Chine*
cheese	*fromage*	Wednesday	*mercredi*
time	*le temps*	August	*août*
love	*l'amour*	Christmas	*Noël*

3 Les noms dénombrables et les noms indénombrables

Une classification, déterminante pour l'absence ou la présence de l'article indéfini, permet de distinguer les noms dénombrables et les noms indénombrables. Un nom dénombrable à part entière peut, bien sûr, être considéré comme une "unité" (c'est-à-dire qu'il peut être précédé de l'article indéfini ou de tout adjectif numéral), et doit avoir une forme au singulier et au pluriel (il peut être précédé de **these/few/many**, etc.). Les noms indénombrables à part entière ne sont quant à eux ni au singulier, ni au pluriel, puisque par définition on ne peut les compter, bien qu'ils soient suivis d'un verbe au singulier (ils peuvent être précédés de **this/little/much**, etc.). On dit qu'ils représentent une "totalité" :

DÉNOMBRABLES

a/one pen/three pens	*un crayon/trois crayons*
a/one coat/three coats	*un manteau/trois manteaux*
a/one horse/three horses	*un cheval/trois chevaux*
a/one child/three children	*un enfant/trois enfants*

INDÉNOMBRABLES

furniture	*les/des meubles*	**rubbish**	*les/des ordures*
spaghetti	*les/des spaghettis*	**information**	*les/des informations*
spinach	*les/des épinards*	**news**	*les/des nouvelles*
fish	*les/des poissons*	**progress**	*les/des progrès*
fruit	*les/des fruits*	**violence**	*la violence*

Lorsque l'on veut faire référence à une unité de chacun de ces noms indénombrables, il faut faire précéder le nom indénombrable d'un autre nom qui soit dénombrable. Ainsi on emploie, par exemple, **piece** pour indiquer une ou plusieurs unités :

> a piece of furniture/two pieces of furniture
> *un meuble/deux meubles*

De même, on dira **an act of violence** (*un acte de violence*), **an item of news** (*une nouvelle*), **a strand of spaghetti** (*un spaghetti*), où **act**, **item** et **strand** sont des dénombrables tout à fait normaux. Le dénombrable qui accompagne **cattle** est **head**, qui ne prend jamais de **-s** dans ce sens : **ten head of cattle** (*dix têtes de bétail*).

Voici d'autres exemples de noms indénombrables à part entière : **baggage** (*les bagages*), **luggage** (*les bagages*), **garbage** (*les ordures*), **advice** (*les conseils*).

Pour **accommodation**, voir p. 36.

a) *Les noms pouvant être dénombrables ou indénombrables*

i) Certains noms peuvent être dénombrables ou indénombrables, suivant que leur sens fait référence à une "unité" ou une "totalité". De tels noms font souvent référence à la nourriture ou aux matériaux :

DÉNOMBRABLES	INDÉNOMBRABLES
that sheep has only one lamb *ce mouton n'a qu'un agneau*	we had lamb for dinner *nous avons eu de l'agneau au dîner*
would you like a glass of wine? *prendrez-vous un verre de vin ?*	the table is made of glass *c'est une table en verre*
he bought a paper *il a acheté un journal*	I need some wrapping paper *il me faut du papier cadeau*
she's a beauty *c'est une beauté*	beauty is only skin-deep *la beauté n'est pas tout*

ii) Comme en français, les noms indénombrables deviennent dénombrables lorsqu'ils signifient "un verre de", "une variété de", etc. :

I'd like a coffee
je voudrais un café

two white wines, please
deux vins blancs, s'il vous plaît

Britain has a large selection of cheeses
la Grande-Bretagne a une grande variété de fromages

a very good beer
une très bonne bière

iii) Certains noms habituellement indénombrables peuvent s'employer au pluriel dans quelques expressions figées et idiomatiques :

EMPLOI NORMAL	EMPLOI PARTICULIER
my shoes let in water *mes chaussures prennent l'eau*	the boat has just entered Japanese **waters** *le bateau vient d'entrer dans les eaux (territoriales) japonaises*
it's beautiful weather *il fait beau*	in all **weathers** *par tous les temps*

iv) Certains noms abstraits indénombrables (**indignation**, **hate**, **anger**, etc.) sont précédés de l'article indéfini lorsqu'ils sont accompagnés d'un adjectif ou d'un groupe adjectival qui permet de qualifier et de spécifier le nom :

he expressed **an indignation so intense** that people were taken aback
il exprima une indignation si véhémente que les gens en furent stupéfaits

b) *Les noms en* **-ics**

Lorsque ces noms sont considérés comme des concepts abstraits, ils sont indénombrables et suivis d'un verbe au singulier :

economics **is** a difficult subject
l'économie est une matière difficile

En revanche, on préférera un verbe au pluriel lorsque le nom en **-ics** est utilisé dans un sens concret, et non plus de manière générale :

the economics of the project **are** to be considered
il faut considérer l'aspect financier du projet

what **are** your politics?
quelles sont vos opinions politiques ?

c) *Les indénombrables se terminant par* **-s**

Certains noms se terminant par ce qui semble être le **-s** du pluriel sont indénombrables. C'est le cas des noms en **-ics** que nous venons de voir, mais aussi du mot **news** (*nouvelles*), des maladies telles que **measles** (*rougeole*), **mumps** (*oreillons*), **rickets** (*rachitisme*), **shingles** (*zona*) et de quelques noms de jeux tels que **billiards** (*billard*), **bowls** (*boules*), **darts** (*fléchettes*), **dominoes** (*dominos*), **draughts** *(Br)* ou **checkers** *(Am)* (*dames*) :

the news hasn't arrived yet
la nouvelle n'est pas encore arrivée

mumps is not a life-threatening disease
les oreillons ne sont pas une maladie mortelle

darts is still played in many pubs
on joue encore aux fléchettes dans beaucoup de pubs

d) *Noms de "paires"*

Certains noms au pluriel faisant référence à des objets composés de deux parties identiques n'ont pas de forme au singulier et doivent être précédés de **a pair of** si l'on veut mettre l'accent sur leur nombre :

a pair of trousers
un pantalon

two pairs of trousers
deux pantalons

this is a nice pair of trousers
c'est un beau pantalon

those are nice trousers
c'est un beau pantalon

de même :

bellows *soufflet*
binoculars *jumelles*
breeches *culotte*
glasses *lunettes*
knickers *culotte, slip*
pants *culotte (Br), pantalon (Am)*
pincers *tenailles*
pyjamas ou **pajamas** *(Am) pyjama*
pliers *pinces, tenailles*
scissors *ciseaux*
shears *cisailles*
shorts *short*
spectacles *lunettes*
tights *bas*
tongs *fer à friser*
tweezers *pince à épiler*

e) *Noms habituellement employés au pluriel*

i) **arms** *armes*
arrears *arriéré(s)*
auspices *auspices*
banns *bans (de mariage)*
clothes *vêtements*
customs *douane(s)*
dregs *la lie*
earnings *revenus*
entrails *entrailles*
goods *biens, marchandise(s)*
greens *légumes verts*
guts *(Fam) boyaux, courage*
manners *manières*
means *moyens (financiers)*
odds *chances, cote (d'un cheval, etc.)*
outskirts *environs, banlieue(s)*
pains *peine, effort*
premises *locaux*
quarters *résidence(s)*
remains *restes*
riches *richesse(s)*
spirits *humeur, alcool*
(soap) suds *mousse (de savon)*
surroundings *environs, cadre*

lodgings *logement(s)*
looks *apparence(s)*
tropics *tropiques*
valuables *objets de valeur*

Ces noms sont normalement accompagnés d'un verbe au pluriel.

Quelques noms doivent se mettre au singulier dans certains contextes et au pluriel dans d'autres. Le changement de nombre apporte des nuances différentes mais le sens de base reste le même :

contents (*le contenu*) mais **content** (*la quantité qui peut être contenue*) :

show me the contents of your bag
montrez-moi le contenu de votre sac

spinach has a high iron content
les épinards contiennent beaucoup de fer

funds (*des fonds*) mais **fund** (*un fonds*) :

I'm a bit short of funds
je n'ai pas beaucoup d'argent

we started a church roof repair fund
nous avons commencé à faire une collecte pour réparer le toit de l'église

thanks (*les remerciements*) : vous noterez la possibilité d'employer l'article indéfini devant un adjectif (pas de singulier dans ce cas) :

a very special thanks to our sponsor
un grand merci à notre sponsor

wages (*le salaire, la paie*) : souvent au singulier aussi, particulièrement lorsqu'il est précédé d'un adjectif :

all we want is a decent wage
tout ce que nous voulons, c'est un salaire correct

accommodations (*l'hébergement*) est employé en anglais américain. En anglais britannique, on emploie **accommodation** comme indénombrable pour désigner un logement.

ii) Quelques noms pluriels ne portent jamais la marque du pluriel :

cattle *bétail*
clergy *(membres du) clergé*
livestock *(têtes de) bétail*
police *police, policiers*
vermin *vermine, parasites*

Mais même clergy et police peuvent parfois être accompagnés d'un article indéfini, s'ils sont qualifiés par un adjectif, par un groupe prépositionnel ou par une proposition relative. Dans de tels cas, il existe une différence de sens importante entre clergymen (*ecclésiastiques*) et body of clergymen (*ensemble du clergé*), et policemen (*policiers*) et police force (*la police*). Comparez :

seventy-five clergy were present
soixante-quinze membres du clergé étaient présents

the problem is whether the country needs a clergy with such old-fashioned views
le problème est de savoir si le pays a besoin d'un clergé aux idées aussi dépassées

at least thirty police were needed for that task
on a eu besoin d'au moins trente policiers pour cette tâche

the country had a semi-military police
le pays avait une police semi-militaire

Le nom pluriel folk (*gens, personnes*) ne prend normalement pas de -s en anglais britannique :

some folk just don't know how to behave
certaines personnes ne savent pas se tenir

Dans un registre plus familier, on pourrait également employer folks dans l'exemple ci-dessus. Folks désigne aussi familièrement "la famille", "les parents" (my folks are from Chicago *ma famille est de Chicago*).

f) *Les noms collectifs*

i) Ce sont des noms qui, au singulier, désignent un groupe de personnes ou de choses. Ils sont accompagnés d'un verbe au singulier quand le nom désigne un ensemble, ou d'un verbe au pluriel si l'on désire mettre l'accent sur les membres du groupe :

the jury is one of the safeguards of our legal system *(sing)*
le jury est garant de notre système législatif

the jury have returned their verdict *(pl)*
le jury a rendu son verdict

Les pronoms et les adjectifs possessifs s'accordent normalement en nombre avec le verbe (voir their dans l'exemple ci-dessus).

L'emploi du verbe au pluriel est plus répandu en anglais britannique qu'en anglais américain.

Les mots suivants sont des exemples typiques de noms collectifs :

army	*armée*	**government**	*gouvernement*
audience	*public*	**group**	*groupe*
choir	*chorale*	**majority**	*majorité*
chorus	*chœur*	**minority**	*minorité*
class	*classe*	**orchestra**	*orchestre*
committee	*comité*	**Parliament**	*Parlement*
enemy	*ennemi*	**proletariat**	*prolétariat*
family	*famille*	**public**	*public*
firm	*firme*	**team**	*équipe*
gang	*gang*		

(younger/older) generation
(jeune/ancienne) génération

★ Les mots **crew** (*équipage*), **staff** (*personnel*), **people** (*peuple*) sont souvent des noms collectifs, comme dans :

the crew **is** excellent *(sing)*
l'équipage est excellent

the crew **have** all enjoyed **themselves** *(pl)*
l'équipage s'est bien amusé

the staff of that school **has** a good record *(sing)*
le personnel de cette école a obtenu de bons résultats

the staff **don't** always behave **themselves** *(pl)*
le personnel ne se conduit pas toujours bien

it is difficult to imagine a people that **has** suffered more *(sing)*
il est difficile d'imaginer un peuple qui ait plus souffert

the people **have** not voted against the re-introduction of capital punishment *(pl)*
le peuple n'a pas voté contre le rétablissement de la peine capitale

Ces trois mots diffèrent des autres noms collectifs par le fait qu'ils peuvent être des dénombrables à part entière, avec ou sans la terminaison **-s** au pluriel, suivant leur sens. Si le pluriel est en **-s**, il est le même que le pluriel en **-s** d'autres noms collectifs :

five crews/staffs/peoples (*nations*)/**armies/governments**, etc.

Cependant, le pluriel sans **-s** fait référence à des membres individuels :

the captain had to manage with only **fifteen crew**
le capitaine a dû se débrouiller avec seulement quinze membres d'équipage

the English Department had to get rid of **five staff**
le département d'anglais a dû renvoyer cinq personnes

he spoke to **six people** about it
il a parlé à six personnes à ce sujet

On peut tout aussi bien dire **crew members**, **staff members** ou **members of staff** au pluriel.

Pour **clergy** et **police**, voir p. 37.

★ **Youth** (*la jeunesse, les jeunes*) peut être suivi aussi bien d'un verbe au singulier que d'un verbe au pluriel :

our country's youth **has/have** little to look forward to
la jeunesse de notre pays a peu de perspectives d'avenir

mais il est dénombrable dans le sens de "jeune homme" :

they arrested a youth/two youths
ils ont arrêté un jeune/deux jeunes

★ Le nom pluriel **media** (*les médias, la presse*) se comporte comme un nom collectif. Il s'emploie très souvent au singulier, mais il peut aussi être suivi du pluriel :

the media **follows/follow** her everywhere
les journalistes la suivent partout

Le mot **data** (*données*), du latin **datum** *(sing)*, peut s'utiliser au pluriel (**these data are...**) mais il est très souvent employé comme indénombrable (**this/much/little data is...**) : on considère que les données forment un tout. On devra donc utiliser le terme **piece** pour dissocier les données (**seven pieces of data**).

ii) Les pays :

Les noms de nations faisant référence à une équipe (sportive) sont normalement accompagnés d'un verbe au pluriel en anglais britannique :

France have beaten England
la France a battu l'Angleterre

bien que le singulier et le pluriel soient tout aussi corrects.

Remarquez que les noms de pays au pluriel sont suivis d'un verbe au singulier :

the United States exerts a great influence on the world political stage
les États-Unis exercent une grande influence sur la scène politique internationale

Il en est de même pour the Bahamas, the Philippines, etc.

B LES FORMES DU PLURIEL

1 Les pluriels en -(e)s

a) La marque du pluriel est normalement -(e)s en anglais :

soup	→	soups	*soupe*
peg	→	pegs	*pince à linge*
bus	→	buses	*bus*
quiz	→	quizzes	*jeu télévisé*
bush	→	bushes	*buisson*
match	→	matches	*allumette*
page	→	pages	*page*

-es s'emploie pour des mots en -s, -x, -z, -ch ou -sh. On le prononce alors /ɪz/.

Remarquez que les noms de famille au pluriel prennent -(e)s en anglais, alors qu'ils sont invariables en français :

the Smiths
les Smith

b) Pour les noms se terminant par une consonne + -y, le -y se transforme en -ies :

lady	→	ladies	*dame, demoiselle*
fairy	→	fairies	*fée*

Mais les noms qui se terminent par une voyelle + **-y** ont un pluriel régulier en **-s** :

trolley	→	**trolleys**	*chariot*

Pour plus de détails, voir le chapitre **Les changements orthographiques**, p. 254.

c) Les noms en **-o** prennent parfois un **-s**, parfois **-es** au pluriel. Il est difficile d'établir des règles précises dans ce cas ; toutefois, on peut dire que l'on ajoute seulement un **-s** si :

le **-o** suit une autre voyelle : **embryo** → embryos (*embryons*), **studio** → studios (*studios*)

le nom est une abréviation : **photo** → photos, **piano** → pianos (*de pianoforte*)

Dans d'autres cas, il est difficile de généraliser, bien que l'on puisse observer une préférence pour le **-s** avec des mots qui ont encore une connotation étrangère pour les Britanniques :

avec **-es** : **echo**, **cargo** (*cargaison*), **hero**, **mosquito** (*moustique*), **Negro**, **potato** (*pomme de terre*), **tomato**, **torpedo** (*torpille*)

avec **-s** : **canto** (*chant*), **memento**, **proviso** (*stipulation*), **quarto**, **solo**, **zero**, **zoo**

avec **-s** ou **-es** : **banjo**, **buffalo** (*buffle*), **commando**, **flamingo** (*flamand rose*), **motto**, **volcano**

d) Pour certains noms en **-f(e)**, le **-f** se transforme en **-ve** au pluriel :

calf	→	**calves**	*veau*

Il en est de même pour :

elf	*elfe*	**self**	*soi*
half	*moitié*	**sheaf**	*gerbe*
knife	*couteau*	**shelf**	*étagère*
leaf	*feuille d'arbre*	**thief**	*voleur*
life	*vie*	**wife**	*épouse*
loaf	*pain*	**wolf**	*loup*

Certains peuvent avoir un pluriel en **-ves** ou en **-s** :

dwarf	→	dwarfs/dwarves	*nain*
hoof	→	hoofs/hooves	*sabot*
scarf	→	scarfs/scarves	*écharpe*
wharf	→	wharfs/wharves	*quai*

Un grand nombre de ces mots conservent le -f :

belief	→	beliefs	*croyance*

Il en est de même pour :

chief	*chef*	roof	*toit*
cliff	*falaise*	safe	*coffre-fort*
proof	*preuve*	sniff	*reniflement, etc.*

e) Quelques mots français se terminant avec un -s muet au singulier ne changent pas leur pluriel à l'écrit ; on ajoute cependant le son /z/ au pluriel à l'oral : corps (*sing* [kɔː(r)], *pl* [kɔːz]).

f) Les mots français en -eu ou -eau prennent un -s ou un -x (que l'on prononce tous les deux /z/), par exemple :

adieu, bureau, tableau

gateau prend normalement un -x.

g) Les noms d'animaux

Certains noms d'animaux, notamment les noms de poissons, se comportent (presque toujours) comme les noms mentionnés dans la section 3a) ci-dessous, c'est-à-dire qu'ils ne prennent pas la marque du pluriel :

cod	*morue*	salmon	*saumon*
hake	*colin*	trout	*truite*
herring	*hareng*	deer	*cerf*
mackerel	*maquereau*	sheep	*mouton*
pike	*brochet*	grouse	*coq de bruyère*

D'autres noms d'animaux au pluriel prennent un -s dans certains cas et n'en prennent pas dans d'autres. Dans le contexte de la chasse, on omet souvent le -s. Comparez :

these antelopes have just been bought by the zoo
le zoo vient juste d'acheter ces antilopes

they went to Africa to shoot antelope
ils sont allés en Afrique pour chasser l'antilope

Il en est de même pour :

buffalo	*buffle*	fowl	*volaille*
giraffe	*girafe*	partridge	*perdrix*
lion	*lion*	pheasant	*faisan*
duck	*canard*	et bien d'autres	

Le pluriel régulier de fish est fish, mais fishes s'emploie pour faire référence à des espèces de poissons (cod and haddock are two different fishes that can be found in British waters).

h) Les adjectifs numéraux

i) hundred (*cent*), thousand (*mille*), million, dozen (*douzaine*), score (*vingt*) et gross (*douze douzaines*) n'ont pas de pluriel en -s lorsqu'ils sont précédés d'un autre adjectif numéral. Remarquez la différence de construction avec le français pour "million", "milliard" et "douzaine" :

five hundred/thousand/million people
cinq cents personnes/cinq mille personnes/cinq millions de personnes

two dozen eggs
deux douzaines d'œufs

we'll order three gross
nous en commanderons trente-six douzaines

mais :

there were hundreds/thousands/millions of them
il y en avait des centaines/milliers/millions

I've told you dozens of times
je te l'ai dit des dizaines de fois

Peter and Kate have scores of friends
Peter et Kate ont des tas d'amis

ii) Les unités de mesure foot et pound peuvent être soit au pluriel, soit au singulier :

Kate is five foot/feet eight
Kate mesure un mètre soixante-douze

that comes to three pound(s) fifty
ça fait trois livres cinquante

2 Les pluriels avec un changement de voyelle

Il existe un petit groupe de mots dont le pluriel se forme au moyen d'un changement de voyelle :

foot	→	feet	*pied*
goose	→	geese	*oie*
louse	→	lice	*pou*
man	→	men [men]	*homme*
mouse	→	mice	*souris*
tooth	→	teeth	*dent*
woman	→	women ['wɪmɪn]	*femme*

3 Les pluriels invariables

a) singulier et pluriel sans **-s** :

aircraft (*avion*), **counsel** (*avocat*), **offspring** (*progéniture*), **quid** (*Fam livre sterling*), par exemple :

we saw **a few aircraft**
nous avons vu quelques avions

these are my **offspring**
c'est ma progéniture

both counsel asked for an adjournment
les deux avocats ont demandé un renvoi

this will cost you **ten quid**
ça te coûtera cent livres

Les mots **kind**, **sort**, **type** (*genre*, *sorte*, *type*), apparaissant dans une phrase du type **these/those** + nom + **of**, ne prennent souvent pas de **-s** :

these kind of people always complain
ce genre de personne se plaint toujours

she always wears **those sort of** clothes
elle porte toujours ce genre de vêtements

b) singulier et pluriel en **-s** :

barracks	*caserne*	**headquarters**	*quartier général*
crossroads	*carrefour*	**series**	*série*
innings	*tour de batte*	**shambles**	*désordre*
means*	*moyen*	**species**	*espèce*
gallows	*potence*	**works**	*usine*

*Comparez avec **means** (= moyens financiers) p. 35.

Voici quelques exemples :

every means was tried to improve matters
on a usé de tous les moyens pour améliorer les choses

this **is a** dreadful **shambles**
c'est un désordre abominable

they have built **a new gasworks** north of here
ils ont construit une nouvelle usine à gaz au nord d'ici

Certains de ces noms, en particulier **barracks**, **gallows**, **headquarters**, **works** peuvent aussi s'employer dans un sens singulier avec un verbe au pluriel :

these are **the new steelworks**
c'est la nouvelle aciérie

On fait référence ici à une seule usine.

c) **dice** et **pence**

Dice, pluriel irrégulier de **die** (*dé*), est également devenu le terme communément employé au singulier, **die** ne s'utilisant plus que dans les expressions idiomatiques telles que **the die is cast** (*les dés sont jetés*) ou **straight as a die** (*d'une grande honnêteté, franc comme l'or*). On a donc, avec **dice**, la même forme au singulier et au pluriel :

he threw the **dice**
il a lancé le dé ou *les dés*

Lorsque l'on parle de la monnaie et de la valeur de l'argent, le pluriel de **penny** est irrégulier (**pence**). Par ailleurs, il n'est pas rare d'entendre **one pence** plutôt que **one penny** quand on parle du coût de quelque chose. Cependant, lorsque l'on désigne une pièce d'un **penny** (ou d'un **cent** aux États-Unis), le pluriel est régulier :

these are 18th-century **pennies**
ce sont des pennies du XVIIIe siècle

4 Les pluriels en -en

Il n'en existe que trois, et un seul est commun :

child	→	child**ren**	*enfant*

Les autres sont :

ox	→	oxen	*bœuf*
brother	→	brethren	*frère*

ce dernier faisant référence aux membres d'une congrégation religieuse, comme dans :

our Catholic brethren from other countries
nos frères catholiques d'autres pays

Le pluriel normal de brother est brothers.

5 Les pluriels en -a ou -s

Ce sont des noms latins au singulier en -um ou des noms grecs au singulier en -on. Beaucoup d'entre eux ont un pluriel en -s, en particulier s'ils sont employés couramment, par exemple :

museum (*musée*), stadium (*stade*), demon, electron

Certains, souvent employés dans un langage scientifique et dont le singulier est -um/-on, ont un pluriel en -a, par exemple :

an addendum	*un addenda* (ou *addendum*)
numerous addenda	*de nombreux addenda*

De même, on a bacterium (*bactérie*), curriculum (*programme d'étude*), erratum, ovum (*ovule*), criterion (*critère*), phenomenon

Certains mots acceptent les deux formes du pluriel (en -s et en -a) :

memorandum, millennium (*millénaire*), symposium, automaton (*automate*)

Le pluriel de medium est toujours mediums lorsque ce mot fait référence à un extralucide. Lorsqu'il signifie “moyen”, le pluriel est media ou mediums.

Pour media et data, voir p. 39.

6 Les pluriels en -e ou -s

Ces noms sont latins ou grecs et ont une terminaison en -a au singulier. Ceux qui sont fréquemment employés ont un pluriel en -s, comme arena et drama. Les noms plus techniques ou scientifiques ont tendance à avoir un pluriel en -e (on obtient alors la terminaison -ae prononcée /iː/ ou /aɪ/ selon le mot), par exemple alumna (*ancienne élève* ou *étudiante*) et larva.

La terminaison de certains noms varie selon leur sens et le contexte. Ainsi, **antenna** prend toujours un **-e** lorsqu'il fait référence aux insectes, mais un **-s** lorsqu'il signifie "antenne de télévision" en américain. Il en est de même pour **formula** qui prend un **-e** ou **-s** lorsqu'il s'agit d'une formule de chimie, de mathématiques, etc., mais qui a toujours un pluriel en **-s** quand le terme désigne une expression.

7 Les pluriels en -i ou -s (mots italiens)

Quelques mots empruntés à l'italien, notamment **libretto**, **tempo** et **virtuoso**, peuvent conserver leur pluriel italien en **-i** /iː/ ou prendre le **-s** du pluriel régulier anglais.

Vous noterez que **confetti**, **graffiti**, **macaroni**, **ravioli**, **spaghetti**, etc. sont indénombrables, c'est-à-dire qu'ils sont suivis d'un verbe au singulier.

8 Les pluriels en -i ou -es (mots latins)

Ceux qui sont courants prennent normalement la terminaison **-es** au pluriel, comme :

> **campus**, **chorus** (*refrain, chœur*), **virus**

Ceux qui appartiennent au langage plus érudit gardent en général leur pluriel latin en **-i** (que l'on prononce /iː/ ou /aɪ/ selon le mot) comme par exemple :

> **alumnus** (*ancien élève* ou *étudiant*), **bacillus** (*bacille*), **stimulus** (*stimulant, stimulus*)

D'autres prennent les deux formes au pluriel : **cactus**, **fungus** (*champignon, fongus*), **nucleus** (*noyau*), **syllabus** (*programme d'enseignement*). Il en est de même pour les noms grecs latinisés : **hippopotamus** et **papyrus**.

Le pluriel de **genius** est **geniuses** au sens de "personne extrêmement intelligente", mais **genii** lorsqu'il signifie "(bon/mauvais) esprit".

9 Les pluriels des noms en -ex ou -ix

Ces noms latins peuvent conserver leur pluriel d'origine, leur singulier en **-ex/-ix** se transforme alors en **-ices** au pluriel, ou bien ils prennent **-es**, par exemple :

index	→	indices ou indexes

Il en est de même pour **appendix**, **matrix**, **vortex**.

Mais remarquez que **appendixes** est le seul pluriel pour la partie du corps, tandis que **appendixes** et **appendices** peuvent s'employer pour désigner les parties d'un livre ou d'une thèse.

10 Le pluriel des noms grecs en -is

La terminaison **-is** /ɪs/ de ces mots se transforme en **-es** /iːz/ au pluriel, par exemple :

an analysis	*une analyse*
different analyses	*différentes analyses*

Il en est de même pour : **axis**, **basis**, **crisis**, **diagnosis**, **hypothesis**, **oasis**, **parenthesis**, **synopsis**, **thesis**.

Mais remarquez : metropolis → metropolises

11 Les pluriels en -im ou -s

Les trois mots hébreux **kibbutz**, **cherub** (*chérubin*) et **seraph** (*séraphin*) peuvent prendre soit **-(e)s** (pluriel régulier), soit **-im** au pluriel.

12 Les pluriels des noms composés

a) *Le pluriel porte sur le deuxième élément*

Lorsque le deuxième élément est un nom (et qu'il n'est pas précédé d'une préposition) :

lip balms (*baumes pour les lèvres*), **lion cubs** (*lionceaux*), **pencil sharpeners** (*taille-crayon*), **table napkins** (*serviettes de table*), **road users** (*usagers de la route*), etc.

et lorsque le mot composé est formé d'un verbe + adverbe :

lay-bys (*aires de stationnement*), **lie-ins** (*grasses matinées*), **sit-ins**, **stand-bys**, **tip-offs** (*tuyaux*)

Remarquez que les noms de mesures se terminant par **-ful** peuvent avoir un **-s** à la fin de l'un ou l'autre de leurs éléments : **spoonfuls** ou **spoonsful**.

b) *Le pluriel porte sur le premier élément*

Lorsque le deuxième élément est un groupe prépositionnel :

editors-in-chief *rédacteurs en chef*
fathers-in-law* *beaux-pères* **aides-de-camp** *aides de camp*
men-of-war *bâtiments de guerre*

*Remarquez que **law** se met au pluriel dans l'expression familière **in-laws**, forme abrégée de **parents-in-law** (**my in-laws are coming this weekend** *mes beaux-parents viennent ce week-end*).

Mais si le premier élément ne désigne pas une personne, on place le **-s** sur le dernier élément, comme dans :

will-o'-the-wisps
feux follets

jack-in-the-boxes
diables à ressort

Les noms composés formés d'un nom (dérivé d'un verbe) et d'un adverbe prennent eux aussi un **-s** à la fin du premier élément (à la différence de ceux composés d'un verbe + adverbe, voir a) ci-dessus) :

hangers-on
parasites

passers-by
passants

Les noms composés avec **-to-be** prennent un **-s** à la fin du premier élément :

brides-to-be
futures mariées

mothers-to-be
futures mamans

Le premier élément porte aussi la marque du pluriel si le second élément est un adjectif :

Lords temporal and spiritual
membres laïques et ecclésiastiques de la Chambre des lords

Mais beaucoup peuvent aussi porter la marque du pluriel sur le deuxième élément (ce qui est de plus en plus courant) :

attorneys general ou **attorney generals** (*procureurs généraux*)
directors general ou **director generals**
poets laureate ou **poet laureates**
courts-martial ou **court-martials**

C USAGE : PLURIEL OU SINGULIER ?

a) *Le pluriel distributif*

i) type 1, dans un groupe nominal

Dans la plupart des cas, l'anglais préfère le pluriel :

between the ages of 30 and 45
entre l'âge de 30 et 45 ans

the reigns of Henry VIII and Elizabeth I
le règne d'Henri VIII et celui d'Élisabeth Ire

ii) type 2, dans une proposition

En anglais, lorsque le sujet d'une phrase est pluriel, on a très souvent un pluriel dans la proposition complément d'objet, contrairement au français :

cats seem to spend their lives sleeping
les chats semblent passer leur vie à dormir

many people are unhappy about their careers
beaucoup de gens ne sont pas satisfaits de leur carrière

they both broke their legs
ils se sont tous les deux cassé la jambe

we took off our coats
nous avons enlevé notre manteau

we changed our minds
nous avons changé d'avis

Dans certaines expressions, on peut employer soit le pluriel avec un adjectif possessif, soit le singulier avec l'article défini :

they were up to their waists/the waist in water
l'eau leur arrivait à la ceinture

they were up to their necks/the neck in debt
ils étaient endettés jusqu'au cou

b) *Le complément du nom placé avant ou après le nom*

i) Lorsqu'un nom est suivi d'un complément du nom au pluriel, ce dernier est toujours singulier devant le nom car il a valeur d'adjectif (voir pp. 57-8) :

a collection of bottles → a bottle collection
une collection de bouteilles

ii) En anglais, il est possible de mettre des compléments du nom commençant par un nombre en position adjectivale. Dans ce cas-là, le nom qui fait partie du syntagme adjectival ne prend pas de -s et les différents termes doivent être séparés par un trait d'union :

a girl of eight (= eight years old) → an eight-**year**-old girl
une fille de huit ans

a baby of twelve months → a twelve-**month**-old baby
un bébé de douze mois

Cette construction est très courante et, dans certains cas, l'emploi d'un complément du nom avec **of** ne semblerait pas naturel. On dira par exemple :

a thirty-**minute** talk
un exposé de trente minutes

a two-**week** holiday
deux semaines de vacances

a two-**mile** walk
une promenade de trois kilomètres

Comparez aussi avec l'emploi du génitif, pp. 53-4.

D LE GÉNITIF

1 Les formes

a) Le génitif singulier se forme en ajoutant **-'s** après le nom du "possesseur" :

the **cat's** tail — *la queue du chat*

et le génitif pluriel en ajoutant seulement l'apostrophe au pluriel :

the **cats'** tails — *la queue des chats*

Il y a souvent confusion au sujet de la position de l'apostrophe. Comparez ces deux exemples :

the **boy's** school — *l'école du garçon*
the **boys'** school — *l'école de garçons*

Dans le premier exemple, **boy** est au singulier, on parle donc de l'école d'un garçon en particulier. Dans le deuxième exemple, le nom **boys** est au pluriel, on parle donc de l'école de garçons en général.

Si le pluriel ne se termine pas en **-s**, le génitif pluriel se forme avec **-'s** comme le singulier :

the **men's** toilet — *les toilettes pour hommes*
the **children's** room — *la chambre des enfants*

b) Cas particuliers

i) La forme du génitif des noms propres se terminant par **-s** varie en fonction de la longueur et de l'accentuation des mots. Les noms d'une ou deux syllables prennent **'s** (prononcé /ɪz/) :

Dickens's (ou **Dickens'**) novels
les romans de Dickens

Ross's/James's/Thomas's car
la voiture de Ross/James/Thomas

Les noms de plus de deux syllabes et ceux qui se terminent par le son /iːz/ ne prennent que l'apostrophe :

Socrates' wife ['sɒkrətiːz]
l'épouse de Socrate

Hercules' labours ['hɜːkjʊliːz]
les travaux d'Hercule

Mais les noms de plus de deux syllabes accentués sur l'avant-dernière syllabe (la pénultième) prennent **-'s** :

Dionysus's mother ['daɪə'naɪsəsɪz]
la mère de Dionysos

Ce sont là les règles de base, mais le génitif des noms propres dépend aussi de l'usage.

ii) Avant le mot **sake** (*amour de/nom de*), le génitif singulier n'est normalement indiqué que par l'apostrophe avec des noms communs se terminant par **-s** :

for **goodness'** sake! (mais for **God's/Christ's/heaven's** sake!)
pour l'amour du ciel ou *de Dieu !*

for **politeness'** sake
par politesse

c) Pour les types de noms composés mentionnés p. 49, on ajoute le **-'s** du génitif au deuxième élément, même si c'est le premier élément qui porte la marque du pluriel **-s** :

I met the **editor-in-chief's** wife
j'ai rencontré la femme du rédacteur en chef

my **parents-in-law's** house is huge
la maison de mes beaux-parents est immense

2 Le génitif avec of

a) *Les êtres animés (personnes, animaux)*

Le génitif est très courant avec les personnes :

John's car
la voiture de John

my mother's ring
la bague de ma mère

L'emploi de la préposition **of** ne semblerait pas naturel dans ces deux exemples.

Avec les animaux, on peut employer le génitif ou la construction avec **of** :

the wings of an insect/an insect's wings
les ailes d'un insecte

the movements of the worm/the worm's movements
les mouvements du ver de terre

b) *Les objets inanimés, les concepts, etc.*

La construction normale se forme avec **of** :

the pages of the book
les pages du livre

the roof of the car
le toit de la voiture

Cependant, souvenez-vous qu'en anglais on utilise très souvent la forme composée :

the laptop screen
l'écran de l'ordinateur portable

Le génitif est également possible avec certains noms :

the **mind's** ability to forget
la capacité de l'esprit à oublier

the **nation's** strength lies in its young people
ce sont les jeunes qui font la force du pays

en particulier si de tels noms font référence à des lieux ou à des institutions :

England's heritage (= the heritage of England)
l'héritage de l'Angleterre

the **University's** catering facilities (= the catering facilities of the University)
le service de restauration de l'université

Les noms faisant référence au temps et à la valeur de l'argent sont souvent accompagnés du génitif :

today's menu
le menu du jour

you've had your **money's** worth
tu en as eu pour ton argent

two **months'** work
deux mois de travail

Comparez ce dernier exemple avec l'emploi de la structure adjectivale, p. 51.

Les mesures de distances sont parfois au génitif, en particulier dans des expressions figées :

a **stone's** throw (away)
à deux pas (d'ici)

at **arm's** length
à distance

3 Le génitif sans nom

a) Si le nom déterminé par le génitif a déjà été mentionné ou si le contexte est assez clair, on n'est pas obligé de le rajouter :

it's not my **father's car**, it's my **mother's**
ce n'est pas la voiture de mon père, c'est celle de ma mère

On omet aussi le nom après le génitif lorsqu'il est sous-entendu. C'est le cas des noms de lieux :

at the **baker's** (= baker's shop)
chez le boulanger

at **Alex's** (= at Alex's place)
chez Alex

b) Le "double génitif" (c'est-à-dire la construction avec **of** et le génitif dans la même phrase) est fréquent si le génitif fait référence à une personne bien définie. Mais le premier nom est normalement précédé d'un article indéfini, d'un pronom indéfini ou d'un adjectif numéral :

they are relatives **of Karen's**
ils font partie de la famille de Karen

he's a friend **of Peter's**
c'est un ami de Peter

he's an acquaintance **of my father's**
c'est une connaissance de mon père

he's an uncle **of Mrs Pitt's**
c'est un oncle de Mme Pitt

Un pronom démonstratif peut parfois précéder le premier nom. Ceci implique un certain degré de familiarité :

that car of your father's, how much does he want for it?
cette voiture, ton père, combien est-ce qu'il la vend ?

L'article défini ne peut normalement pas s'employer avec le premier nom, à moins qu'une proposition relative (ou autre déterminatif) ne suive le génitif :

the poem of Larkin's we read yesterday is lovely
le poème de Larkin que nous avons lu hier est très joli

this is the only poem of Larkin's to have moved me
c'est le seul poème de Larkin qui m'ait ému

c) On trouve souvent le "groupe génitif" dans deux types de constructions : (1) nom + déterminatif introduit par une préposition, et (2) noms reliés par **and**. Dans de telles combinaisons, on peut ajouter le **-'s** au dernier élément :

the Queen of Holland's yacht *le yacht de la reine de Hollande*	the head of department's office *le bureau du chef de service*
an hour and a half's work *un travail d'une heure et demie*	John and Kate's new house *la nouvelle maison de John et de Kate*

Si le nom du possesseur est au pluriel, on emploie normalement la construction avec **of** :

the regalia of the Queens of Holland
les insignes royaux des reines de Hollande

Cependant, si les deux noms ne forment pas une unité, ils prennent chacun la marque du génitif **-'s** :

Shakespeare's and Marlowe's plays
les pièces de Shakespeare et de Marlowe

E LE FÉMININ

En anglais, on trouve énormément de noms communs qui s'emploient à la fois pour un homme et pour une femme :

artist	*artiste*	**neighbour**	*voisin(e)*
banker	*banquier(-ère)*	**novelist**	*romancier(-ère)*
cousin	*cousin(e)*	**teacher**	*enseignant(e)*
friend	*ami(e)*	**zoologist**	*zoologiste*
lawyer	*avocat(e)*	etc.	

Mais il existe certains cas où l'on emploie différentes terminaisons pour déterminer le genre d'un nom :

Masculin			Féminin	
actor	*acteur*	→	actress	*actrice*
duke	*duc*	→	duchess	*duchesse*
god	*dieu*	→	goddess	*déesse*
hero	*héros*	→	heroine	*héroïne*
prince	*prince*	→	princess	*princesse*
widower	*veuf*	→	widow	*veuve*
businessman	*homme d'affaires*	→	businesswoman	*femme d'affaires*

Mais on peut aussi dire **she is a good actor** (*c'est une très bonne actrice*), ou bien **she was the hero of the day** (*ce fut l'héroïne du jour*).

On utilise aussi des termes complètement différents pour distinguer le féminin du masculin : **son/daughter** (*fils/fille*), **bull/cow** (*taureau/vache*), etc.

Pour les noms qui ont normalement la même forme au masculin et au féminin, il est possible de rajouter les adjectifs **male/female** ou les noms **man/woman** si l'on veut absolument identifier le sexe d'une personne :

a female friend	*une amie*	a male friend	*un ami*
a female student	*une étudiante*	a male student	*un étudiant*
a man doctor	*un médecin*	a woman doctor	*une femme médecin*

Mais attention, cet emploi est maintenant considéré comme extrêmement sexiste. Il est préférable d'employer le mot neutre **person**, qui s'utilise aussi lorsque l'on ne connaît pas le sexe de la personne en question :

a chairman/chairwoman → a **chairperson** *un(e) président(e)*

a salesman/saleswoman → a **salesperson** *un(e) représentant(e) de commerce*

a spokesman/spokeswoman → a **spokesperson** *un porte-parole*

3 LES ADJECTIFS

Remarque :

Les adjectifs anglais ne s'accordent jamais avec le nom.

L'adjectif se place toujours devant le nom, en dehors de certaines exceptions (voir pp. 59-60).

1 Épithète et attribut

Les termes "épithète" et "attribut" font référence à la position de l'adjectif par rapport au nom. Si l'adjectif est placé devant le nom, il est épithète (this old car *cette vieille voiture*). S'il est placé après le verbe, il est attribut (this car is old *cette voiture est vieille*).

Certains adjectifs (ou certains sens d'un adjectif) sont uniquement épithètes, alors que d'autres ne peuvent être qu'attributs.

a) *Épithète seulement*

i) Certains adjectifs ayant un rapport très étroit avec le nom auquel ils se rapportent dans des constructions toutes faites sont uniquement épithètes. Par exemple :

he's a moral philosopher
c'est un philosophe spécialiste en éthique

ii) Les participes passés sont parfois employés comme adjectifs épithètes :

a disabled toilet (= toilet for disabled people)
des toilettes pour handicapés

iii) On emploie très souvent en anglais des noms faisant fonction d'adjectifs :

a cardboard box
une boîte en carton

a polystyrene container
un emballage en polystyrène

a foreign affairs correspondent
un correspondant à l'étranger

a logistics problem
un problème de logistique

Pour l'emploi des compléments du nom en position adjectivale, voir aussi pp. 50-1.

b) *Attribut seulement*

Les adjectifs qui sont uniquement attributs qualifient généralement une condition physique ou un état mental, comme **afraid** (*effrayé*), **ashamed** (*honteux*), **faint** (*prêt à s'évanouir*), **fond** (*attaché*), **poorly** (*souffrant*), **(un)well** (*en mauvaise/bonne santé*) :

the girl is **afraid**
la fille a peur

the children need not feel **ashamed**
les enfants ne doivent pas avoir honte

my uncle is **fond** of me
mon oncle m'aime beaucoup

he suddenly felt **faint**
tout à coup, il se sentit mal ou *il fut pris d'un malaise*

our mother has been **unwell** for some time
cela fait quelque temps que notre mère est souffrante

Mais remarquez l'expression suivante construite avec une épithète :

he's not a **well** man
il ne se porte pas bien du tout

2 La position de l'adjectif

a) Si plus d'un adjectif précède le nom, celui ou ceux qui peuvent être aussi attributs se placent en premier. Les adjectifs uniquement épithètes ont un rapport trop étroit avec le nom pour qu'un autre mot puisse se placer entre eux et le nom :

he is a young **parliamentary candidate**
c'est un jeune candidat parlementaire

they have employed a conscientious **social worker**
ils ont employé une assistante sociale consciencieuse

a big old red **brick house**
une grande et vieille maison de brique rouge

Remarquez que les adjectifs **old** et **little** changent de sens selon leur position. Lorsqu'ils sont employés au sens propre, c'est-à-dire qu'ils signifient respectivement “vieux” et “petit”, ils peuvent se placer devant un autre adjectif (et pourraient aussi être attributs) :

I'll just wear my **old black** shoes
je vais mettre mes vieilles chaussures noires

pass me that **little black** notebook
passe-moi ce petit cahier noir

Mais lorsque l'adjectif **little** signifie "petit" dans le sens de "plus jeune", il ne peut pas être séparé du nom par un autre adjectif car il forme une unité sémantique (**little brother**). De même, **old** et **little** employés au sens figuré dans des expressions marquant l'affection doivent précéder le nom. Dans les exemples suivants, **little** et **old** ne peuvent être qu'épithètes :

my **greedy little** brother ate all the ice cream
mon petit frère, gourmand comme tout, a mangé toute la glace

you **poor old** thing!
mon pauvre vieux !

you **poor little** thing!
mon pauvre petit !

b) L'adjectif peut parfois se mettre en apposition, c'est-à-dire directement après le nom sans qu'un verbe soit nécessaire. La fonction et l'emploi de ces adjectifs (et toute qualification supplémentaire éventuelle) sont similaires à ceux des propositions relatives :

this is a custom **peculiar to Britain**
c'est une coutume propre à la Grande-Bretagne

this is a man **confident of success**
c'est un homme sûr de réussir

Seuls les adjectifs qui s'emploient aussi comme attributs (après un verbe) peuvent se mettre en apposition. La mise en apposition est fréquente lorsque les adjectifs sont suivis d'un groupe prépositionnel, comme on le voit dans les exemples ci-dessus. Mais on trouve aussi des adjectifs en apposition employés dans un but emphatique, toujours employés par deux et plus :

her expression, **cold and untrusting**, spoke volumes
l'expression de son visage, froide et méfiante, en disait long

the building, **tall and imposing**, was visible from almost anywhere in the city
cet édifice, haut et imposant, se voyait pratiquement de n'importe quel endroit en ville

Il est à noter que l'emploi des adjectifs entre virgules est assez rare en anglais, contrairement au français.

La mise en apposition de l'adjectif est également possible après des mots imprécis comme things et matters. Cependant, cet emploi est assez rare et souvent littéraire :

his interest in matters linguistic
son intérêt pour tout ce qui touche à la linguistique

she has an abhorrence of things English
elle a horreur de tout ce qui est anglais

Enfin, les adjectifs en -able ou -ible peuvent se mettre après le nom, surtout si celui-ci est précédé de only (*seul, unique*) ou d'un superlatif :

he's the only person responsible
c'est la seule personne responsable

they committed the worst atrocities imaginable
ils commirent les pires atrocités imaginables

this is the most inexpensive model available
c'est le modèle disponible le moins cher

c) Certains adjectifs d'origine française ou latine se placent après le nom auquel ils se rapportent, comme en français, et dans des expressions toutes faites comme :

devil incarnate *diable incarné*
lion rampant *lion rampant*
letters patent *lettres patentes*
poet laureate *le poète lauréat*
the Princess Royal *la Princesse Royale*
Lords Spiritual = *membres ecclésiastiques de la Chambre des lords*
Lords Temporal = *membres laïques de la Chambre des lords*

3 Les adjectifs employés comme noms

a) Les adjectifs peuvent s'employer comme noms. Cet emploi concerne en général les concepts et les classes ou groupes de gens (en général ou dans un contexte particulier) :

i) Classes ou groupes de gens :

she gives money to the homeless every month
elle donne de l'argent tous les mois aux sans-abri

the government must do more to help the poor
le gouvernement doit faire davantage pour aider les pauvres

he does charity work for the blind
il fait du bénévolat pour les aveugles

a game suitable for young and old alike
un jeu pour les jeunes et les moins jeunes

Remarquez qu'en anglais ces mots ont un sens de pluriel collectif (voir pp. 37-40). Pour désigner une personne dans un groupe, on ajoute man, woman, person, etc. :

a blind woman
une aveugle

three deaf people
trois sourds

ii) Concepts abstraits :

it's not always easy to distinguish the true from the false
il n'est pas toujours facile de distinguer le vrai du faux

Cet emploi est néanmoins assez rare.

b) Normalement, un adjectif ne peut pas remplacer un nom singulier dénombrable. Dans ce cas, il est nécessaire d'employer one (mais voir aussi One, pp. 124-5) :

I don't like the striped shirt; I prefer the plain one
je n'aime pas la chemise à rayures, je préfère l'unie

of all the applicants, the French one was the best
de tous les candidats, le Français était le meilleur

Cependant, il existe un certain nombre de participes passés que l'on peut utiliser (avec l'article défini) à la place d'un nom dénombrable. Par exemple :

the accused
l'accusé/les accusés

the deceased
le mort/les morts

the accused's family was with him in court
la famille de l'accusé était avec lui au tribunal

the deceased's possessions were sold
les biens du mort furent vendus

Ces adjectifs substantivés ne prennent pas de -s au pluriel.

c) Pour les exemples au pluriel en a), on n'ajoutait pas de -s à l'adjectif. Mais il arrive parfois que la conversion d'un adjectif en nom soit totale et que l'adjectif prenne un -s au pluriel :

the Blacks against the Whites in South Africa
les Noirs contre les Blancs en Afrique du Sud

the Reds
les rouges (les communistes)

here come the **newlyweds**
voilà les jeunes mariés

put all the **empties** in a box
mets toutes les bouteilles vides dans un carton

d) Nationalités

i) En anglais, les adjectifs et les noms désignant la nationalité prennent une majuscule (ainsi que les noms de langues) :

an American car *une voiture américaine*	an American *un Américain*

ii) On peut classer les nationalités en quatre groupes, selon la forme de l'adjectif et du nom :

GROUPE 1	adjectif ordinaire
GROUPE 2	adjectif et nom identiques (se terminant par **-ese** et **-s**)
GROUPE 3	comme le groupe 2, mais le nom prend un **-s** au pluriel (adjectifs se terminant par **-an**, **-i**, etc.)
GROUPE 4	adjectif et nom différents (mais au pluriel, le nom + **-s** est aussi possible)

GROUPE 1

adjectif : **English** literature
la littérature anglaise

employé comme nom lorsqu'il se réfère à une nation :

the **English** are rather reserved
les Anglais sont plutôt réservés

Les adjectifs du Groupe 1 ne peuvent pas s'utiliser comme noms pour faire référence à des individus. Dans ce cas, il faut ajouter la terminaison **-man** (ou **-woman**) :

we spoke to two **Englishmen**/**Englishwomen**
nous avons parlé à deux Anglais/Anglaises

De même pour :

Dutch *hollandais*	**Irish** *irlandais*
French *français*	**Welsh** *gallois*

GROUPE 2

adjectif : **Japanese** art
l'art japonais

employé comme nom lorsqu'il se réfère à une nation :

the **Japanese** are famous for their technology
les Japonais sont célèbres pour leur technologie

et lorsqu'il se réfère à des individus (sans **-s** au pluriel) :

their new au pair is a **Japanese**
leur nouvelle fille au pair est japonaise

I've got six Japanese in my class
il y a six Japonais dans ma classe

De même pour :

Burmese	*birman*	**Portuguese**	*portugais*
Chinese	*chinois*	**Vietnamese**	*vietnamien*
Swiss	*suisse*		

GROUPE 3

adjectif : **German** institutions
les institutions allemandes

employé comme nom (avec un **-s** au pluriel) lorsqu'il fait référence à une nation :

the **Germans** produce some fine cars
les Allemands produisent de belles voitures

et lorsqu'il se réfère à des individus (avec un **-s** au pluriel) :

he was having a conversation with a **German**
il était en conversation avec un Allemand

we met quite a few **Germans** on our holiday
nous avons rencontré un bon nombre d'Allemands pendant nos vacances

De même, ceux qui se terminent en **-an**, par exemple :

African	*africain*	**European**	*européen*
American	*américain*	**Hungarian**	*hongrois*
Asian	*asiatique*	**Indian**	*indien*
Australian	*australien*	**Iranian**	*iranien*
Belgian	*belge*	**Italian**	*italien*

Brazilian	*brésilien*	Norwegian	*norvégien*
Canadian	*canadien*	Russian	*russe*

(mais notez que Arabian (*arabe*) appartient au Groupe 4 ci-dessous) et ceux qui se terminent en -i :

Bangladeshi	*bangladais*	Israeli	*israélien*
Iraqi	*iraquien*	Pakistani	*pakistanais*

On trouve aussi dans ce groupe :

Cypriot	*chypriote*	Greek	*grec*
Czech	*tchèque*		

GROUPE 4

adjectif : Danish furniture
les meubles danois

employé comme nom lorsqu'il fait référence à une nation :

the Danish enjoy good food
les Danois apprécient la bonne chère

Mais il y a un nom différent qui peut aussi être utilisé pour faire référence à la nation :

the Danes enjoy good food
les Danois apprécient la bonne chère

et qui est la seule forme admise pour désigner les individus :

I met a Dane on the bus
j'ai fait la connaissance d'un Danois dans le bus

there were two Danes in the cast
il y avait deux Danois parmi les acteurs

De même pour :

British/Briton	*Britannique*	Spanish/Spaniard	*Espagnol*
Finnish/Finn	*Finlandais*	Swedish/Swede	*Suédois*
Polish/Pole	*Polonais*		

Cas particulier : Arabian, Arabic et Arab

L'adjectif courant est Arabian (The Arabian Nights *les Mille et Une Nuits*) sauf si l'on parle de la langue ou des chiffres :

do you speak Arabic?
est-ce que vous parlez arabe ?

this figure should be written in Arabic numerals, not Roman ones
ce nombre devrait être écrit en chiffres arabes, et non en chiffres romains

Arab est employé pour désigner les individus des pays de culture arabe, sauf si Saudi le précède. Dans ce cas, on emploie Saudi Arabian ou Saudi :

he's worked a lot with Arabs
il a beaucoup travaillé avec des Arabes

the hotel has been hired by Saudi Arabians (ou Saudis)
l'hôtel a été loué par des Saoudiens

iii) Remarques sur Scottish, Scots et Scotch (*écossais*) :

Aujourd'hui, Scotch est rarement utilisé, sauf dans des locutions (concernant souvent la nourriture ou les boissons), telles que Scotch egg (= œuf dur entouré de chair à saucisse et enrobé de chapelure), Scotch whisky, Scotch broth (= soupe écossaise à base de légumes et d'orge perlée) et Scotch terrier.

Dans les autres cas, on utilise normalement l'adjectif Scottish comme dans a Scottish bar (*un bar écossais*), Scottish football supporters (*supporters de football écossais*), même si Scots est parfois utilisé pour les personnes : a Scots lawyer (*un avocat écossais*). On distingue aussi le Scottish English (= l'anglais parlé avec un accent écossais) du Scots (= le dialecte écossais).

Pour désigner la nation, on emploie the Scots (*les Écossais*) (parfois the Scottish). L'individu est a Scot (au pluriel Scots) ou a Scotsman/Scotswoman (au pluriel Scotsmen/Scotswomen).

4 LES ADVERBES

Par adverbe, on entend un seul mot (par exemple **happily**) et par groupe adverbial ou proposition adverbiale, on entend un groupe de mots ayant une fonction adverbiale (par exemple **in a friendly way**).

A LES DIFFÉRENTS TYPES

On peut classer les adverbes en différentes catégories, selon leur forme ou leur sens.

a) *Forme*

On distingue deux sortes d'adverbes suivant leur forme : les adverbes "en tant que tels" et les adverbes "dérivés".

Les adverbes dérivés sont ceux qui dérivent de mots issus d'une autre catégorie grammaticale et auxquels on ajoute une terminaison particulière (voir B) :

happily *heureusement*, de l'adjectif **happy**
hourly *par heure*, du nom **hour** ou de l'adjectif **hourly**
moneywise *en ce qui concerne l'argent*, du nom **money**

Parmi les adverbes en tant que tels, on trouve :

here	*ici*	**often**	*souvent*
there	*là-bas*	**never**	*jamais*
now	*maintenant*	**soon**	*bientôt*
then	*alors*	**very**	*très*

b) *Sens*

Les adverbes peuvent se diviser en divers types selon leur sens. Les adverbes suivants sont particulièrement courants :

i) Adverbes de temps :

now (*maintenant*), **then** (*alors*), **once** (*une fois*), **soon** (*bientôt*), **always** (*toujours*), **briefly** (*brièvement*)

I saw her once *je l'ai vue une fois*	you always say that *tu dis toujours ça*

ii) Adverbes de lieu :

here (*ici*), there (*là-bas*), everywhere (*partout*), up (*en haut*), down (*en bas*), back (*derrière*)

come here
viens ici

iii) Adverbes de manière :

well (*bien*), clumsily (*maladroitement*), beautifully (*merveilleusement*), etc.

what's worth doing is worth doing well
ce qui vaut la peine d'être fait vaut la peine d'être bien fait

iv) Adverbes d'intensité :

rather (*plutôt*), quite (*assez*), very (*très*), hardly (*à peine*), extremely (*extrêmement*)

this gravy is rather good
cette sauce est plutôt bonne

B LES DIFFÉRENTES FORMES

a) *Les adverbes en* -ly

On ajoute normalement cette terminaison directement à l'adjectif :

sweet *gentil*	→	sweetly *gentiment*

Mais si l'adjectif se termine en -ic, on ajoute -ally :

intrinsic *intrinsèque*	→	intrinsically *intrinsèquement*	drastic *radical*	→	drastically *radicalement*

Les seules exceptions sont :

public *public*	→	publicly *publiquement*
politic *judicieux*	→	politicly *(rarement employé)* *judicieusement*

Pour les changements orthographiques (comme dans **happy** → **happily** ou **noble** → **nobly**), voir p. 254.

Remarquez que l'on prononce toujours la voyelle **-e** (c'est-à-dire le son /ɪ/) de **-ed** à l'intérieur d'un adverbe, qu'on la prononce dans l'adjectif correspondant ou pas :

assured [ə'ʃʊəd] *assuré*	→	assuredly [ə'ʃʊərɪdlɪ] *assurément*
offhanded [ɒf'hændɪd] *désinvolte*	→	offhandedly [ɒf'hændɪdlɪ] *avec désinvolture*

b) *Même forme que l'adjectif*

Certains adverbes ont la même forme que l'adjectif correspondant, par exemple :

in the far distance *(adj)* *tout au loin*	you don't have to go far *(adv)* *tu n'as pas besoin d'aller très loin*

Voir la liste d'adverbes et les exemples donnés dans la section C, 2 de ce chapitre.

c) **-wise**

On peut ajouter le suffixe **-wise** à des noms pour former un adverbe qui a le sens général de "en ce qui concerne" (quel que soit le nom) :

how's he feeling? – do you mean mentally or **healthwise**?
comment se sent-il ? – tu veux dire mentalement ou côté santé ?

Bien que cette construction soit très courante, elle a tendance à être plus employée à l'oral qu'à l'écrit, et elle n'est pas toujours considérée comme particulièrement élégante :

things are going quite well **schedule-wise**
les choses se passent assez bien en ce qui concerne nos prévisions

we're not really short of anything **furniture-wise**
nous ne manquons pas de grand-chose côté meubles

the town's quite good **restaurant-wise**
la ville a pas mal de restaurants

C L'EMPLOI

1 Fonctions de l'adverbe et des constructions adverbiales

Les adverbes et les groupes adverbiaux s'emploient pour modifier :

a) des verbes :

he spoke **well**
il a bien parlé

he spoke **in a loud voice**
il a parlé à haute voix

b) des adjectifs :

that's **awfully** nice of you
c'est vraiment gentil à vous

this isn't good **enough**
ça n'est pas assez bien

c) d'autres adverbes :

she didn't sing well **enough**
elle n'a pas assez bien chanté

it happened **extremely** quickly
ça s'est passé extrêmement vite

(Remarquez que **enough** suit l'adjectif ou l'adverbe qu'il modifie ; voir 3d) vi) p. 78)

d) des noms :

this is **rather** a mess
c'est plutôt en désordre

he's **quite** a hero
c'est un vrai héros

e) toute la phrase :

fortunately they accepted the verdict
par bonheur, ils ont accepté le verdict

amazingly enough, it was true
aussi incroyable que cela puisse paraître, c'était vrai

2 Les adverbes ayant la même forme que l'adjectif

Parmi ceux-ci on trouve :

far (*lointain – loin*) (voir B, b) ci-dessus), **fast** (*rapide – vite*), **hard** (*dur, difficile – dur*), **little** (*petit – peu*), **long** (*long – longtemps*), **early** (*matinal, en avance – tôt*), **only** (*seul – seulement*)

et un certain nombre en **-ly** dérivés de noms (faisant souvent référence au temps), par exemple :

daily (*quotidien – tous les jours*), **monthly** (*mensuel – tous les mois*), **weekly** (*hebdomadaire – toutes les semaines*), **deathly** (*cadavérique – comme la mort*), **leisurely** (*tranquille – sans se presser*)

Adjectif	Adverbe
this is a fast train *c'est un train rapide*	you're driving too fast *vous roulez trop vite*
it's a hard question *c'est une question difficile*	he worked hard *il a travaillé dur*
he bought a little house *il a acheté une petite maison*	little do you care! *ça t'importe peu !*
she was wearing a long dress *elle portait une longue robe*	have you been here long? *tu es là depuis longtemps ?*
you'll have to catch the early plane *il faudra que tu prennes le premier avion*	they arrived early *ils sont arrivés tôt*
she's an only child *elle est fille unique*	I've only got two tickets *je n'ai que deux billets*
do you get a daily newspaper? *vous achetez un quotidien ?*	there's a flight twice daily *il y a un vol deux fois par jour*
you'll receive this in monthly instalments *vous le recevrez en versements mensuels*	the list will be updated monthly *la liste sera mise à jour tous les mois*
a deathly silence fell on the spectators *un silence de mort s'abattit sur les spectateurs*	she was deathly pale *elle avait le teint blafard*
we took a leisurely stroll after lunch *nous sommes allés faire une petite balade tranquille après manger*	we spent a month travelling leisurely through the Loire Valley *nous avons passé un mois à voyager tranquillement dans la vallée de la Loire*

3 La position de l'adverbe

Remarque :

En anglais, l'adverbe ne peut pas se placer entre le verbe et le complément. On dira toujours :

they speak English well (*et jamais* they speak well English)
ils parlent bien anglais

Il faut donc faire attention à ne pas garder systématiquement la structure française. Lorsqu'il peut se placer au milieu d'une phrase, l'adverbe anglais se mettra toujours **devant** le verbe (ou entre l'auxiliaire et le verbe principal pour les temps composés) :

we often go to the cinema (*et jamais* we go often to the cinema)
on va souvent au cinéma

Certains adverbes peuvent se placer au début, au milieu ou à la fin de la phrase, alors que le choix est beaucoup plus restreint pour d'autres. Vous trouverez ci-dessous les différentes positions possibles des adverbes les plus courants.

a) *Les adverbes de temps*

i) S'ils font référence à un moment précis, on les place en début ou en fin de phrase (et non au milieu) :

tonight the shops close at 8
ce soir, les magasins ferment à 8 heures

I'll come and see you tomorrow
je viendrai te voir demain

Mais l'adverbe now est possible aux trois endroits dans la phrase car il peut aussi précéder le verbe :

I now see the point
je vois maintenant ce que vous voulez dire

ii) Si l'on fait référence à un moment imprécis, l'adverbe peut aussi se placer avant le verbe principal :

we soon got to know him
on a vite appris à le connaître

we have often talked about it
on en a souvent parlé

they have frequently discussed such matters
ils ont fréquemment discuté de tels sujets

Remarquez que les adverbes de fréquence never et always se placent toujours avant le verbe :

I always buy my shirts here
j'achète toujours mes chemises ici

we'll never know the truth
on ne connaîtra jamais la vérité

Mais les adverbes de fréquence se placent normalement après le verbe to be :

he's never late
il n'est jamais en retard

he was frequently in trouble with the police
il avait souvent des ennuis avec la police

S'il y a plus d'un auxiliaire, ces adverbes peuvent se mettre entre les deux auxiliaires ou devant le verbe principal :

she has frequently been/has been frequently visited by distant relatives
des parents lointains lui ont fréquemment rendu visite

b) *Les adverbes de lieu*

Ils ne peuvent pas se mettre au milieu de la phrase (entre le sujet et le verbe). Ils se placent en général en fin de phrase, c'est-à-dire qu'ils suivent le verbe (et le complément d'objet) :

they travelled everywhere
ils ont voyagé partout

I saw you there
je vous ai vu là-bas

he's doing some gardening outside
il est en train de jardiner dehors

Mais remarquez la position en début de phrase devant be, come et go :

there's the postman
voilà le facteur

here are your books
voici tes livres

here comes the bus
voilà le bus qui arrive

et devant des pronoms personnels avec ces mêmes verbes :

there he is
le voilà

here she comes
la voilà (qui arrive)

c) *Les adverbes de manière*

i) La position d'un adverbe de manière ne change pas le sens général de la phrase, sauf dans les cas où l'adverbe peut modifier le verbe ou la phrase entière (voir iv) ci-dessous). On peut souvent le placer où l'on veut, suivant les nuances ou le ton que l'on souhaite donner à la phrase. Néanmoins, la position en début de phrase est assez rare (voir iii) ci-dessous) :

they **stealthily** crept upstairs
they crept **stealthily** upstairs
they crept upstairs **stealthily**
ils ont monté les escaliers furtivement

stealthily, they crept upstairs
furtivement, ils ont monté les escaliers

she **carefully** examined the report
she examined the report **carefully**
elle examina le rapport avec attention

Mais, lorsque l'adverbe donne une information importante dans le contexte, il se met en fin de phrase. Comparez :

I **quickly** packed my bags and left
j'ai fait mes valises en vitesse et je suis parti

I packed my bags **quickly**, that's why I forgot my passport
j'ai fait mes valises en vitesse, voilà pourquoi j'ai oublié mon passeport

Dans la phrase suivante, une seule position est possible car l'adverbe constitue l'information générale :

they fought the war **intelligently**
ils ont mené la guerre avec intelligence

ii) Si le complément d'objet direct est extrêmement long, on évite de placer l'adverbe en fin de phrase :

she **carefully** examined the report sent to her by the Minister
elle examina attentivement le rapport envoyé par le ministre

iii) La position en tête de phrase est très descriptive et emphatique :

clumsily, he made his way towards the door
maladroitement, il se dirigea vers la porte

iv) Les adverbes de manière modifiant les phrases ou seulement les verbes :

Suivant la place qu'il a dans la phrase, l'adverbe va modifier la phrase entière ou bien le verbe seul. Comparez les phrases suivantes :

she spoke wisely at the meeting
elle a parlé avec sagesse durant la réunion

she wisely spoke at the meeting
elle a eu la sagesse de parler à la réunion

Voici des exemples analogues :

she spoke naturally and fluently *(modifie le verbe)*
elle parla avec naturel et aisance

she naturally assumed it was right *(modifie la phrase)*
elle supposa naturellement que c'était vrai

naturally, she assumed it was right *(modifie la phrase)*
naturellement, elle supposa que c'était vrai

she understood it clearly *(modifie le verbe)*
elle l'a bien compris

she clearly understood it *(modifie la phrase ou le verbe)*
de toute évidence, elle l'a compris
elle l'a bien compris

clearly, she understood it *(modifie la phrase)*
de toute évidence, elle l'a compris

Le mot enough peut aussi s'employer après un adverbe pour marquer le fait que l'adverbe est employé pour modifier la phrase :

funnily (enough), they both spoke at the meeting
aussi drôle que cela puisse paraître, ils ont tous les deux parlé lors de la réunion

d) *Les adverbes d'intensité*

i) Si les adverbes d'intensité modifient d'autres adverbes, des adjectifs ou des noms, ils viendront se placer juste devant ces mots :

she played extremely well
elle a joué extrêmement bien

it's rather a shame
c'est bien dommage

it's too difficult to define
c'est trop difficile à définir

Remarquez que les adverbes tels que **well** et **badly**, qui permettent d'évaluer la qualité de quelque chose, se placent toujours en fin de phrase :

she plays tennis **badly**
elle joue mal au tennis

sauf dans les tournures passives où l'adverbe viendra se placer entre l'auxiliaire **to be** et le verbe principal :

the bridge was **badly** built
le pont a été mal construit

ii) Sinon, les adverbes d'intensité (ainsi que ceux qui permettent d'attirer l'attention sur un élément de la phrase : **just**, **also**, **only**, etc.) précèdent normalement le verbe principal :

we **very much** enjoyed your book
nous avons beaucoup apprécié votre livre

I could **hardly** remember a thing
je ne me souvenais de presque rien

we **just** want to know the time of departure
nous voulons juste connaître l'heure du départ

they **also** went to France last year
ils sont aussi allés en France l'année dernière

Mais contrairement à **also**, l'adverbe **too** suit normalement les mots qu'il modifie et peut donc se placer aussi en fin de phrase :

you **too** should go and see the exhibition
toi aussi, tu devrais aller voir cette exposition

you should go and see that exhibition **too**
tu devrais aussi aller voir cette exposition

iii) **only** (*seulement*)

Only est en général placé avant le verbe, mais il peut aussi se mettre en début de phrase lorsqu'il fait référence au sujet :

only James came to visit her in hospital
seul James est venu la voir à l'hôpital

Cet adverbe pose rarement problème à l'oral, car le contexte, l'accentuation et l'intonation permettent de déduire son sens :

(a) Jayne only saw Gillian today
Jayne a seulement vu Gillian aujourd'hui
(mais elle ne lui a pas parlé)

(b) Jayne only saw Gillian today
Jayne n'a vu que Gillian aujourd'hui
(elle n'a vu personne d'autre)

(c) Jayne only saw Gillian today
Jayne n'a vu Gillian qu'aujourd'hui
(elle l'a vue seulement aujourd'hui)

Mais de telles différences sont difficiles à cerner à l'écrit, à moins que le contexte ne soit bien clair. Ainsi, dans l'exemple (b) à l'écrit, on changerait la place de l'adverbe de la façon suivante :

Jayne saw only Gillian today
Jayne n'a vu que Gillian aujourd'hui

et (c) deviendrait :

it was only today that Jayne saw Gillian
ce n'est qu'aujourd'hui que Jayne a vu Gillian

Pour l'exemple (a), on écrirait probablement le mot accentué en italique :

Jayne only *saw* Gillian today
Jayne n'a fait que voir Gillian aujourd'hui

iv) very ou much ? (*très/beaucoup*)

★ Devant des adjectifs dans leur forme de base, on emploie very :

these are very nice
ils sont très beaux

ainsi que devant des superlatifs en -est :

these are the very nicest flowers I've seen
ce sont les plus belles fleurs que j'aie jamais vues

Cependant, dans la construction au superlatif qui suit, much s'emploie devant le the du superlatif :

this is much the best example in the book
c'est de loin le meilleur exemple du livre

Pour le superlatif, voir **La comparaison**, p. 83.

★ Le comparatif est accompagné de much :

she's much taller than you
elle est bien plus grande que toi

she's much more particular
elle est beaucoup plus pointilleuse

Pour le comparatif, voir **La comparaison**, p. 83.

★ Il en est de même avec les adverbes :

you do it very well, but I do it much better
tu le fais très bien, mais je le fais bien mieux

★ Les verbes sont accompagnés de much (qui est lui-même modifié par very) :

I love you very much
je t'aime énormément

★ Avant les participes passés :

S'ils ont la fonction d'adjectif, on emploie very :

I'm very tired
je suis très fatigué

they were very offended
ils étaient extrêmement vexés

we're very interested in this house
nous sommes très intéressés par cette maison

I'm very pleased to meet you
je suis très heureux de faire votre connaissance

these suitcases are looking very used
ces valises ont l'air très usées

Mais s'ils ne sont pas considérés comme adjectifs en tant que tels, ou s'ils gardent leur fonction verbale, on emploie alors much, et non very :

these suitcases haven't been much used
ces valises n'ont pas été très utilisées

he has been much maligned
on l'a beaucoup calomnié

this has been much spoken about
on en a beaucoup parlé

his new house is much admired by people round here
les gens du coin ont beaucoup d'admiration pour sa nouvelle maison

Dans un langage légèrement familier, on préfère employer a lot à la place de much, en particulier à la forme affirmative (a lot se met après le verbe) :

these have been used a lot
ceux-ci ont été beaucoup utilisés

v) all (*tout*)

All peut s'employer comme adverbe d'intensité et signifie alors "tout", "complètement". Il peut se placer devant un adjectif, un participe passé, un adverbe ou un groupe prépositionnel :

she was all alone *(+ adjectif)*
elle était toute seule

I'm all for it *(+ préposition)*
je suis tout à fait pour

he was all covered in mud *(+ participe passé)*
il était tout couvert de boue

that's what I've been saying all along *(+ adverbe)*
c'est ce que je dis depuis le début

I forgot all about the meeting *(+ préposition)*
j'ai complètement oublié qu'il y avait une réunion

et devant des comparatifs :

I've stopped smoking and feel all the better for it
j'ai arrêté de fumer et je me sens tellement mieux

it makes her all the more interesting
ça la rend encore plus intéressante

vi) enough (*assez*)

Lorsqu'il est employé comme adverbe, enough se place après l'adjectif :

he isn't big enough for that yet
il n'est pas encore assez grand pour ça

On l'emploie aussi après un nom employé comme adjectif attribut :

he isn't man enough for the job
il n'a pas la carrure suffisante pour ce travail

Remarquez que enough peut séparer l'adjectif du nom :

it's a decent enough town
c'est pas mal comme ville

e) *Les adverbes modifiant toute la phrase*

i) Tout comme la plupart des adverbes de manière (voir c) i) ci-dessus), ces adverbes peuvent se placer à différents endroits dans la phrase, selon l'importance que l'on veut leur donner :

fortunately, he stopped in time
heureusement, il s'est arrêté à temps

he fortunately stopped in time
il s'est heureusement arrêté à temps

he stopped in time, fortunately
il s'est arrêté à temps, heureusement

ii) Les adverbes probably, certainly et definitely se placent presque toujours au milieu de la phrase (juste avant le verbe) :

he'll probably come later
il va probablement venir plus tard

I definitely saw him yesterday
je suis sûre de l'avoir vu hier

Mais perhaps et surely se mettent habituellement en début de phrase :

perhaps he'll come
il va peut-être venir

surely you must be joking!
vous plaisantez, j'espère ?

f) *La place de l'adverbe de négation* not

i) Not précède le groupe adverbial qu'il modifie :

is he here? – not yet
est-ce qu'il est là ? – pas encore

do you mind? – not at all
ça ne te dérange pas ? – pas du tout

he speaks not only English, but also French
il parle non seulement anglais, mais aussi français

he lives not far from here
il n'habite pas loin d'ici

Dans l'exemple suivant, c'est absolutely (*absolument*) qui qualifie not, et non le contraire :

have you said something to her? – absolutely not
tu lui as dit quelque chose ? – absolument pas

ii) Not suit le verbe to be :

he is not hungry
il n'a pas faim

iii) À la forme négative, on ajoute not après l'auxiliaire ou -n't directement à l'auxiliaire. Not (ou -n't) se met normalement après le premier auxiliaire :

he **does not/doesn't** smoke
il ne fume pas

they **would not/wouldn't** have seen her
ils ne l'auraient pas vue

Mais dans des questions, la forme complète de **not** suit le sujet, tandis que **-n't** le précède, puisqu'il est lié à l'auxiliaire :

did they not go there last year?
didn't they go there last year?
n'y sont-ils pas allés l'an dernier ?

have they not already been there?
haven't they already been there?
ne sont-ils pas déjà allés là-bas ?

iv) En anglais américain, **not** peut précéder un subjonctif :

it is important that he **not be** informed of this
il est important qu'il n'en soit pas informé

v) Remarquez aussi les emplois suivants :

did you do it? – **not me** *(Fam)*
c'est toi qui l'as fait ? – non, c'est pas moi

will she come? – **I hope not**
est-ce qu'elle viendra ? – j'espère que non

Ici **not** est la négation de **will come** (**I hope she won't come** *j'espère qu'elle ne viendra pas*). Pour cet emploi de **not** avec **hope**, voir p. 126.

g) *L'emploi de* **some/any**, **something/anything** *comme adverbes*

i) **Some** est utilisé comme adverbe :

devant des nombres = "à peu près", "autour de" :

some fifty people were present
il y avait une cinquantaine de personnes présentes

avec **more** :

talk to me **some more**
parle-moi encore un peu

seul, en anglais américain :

we talked **some**
on a un peu parlé

ii) **Any** est utilisé comme adverbe devant les comparatifs :

he isn't **any less** of a friend in spite of this
malgré cela, il n'en est pas moins mon ami

I refuse to discuss this **any further**
je refuse de continuer cette discussion

iii) **Something** et **anything** sont aussi employés comme adverbes devant **like**. **Something** a alors le sens de "plutôt" ou "environ" et **anything** le sens de "rien" :

it looks **something like** a Picasso
ça ressemble à du Picasso

something like fifty or sixty people were present
il y avait environ cinquante à soixante personnes présentes

it wasn't **anything like** I had imagined
ça n'avait rien à voir avec ce que j'avais imaginé

On entend parfois des expressions dans lesquelles **something** est utilisé comme adverbe d'intensité. Il s'agit là d'un emploi régional ou familier, grammaticalement incorrect :

it hurts **something** awful!
ça fait vachement mal !

she fancies him **something** rotten
elle est dingue de lui

Pour l'emploi de **some/any** comme adjectifs ou pronoms indéfinis et de **something/anything** comme pronoms, voir pp. 113-16.

h) *L'emploi de* **no** *et* **none** *comme adverbes*

i) **No** est adverbe lorsqu'il est employé devant un comparatif :

he earns **no more than** £15,000 a year
il ne gagne pas plus de 15 000 livres par an

ii) **None** est aussi adverbe devant **the** + comparatif :

she's **none the worse** for her adventure
son aventure ne lui a pas fait de mal

he's taken some medicine but is feeling **none the better**
il a pris des médicaments, mais il ne se sent pas mieux pour autant

after his explanation we were all **none the wiser**
malgré ses explications, nous n'étions pas plus avancés

Dans ce dernier exemple, on aurait aussi pu dire : **none of us** was **any the wiser** after his explanation (voir g) ii) ci-dessus).

Pour l'emploi de **no** comme adjectif et de **none** comme pronom, voir p. 117.

i) *L'emploi de* **either**, **neither** *et* **nor** *comme adverbes*

i) L'adverbe **either** n'est utilisé que dans des propositions négatives. Dans les phrases affirmatives, on emploiera **too** (voir d) ii) p. 75) :

I **can't** do it **either**	I **can** do **it too**
je ne peux pas le faire non plus	*je peux le faire aussi*

ii) Les adverbes **neither** et **nor** sont utilisés dans les propositions qui suivent les propositions négatives. Attention à l'inversion sujet-auxiliaire :

I can't swim and **neither/nor can she**
je ne sais pas nager, et elle non plus

I can't swim – **neither/nor can I** *(ou* **me neither** *dans un style familier)*
je ne sais pas nager – moi non plus

I don't like coffee, **nor do I** like tea
je n'aime pas le café et je n'aime pas le thé non plus

I don't like coffee, (and) **nor/neither does she**
je n'aime pas le café, et elle non plus

Voir aussi Les conjonctions, pp. 238-9, ainsi que Les pronoms et les adjectifs indéfinis, pp. 123-4.

5 La comparaison

1 Les formes

Le comparatif et le superlatif des adjectifs et des adverbes se forment de la même manière.

a) Il existe trois degrés de comparaison : **le positif** (forme de base), **le comparatif** et **le superlatif** :

sweet *doux*	beautiful *beau*	(positif)
sweeter *plus doux*	more beautiful *plus beau*	(comparatif)
sweetest *le plus doux*	the most beautiful *le plus beau*	(superlatif)

Pour les changements orthographiques résultant de l'addition de -er, -est (happy - happier ou big - bigger), voir pp. 254-6.

b) -er/-est ou more/most ?

i) Plus l'adjectif est court, plus il est probable que son comparatif et son superlatif se forment en ajoutant -er et -est. Ceci concerne tout particulièrement les adjectifs monosyllabiques, comme keen, fine, late, wide, neat, etc. Des adjectifs très courants tels que big ou fast prennent toujours la forme -er/-est. Il en est de même pour les adverbes qui ont la même forme que l'adjectif correspondant (voir pp. 69-70) :

a faster car *(adj)*
une voiture plus rapide

I can run faster than you think *(adv)*
je peux courir plus vite que tu ne crois

if he could just work a little harder! *(adv)*
si seulement il pouvait travailler un peu plus !

Si les adjectifs ont deux syllabes, on trouve les formes -er/-est et more/most, les suffixes -er/-est étant particulièrement courants avec les adjectifs qui se terminent en -y, -le, -ow, -er :

noisy : this is the noisiest pub I've ever seen
c'est le pub le plus bruyant que j'aie jamais vu

feeble : this is the feeblest excuse I've heard
c'est la plus mauvaise excuse que j'aie entendue

shallow : the stream is shallower up there
le ruisseau est moins profond en amont

clever : she's the cleverest of them all
c'est la plus intelligente de tous ou *de toutes*

Les adjectifs formés à partir d'autres adjectifs dissyllabiques peuvent prendre -er/-est ou s'employer avec more/most :

she's unhappier than she has ever been
elle est plus malheureuse que jamais

he's got the untidiest room in the whole house
il a la chambre la plus mal rangée de toute la maison

ii) Les adjectifs de plus de deux syllabes s'utilisent avec more au comparatif et the most au superlatif :

this is the most idiotic thing I ever heard!
c'est la chose la plus idiote que j'aie entendue !

I prefer a more traditional Christmas
je préfère un Noël plus traditionnel

she's getting more and more predictable
il devient de plus en plus facile de deviner ce qu'elle va faire

iii) Les adjectifs formés à partir de participes passés s'emploient avec more et the most :

she's more gifted than her sister
elle est plus douée que sa sœur

the most advanced students
les étudiants les plus avancés

that's the most bored I've ever been!
je ne me suis jamais autant ennuyé !

Tired peut prendre les terminaisons -er/-est.

iv) Les adverbes formés à partir de l'adjectif + -ly ont un comparatif et un superlatif construits avec more et the most :

the most recently published works in this field
les ouvrages publiés le plus récemment dans ce domaine

Mais early, qui n'est pas dérivé d'un adjectif sans -ly, prend

-er/-est. Il a la même forme que l'adjectif et se comporte donc de la même manière (voir l'explication concernant les adjectifs dissyllabiques, b) ii) ci-dessus) :

we arrived earlier than we expected
nous sommes arrivés plus tôt que prévu

v) Si la comparaison se fait entre deux adjectifs (comme choix de mots), on ne peut employer que more :

this sauce is more sweet than sour
cette sauce est plus douce qu'aigre

c) Les comparatifs et superlatifs irréguliers

Quelques adjectifs et adverbes ont un comparatif et un superlatif irréguliers.

bad *(adj)* *mauvais*	worse *pire*	the worst *le pire*
badly *(adv)* *mal*	worse *pire*	the worst *le pire*
far *(adj)* *éloigné, lointain*	further/farther *plus éloigné*	the furthest/the farthest *le plus éloigné*
far *(adv)* *loin*	further/farther *plus loin*	the furthest/the farthest *le plus loin*
good *(adj)* *bon*	better *meilleur*	the best *le meilleur*
well *(adv)* *bien*	better *meilleur*	the best *le meilleur*
little *(adj)* *peu de, petit*	less/lesser *moins de/moindre*	the least *le moins de/moindre*
little *(adv)* *peu*	less *moins*	the least *le moins*
many *(adj)* *beaucoup de*	more *plus de*	the most *le plus de*
much *(adv ou adj*)* *beaucoup (de)*	more *plus (de)*	the most *le plus (de)*

*much peut être adjectif avec les indénombrables (voir pp. 116-17) et dans les structures interrogatives ou négatives (there isn't much cake left *il ne reste pas beaucoup de gâteau*). Le contraire de much est l'adjectif little.

Le comparatif régulier de **late** (*tard*) est **later** (*plus tard*) et le superlatif, **the latest** (*le plus récent*). Remarquez aussi que **late** possède un comparatif et un superlatif irréguliers avec des significations différentes : **latter** (*le second*) et **the last** (*le dernier*).

De même, **old** (*vieux*) possède un comparatif et un superlatif réguliers, **older** (*plus vieux*) et **the oldest** (*le plus vieux*), ainsi qu'une forme irrégulière : **elder** (*plus vieux*) et **the eldest** (*aîné*).

Pour les différences d'usage entre **the latest** et **the last**, **the oldest** et **the eldest**, **further/the furthest** et **farther/the farthest**, voir les cas particuliers p. 88.

Pour l'emploi du comparatif et du superlatif (et les variantes), voir ci-dessous et pp. 76-7.

d) Le comparatif d'égalité

On forme le comparatif d'égalité avec la construction **as... as** :

he's **as** funny **as** his father
il est aussi drôle que son père

she's **as** pretty **as** a picture
elle est mignonne comme tout

e) Les comparatifs d'infériorité et superlatifs d'infériorité

Le comparatif d'infériorité se forme avec **less... than**, et le superlatif d'infériorité avec **the least** + adjectif :

he's **less** successful **than** his brother
il a moins de succès que son frère

he is **the least** successful of the three brothers
c'est celui des trois frères qui a le moins de succès

On peut également exprimer l'infériorité en employant le comparatif d'inégalité, **not as/so... as** :

he's **not as/so** successful **as** his brother
il n'a pas autant de succès que son frère

Remarquez que **so** ne peut être utilisé qu'à la forme négative.

f) "plus/moins..., plus/moins..."

Pour traduire la tournure française "plus/moins..., plus/moins..." l'anglais utilise le comparatif précédé de **the** :

the hotter it gets, **the less** I want to work
plus il fait chaud, moins j'ai envie de travailler

the less I see of him the better!
moins je le vois, mieux je me porte !

Remarquez les expressions proverbiales :

the sooner the better
le plus tôt sera le mieux

the more the merrier
plus on est de fous, plus on rit

2 L'emploi

a) Dans les comparaisons, than se traduit par "que" :

it's hotter here than in Spain
il fait plus chaud ici qu'en Espagne

b) Le comparatif est employé quand deux personnes ou deux choses sont comparées :

of the two, she is the cleverer
des deux, elle est la plus intelligente

Dans l'anglais parlé d'aujourd'hui, certains emploient aussi le superlatif :

of the two, she is the cleverest
des deux, elle est la plus intelligente

sauf, bien sûr, quand than suit (she is cleverer than her brother *elle est plus intelligente que son frère*).

c) Quand plus de deux personnes ou choses sont comparées, on emploie le superlatif :

she is the cleverest in the class
c'est la plus intelligente de la classe

d) Dans certains cas, le comparatif est employé non pas pour marquer le degré, mais le contraste. Cela s'applique surtout pour les adjectifs qui n'ont pas de forme de base :

former/latter
premier/dernier

inner/outer
intérieur/extérieur

upper/lower
supérieur/inférieur

lesser/greater
petit/grand

Ces adjectifs, dans ce sens, sont toujours épithètes.

e) Le superlatif absolu :

Il permet de renforcer un adjectif, et non de comparer des choses ou des personnes. On emploie normalement most au lieu de -est, même avec des adjectifs monosyllabiques (cet emploi de most fait partie d'un registre soutenu ou littéraire) :

this is most kind!
c'est très gentil !

I thought his lecture was most interesting
j'ai trouvé que sa conférence était des plus intéressantes

Mais on peut également employer un superlatif en -est comme épithète :

she was rather plain but had the sweetest smile
elle n'était pas très jolie, mais elle avait un sourire magnifique

please accept my warmest congratulations!
veuillez accepter mes plus chaleureuses félicitations !

3 Cas particuliers

a) further/the furthest et farther/the farthest

Further est d'un usage plus courant que farther quand on fait référence à la distance (et lorsqu'il est employé comme adverbe) :

this is the furthest (farthest) point
c'est le point le plus éloigné

(En tant qu'adverbe : I can't go any further (farther) *je ne peux pas aller plus loin*)

Si on fait référence au temps ou à un nombre, on ne peut employer que further :

any further misdemeanours and you're out
une autre incartade et tu sors

this must be delayed until a further meeting
ceci doit être reporté à un prochain meeting

anything further can be discussed tomorrow
pour le reste, on verra demain

et comme adverbe :

don't try my patience any further
n'abuse pas de ma patience

the police want to question him further
la police veut encore l'interroger

b) later/latest et latter/last

Later et latest font référence au temps, latter et last à un ordre, à une série :

(a) his latest book is on war poetry
son dernier livre en date est sur la poésie en temps de guerre

(b) his last book was on war poetry
son dernier livre était sur la poésie en temps de guerre

Latest en (a) a le sens de “le plus récent”, alors que last en (b) fait référence au dernier d’une série de livres.

Pour latter, voir Les **nombres**, p. 249. Notez, de plus, que latter sous-entend une division en deux, comme dans the latter part of the century (*la deuxième moitié du siècle*).

c) less/lesser

Less est quantitatif, the lesser est qualitatif :

use less butter
prenez moins de beurre

the lesser of two evils
le moindre mal

it’ll take less time if you go by train
vous mettrez moins de temps en train

there’s a lesser degree of irony in this novel
il y a moins d’ironie dans ce roman

d) older/oldest et elder/eldest

Elder et eldest ne font en général référence qu’aux liens familiaux :

this is my elder/eldest brother
c’est mon frère aîné

bien que older puisse aussi s’utiliser dans ce contexte. Si than (*que*) suit, seul older est possible :

my brother is older than I am
mon frère est plus vieux que moi

Remarquez l’emploi de elder comme nom :

listen to your elders
écoute tes aînés

the elders of the tribe
les anciens de la tribu

she is my elder by two years
elle est mon aînée de deux ans

6 LES PRONOMS PERSONNELS

	SINGULIER	PLURIEL
1ère	I/me	we/us
2ème	you	you
3ème	he/him, she/her, it	they/them

Voir pp. 250-2 pour l'ordre des pronoms personnels dans une phrase.

Dans le tableau ci-dessus, la première forme de chaque paire est la forme du sujet, la seconde étant celle des autres emplois :

she's not here yet *(sujet)*
elle n'est pas encore là

Jane didn't see her *(complément d'objet direct)*
Jane ne l'a pas vue

Jane wrote her a letter *(complément d'objet indirect)*
Jane lui a écrit une lettre

it's her!
c'est elle !

with/for her
avec/pour elle

You correspond, en français, à toutes les formes de la deuxième personne du singulier et du pluriel (*tu, toi, te, vous*)

a) *Pronoms sujets ou pronoms compléments ?*

i) Les pronoms I, you, he, she, it, we, they s'utilisent comme sujets :

my wife and I are always there
ma femme et moi, nous sommes toujours là

Cependant, on entend parfois à l'oral des phrases incorrectes où le pronom complément est employé à la place du pronom sujet :

me and my wife are always there *(Fam)*

Mais, de manière générale, on utilise souvent en anglais le pronom complément (me, you, him, her, it, us, them) là où en français on utilise les pronoms "moi", "toi", etc. :

who is it? – it's me
qui est-ce ? – c'est moi

who did it? – me (ou I did)
qui a fait cela ? – moi

Cependant, si une proposition relative suit, il est assez courant d'utiliser la forme sujet, à condition que le pronom relatif fasse fonction de sujet. Ainsi, on dira :

it was I who did it ou : it was me that did it *(Fam)*
c'est moi qui l'ai fait

mais toujours : it was me (that) you spoke to
c'est à moi que vous avez parlé

Comme en français, le pronom complément s'utilise après une préposition :

we have a long day in front of us
nous avons une longue journée devant nous

have you got any cash on you?
avez-vous du liquide sur vous ?

he has his whole life before him
il a toute la vie devant lui

ii) On place généralement le pronom complément après than et as (si aucun verbe ne suit) :

she's not as good as him, but she's better than me
elle n'est pas aussi bonne que lui, mais elle est meilleure que moi

mais si un verbe suit, c'est le pronom sujet qui doit être employé :

she's not as good as he is, but she's better than I am
elle n'est pas aussi bonne que lui, mais elle est meilleure que moi

Cependant, dans un style plus soutenu, le pronom sujet peut être placé en position finale après than et as, et surtout après than :

he is a better player than I
il joue mieux que moi

b) *Omission du pronom sujet*

On omet bien sûr les pronoms sujets à l'impératif :

don't say a word!
ne dis rien !

Mais on peut les utiliser pour renforcer le sens de l'impératif (par exemple, pour proférer une menace) :

don't you say a word!
je t'interdis de dire quoi que ce soit !

just you try!
essaye un peu pour voir !

c) **He**, **she** *ou* **it** ?

Le pronom **it** s'emploie pour désigner des choses et des animaux alors que les pronoms **he** (**him, his**) ou **she** (**her**) s'emploient pour des personnes. Cependant, **he** (**him, his**) ou **she** (**her**) peuvent s'utiliser à la place de **it** dans des cas bien particuliers :

i) Les animaux :

On emploie **it** lorsque l'on parle d'un animal en général (c'est-à-dire de l'espèce), et **he**/**she** quand on connaît bien l'animal dont il est question :

have you seen the cat? — I think **she**'s gone out
est-ce que tu as vu la chatte ? – je crois qu'elle est sortie

the dog is hungry, would you mind feeding **him**?
le chien a faim, est-ce que tu veux bien lui donner à manger ?

ii) Les moyens de transport :

Le pronom qui s'utilise habituellement pour désigner un moyen de transport est **it** :

where's the car? – **it**'s in the driveway
où est la voiture ? – elle est dans l'allée

this ship is larger than that one, and **it** has an extra funnel
ce bateau est plus grand que celui-là, et il a une cheminée de plus

Cependant, on peut trouver parfois le pronom féminin pour une voiture. Par cet emploi, le locuteur montre qu'il est attaché à sa voiture :

she's been a long way, this old car
elle en a fait du chemin, cette vieille voiture

Il arrive aussi que le féminin soit employé pour un bateau, dans un style très soutenu ou littéraire :

I saw the QE2 when **she** first sailed
j'ai vu le Queen Elizabeth II lors de sa première sortie en mer

iii) Les pays :

On emploie pratiquement toujours **it** pour les pays, mais on peut trouver aussi le pronom féminin (emploi rare et littéraire) :

Denmark will remember those who died for **her**
le Danemark se souviendra de ceux qui sont morts pour lui

d) **It** *sans référence*

i) Comme en français, on peut utiliser en anglais le pronom impersonnel **it** pour parler du temps, donner des jugements, décrire des situations, etc. :

it's raining
il pleut

it's freezing in here
on se gèle ici

it's wrong to steal
il ne faut pas voler

what's it like outside today?
il fait quel temps dehors aujourd'hui ?

it's very cosy here
c'est très confortable ici

it's clear that they don't like it
il est clair que ça ne leur plaît pas

it's not easy to raise that sort of money
ce n'est pas facile de trouver une telle somme d'argent

it looks as if they've left
on dirait qu'ils sont partis

Et aussi pour faire référence à un point précis dans l'espace ou dans le temps :

it's ten o'clock
il est dix heures

it's 10th June
c'est le 10 juin

it's time to go
il est temps de partir

it's at least three miles
ça fait au moins cinq kilomètres

Mais si on évoque la durée, on emploie **there** :

there's still time to put things right
il reste du temps pour arranger les choses

Remarquez aussi la phrase **it says** (*on dit, il est dit*) pour faire référence à un texte :

it says in today's newspaper that they're getting divorced
on dit dans le journal d'aujourd'hui qu'ils vont divorcer

ii) **It** peut aussi être utilisé de façon impersonnelle, surtout dans des expressions toutes faites :

that's it! (= that's right)
c'est ça !

beat it! *(Fam)*
va-t'en !

she thinks she's it *(Fam)*
elle s'y croit

she has it in for him *(Fam)*
elle a une dent contre lui

e) *Emploi collectif*

You, **we** et **they** sont souvent employés de façon collective pour désigner les gens en général. Le pronom **they** exclut normalement le locuteur :

you don't see many phone boxes any more
on ne voit plus beaucoup de cabines téléphoniques

I'm afraid we simply don't treat animals very well
j'ai bien peur qu'on ne traite pas très bien les animaux

they say he won the lottery
il paraît qu'il a gagné au loto

i) You est employé pour faire une remarque sur une situation :

you never can find one when you need one
on n'en trouve jamais quand on en a besoin

you never can be too careful
on n'est jamais trop prudent

ii) You est également employé pour donner des instructions :

you first crack the eggs into a bowl
cassez d'abord les œufs dans un saladier

you must look both ways before crossing
il faut regarder des deux côtés de la route avant de traverser

Pour l'emploi de one, voir ci-contre.

f) *Un emploi particulier de* we

We s'utilise parfois à la place de la deuxième personne du singulier et du pluriel (= *tu*, *vous*) et équivaut au "nous" de condescendance ou ironique :

have we all done our homework, class?
alors, on a tous fait ses devoirs ?

how are we feeling today, then?
eh bien, comment allons-nous aujourd'hui ?

g) *Emploi de* they

i) L'emploi de they collectif est devenu très courant, pour ren voyer à somebody, someone, anybody, anyone, everybody, everyone, nobody, no one. Le they collectif évite le he or she maladroit (parfois écrit s/he).

Certains considèrent malheureux l'emploi de he seul comme pronom collectif signifiant "les gens". Le they (their, them(selves)) collectif est maintenant courant dans l'anglais parlé et parfois écrit (même si on ne fait référence qu'à un sexe) et offre un moyen pratique d'éviter de s'exprimer d'une façon qui pourrait être jugée sexiste :

if **anybody** has anything against it, **they** should say so
si certains sont contre, qu'ils le disent

everybody grabbed **their** possessions and ran
tout le monde a ramassé ses affaires et s'est enfui

somebody has left **their** bike right outside the door
quelqu'un a laissé son vélo juste devant la porte

Cet emploi est de plus en plus courant avec des noms précédés **any**, **some** ou **no**.

some person or other has tampered with my files – they'll be sorry
quelqu'un a touché à mes dossiers sans permission – il va le regretter

no child is allowed to leave until **they** have been seen by a doctor
aucun enfant ne pourra sortir avant d'avoir été examiné par un médecin

Pour l'emploi de **one**, voir ci-dessous.

ii) **They** est employé pour faire référence à une (ou plusieurs) personne(s) que l'on ne connaît pas, mais qui représente(nt) l'autorité, le pouvoir, le savoir :

they're going to have to close the factory
ils vont devoir fermer l'usine

they should be able to repair it
ils devraient pouvoir le réparer

they will be able to tell you at the advice centre
on pourra vous renseigner au bureau d'information

when you earn a bit of money they always find a way of taking it off you
quand on gagne un peu d'argent, ils trouvent toujours un moyen pour vous en prélever

h) *Le pronom personnel indéfini* **one**

One peut s'employer comme sujet et comme complément d'objet. La forme possessive est **one's** et la forme réfléchie, **oneself**. L'emploi de **one** est soutenu ; ce pronom ne s'utilise que très rarement aujourd'hui.

i) Si **one** est pris dans un sens collectif, le locuteur s'inclut dans “les gens en général” :

well, what can one do? one is not supposed to do that
eh bien, qu'est-ce qu'on peut faire ? on n'est pas censé faire ça

Il est à noter qu'en anglais américain, le pronom masculin de la troisième personne peut suivre one :

one shouldn't take risks if he can avoid it
on ne devrait pas prendre de risques si on peut l'éviter

One offre un moyen pratique d'éviter les erreurs d'interprétation de you. En effet, l'emploi collectif you est parfois source d'ambiguïté. Dans la phrase suivante par exemple, on ne sait pas si you est utilisé de manière générale ou s'il renvoie à l'interlocuteur :

you need to be ruthless if you want to get anywhere in this world
tu dois être impitoyable si tu veux réussir dans la vie

Pour être plus précis, un locuteur désirant énoncer une généralité, et non pas faire référence à un individu en particulier, préférera utiliser la phrase suivante :

one needs to be ruthless if one wants to get anywhere in this world
il faut être impitoyable si l'on veut réussir dans la vie

ii) L'emploi de one pour la première personne, c'est-à-dire à la place de I (*je*) ou we (*nous*), est maintenant considéré comme un style précieux :

seeing such misery has taught one to appreciate how lucky one is in one's own country
le spectacle de tant de misère nous a appris à apprécier la chance que nous avons dans notre pays

i) It *ou* so *?*

Pour l'emploi de so comme pronom, voir p. 126.

Le pronom personnel it ne s'utilise pas de la même manière que so. Comparez :

(a) I can't believe he said it
je n'arrive pas à croire qu'il l'ait dit

(b) you'll do it because I said so
tu vas le faire parce que je l'ai dit

En (a), le pronom it est un complément d'objet ; il renvoie à quelque chose de très précis. En (b), so est plus vague ; il renvoie au *fait* que le locuteur l'ait dit.

7 LES PRONOMS RÉFLÉCHIS

	Singulier	**Pluriel**
1ère	myself (*moi-même*)	ourselves
2ème	yourself	yourselves
3ème	himself, herself, itself, oneself	themselves

a) *Employés comme attributs, compléments d'objet direct, compléments d'objet indirect et après des prépositions pour renvoyer au sujet*

I am not myself today *(attribut)*
je ne me sens pas bien aujourd'hui

she has burnt herself *(complément d'objet direct)*
elle s'est brûlée

we gave ourselves a treat *(complément d'objet indirect)*
on s'est fait plaisir

why are you talking to yourself? *(après une préposition)*
pourquoi est-ce que tu parles tout seul ?

b) *Emploi d'intensité*

Lorsque le locuteur souhaite donner une certaine intensité à ce dont il parle, il emploie souvent un pronom réfléchi :

you're quite well-off now, aren't you? – you haven't done so badly yourself
tu es plutôt riche maintenant, n'est-ce pas ? – tu ne t'es pas si mal débrouillé non plus

only they themselves know whether it is the right thing to do
eux seuls savent si c'est la bonne chose à faire

get me a beer, will you? – get it yourself
tu vas me chercher une bière, s'il te plaît ? – va te la chercher toi-même

La position du pronom réfléchi peut modifier le sens de la phrase :

the Queen wanted to speak to him herself
la Reine a voulu lui parler elle-même

mais :

the Queen herself wanted to speak to him
la Reine elle-même a voulu lui parler (c'est-à-dire la Reine en personne)

c) *Après* as, like, than *et* and

Après ces mots, il n'est pas rare de voir les pronoms réfléchis utilisés à la place des pronoms personnels car on hésite parfois entre la forme sujet et la forme complément (voir **Les pronoms personnels** pp. 90-1). Mais cet emploi est familier et grammaticalement incorrect :

he's not quite as old as myself
il n'est pas aussi âgé que moi

like yourself, I also have a few family problems
comme vous, j'ai aussi quelques problèmes familiaux

d) *Verbes réfléchis*

i) Quelques rares verbes ne sont que réfléchis, par exemple :

absent oneself *s'absenter*	ingratiate oneself *se faire bien voir*
avail oneself of *utiliser*	perjure oneself *se parjurer*
demean oneself *s'abaisser*	pride oneself *s'enorgueillir*

ii) D'autres ont des significations totalement différentes lorsqu'ils sont réfléchis et lorsqu'ils ne le sont pas :

he applied for the post
il a posé sa candidature pour le poste

he should apply himself more to his studies
il devrait se consacrer davantage à ses études

the jury acquitted him at the trial
le jury l'a acquitté au procès

he acquitted himself well in the recent championships
il s'en est bien sorti lors des récents championnats

iii) Et il existe plusieurs verbes dont le sens demeure le même, que le verbe soit réfléchi ou non :

they always behave (themselves) in public
ils se conduisent toujours bien en public

we found it very difficult to adjust (ourselves) to the humid climate
nous avons trouvé très difficile de nous adapter au climat humide

Notez que l'élément réfléchi peut ajouter la notion de détermination. Comparez :

(a) he proved to be useful
il a fini par être utile

(b) he'll have to prove himself more useful if he wants to keep his job
il va falloir qu'il se montre plus utile s'il veut garder son travail

(c) the crowd pushed forward
la foule avançait

(d) the crowd pushed itself forward
la foule s'avançait

Dans l'exemple (d), il y a plus de détermination que dans l'exemple (c).

8 LES POSSESSIFS

a) *Forme et emploi des possessifs*

LES ADJECTIFS POSSESSIFS

	SINGULIER	**PLURIEL**
1ère	my (*mon, ma, mes*)	our (*notre, nos*)
2ème	your (*ton, ta, tes ; votre, vos*)	your (*votre, vos*)
3ème	his (*son, sa, ses*)	their (*leur, leurs*)
	her (*son, sa, ses*)	
	its (*son, sa, ses*)	

LES PRONOMS POSSESSIFS

	SINGULIER	**PLURIEL**
1ère	mine (*le mien*, etc.)	ours
2ème	yours	yours
3ème	his, hers, its	theirs

Remarque :

Il existe trois formes à la troisième personne du singulier ; on les utilise selon que le possesseur est de sexe masculin ou féminin ou qu'il est neutre. Il est important de se souvenir qu'il n'y a pas de genres grammaticaux en anglais et que le choix entre his/her dépend uniquement du sexe du possesseur. Pour les objets et les animaux, on emploie its (voir ci-dessous) :

who is that man?
qui est cet homme ?

what is his name?
quel est son nom ?

who is that woman?
qui est cette femme ?

what is her name?
quel est son nom ?

what street is this?
quelle est cette rue ?

what is its name?
quel est son nom ?

Dans les cas particuliers où **he/she** désignent des animaux ou des objets (voir **Les pronoms personnels** pp. 92-3), on emploie les possessifs correspondants :

our dog's hurt **his/its** paw
notre chien s'est fait mal à la patte

the lion is hunting **its** prey
le lion chasse sa proie

Les pronoms possessifs anglais ne permettent pas de distinguer le nombre du nom auquel ils renvoient (la forme du pronom est la même, que l'antécédent soit singulier ou pluriel). Cette information nous est donnée par les pronoms personnels, les verbes qui suivent ou le contexte. Par ailleurs, si l'on veut traduire la phrase anglaise, il est nécessaire de connaître l'antécédent pour savoir le genre que l'on doit utiliser en français :

mine is this one
le mien/la mienne, c'est celui-ci/celle-ci

mine are these ones
les miens/les miennes, ce sont ceux-là/celles-là

ours is much younger (= our daughter)
la nôtre est beaucoup plus jeune

ours are much younger (= our children)
les nôtres sont beaucoup plus jeunes

they've bought **their tickets** *(adj)*/they've bought **theirs** *(pron)*
ils ont acheté leur(s) billet(s)/ils ont acheté le(s) leur(s)

Dans ce dernier exemple, la phrase anglaise ne permet pas de savoir s'ils ont acheté un billet chacun ou plusieurs. Seul le contexte peut nous renseigner. Cet emploi du pluriel distributif après l'adjectif possessif anglais est expliqué pp. 49-50.

Remarquez le "double génitif" (voir p. 54) avec les pronoms possessifs :

he's an old friend **of mine**
c'est un vieil ami à moi ou *un de mes vieux amis*

that mother **of hers** is driving me mad
sa mère me rend fou

b) *Adjectif possessif ou article ?*

L'adjectif possessif anglais correspond très souvent en français à l'article défini, notamment lorsque l'on parle d'une partie du corps ou d'un vêtement :

he put **his** hands behind **his** back
il a mis les mains derrière le dos

she's broken **her** leg
elle s'est cassé la jambe

what have you got in **your** pockets?
qu'est-ce que tu as dans les poches ?

my head is spinning
j'ai la tête qui tourne

En général, on emploie l'article défini après une préposition (bien que l'adjectif possessif soit aussi possible) :

he grabbed her **by the** hair
il l'a attrapée par les cheveux

he was punched **on the** nose
il a reçu un coup de poing dans le nez

Mais si le mot est qualifié par un adjectif, on emploiera l'adjectif possessif à la place de l'article :

he grabbed her **by her long** hair
il l'a attrapée par ses longs cheveux

Voir aussi Le pluriel distributif dans le chapitre **Les noms**, pp. 49-50.

9 Les démonstratifs

Singulier	Pluriel
this, that	these, those

Les formes sont les mêmes pour l'adjectif démonstratif (ce, cette, ces, etc.) et le pronom démonstratif (celui-ci, celle-ci, celle-là, etc.).

a) This et these renvoient à quelque chose qui se trouve près du locuteur, ou qui a un rapport immédiat avec le locuteur, alors que that et those ont un rapport plus distant avec lui :

(a) this pen is mine; that one is yours
ce crayon-ci est à moi ; celui-là est à toi

(b) that pen is mine; this one is yours
ce crayon-là est à moi ; celui-ci est à toi

En (a), le crayon mentionné en premier se trouve plus près du locuteur que l'autre crayon ; en (b), c'est le contraire.

De même au téléphone :

hi, this is Christine, is that Joanna?
bonjour, c'est Christine, c'est Joanna à l'appareil ?

La distinction entre this/these et that/those se fait aussi en fonction de la distance dans le temps :

honestly, teenagers these days!
vraiment, les adolescents d'aujourd'hui !

in those days it wasn't possible
à cette époque-là, ce n'était pas possible

Remarquez que la même phrase peut prendre un sens différent selon le démonstratif employé :

(a) this is what I want you to do
voici ce que je veux que tu fasses

(b) that's what I want you to do
c'est ça que je veux que tu fasses

En (a), le locuteur est sur le point de dire à l'interlocuteur ce dont il s'agit, tandis qu'en (b) l'explication vient juste d'être mentionnée.

Quand ils sont pronoms, les démonstratifs ne renvoient jamais à des personnes, sauf dans les phrases où ils sont sujets (this is Carla *c'est Carla*) et dans les questions (who is this? *qui est-ce ?*).

b) this/these *indéfinis*

L'emploi de this/these comme pronoms indéfinis est très courant en anglais familier, quand on raconte une histoire ou une blague par exemple :

the other day these guys came up to me...
l'autre jour, des types se sont approchés de moi...

this Irishman was sitting in a pub when...
un Irlandais était assis dans un pub quand...

c) that/this *adverbes*

That/this sont souvent utilisés comme adverbes, dans un sens proche de so (*si*), avant un adjectif ou un autre adverbe :

I like a red carpet but not one that red
j'aime bien les tapis rouges, mais pas aussi rouges que ça

I don't like doing it that/this often
je n'aime pas le faire si souvent

now that we've come this far, we might just as well press on
maintenant qu'on en est là, autant continuer

I don't want that/this much to eat!
je ne veux pas manger autant que ça !

she doesn't want to marry him, she's not that stupid
elle ne veut pas se marier avec lui, elle n'est pas si stupide

10 LES INTERROGATIFS

who/whom/whose, **which**, **what** et toutes les formes composées avec le suffixe **-ever**, par exemple : **whichever**

Les interrogatifs peuvent s'employer comme pronoms ou comme adjectifs (sauf **who** et **whom** qui ne s'emploient que comme pronoms) :

which do you want? *(pron)*
lequel veux-tu ?

which flavour do you want? *(adj)*
quel parfum veux-tu ?

Remarquez qu'ils sont invariables. Le premier exemple pourrait tout aussi bien se traduire par "laquelle/lesquels/lesquelles veux-tu ?"

a) **who** *et* **whom**

Who et **whom** sont toujours des pronoms (c'est-à-dire qu'ils ne sont jamais suivis par un nom) et ils renvoient à des personnes :

who are you?
qui êtes-vous ?

to whom were your remarks addressed?
à qui s'adressaient vos remarques ?

Whom est utilisé dans un style soutenu, lorsqu'il est complément d'objet (direct ou indirect) ou qu'il suit une préposition :

whom did she embrace?
qui a-t-elle embrassé ?

to whom did he give his permission?
à qui a-t-il donné la permission ?

I demanded to know **to whom** he had spoken
ou :
I demanded to know **whom** he had spoken **to**
j'ai exigé de savoir à qui il avait parlé

En anglais parlé d'aujourd'hui, on utilise en général **who** (au lieu de **whom**) pour toutes les fonctions grammaticales. **Whom** reste obligatoire lorsqu'il est placé directement après une préposition, même si ce genre de tournure ne s'emploie plus tellement à l'oral. Par exemple :

who did you see at the party?
tu as vu qui à la soirée ?

I want to know who you spoke to just now
I want to know to whom you spoke just now *(style soutenu)*
je veux savoir avec qui tu étais en train de parler

b) whose

C'est la forme au génitif de who. Il peut être pronom ou adjectif :

whose are these bags? *(pron)*
à qui sont ces sacs ?

whose bags are these? *(adj)*
ce sont les sacs de qui ?

c) which/what

Au contraire de who(m), which peut être adjectif ou pronom, et peut renvoyer à une personne ou à un objet :

which actor do you mean? *(adj)*
de quel acteur parles-tu ?

which album do you prefer? *(adj)*
quel album tu préfères ?

which of the actors do you mean? *(pron)*
duquel des acteurs parles-tu ?

of these two albums, which do you prefer? *(pron)*
de ces deux albums, lequel tu préfères ?

La différence entre which et who/what est que which est restrictif : il invite celui à qui on parle à faire un choix parmi un certain nombre de choses précises.

Comparez :

what would you like to drink?
qu'est-ce que tu veux boire ?

I've got coffee or tea, which would you like?
j'ai du café ou du thé, qu'est-ce que tu veux ?

Si l'objet du choix n'est pas identifié avant la question, on ne peut employer que what :

what would you like to drink? I've got beer, red wine or mineral water
qu'est-ce que tu veux boire ? j'ai de la bière, du vin rouge ou de l'eau minérale

d) what

Lorsqu'il est **pronom**, what ne renvoie jamais à une personne :

what's this book?
qu'est-ce que c'est que ce livre ?

don't ask me what I did
ne me demande pas ce que j'ai fait

Lorsqu'il est **adjectif**, what peut renvoyer à une personne, à un animal ou à une chose :

what child does not like sweets?
quel enfant n'aime pas les bonbons ?

what kind of soap do you use?
quelle sorte de savon utilisez-vous ?

Pour la différence entre which et what, voir c) ci-dessus.

Remarquez l'emploi de what dans les exclamations :

what awful weather!
quel temps affreux !

what a dreadful day!
quelle journée épouvantable !

what must they think!
qu'est-ce qu'ils doivent penser !

e) *Avec* -ever

Le suffixe -ever exprime la surprise, la confusion ou la gêne, l'agacement :

whatever do you mean? *(confusion ou gêne)*
qu'est-ce que tu veux dire ?

whoever would have thought that? *(surprise)*
qui donc aurait pu penser cela ?

whatever did you do that for? *(agacement)*
pourquoi donc as-tu fait ça ?

11 LES RELATIFS

who/whom/whose, **which**, **what**, **that** et toutes les formes composées avec le suffixe **-ever**, par exemple : **whichever**.

Les pronoms relatifs (sauf **what**) ont en général un antécédent auquel ils se rapportent. Dans :

> **she spoke to the man who/that sat beside her**
> *elle a parlé à l'homme qui était assis à côté d'elle*

who/that est le pronom relatif et **the man**, l'antécédent.

a) *Déterminative et explicative*

Une proposition relative peut être déterminative ou explicative. Si elle est déterminative, elle est nécessaire au sens de la phrase complète par le lien qui l'unit à l'antécédent ; elle restreint le sens de l'antécédent :

> **that's the man who asked to see you**
> *c'est l'homme qui a demandé à vous voir*

Si elle est explicative, elle a un rapport moins étroit avec l'antécédent et son rôle est similaire à celui d'une parenthèse. Par exemple :

> **Janice, who came to see us yesterday, told us she was expecting a baby**
> *Janice, qui est venue nous voir hier, nous a annoncé qu'elle attendait un enfant*

Au contraire des propositions déterminatives, les propositions explicatives doivent être précédées d'une virgule. Cependant, la virgule est souvent oubliée, ce qui entraîne parfois une ambiguïté au niveau du sens de la phrase. Ainsi, la proposition de l'exemple suivant :

> **he helped the woman who had cried out**
> *il aida la femme qui avait appelé au secours*

peut être soit déterminative (= il aida la femme qui avait appelé au secours et non celle qui ne l'avait pas fait), soit explicative (= il aida la femme (qui, par ailleurs, avait appelé au secours)).

Remarque :

Le pronom relatif that est uniquement employé dans des propositions relatives déterminatives. Who et which peuvent être utilisés dans les deux cas.

b) who/whom/that

Who ou that sont utilisés comme pronoms sujets (*qui*) :

the woman who/that called was his sister
la femme qui a appelé était sa sœur

Who(m) ou that sont utilisés comme compléments (*que*) :

the man who(m)/that she rescued was a tourist
l'homme qu'elle a sauvé était un touriste

Whom est utilisé dans un style plus soutenu (voir **Les interrogatifs**, p. 105.)

c) who/which/that

i) who/that

Ces formes renvoient à des personnes ou, dans certains cas, à des animaux (voir **Les pronoms personnels** c), p. 92) :

we ignored the people who/that were late
nous n'avons pas tenu compte des gens qui étaient en retard

our cat, who is two years old, keeps sharpening his claws on the curtains
notre chat, qui a deux ans, n'arrête pas de faire ses griffes sur les rideaux

Remarquez que seul who, et non that, peut être employé dans le second exemple, qui est une proposition relative explicative, voir b) ci-dessus.

Pour les noms collectifs (voir p. 37), on emploie who ou that si l'on veut leur donner un caractère individuel. Mais si l'on considère le groupe de manière moins personnelle, on emploie which ou that :

the crowd who/that had gathered were in great spirits *(aspect personnalisé)*
la foule qui s'était rassemblée était très enthousiaste

the crowd which/that had gathered was enormous *(aspect collectif)*
la foule qui s'était rassemblée était énorme

ii) which/that

Which ou that renvoient à des objets, des concepts, etc. :

the car which/that drove into me
la voiture qui m'est rentrée dedans

the disks which/that I sent you
les disquettes que je t'ai envoyées

Remarque :

Bien que les pronoms personnels puissent être utilisés pour des moyens de transport, comme on l'a vu p. 92, cette personnalisation ne s'applique pas aux pronoms relatifs, c'est-à-dire que who ne pourra jamais renvoyer à des véhicules, etc.

d) whose

La forme au génitif whose renvoie à des personnes et à des animaux, mais elle est aussi souvent employée, à la place de of which, pour un objet ou une chose :

this is the girl whose mother has just won the lottery
c'est la fille dont la mère vient juste de gagner au loto

that's that new machine whose cover is damaged
c'est la nouvelle machine dont le couvercle est abîmé

the department, whose staff are all over 50, is likely to be closed down
ce service, dont tout le personnel a plus de 50 ans, risque de fermer

the vehicles, the state of which left a good deal to be desired, had been in use throughout the year
les véhicules, dont l'état laissait à désirer, avaient été en service pendant toute l'année

e) which

i) Which ne renvoie jamais aux personnes, mais toujours aux objets, aux idées, etc. :

I received quite a few books for Christmas, which I still haven't read
j'ai reçu un bon nombre de livres pour Noël, que je n'ai pas encore lus

Mais il peut renvoyer à une caractéristique d'une personne :

she complains that her husband is a bit **insensitive, which** in fact he is
elle se plaint que son mari est un peu insensible, ce qui d'ailleurs est vrai

ii) On ne trouve **which** utilisé comme adjectif qu'après une préposition ou lorsque son antécédent est une chose. L'emploi de **which** comme adjectif est d'un style soutenu et littéraire, surtout quand il n'est pas accompagné d'une préposition :

he returned to Nottingham, **in which city** he was born and bred
il revint à Nottingham, ville dans laquelle il avait grandi

he rarely spoke in public, **which fact** only added to his obscurity
il parlait très peu en public, particularité qui contribuait à le laisser dans l'ombre

f) **what**

i) **What** est le seul relatif qui ne prend pas d'antécédent. Il peut être pronom ou adjectif. Quand il est pronom, il fait normalement référence à une chose et a souvent le sens de **that which** (*ce qui/que*), ou au pluriel, de **the things which** (*les choses qui/que*) :

show me **what** did the damage
montre-moi ce qui a causé les dégâts

Quand il est adjectif, il peut renvoyer à une personne ou à une chose, et il correspond à **the** + nom + **who/which** :

show me **what damage** was done
montre-moi quels dégâts ont été faits

with **what volunteers** they could find, they set off for the summit
avec les volontaires qu'ils ont pu trouver, ils sont partis à la conquête du sommet

what money they had left, they spent on drink
l'argent qu'il leur restait, ils le dépensèrent en alcool

ii) **what** *ou* **which** ?

Seul **which** peut renvoyer à une proposition complète alors que **what** n'a pas d'antécédent. Mais le pronom **what** peut annoncer ou introduire une proposition sujet ou complément :

she left the baby unattended, which was a silly thing to do
elle a laissé le bébé tout seul, ce qui était inconscient de sa part

what you need is a hot bath *(proposition sujet)*
ce qu'il vous faut, c'est un bon bain chaud

she has what it takes to succeed *(proposition complément)*
elle a ce qu'il faut pour réussir

g) *Avec* -ever

Au contraire des pronoms interrogatifs (voir p. 107), -ever n'exprime pas la surprise, la confusion ou l'agacement quand il est associé à un relatif ; il permet seulement de les renforcer dans le sens de no matter who/which/what (*qui/quoi que ce soit*) :

take whichever tool is best *(adj)*
prends l'outil qui convient le mieux

take whichever is best *(pron)*
prends celui qui convient le mieux

I'll do it whatever happens *(pron)*
je le ferai quoi qu'il arrive

do whatever you like *(pron)*
fais ce que tu veux

whatever problems we may have to face, we'll solve them *(adj)*
quels que soient les problèmes que nous ayons à affronter, nous les résoudrons

h) *Omission du relatif*

Le pronom relatif peut être omis (ce qui est très souvent le cas à l'oral) dans les propositions relatives déterminatives, sauf s'il est sujet ou s'il est précédé d'une préposition :

these are the things (which/that) we have to do
ce sont les choses que nous devons faire

I saw the boy (who/that) you met last night
j'ai vu le garçon que tu as rencontré hier soir

is this the sales assistant (who/that) you spoke to?
est-ce à cette vendeuse que tu as parlé ?

who's the girl (who/that) you came to the party with?
qui est la fille avec qui tu es venu à la soirée ?

Remarquez que la construction assez soutenue :

who are the people with whom you are doing business?
qui sont les gens avec qui vous travaillez ?

peut être évitée si l'on change de place la préposition (with) :

who are the people you are doing business with?

12 LES PRONOMS ET LES ADJECTIFS INDÉFINIS

a) some *et* any

i) Some et any s'emploient avec des indénombrables et des noms pluriels. Avec les noms dénombrables singuliers, on emploiera l'article indéfini a (do you have a car? *est-ce que tu as une voiture ?*). Some et any peuvent être pronoms ou adjectifs :

I have some money *(adj)* *j'ai de l'argent*	I have some *(pron)* *j'en ai*
do you have any friends? *(adj)* *est-ce que vous avez des amis ?*	do you have any? *(pron)* *en avez-vous ?*

Les formes composées avec les suffixes -body, -one, -thing sont toujours des pronoms :

did you speak to anybody? *as-tu parlé à quelqu'un ?*	tell me something *dis-moi quelque chose*

ii) Some/any comme adjectifs :

De manière générale, some s'emploie dans les phrases affirmatives et any dans les propositions négatives, interrogatives et conditionnelles :

I have some money *j'ai de l'argent*	I haven't got any money *je n'ai pas d'argent*

have you got any money?
est-ce que tu as de l'argent ?

if you've got any money, could you lend it to me?
si tu as de l'argent, tu peux m'en prêter ?

Any s'utilise aussi dans les phrases affirmatives qui ont un sens négatif (c'est-à-dire avec des adverbes, des prépositions ou des verbes négatifs) :

I've got hardly any money
je n'ai presque pas d'argent

you never asked me for any help
tu ne m'as jamais demandé de t'aider

I can do it without any difficulty
je peux le faire sans aucune difficulté

the noise outside prevented me from doing any work
le bruit qu'il y avait dehors m'a empêché de travailler

ou lorsqu'il a le sens de "n'importe quel" :

you can choose any number
tu peux choisir n'importe quel nombre

La différence entre **some** et **any** est souvent subtile. **Some** est aussi très fréquent dans les propositions interrogatives et conditionnelles ; le locuteur sous-entend alors quelque chose de légèrement différent.

Comparez :

(a) shall I buy some wine for dinner?
dois-je acheter du vin pour le dîner ?

(b) will you give some money to the kids?
tu veux bien donner un peu d'argent aux enfants ?

(c) if there's some chocolate left, can I have it?
s'il reste du chocolat, est-ce que je peux le manger ?

(d) have we got any wine in the house?
est-ce qu'on a du vin à la maison ?

(e) did you take any money from my purse?
est-ce que tu as pris de l'argent dans mon porte-monnaie ?

(f) if there was any chocolate left, he would have eaten it
s'il restait du chocolat, il l'aurait mangé

En (a)-(c), **some** veut dire "un peu de" ou "quelques", alors qu'en (d)-(f), **any** signifie "du tout". On a tendance à employer **some** dans les phrases interrogatives ou conditionnelles lorsqu'on attend une réponse positive de la part de l'interlocuteur, ou lorsqu'on veut l'encourager à dire "oui".

iii) **Some/any** comme pronoms et leurs composés :

Comparez :

(a) has she written any? (any = books, chapters, etc.)
est-ce qu'elle en a déjà écrit ?

(b) has she written **anything**?
est-ce qu'elle a déjà écrit quelque chose ?

En (a), le nom auquel **any** fait référence est sous-entendu et a été évoqué un peu plus tôt, tandis qu'en (b) **anything** est plus vague ; il ne renvoie à rien de spécifique.

Les pronoms **some** et **any** peuvent renvoyer à des noms indénombrables :

I've run out of coffee, have you got **any**?
je n'ai plus de café, tu en as ?

Remarquez que **some** est pronom quand il a le sens de "certains" :

some say it wasn't an accident
certains disent que ce n'était pas un accident

iv) **Some(thing)/any(thing)** + **of** + nom :

Some et **any** suivis d'une locution commençant par **of** ont un sens quantitatif, alors que **something** et **anything** suivis d'une locution commençant par **of** sont qualitatifs. Comparez :

(a) give me **some of that cheese**
donne-moi un peu de ce fromage

(b) he hasn't got **any of her qualities**
il n'a aucune de ses qualités

(c) there is **something of the artist** in her
il y a quelque chose d'artistique chez elle

(d) he hasn't got **anything of her qualities**
il n'a en rien ses qualités

En (a) et (b), **some** et **any** signifient "une part de", "un peu de", alors qu'en (c) et (d) ils ont le sens de "quelque chose dans la manière de" ou "quelque chose qui relève de".

Remarquez que la construction **any of** + nom ou pronom au pluriel peut être suivie d'un verbe au singulier ou au pluriel, si une ou plusieurs personnes sont sous-entendues :

if **any of your friends wants** the ticket, phone me
si un de tes amis veut le billet, appelle-moi

if **any of your friends want** to come, they're welcome
si certains de tes amis veulent venir, ils sont les bienvenus

v) **Some** = "un(e) certain(e)" :

On a vu plus haut (en ii) ci-dessus) que **some** est utilisé dans un contexte positif avec des noms au pluriel (**would you like some biscuits?**) ou des noms indénombrables (**he stayed here for some time**). Lorsqu'il est placé devant un nom dénombrable au singulier, il fait référence à quelqu'un ou quelque chose que l'on ne connaît pas et veut souvent dire "un certain" :

some person (or other) must have taken it
quelqu'un l'aura pris

some fool left the door open
un imbécile a laissé la porte ouverte

he's gone to **some town** in the north
il est parti dans une ville quelque part dans le nord

come and see me **some day**
il faudra que tu viennes me voir un jour

Comparez avec l'emploi de **any** + nom dénombrable singulier (= n'importe quel) :

come and see me **any day**
viens me voir n'importe quel jour

vi) **Some** = "un mauvais" ou "un bon" :

En anglais familier, on utilise souvent **some** pour exprimer soit son mépris, son irritation, soit son admiration :

some husband you are, forgetting my birthday like that!
quel mauvais mari tu fais, oublier mon anniversaire, quand même !

this really is **some party**!
c'est vraiment une soirée excellente !

Pour l'emploi de **some**/**any**, **something**/**anything** comme adverbes, voir pp. 80-1.

b) **many** *et* **much**

Many et **much** s'emploient surtout dans les phrases interrogatives ou négatives. Dans les phrases affirmatives, ils permettent de créer un style un peu plus soutenu que **a lot of** ou **lots of**.

On emploie **many** avec des noms pluriels dénombrables et **much** avec des indénombrables :

ii) Many/much comme adjectifs :

how many students came?
combien d'étudiants sont venus ?

she got cards from all her many admirers
elle a reçu des cartes de ses nombreux admirateurs

there isn't much money left
il ne reste pas beaucoup d'argent

we don't have much time
on n'a pas beaucoup de temps

iii) Many/much comme pronoms :

many of the audience were children
il y avait beaucoup d'enfants dans l'assistance

we can only fit in so many
nous n'avons de place que pour un certain nombre de personnes

we spent much of the time arguing
on a passé la plupart du temps à se disputer

he didn't have much to say on the subject
il n'avait pas grand-chose à dire à ce sujet

Pour l'emploi de much comme adverbe, voir pp. 76-7.

c) no et none

No et none ont le même sens que not any, mais ils permettent parfois d'insister davantage ou de formuler une phrase de manière plus soutenue :

he doesn't have any money
il n'a pas d'argent

he has no money
il n'a pas d'argent

he doesn't have any left
il n'en a plus

he has none left
il n'en a plus

i) No est un adjectif :

he has no house, no money, no friends
il n'a pas de maison, pas d'argent, pas d'amis

ii) None est un pronom :

do you have any cigarettes? – no, I've none left
est-ce que vous avez des cigarettes ? – non, je n'en ai plus

I tried on a lot of jumpers but none (of them) fitted
j'ai essayé beaucoup de pulls, mais aucun ne m'allait

Remarquez qu'une phrase comme I have none (*je n'en ai pas*) est plus soutenue que celle employée couramment, I don't have any.

Quand on fait référence à des gens, **none of them/us/you** (*aucun d'eux/de nous/de vous*) est plus courant que **none** (*aucun, personne*) à l'oral :

none of us knew where he had filed it
aucun de nous ne savait où il l'avait classé

I waited for them for hours, but **none of them** came
je les ai attendus pendant des heures, mais aucun d'eux n'est venu

many have set out to climb this mountain but **none** have ever returned
nombreux sont ceux qui sont partis à la conquête de cette montagne, mais aucun n'en est jamais revenu

Quand on veut donner à une phrase un ton emphatique, on peut employer la construction **not one** :

not one (of them) was able to tell me the answer!
pas un seul (d'entre eux) n'a été capable de me répondre !

iii) **None** : singulier ou pluriel ?

Le sens littéral de **none** étant **no one** (*pas un*), le verbe qui suit doit toujours être au singulier :

none of them has seen it before
aucun d'eux ne l'a jamais vu

Cependant, on rencontre parfois le pluriel (none of them **have** seen it before), mais il s'agit là d'un usage incorrect.

Pour l'emploi de **no** et **none** comme adverbes, voir p. 81.

d) **every** *et* **each**

i) **Each** (*chaque*) peut être pronom ou adjectif ; **every** (*tout*) est toujours adjectif. Ils font tous les deux uniquement référence à des noms dénombrables :

each child was given a Christmas present *(adj)*
on a donné un cadeau de Noël à chaque enfant

each of them was given a Christmas present *(pron)*
on a donné un cadeau de Noël à chacun d'eux

each was given a Christmas present *(pron)*
on a donné un cadeau de Noël à chacun

every child was given a Christmas present *(adj)*
on a donné un cadeau de Noël à tous les enfants

Every renvoie à la totalité des enfants (il n'y a pas d'exception) alors que **each** permet de les individualiser. Dans les exemples avec **each**, on insiste davantage sur le fait qu'ils ont reçu un cadeau "les uns après les autres". **Every** est plus général ; il désigne "tous les enfants".

Remarquez que **every** peut être précédé d'un génitif ou d'un adjectif possessif :

Wendy's every move was commented on
on commenta chacun des faits et gestes de Wendy

her every move was commented on
on commenta chacun de ses faits et gestes

et notez son emploi avec les nombres et avant **other** :

she goes to the dentist **every three months**
elle va chez le dentiste tous les trois mois

I call my parents **every two days**
j'appelle mes parents tous les deux jours

every other day something goes wrong
un jour sur deux, il y a quelque chose qui ne va pas

Dans la plupart des cas, **every two** et **every other** sont interchangeables. Mais **every two** insiste davantage sur la régular ité des faits (expression prise au sens littéral), tandis que **every other** peut avoir soit le sens de "tous les deux (jours, etc.)", soit un sens plus vague, comme dans le dernier exemple ci-dessus dans lequel **every other day** signifie "souvent" et ne doit pas être pris au sens littéral de "un jour sur deux".

Remarquez aussi son emploi adverbial :

every now and then
every now and again
every so often
de temps en temps

ii) **Everybody/everyone** et **everything** sont des pronoms et sont toujours suivis d'un verbe au singulier mais, comme les autres pronoms indéfinis, **everybody** peut être suivi de **they**, **them(selves)** ou **their** (voir **Les pronoms personnels**, pp. 94-5).

e) **all**

i) **All** peut être adjectif ou pronom ; il renvoie à des noms dénombrables et indénombrables. Remarquez que, lorsqu'un article défini, un pronom personnel ou un adjectif démonstratif ou possessif est utilisé, il se place entre all et le nom :

all expenses will be reimbursed
tous les frais seront remboursés

I want all the/those/their biscuits
je veux tous les/ces/leurs biscuits

all his energy was spent
il a dépensé toute son énergie

I want them all/all of them
je les veux tous

I want it all/all of it
je le veux en entier

ii) All et everything :

La différence entre ces deux pronoms est souvent assez subtile. Remarquez que all that, employé en début de phrase, signifie "la seule chose qui/que". Seul all peut renvoyer à des noms indénombrables.

we ate everything that was on the table
nous avons mangé tout ce qui était sur la table

all that was on the table was a single vase
il n'y avait qu'un vase sur la table

did you eat the ice-cream? – not all of it
as-tu mangé la glace ? – pas tout

they believed everything/all he said
ils croyaient tout ce qu'il disait

did he say anything? – all that he said was 'do nothing'
est-ce qu'il a dit quelque chose ? – tout ce qu'il a dit, c'est "ne faites rien"

iii) All et whole :

La différence principale entre all et l'adjectif whole réside dans le fait que whole insiste davantage sur le nom qu'il qualifie, en apportant souvent une nuance différente au niveau du sens :

he ate all (of) the cake
il a mangé tout le gâteau

he ate the whole cake
il a mangé le gâteau en entier

don't interrupt me all the time
ne m'interromps pas tout le temps

she said nothing the whole time we were there
elle n'a rien dit tout le temps que nous étions là

All the time exprime la répétition tandis que the whole time insiste sur la durée.

Mais whole s'emploie uniquement devant les noms dénombrables :

the whole town/all the town *(dénombrable)*
toute la ville

all the butter *(indénombrable)*
tout le beurre

Remarquez que whole ne s'emploie pas avec un nom au pluriel. On emploie par exemple :

he read all the books in their entirety
il a lu tous les livres en entier

Pour l'emploi de all en tant qu'adverbe, voir p. 78.

f) other(s) *et* another

i) Another, qui peut être adjectif ou pronom, s'emploie uniquement pour les noms singuliers dénombrables. Seul l'adjectif other peut être suivi d'un nom pluriel ; others est toujours pronom (d'un antécédent au pluriel) :

I want another hamburger *(adj)*/I want another *(pron)*
je veux un autre hamburger/j'en veux un autre

other children get more money *(adj)*
les autres enfants ont plus d'argent

I like these colours – don't you like the others? *(pron)*
j'aime ces couleurs – tu n'aimes pas les autres ?

ii) Avec la construction nom + than, on peut placer other avant ou après le nom :

there are difficulties other than those mentioned by the government
there are other difficulties than those mentioned by the government
il y a d'autres difficultés que celles qui sont mentionnées par le gouvernement

Mais other est toujours placé après none :

who should arrive? none other than the Prime Minister himself
et qui est arrivé ? le Premier ministre en personne

iii) On utilise parfois no other à la place de not another :

he has no other coat/he doesn't have another coat *(adj)*
il n'a pas d'autre manteau

for this reason, if for no other/if not for another *(pron)*
pour cette raison, à défaut d'une autre

iv) Remarquez la construction avec some et ses composés, quand some veut dire "un(e) certain(e)..." (comparez avec a) v) ci-dessus). On ajoute or other pour intensifier le caractère vague de ce dont on parle :

he married some girl or other from the Bahamas
il s'est marié avec une fille des Bahamas

somebody or other must have betrayed her
quelqu'un a dû la trahir

we'll get there somehow or other *(emploi adverbial)*
on y arrivera d'une manière ou d'une autre

v) Avec one :

One... another et one... the other ont en général la même signification :

one day after another went by
one day after the other went by
les jours se sont écoulés petit à petit

Mais si l'on ne fait référence qu'à deux choses ou à deux personnes, on préférera employer one... the other :

the two brothers worked well together: one would sweep the yard while the other chopped the wood
les deux frères travaillaient bien ensemble : l'un balayait la cour pendant que l'autre coupait le bois

Cependant, si le second élément est précédé d'une préposition, comme dans le premier exemple, on peut aussi employer one... another :

they would sit there and repeat, one after another, every single word of the lesson
ils s'asseyaient là et répétaient, l'un après l'autre, chaque mot de la leçon

On trouve aussi parfois la combinaison the one... the other, qui aurait pu être employée dans l'exemple des deux frères ci-dessus.

Dans la locution on the one hand... on the other hand..., l'article est obligatoire devant one :

on the one hand, you'd earn less, on the other hand, your job satisfaction would be greater
d'un côté tu gagnerais moins d'argent, mais de l'autre, tu aurais une plus grande satisfaction professionnelle

g) either et neither

i) Either a souvent le sens de "l'un ou l'autre" en parlant de deux choses ou de deux personnes (on utilisera any s'il y en a plus de deux). Il peut être adjectif ou pronom :

you can take either route *(adj)*
tu peux prendre l'un ou l'autre de ces chemins

either bus will get you there *(adj)*
les deux bus y vont

you can take either *(pron)*
vous pouvez prendre l'un ou l'autre/n'importe lequel (des deux)

Either employé comme adjectif peut aussi vouloir dire "chaque" ou "les deux" :

there were candles at either end of the table
il y avait des bougies aux deux bouts/à chaque bout de la table

Cependant, il est parfois préférable d'éviter cet emploi de either dans le sens de each et both, car il peut être ambigu :

vehicles may be parked on either side of the road
il est possible de se garer des deux côtés de la rue
ou *il est possible de se garer d'un côté*

ii) Neither est la forme négative de either :

neither bag is big enough *(adj)*
aucun des deux sacs n'est assez grand

which do you prefer? – neither! *(pron)*
lequel des deux préfères-tu? – ni l'un ni l'autre !

iii) On emploie toujours un verbe au singulier après either et neither suivis de of + nom pluriel :

neither of the boys is likely to have done it
il est peu probable que l'un des deux garçons l'ait fait

either of the boys is likely to have done it
il est probable que l'un des deux garçons l'ait fait

Pour l'emploi de either et neither comme adverbe, voir p. 82.

h) both

Both fait référence à deux choses ou à deux personnes et signifie "l'un et l'autre", "les deux". Il est soit adjectif, soit pronom, et comme pour all, il peut être suivi d'un adjectif démonstratif ou possessif, d'un pronom personnel, d'un article défini :

I like both jackets
j'aime ces deux vestes

I like both those/of those jackets
j'aime l'une et l'autre de ces vestes

I love both my parents
j'aime mon père et ma mère

I love both (of them)/them both
je les aime tous les deux

both (the/of the) versions are correct
les deux versions sont correctes

i) one

i) Ce pronom est employé dans le sens de "une seule chose/personne" en référence à ce qui a été évoqué dans une phrase ou une proposition précédente :

I love dogs but I've never owned one
j'aime bien les chiens mais je n'en ai jamais eu

he's got a lot of cousins, but I've only got one
il a beaucoup de cousins, mais moi, je n'en ai qu'un

his case is a sad one
son cas est triste

this solution is one of considerable ingenuity
c'est une solution remarquablement ingénieuse

Il peut aussi être employé au pluriel (ones) :

she goes to a lot of restaurants, especially Italian ones
elle va dans beaucoup de restaurants différents, notamment dans les restaurants italiens

ii) L'emploi restrictif

The one s'emploie lorsque l'on fait un choix parmi un certain nombre de choses précises et signifie alors "celui que/qui", etc. :

which cat do you prefer? – the white one
quel chat préférez-vous ? – le blanc

I prefer the pen you gave me to the one my mother gave me
je préfère le stylo que vous m'avez donné à celui que ma mère m'a donné

these are the ones I meant
ce sont celles dont je parlais

these burgers are better than the ones you make
ces hamburgers sont meilleurs que ceux que tu fais

iii) Comme le montre le premier exemple du ii) ci-dessus, one(s) s'emploie en général après des adjectifs qui font référence à des noms dénombrables :

I asked for a large whisky and he gave me a small one
je lui ai demandé un grand whisky, et il m'en a donné un petit

which shoes do you want? the grey ones?
quelles chaussures voulez-vous ? les grises ?

Cependant, si deux adjectifs opposés se suivent, on peut parfois se dispenser d'utiliser one(s) :

I drink a lot of wine, both red and white
je bois beaucoup de vin, aussi bien du rouge que du blanc

she stood by him in good times and bad
elle est restée à ses côtés dans les bons et les mauvais moments

today I wish to talk about two kinds of climate, the temperate and the tropical
je vais vous parler aujourd'hui de deux sortes de climats, le climat tempéré et le climat tropical

Si aucun nom n'a été mentionné de manière précise et que seul un terme général est sous-entendu (men, etc.), l'adjectif fonctionne comme un nom, et one(s) n'a pas besoin d'être employé. On remarque notamment cette absence de one(s) dans les expressions idiomatiques :

the survival of the fittest
la persistance du plus apte

fortune favours the brave
la chance sourit aux braves

Il est évident que one ne peut pas renvoyer à un nom indénombrable :

do you want white sugar or brown?
voulez-vous du sucre blanc ou du roux ?

iv) **One** est parfois employé dans un sens proche de “quelqu'un” ou “une personne”, comme dans :

I'm not **one** for big parties
je ne raffole pas des grandes fêtes

I'm not **one** to complain
je ne suis pas du genre à me plaindre

v) **One** pris dans un sens collectif, voir pp. 95-6.

j) **so**

So est un pronom quand il renvoie à une affirmation ou à une question ; il permet d'éviter de répéter les termes venant d'être énoncés et remplace donc une proposition relative introduite par **that** :

did she manage to escape? – I believe **so** (= I believe that she managed to escaped)
est-elle parvenue à s'échapper ? – je crois bien que oui

has he left? – it seems **so** (= it seems that he has left)
il est parti ? – on dirait bien

I knew it would happen, I told you **so** (= I told you that it would happen)
je savais bien que ça arriverait, je te l'avais dit

So ne s'utilise qu'après certains verbes dont les plus courants sont : **appear**, **believe**, **expect**, **guess**, **hope**, **imagine**, **seem**, **reckon**, **suppose**, **think**.

Remarquez que ces verbes peuvent se construire de deux manières différentes à la forme négative (verbe à la forme négative + **so** ; verbe à la forme affirmative + **not**), sauf pour **hope** et **guess** qui n'acceptent que la structure avec **not**. Par ailleurs, cet emploi de **not** est beaucoup moins courant avec les verbes **think**, **believe** et **seem** :

I believe so *je crois (que oui)*	I don't believe so (= I believe not, *plus soutenu*) *je ne crois pas*
I think so *je pense (que oui)*	I don't think so (= I think not, *plus soutenu*) *je ne pense pas*
I hope so *j'espère bien*	I hope not *j'espère que non*

13 LES VERBES

A LES DIFFÉRENTS TYPES

On peut distinguer trois types de verbes : les verbes réguliers, les verbes irréguliers et les auxiliaires.

1 Les verbes réguliers

Ces verbes forment leur prétérit et leur participe passé en ajoutant **-(e)d** au radical du verbe :

		PRÉTÉRIT	PARTICIPE PASSÉ
seem	*sembler*	**seemed**	**seemed** [siːmd]
kiss	*embrasser*	**kissed**	**kissed** [kɪst]
plant	*planter*	**planted**	**planted** ['plɑːntɪd]
manage	*diriger*	**managed**	**managed** ['mænɪdʒd]

Pour les modifications orthographiques, voir p. 254.

2 Les verbes irréguliers

Les verbes irréguliers se caractérisent par leurs formes particulières au prétérit et au participe passé, qui font apparaître parfois un changement de voyelle :

parler	**speak, spoke, spoken**	*gâter*	**spoil, spoilt, spoilt**
voir	**see, saw, seen**	*couper*	**cut, cut, cut**
aller	**go, went, gone**		

Vous trouverez la liste des verbes irréguliers p. 205.

3 Les auxiliaires

Un auxiliaire modifie le verbe principal de la phrase. Dans **he can sing** (*il sait chanter*), l'auxiliaire est **can** et le verbe principal est **sing**. On fait la distinction entre les auxiliaires "ordinaires" et les auxiliaires modaux.

a) Les **auxiliaires ordinaires** sont **be**, **have** et **do**.

On les appelle "ordinaires" parce qu'ils fonctionnent aussi comme verbes à part entière, signifiant alors *être* (be), *avoir* (have) et *faire* (do) :

he does not sing (does = auxiliaire, sing = verbe principal)
il ne chante pas

he does the washing up (does = verbe principal)
il fait la vaisselle

Voir aussi les sections 9, 17 et 23 de la partie C de ce chapitre.

b) Les **auxiliaires modaux** sont appelés ainsi car ils remplacent le mode du subjonctif dans de nombreux cas (voir p. 173). En voici la liste :

can - could	pouvoir (capacité)
may - might	pouvoir (possibilité - permission)
shall - should	futur - conditionnel, devoir (moral), conseil, etc.
will - would	futur - conditionnel, ordre, etc.
must	devoir (obligation)
ought to	devoir (moral)

Les auxiliaires modaux peuvent s'employer seuls lorsque le verbe ordinaire est sous-entendu :

can you come at 8 p.m.? – yes, I can
est-ce que tu peux venir à 20 heures ? – oui

Pour l'emploi des auxiliaires modaux, voir pp. 186-98.

B LES FORMES

1 L'infinitif

On distingue l'infinitif complet (avec to) et l'infinitif sans to :

he is trying to sing
il essaie de chanter

he can sing
il sait chanter

Dans ces deux phrases le mot sing est à l'infinitif.

Pour l'infinitif passé et la voix passive, voir p. 133.

2 Le participe présent

Il se forme à partir du radical + -ing :

they were whispering
ils murmuraient

Le participe présent sert notamment à former l'aspect progressif. Pour son emploi, voir p. 146. Pour les modifications orthographiques, voir p. 254.

3 Le participe passé

Le participe passé des verbes réguliers est identique à leur prétérit (radical du verbe + **-ed**) :

they have watched it on TV
ils l'ont regardé à la télé

Les verbes irréguliers ont un grand nombre de formes différentes au participe passé. Voir A2 ci-dessus, ainsi que la liste des verbes irréguliers p. 205.

Pour l'emploi du participe passé, voir p. 150.

4 Le gérondif

Le gérondif, comme le participe présent, se forme à partir du radical + **-ing**. Il a une fonction nominale :

I like picking strawberries
j'aime cueillir les fraises

sailing is a very popular sport in Greece
la voile est un sport très populaire en Grèce

Pour l'emploi du gérondif, voir p. 140. Pour la comparaison entre le gérondif et le participe présent, voir p. 149.

5 Le présent

À la 3ème personne du singulier, il se construit avec le radical + **-(e)s** (pour les modifications orthographiques, voir p. 254). La forme du verbe au présent est la même pour toutes les autres personnes :

	Singulier		
1ère	I	sing	*je chante*
2ème	you	sing	*tu chantes*
3ème	he/she/it	sings	*il/elle chante*
	Pluriel		
1ère	we	sing	*nous chantons*
2ème	you	sing	*vous chantez*
3ème	they	sing	*ils/elles chantent*

Les auxiliaires modaux ne changent pas de forme à la 3ème personne du singulier. Il en est de même pour les verbes **dare** et **need** lorsqu'ils sont employés comme auxiliaires :

he **may** come	how **dare** he come here!
il se peut qu'il vienne	*comment ose-t-il venir ici !*

Les auxiliaires ordinaires ont des formes irrégulières, voir la liste p. 212. Pour **dare** et **need**, voir p. 198.

6 Le prétérit

Le prétérit des verbes réguliers est identique à leur participe passé (radical du verbe + **-ed**) :

they **kicked** the ball
ils ont donné un coup de pied dans le ballon

Pour les verbes irréguliers et les auxiliaires, voir A2 et 3 ci-dessus, ainsi que la liste des verbes irréguliers et des auxiliaires pp. 205-214. La forme du verbe est la même à toutes les personnes :

		RÉGULIER *(embrasser)*	IRRÉGULIER *(chanter)*	AUXILIAIRE *(pouvoir)*
	Singulier			
1ère	I	kissed	sang	could
2ème	you	kissed	sang	could
3ème	he/she/it	kissed	sang	could
	Pluriel			
1ère	we	kissed	sang	could
2ème	you	kissed	sang	could
3ème	they	kissed	sang	could

7 Les temps et les aspects

La plupart des temps peuvent avoir différents aspects, considérant un événement dans le temps de trois manières différentes. On distingue donc l'aspect simple, l'aspect progressif (ou continu) et le perfect (ou passé).

La forme progressive, qui exprime l'action dans sa durée, se construit avec l'auxiliaire **be** + participe présent.

Le perfect, qui exprime une action accomplie ou une action du passé ayant des conséquences au moment de l'énonciation, se forme avec l'auxiliaire **have** + participe passé.

Pour la conjugaison des auxiliaires **be** et **have**, voir pp. 212-13.

Dans la liste ci-dessous les traductions sont données à titre indicatif :

infinitif	**(to) watch** *(regarder)*
infinitif progressif	**(to) be watching** *(être en train de regarder)*
infinitif passé	**(to) have watched** *(avoir regardé)*
infinitif passé progressif	**(to) have been watching** *(avoir été en train de regarder)*
présent simple	**(I/you/he, etc.) watch(es)** *(je/tu/il, etc. regarde(s))*
présent progressif	" **am/are/is watching** *(" suis/es/est, etc. en train de regarder)*
passé simple (ou prétérit)	" **watched** *(je regardai, etc.)*
passé progressif	" **was/were watching** *(j'étais, etc. en train de regarder)*
present perfect	" **have/has watched** *(j'ai regardé, etc.)*
present perfect progressif	" **have/has been watching** *(j'ai, etc. été en train de regarder)*
past perfect	" **had watched** *(j'avais regardé, etc.)*
past perfect progressif	" **had been watching** *(j'avais, etc. été en train de regarder)*
futur simple	" **will watch** *(je regarderai, etc.)*
futur progressif	" **will be watching** *(je serai, etc. en train de regarder)*
futur antérieur	" **will have watched** *(j'aurai, etc. regardé)*
futur antérieur progressif	" **will have been watching** *(j'aurai, etc. été en train de regarder)*
conditionnel présent	" **would watch** *(je regarderais, etc.)*
conditionnel présent progressif	" **would be watching** *(je serais, etc. en train de regarder)*

conditionnel passé	" would have watched *(j'aurais, etc. regardé)*
conditionnel passé progressif	" would have been watching *(j'aurais, etc. été en train de regarder)*

8 Les modes

Les modes font référence à l'attitude d'une personne par rapport aux propos qu'elle rapporte. Il existe quatre modes :

- l'**indicatif** pour exprimer des faits réels
- le **subjonctif** pour exprimer un souhait, une incertitude ou une possibilité, etc.
- le **conditionnel** pour exprimer l'éventualité ou le résultat d'une condition
- l'**impératif** pour exprimer des ordres et des suggestions.

La seule différence de forme entre l'indicatif et le subjonctif réside dans la présence de -(e)s à la 3ème personne du singulier au présent de l'indicatif :

God save the Queen!
vive la reine !

Le subjonctif de to be est be à toutes les personnes du présent et were à toutes les personnes du passé :

they are welcome to attend, whether they be members or not
ils peuvent venir, qu'ils soient membres ou pas

if I were you, I'd leave him
si j'étais toi, je le quitterais

Le conditionnel se forme généralement avec l'auxiliaire would dans la proposition principale (voir aussi l'exemple précédent) :

if I had a car, I would go and visit her more often
si j'avais une voiture, j'irais la voir plus souvent

Comme le montre cet exemple, c'est souvent le subjonctif passé que l'on trouve dans la proposition subordonnée. Mais il est possible d'employer d'autres temps. Voir pp. 169-73.

Pour le mode impératif, on emploie le radical du verbe seul :

give it to me!
donne-le-moi !

somebody go and get it!
que quelqu'un aille le chercher !

9 Les voix (actif et passif)

Les deux “voix” sont la voix active et la voix passive. À la voix active, le sujet accomplit l'action :

> the new members **signed** the contract
> *les nouveaux membres ont signé le contrat*

À la voix passive, le sujet subit l'action :

> the contract **was signed** by the new members
> *le contrat a été signé par les nouveaux membres*

La voix passive est plus courante en anglais qu'en français.

Le passif se forme avec l'auxiliaire **be** + participe passé (pour la conjugaison de **be**, voir p. 212) :

infinitif	**(to) be watched** *(être regardé)*
infinitif passé	**(to) have been watched** *(avoir été regardé)*
infinitif progressif	**(to) be being watched** *(être en train d'être regardé)*
présent simple	**am/are/is watched** *(suis/es/est, etc. regardé)*
présent progressif	**am/are/is being watched** *(suis/es/est, etc. en train d'être regardé)*
passé simple (ou prétérit)	**was/were watched** *(étais, etc. regardé)*
passé progressif	**was/were being watched** *(étais, etc. en train d'être regardé)*
present perfect	**have/has been watched** *(ai, etc. été regardé)*
present perfect progressif	**have/has been being watched** *(ai, etc. été en train d'être regardé)*
past perfect	**had been watched** *(avais, etc. été regardé)*
past perfect progressif	**had been being watched** *(avais, etc. été en train d'être regardé)*
futur simple	**will be watched** *(serai, etc. regardé)*
futur progressif	**will be being watched** *(serai, etc. en train d'être regardé)*

futur antérieur	will have been watched *(aurai, etc. été regardé)*
conditionnel présent	would be watched *(serais, etc. regardé)*
conditionnel présent progressif	would be being watched *(serais, etc. en train d'être regardé)*
conditionnel passé	would have been watched *(aurais, etc. été regardé)*

Quelques exemples :

it was hidden under some old papers
il était caché sous de vieux papiers

it was thought to have been hidden by the Romans
on pensait qu'il avait été caché par les Romains

it had deliberately been hidden by his assistant
il avait délibérément été caché par son assistant

you'll be closely watched
tu seras surveillé de près

the programme will have been watched by ten million viewers in total
l'émission aura été regardée en tout par dix millions de téléspectateurs

if he had made any comment it would have been ignored
s'il avait fait des commentaires, ils n'en auraient pas tenu compte

Le passif de l'infinitif progressif est plutôt rare. Il en est de même pour le passif du present perfect progressif :

he may have been being operated on by then
il était peut-être en train de se faire opérer à ce moment-là

C EMPLOIS

1 L'infinitif

a) *L'infinitif sans* to

i) Après l'auxiliaire do et les auxiliaires modaux :

I don't know *je ne sais pas*	I must go *il faut que je m'en aille*

ii) Après dare et need lorsqu'ils sont employés comme auxiliaires (voir p. 198) :

how dare you talk to me like that!
comment oses-tu me parler ainsi !

you needn't talk to me like that
tu n'as pas besoin de me parler comme ça

iii) Après had better et had best (ou would best en anglais américain) :

you'd better apologize
tu ferais mieux de t'excuser

you'd best ask the manager
tu ferais mieux de demander au directeur

iv) Dans la construction complément d'objet direct : nom/pronom + infinitif. Comparez avec b) ii) ci-dessous :

★ Après let (*laisser*), make (*faire*) et have (*faire* dans ce cas) dans les tournures anglaises qui signifient "laisser faire" ou "faire faire" (voir aussi p. 184) :

we let him smoke
nous l'avons laissé fumer

I made him turn round
je l'ai fait se retourner

we had him say a few words
nous lui avons fait dire quelques mots

★ Après les verbes de perception feel (*sentir*), hear (*entendre*), see (*voir*), watch (*regarder*) :

I felt the floor tremble
j'ai senti trembler le sol

they saw him die
ils l'ont vu mourir

we heard her tell the manager
on l'a entendue le dire au directeur

we watched the train approach the platform
on a regardé le train s'approcher du quai

Pour feel (*penser, avoir l'impression que*), voir b) ii) ci-dessous.

Remarquez que ces verbes peuvent aussi être suivis du participe présent qui met l'accent sur la durée de l'action :

I felt her creeping up behind me
je sentais qu'elle s'approchait de moi à pas de loup

we heard her crying bitterly in the next room
nous l'avons entendue pleurer amèrement dans l'autre pièce

she **saw smoke coming** from the house
elle a vu de la fumée venir de la maison

they **watched him** slowly **dying**
ils l'ont vu mourir petit à petit

★ On peut trouver les deux formes de l'infinitif après **help** :

we **helped** him **(to) move** house
nous l'avons aidé à déménager

Pour les constructions passives correspondantes employées avec ces verbes, voir b) ii) ci-dessous.

v) Après **why** ou **why not** :

why stay indoors in this lovely weather?
pourquoi rester à l'intérieur par ce beau temps ?

why not try our cream cakes?
pourquoi ne pas essayer nos gâteaux à la crème ?

b) *L'infinitif avec* **to**

i) L'infinitif avec **to** peut s'employer comme sujet, comme attribut ou comme complément d'objet direct. La phrase suivante contient les trois emplois (dans cet ordre) :

to die is to cease to exist
mourir, c'est cesser d'exister

ii) Comme complément d'objet direct, comparez avec a) iv) ci-dessus.

★ Après des verbes exprimant un désir ou une antipathie, en particulier **want** (*vouloir*), **wish** (*souhaiter*), **like** (*aimer*), **prefer** (*préférer*), **hate** (*détester*, ici *ne pas vouloir*) :

I **want you to remember** this
je veux que tu t'en souviennes

we **wish you to leave**
nous souhaitons que vous partiez

we **would like you to come** with us
nous aimerions que vous veniez avec nous

we **prefer your cousin to stay** here
nous préférons que ton cousin reste ici

I **would hate you to think** I was avoiding you
je ne voudrais pas vous donner l'impression que je cherchais à vous éviter

★ Dans un niveau de langue assez soutenu, on trouve souvent **to be** et **to have** après des verbes exprimant une opinion, un jugement, une supposition ou une affirmation :

we **believe this to be** a mistake
nous pensons qu'il s'agit d'une erreur

we **believe this to have** some serious consequences
nous pensons que cela va avoir de graves conséquences

we **considered/judged it to be** of little use
nous considérions/jugions cela peu utile

I **felt/knew it to be** true
j'avais l'impression/je savais que c'était vrai

he **maintained these accusations to be** false
il soutenait que ces accusations étaient fausses

En anglais plus courant, on préférera une simple proposition relative, introduite ou non par **that** :

we **believe (that)** this is a mistake I **know (that)** it's true
nous croyons que c'est une erreurje sais que c'est vrai

he **maintained that** these accusations were false
il a soutenu que ces accusations étaient fausses

★ Dans la construction passive correspondante, on emploie l'infinitif complet :

this was believed to be a mistake
on pensait que c'était une erreur

★ Remarquez l'expression courante **be said to**, pour laquelle il n'existe pas d'équivalent à la voix active en anglais :

it **is said to** be true
Il paraît que c'est vrai

he**'s said to** be rich
il paraît qu'il est riche

this hotel **is said to** have the most beautiful gardens
il paraît que cet hôtel a des jardins absolument magnifiques

★ La forme **to** + infinitif doit aussi être employée dans des constructions passives avec les verbes mentionnés en a) iv) ci-dessus :

she **was made to do** it
on l'a forcée à le faire

the aircraft **was seen to crash** just after take-off
on a vu l'avion s'écraser juste après le décollage

iii) Employé après des noms, des pronoms et des adjectifs :

he has a tendency to forget things
il a tendance à tout oublier

there are things to be done
il y a des choses à faire

we shall remember this in years to come
on se rappellera cela pendant des années

we were afraid to ask
nous avions peur de demander

this game is easy to understand
ce jeu est facile à comprendre

there is that to take into consideration
il y a ça à prendre en considération

pleased to meet you!
heureux de faire votre connaissance !

De telles constructions sont particulièrement courantes après des superlatifs et après only :

this is the latest book to appear on the subject
c'est le livre le plus récent qui soit paru sur ce sujet

she's the only person to have got near him
elle est la seule personne à avoir pu l'approcher

iv) Correspondant à une proposition subordonnée :

★ Pour exprimer le but ou la conséquence (l'infinitif pouvant être précédé de in order ou so as (but) ou only (conséquence) pour souligner ses propos) :

he left early to/in order to/so as to get a good seat for the performance
il est parti tôt pour/afin d'être bien placé au spectacle

they arrived (only) to find an empty house
à leur arrivée, la maison était vide

★ Dans des propositions interrogatives indirectes :

tell me what to do
dis-moi ce que je dois faire

I didn't know where to look
je ne savais pas où regarder

we didn't know who to ask
nous ne savions pas à qui demander

we weren't sure whether to tell him or not
nous ne savions pas si nous devions le lui dire ou non

★ Pour exprimer le temps ou la circonstance :

I shudder to think of it (= ... when I think of it)
j'en tremble (rien que) d'y penser

to hear him speak, one would think he positively hates women (= when one hears him speak...)
à l'entendre parler, on dirait vraiment qu'il déteste les femmes

v) Dans des exclamations :

to think she married him!
et dire qu'elle l'a épousé !

vi) Dans des phrases elliptiques exprimant des événements à venir. Cet emploi de l'infinitif est courant dans le langage journalistique :

Brown to Make Speech on Iraq
Brown doit s'exprimer sur l'Irak

Sarkozy to Visit Disaster Zone
Sarkozy doit se rendre dans la zone sinistrée

vii) On peut aussi trouver l'infinitif avec césure : un adverbe vient s'intercaler entre to et le radical du verbe. Cette forme est devenue très courante, mais peu appréciée de beaucoup, qui soutiennent qu'il ne faut jamais séparer to du radical :

nobody will ever be able to fully comprehend his philosophy
personne ne sera jamais capable de comprendre complètement sa philosophie

Comparez les deux exemples suivants :

the way out of this is to really try and persuade him
le moyen de s'en sortir, c'est de vraiment essayer de le persuader

the way out of this is really to try and persuade him
le moyen de s'en sortir, c'est en fait d'essayer de le persuader

Dans le premier exemple, l'adverbe really signifie "beaucoup" et il renforce try, tandis que dans le deuxième exemple, il signifie "en fait" et modifie toute la phrase.

viii) On emploie souvent to sans le radical du verbe dans une répétition, plutôt que l'infinitif complet :

why haven't you tidied your room? I told you to
pourquoi n'as-tu pas rangé ta chambre ? je t'ai dit de le faire

I did it because she encouraged me to
je l'ai fait parce qu'elle m'y a encouragé

ix) Dans la construction for + nom/pronom + infinitif avec to :

it took an hour for the taxi to get to the station
le taxi a mis une heure pour aller jusqu'à la gare

there's no need for you to worry
il n'y a aucune raison de vous inquiéter

he waited for her to finish
il attendit qu'elle ait fini

Cette construction grammaticale et idiomatique exprime souvent la condition, le but ou encore la circonstance, et peut même être sujet de la phrase :

for the university to function properly, more money is needed
afin que l'université fonctionne bien, il faut plus d'argent

for me to say nothing would be admitting defeat *(sujet)*
ne rien dire serait admettre ma défaite

for a man to get custody of his children used to be difficult *(sujet)*
à l'époque, il était difficile pour un homme d'obtenir la garde de ses enfants

x) En anglais parlé, on remplace très souvent le to de l'infinitif par and après des verbes tels que try, go, come ou stay :

try and be there around 6 (= try to be there around 6)
essaie d'arriver vers 18 heures

Cette structure avec try ne peut s'employer qu'à l'infinitif, alors qu'il est possible d'utiliser les verbes suivants au passé ou à la 3ème personne du présent :

you should go and see this film (= you should go to see this film)
tu devrais aller voir ce film

he went and saw it
il est allé le voir

he goes and sees her every week
il va la voir toutes les semaines

come and have dinner with us (= come to have dinner with us)
viens manger avec nous un soir

he usually comes and has dinner with us on Sundays
en général, il vient manger avec nous tous les dimanches soir

he came and had dinner with us yesterday
il est venu manger avec nous hier soir

2 Le gérondif

Le gérondif (ou verbe substantivé) possède des caractéristiques propres aux noms et aux verbes.

a) *Caractéristiques nominales*

i) Un gérondif peut être sujet, attribut ou complément d'objet :

surfing is difficult *(sujet)*
le surf, c'est difficile

that's cheating *(attribut)*
c'est de la triche

I love reading *(complément)*
j'adore lire

Comme on l'a vu, ce sont là des fonctions communes à l'infinitif (voir p. 134) ; pour les différences d'emploi, voir section 4 p. 143.

ii) Il peut être placé après une préposition (contrairement à l'infinitif) :

he's thought of leaving
il a pensé partir

his back hurt from lifting heavy boxes
il avait mal au dos après avoir soulevé de gros cartons

iii) Il peut être précédé d'un article puis suivi d'un groupe prépositionnel (c'est-à-dire introduit par of) :

the timing of his remarks was unfortunate
il a mal choisi son moment pour faire des remarques

Et il peut être modifié par un adjectif ou un possessif :

careless writing leaves a bad impression
une écriture peu soignée fait mauvaise impression

the soprano's singing was wonderful
le chant du soprano était magnifique

do you remember his trying to persuade her?
tu te souviens qu'il a essayé de la persuader ?

b) *Caractéristiques verbales*

i) Un gérondif peut avoir un sujet :

the thought of John doing that is absurd
penser que John ait pu faire ça est absurde

ii) Il peut être suivi d'un complément d'objet ou d'un attribut :

hitting the wing mirror was unavoidable
nous n'avons pas pu éviter le rétroviseur

becoming an expert took him more than twenty years
il lui a fallu plus de vingt ans pour devenir expert en la matière

iii) Il peut être modifié par un adverbe :

she was afraid of totally disillusioning him
elle avait peur de lui faire perdre toutes ses illusions

3 Le possessif et le gérondif

Devant un gérondif, il n'est pas rare d'hésiter entre l'emploi d'une forme complément ou celui d'une forme possessive :

do you remember him/his trying to persuade her?
tu te souviens qu'il a essayé de la persuader ?

Les deux formes sont ici correctes. Mais il existe parfois des différences d'emploi entre les deux. Il convient de noter les exemples suivants :

a) *Le gérondif sujet ou attribut*

Dans ce cas, on emploie normalement le possessif (un adjectif possessif ou le génitif) :

your trying to persuade me will get you nowhere
tu auras beau essayer, tu n'arriveras pas à me convaincre

it was John's insisting that we went there that saved the situation
c'est grâce à l'insistance de John qui voulait que nous y allions que la situation fut sauvée

b) *Le gérondif complément ou placé après une préposition*

Dans ce cas, il est possible d'employer soit un nom/pronom complément d'objet direct, soit la forme possessive :

you don't mind me/my turning up so late, do you?
ça ne te dérange pas que j'arrive si tard, n'est-ce pas ?

they spoke at great length about him/his being elected president
ils parlèrent longtemps de son élection comme président

they spoke at great length about Richard/Richard's being elected president
ils parlèrent longtemps de l'élection de Richard comme président

Remarquez que l'emploi du possessif est plus soutenu que celui du nom/pronom complément. On aura donc tendance à employer la forme complément à l'oral ou dans un style plus familier :

they laughed their heads off at him falling into the river
ils riaient à n'en plus pouvoir parce qu'il était tombé dans la rivière

On a également plus tendance à employer le possessif devant le gérondif en anglais américain qu'en anglais britannique.

Pour la comparaison entre le gérondif et le participe présent et les ambiguïtés éventuelles, voir section 6, p. 149.

c) *Le facteur d'emphase*

Si le sujet du gérondif est accentué, on préférera l'emploi de la forme complément à celui de la forme possessive :

just to think of HIM marrying Karen!
que ce soit lui qui épouse Karen, je n'arrive pas à le croire !

4 Comparaison entre le gérondif et l'infinitif

a) *Emploi identique*

On a vu que l'infinitif et le gérondif ont des caractéristiques nominales du fait qu'ils peuvent fonctionner comme sujet, complément d'objet ou attribut. Il y a donc souvent peu ou pas de différence de sens entre les deux :

we can't bear seeing you like this
we can't bear to see you like this
nous ne supportons pas de te voir comme ça

I prefer being called by my first name
I prefer to be called by my first name
je préfère qu'on m'appelle par mon prénom

En anglais américain, l'infinitif est souvent utilisé là où en anglais britannique on emploierait un gérondif :

I like cooking *(Br)*
I like to cook *(Am)*
j'aime faire la cuisine

b) *Différents sens*

i) Quand le verbe try signifie simplement "essayer", on peut souvent employer l'infinitif ou le gérondif :

I tried to make a chocolate cake, but it wasn't very good
I tried making a chocolate cake, but it wasn't very good
j'ai essayé de faire un gâteau au chocolat, mais il n'était pas très bon

Mais ces formes verbales ne sont pas toujours interchangeables. Lorsque try a le sens de "faire un effort, essayer quelque chose de difficile", on emploie l'infinitif :

I really tried to understand
j'ai vraiment cherché à comprendre

Si try a le sens de "tenter quelque chose pour voir ce qui va se passer", on emploie le gérondif :

I tried sending her a letter of apology, but it didn't work
j'ai essayé de lui envoyer une lettre pour m'excuser, mais ça n'a pas marché

ii) Après forget (*oublier*) et remember (*se souvenir*), l'infinitif fait référence au futur, le gérondif au passé :

I won't forget to ask her to dinner *(dans le futur)*
je n'oublierai pas de l'inviter à dîner

I won't forget asking her to dinner *(dans le passé)*
je n'oublierai pas que je l'ai invitée à dîner

will she remember to meet me? *(dans le futur)*
est-ce qu'elle se souviendra de notre rendez-vous ?

will she remember meeting me? *(dans le passé)*
est-ce qu'elle se souviendra d'avoir fait ma connaissance ?

iii) Vous verrez dans le point c) ci-dessous une liste de verbes après lesquels l'infinitif et le gérondif sont employés comme compléments d'objet direct. Il en est de même pour le gérondif dans la phrase suivante :

I stopped looking at her
je me suis arrêté de la regarder

Mais l'infinitif n'est pas complément d'objet direct dans :

I stopped to look at her
je me suis arrêté pour la regarder

Ici, l'infinitif fonctionne comme un complément circonstanciel de but, ce qui explique la différence considérable de sens entre les deux phrases. La différence est la même entre les deux exemples suivants :

he was too busy talking to her
il était trop occupé à lui parler

he was too busy to talk to her
il était trop occupé pour lui parler

iv) Il est aussi important de faire la distinction entre to, marque de l'infinitif, et to, préposition. Après une préposition, on trouvera toujours le gérondif :

I'm tired of watching television
j'en ai assez de regarder la télévision

what do you think about getting a loan?
qu'est-ce que tu dirais de faire un emprunt ?

Ceci, bien sûr, concerne aussi la préposition to :

they are committed to implementing the plan
ils se sont engagés à réaliser le projet

we're looking forward to receiving your letter
nous attendons votre lettre avec impatience

they object to working overtime
ils ne sont pas d'accord pour faire des heures supplémentaires

we're not used to getting up at this hour
nous ne sommes pas habitués à nous lever à cette heure-ci

c) *L'infinitif seulement ou le gérondif seulement*

i) L'infinitif seulement :

Certains verbes ne peuvent être suivis que de l'infinitif, par exemple : demand (*exiger*), deserve (*mériter*), expect (*s'attendre à*), hope (*espérer*), want (*vouloir*), wish (*souhaiter*) :

I want/wish to leave
je veux/souhaite partir

he deserves to be punished
il mérite d'être puni

we hope to be back by five
nous espérons être de retour vers cinq heures

ii) Le gérondif seulement :

D'autres verbes ne sont suivis que du gérondif, par exemple : avoid (*éviter*), consider (*considérer*), dislike (*ne pas aimer*), enjoy (*apprécier*), finish (*finir*), keep (*continuer*), mind (*déranger, gêner*), practise (*faire, pratiquer*), risk (*risquer*) :

he avoided answering my questions
il évitait de répondre à mes questions

will you consider taking some time off work?
est-ce que vous songez à prendre des congés ?

I dislike flying
je n'aime pas prendre l'avion

we enjoy having friends round to dinner
nous aimons recevoir des amis pour le dîner

she finished writing her e-mail
elle a fini d'écrire son e-mail

they keep teasing him
ils n'arrêtent pas de le taquiner

do you mind going out when the weather's cold?
est-ce que cela vous ennuie de sortir quand il fait froid ?

you must practise playing the piano more often
tu dois travailler ton piano plus souvent

I don't want to risk upsetting Jennifer
je ne veux pas risquer de contrarier Jennifer

Il faut noter aussi que l'adjectif worth et la préposition like ne peuvent être suivis que du gérondif :

that suggestion is worth considering
cette proposition vaut la peine d'être examinée

that's just like wishing for the moon
c'est comme si je demandais la lune

5 Le participe présent

Le participe présent s'emploie comme forme verbale ou comme adjectif.

a) *Comme forme verbale*

i) Le participe présent s'emploie après be pour former l'aspect progressif :

he is/was/has been/had been running
il court/courait/a couru/avait couru

ii) Le participe présent s'emploie souvent pour former une proposition relative elliptique (sans pronom relatif et sans auxiliaire) :

I saw the people coming out of the theatre (= who were coming)
j'ai vu les gens qui sortaient du théâtre

iii) Le participe présent peut avoir pour sujet celui de la proposition principale. Dans ce cas, il est précédé d'une virgule. Le participe présent peut s'employer après une proposition principale au présent ou au passé :

she turned towards the man, looking pleasantly surprised
elle se tourna vers l'homme, l'air agréablement surpris

Dans cet exemple, le sujet de looking est she ; mais si l'on omet la virgule, le sujet de looking est the man, et la phrase appartient alors au type ii) ci-dessus (= the man who is/was looking pleasantly surprised).

Ce participe présent peut précéder son sujet :

looking pleasantly surprised, she turned towards the man
l'air agréablement surpris, elle se tourna vers l'homme

La proposition introduite par un participe présent équivaut souvent à une proposition subordonnée de cause, de condition ou de temps :

living alone, she often feels uneasy at night (= because/since/as she lives alone...)
vivant seule, elle est souvent inquiète le soir

it might be more expensive, living alone (= ...if you lived alone)
ce doit être plus cher de vivre seul

driving along, I suddenly saw him standing at the side of the road (= as/while I was driving along...)
j'étais en train de conduire, quand soudain je l'ai vu sur le bord de la route

Mais il correspond aussi parfois à une proposition indépendante :

she walked away from him, shouting that she never wanted to see him again (= and (she) shouted that...)
elle est partie en criant qu'elle ne voulait plus jamais le revoir

living in London, he is an artist who has helped organize many cultural events (= he lives in London and (he) is...)
vivant à Londres, c'est un artiste qui contribua à l'organisation de nombreuses manifestations culturelles

Dans tous ces exemples, le sujet du participe est le même que celui de la proposition principale. Comparez avec les exemples du point v) ci-dessous dans lesquels le participe présent a son propre sujet.

iv) Le participe présent "non rattaché" :

Un participe présent est considéré comme "non rattaché" si son sujet est différent de celui du verbe de la proposition principale :

coming down the staircase carrying an umbrella, one of the cats tripped him up
un des chats le fit trébucher alors qu'il descendait l'escalier, un parapluie à la main

Dans cet exemple, on peut facilement deviner que le sujet de **coming** est en fait le complément d'objet de la principale (**him**). Mais il est préférable d'éviter cette structure de phrase grammaticalement incorrecte et souvent source d'ambiguïté.

L'emploi du participe présent est toutefois normal et très courant lorsqu'un sujet indéfini est sous-entendu, comme le **we** indéfini ou le "on" français. On trouve surtout cet emploi dans des expressions figées :

generally speaking, British cooking is much better than it used to be
d'une manière générale, la cuisine britannique s'est beaucoup améliorée

judging by the way she dresses, she must have a lot of confidence
à voir ou à en juger par sa façon de s'habiller, elle doit avoir une grande confiance en elle

v) Comme en français, le sujet du participe (différent de celui de la principale) peut le précéder dans ce qu'on appelle la "construction absolue". La proposition contenant le participe présent équivaut là aussi à une proposition subordonnée causale (voir iii) ci-dessus) :

the lift being out of order, we had to use the stairs
l'ascenseur étant en panne, nous avons dû monter par les escaliers

she being the hostess, any kind of criticism was out of the question
étant donné que c'était elle qui recevait, il était hors de question de faire quelque critique que ce soit

b) *Comme adjectif*

she has always been a **loving** child
elle a toujours été une enfant aimante

her appearance is **striking**
elle a une allure frappante

she finds Steven very **charming**
elle trouve Steven très charmant

De cette fonction adjectivale dérive la fonction adverbiale :

he is **strikingly** handsome
il est d'une beauté saisissante

Remarquez que cette structure est bien plus courante en anglais qu'en français :

a self-adjusting mechanism
un mécanisme à autoréglage

the falling birth rate
le taux de natalité en baisse

increasing sales
des ventes en hausse

6 Comparaison entre le participe présent et le gérondif

a) *Ambiguïté*

La phrase suivante peut se comprendre de deux manières différentes :

I hate | people | trying to get in without paying
je déteste les gens qui essaient d'entrer sans payer

Si trying est un gérondif, le sens de la phrase est : I hate the fact that (some) people try to get in without paying (*je n'aime pas le fait que certaines personnes essaient d'entrer sans payer*). Grammaticalement, on pourrait couper la phrase au niveau de la barre bleue.

Si c'est un participe présent, le sens devient : I hate people who try to get in without paying (*je n'aime pas les gens qui essaient d'entrer sans payer*). Grammaticalement, on pourrait couper la phrase au niveau de la barre noire.

Mais si la forme en -ing est précédée d'un adjectif possessif, il ne peut s'agir que d'un gérondif (voir p. 141) :

I hate their trying to get in without paying
je n'aime pas qu'ils essaient d'entrer sans payer

De même, dans la phrase suivante, la forme en -ing ne peut être qu'un gérondif ; sa fonction nominale entraîne un verbe au singulier :

children suffering like that is on our conscience (= the suffering of children)
la souffrance de ces enfants pèse sur notre conscience

Au contraire, le pluriel de la phrase suivante montre que suffering est un participe présent :

children suffering like that are on our conscience
(= children who suffer)
les enfants qui souffrent comme cela pèsent sur notre conscience

b) *Accentuation*

Quand un gérondif modifie un nom, seul le gérondif est accentué dans le discours, et non le nom :

a living room [ə 'lɪvɪŋ rʊm]
un salon

a walking stick [ə 'wɔːkɪŋ stɪk]
une canne

Mais quand l'élément modificateur est un participe présent, celui-ci et le nom sont accentués de la même manière :

a living animal [ə 'lɪvɪŋ 'ænɪml]
un animal vivant

the walking wounded [ðə 'wɔːkɪŋ 'wuːndɪd]
les blessés qui peuvent encore marcher

Remarquez que ces deux derniers adjectifs sont des participes présents car "l'action" est accomplie par le nom ("un animal qui vit", etc.), ce qui n'est pas le cas des deux premiers adjectifs. Ces derniers sont des gérondifs : ils qualifient les noms en indiquant leur rôle (= "une pièce pour vivre", "un bâton pour marcher").

7 Le participe passé

Parmi les emplois suivants, beaucoup peuvent être comparés avec ceux du participe présent. Voir 5 ci-dessus.

a) *Comme forme verbale*

i) Le participe passé s'emploie après l'auxiliaire **have** pour former le present perfect et le past perfect :

he **has/had arrived**
il est/était arrivé

et après l'auxiliaire **be** pour former la voix passive :

she **is/was admired**
elle est/était admirée

et avec les deux auxiliaires pour former le passif au present perfect et au past perfect :

she **has/had been admired**
elle a/avait été admirée

ii) Le participe passé est souvent employé pour former une proposition relative elliptique (sans pronom relatif et sans auxiliaire) :

they go to all the concerts given by the local orchestra
(= which are given)
ils vont à tous les concerts donnés par l'orchestre local

they went to all the concerts given by the local orchestra
(= which were/had been given)
ils sont allés à tous les concerts donnés par l'orchestre local

Il peut aussi avoir la fonction de subordonnée de cause, de condition ou de temps. Des conjonctions (en particulier if et when), non obligatoires en début de phrase, permettent de rendre le sens plus explicite :

watched over by her family, Monica felt safe but unhappy
(= because/since/as she was watched over...)
surveillée par sa famille, Monica se sentait en sécurité, mais malheureuse

(if) treated with care, CDs should last indefinitely
si l'on en prend soin, les CD ne s'usent jamais

CDs should last indefinitely if treated with care
les CD ne s'usent jamais si l'on en prend soin

(when) asked why, he refused to answer
quand on lui demanda pourquoi, il refusa de répondre

he refused to answer when asked why
il refusa de répondre lorsqu'on lui demanda pourquoi

Ou il peut avoir valeur de proposition indépendante :

born in Aberdeen, he now lives in Perth with his wife and children (= he was born in Aberdeen and he now lives...)
né à Aberdeen, il habite maintenant à Perth avec sa femme et ses enfants

iii) On trouve parfois des phrases avec un participe passé non rattaché au sujet de la phrase (appelé en anglais "dangling participle"). Cependant, il est préférable d'éviter cette structure de phrase grammaticalement incorrecte et qui donne souvent lieu à des ambiguïtés (voir 5a) iv) ci-dessus) :

told to cancel the meeting, his project was never discussed

On pourrait exprimer ceci de manière plus élégante :

his project was never discussed as he was told to cancel the meeting
son projet ne fut jamais examiné car on lui demanda d'annuler la réunion

iv) Dans la "construction absolue", le participe passé a son propre sujet et il équivaut à une proposition subordonnée (voir 5a) v) ci-dessus) :

the problems solved, they went their separate ways (= when the problems were solved...)
les problèmes résolus, ils sont partis chacun de leur côté

that done, he left (= once that was done...)
une fois que ce fut terminé, il est parti

b) *Comme adjectif*

the defeated army retreated
l'armée vaincue battit en retraite

I am very tired
je suis très fatigué

Remarquez que l'on peut placer l'adverbe very avant un participe passé adjectif. Lorsque l'on insiste plus sur le caractère verbal du participe passé, on emploie much, et non very :

I am much obliged
je vous suis très obligé

Pour la différence d'emploi entre very et much, voir p. 76.

Lorsque aged (*âgé*), beloved (*bien-aimé*), blessed (*sacré*), cursed (*maudit*) et learned (*érudit*) sont des adjectifs épithètes, on prononce normalement -ed /ɪd/. Mais lorsque ce sont des verbes, on adopte la prononciation régulière /d/ ou /t/ :

he has aged [eɪdʒd]
il a vieilli

a man aged 50 [eɪdʒd]
un homme âgé de 50 ans

mais :

an aged man ['eɪdʒɪd]
un homme âgé

La prononciation /ɪd/ est toutefois rare et littéraire.

8 Les questions

a) *Phrases complètes*

i) On emploie l'auxiliaire do pour former les questions à moins que la phrase ne contienne un autre auxiliaire (have, will, etc.), auquel cas l'auxiliaire précède le sujet, ou que le sujet ne soit un pronom interrogatif. Do se met au présent ou au passé, et le verbe principal est à l'infinitif. Le sujet se place entre l'auxiliaire et le verbe :

he always arrives late *il arrive toujours en retard*	→	**does he** always **arrive** late? *est-ce qu'il arrive toujours en retard ?*
she often goes there *elle y va souvent*	→	**does she go** there often? *est-ce qu'elle y va souvent ?*
he saw her *il l'a vue*	→	**did he see** her? *est-ce qu'il l'a vue ?*
you said that... *tu as dit que...*	→	what **did you say**? *qu'est-ce que tu as dit ?*

how **do we get** to Oxford Street from here?
comment fait-on pour aller d'ici à Oxford Street ?

Quand d'autres auxiliaires sont employés, ce sont eux qui précèdent le sujet :

they are trying to... *ils essaient de...*	→	**are they trying** to speak to us? *est-ce qu'ils essaient de nous parler ?*
he's taking her to... *il l'emmène à...*	→	where **is he taking** her? *où est-ce qu'il l'emmène ?*
they've seen us *ils nous ont vus*	→	**have they seen** us? *est-ce qu'ils nous ont vus ?*
you'll help us *tu nous aideras*	→	**will you help** us? *tu pourras nous aider ?*
you can come at eight *tu peux venir à huit heures*	→	**can you come** at eight? *est-ce que tu peux venir à huit heures ?*

Quand on a un pronom interrogatif sujet et qu'il n'y a pas d'auxiliaire existant, la question se forme sans l'auxiliaire **do** :

who said that? *qui a dit ça ?*	what happened? *qu'est-ce qui s'est passé ?*

Pour **dare** et **need**, voir p. 198. Pour **have**, voir pp. 182-3.

ii) En anglais parlé, où l'on distingue une proposition interrogative d'une proposition affirmative par l'intonation, on peut employer l'ordre des mots d'une affirmative dans une interrogative (emploi moins fréquent en anglais, qu'en français) :

you just left him standing there?
tu l'as laissé planté là ?

Dans des propositions interrogatives indirectes, l'ordre des mots est identique à celui de la proposition affirmative directe. Mais attention à la concordance des temps :

when are you leaving? *(style direct)*
quand est-ce que tu pars ?

he asked her when she was leaving *(style indirect)*
il lui a demandé quand elle partait

b) *Les question-tags*

Le question-tag, équivalent du "n'est-ce pas ?" français, est une tournure interrogative très courante en anglais, qui se place en fin de phrase et qui permet généralement de demander confirmation. Il se compose d'un pronom personnel et d'un auxiliaire.

i) Une proposition affirmative est suivie d'un tag à la forme négative et vice versa :

you can see it, can't you?	you can't see it, can you?
tu le vois, n'est-ce pas ?	*est-ce que tu peux le voir ?*

Lorsqu'un tag est emphatique, c'est-à-dire lorsqu'il sert à renforcer le sens de la phrase principale plutôt qu'à poser une question ou demander confirmation, on emploie un tag à la forme affirmative après une proposition affirmative :

so you've seen a ghost, have you? *(incrédulité ou ironie)*
alors comme ça, tu as vu un fantôme ?

you think that's fair, do you? *(ressentiment)*
tu crois que c'est juste, hein ?

you've bought a new car, have you? *(surprise ou intérêt)*
alors, tu as acheté une nouvelle voiture ?

ii) Le question-tag reprend le temps employé dans la principale. Si la proposition précédente est au présent simple ou au prétérit, et donc sans auxiliaire, on utilisera do dans le question-tag :

you want to meet him, don't you? *(présent)*
tu veux le rencontrer, n'est-ce pas ?

you wanted to meet him, didn't you? *(passé)*
tu voulais le rencontrer, n'est-ce pas ?

you'll want to meet him, won't you? *(futur)*
tu voudras le rencontrer, n'est-ce pas ?

iii) Si, comme dans ce dernier exemple, la proposition qui précède est régie par un auxiliaire, il faut le répéter dans le tag :

you have seen it before, haven't you?
tu l'as déjà vu, n'est-ce pas ?

they aren't sold yet, are they?
ils n'ont quand même pas déjà été vendus ?

you will help me, won't you?
tu m'aideras, n'est-ce pas ?

I shouldn't say anything to him, should I?
je ne devrais rien lui dire, n'est-ce pas ?

iv) Lorsque le tag suit un impératif, on emploie un auxiliaire à la forme affirmative (en particulier will/would). Ces tags permettent souvent de nuancer l'impératif, d'éviter un ton trop sec :

leave the cat alone, will you?
laisse le chat tranquille, tu veux ?

take this to Jackie, would you?
tu veux bien apporter ça à Jackie ?

La forme négative won't indique une invitation :

help yourselves to drinks, won't you?
servez-vous à boire, je vous en prie

9 Les négations

a) *La négation des formes conjuguées*

i) On emploie l'auxiliaire do avec not pour former la négation, à moins que la proposition ne contienne un autre auxiliaire (should, will, etc.). En anglais, on utilise pratiquement tout le temps les formes contractées (don't, won't, can't, etc.), mais elle doivent toutefois être évitées dans un style soutenu à l'écrit :

we accept traveller's cheques	→	we do not/don't accept traveller's cheques
nous acceptons les chèques de voyage		*nous n'acceptons pas les chèques de voyage*

Lorsque l'on a déjà un auxiliaire, on doit le reprendre à la forme négative :

he should come	→	he should not/shouldn't come
il devrait venir		*il ne devrait pas venir*

ii) Dans une question négative, not se place après le sujet, à moins que la forme contractée ne soit utilisée :

do they not accept traveller's cheques?
don't they accept traveller's cheques?
ils n'acceptent pas les chèques de voyage ?

should you not try his office number?
shouldn't you try his office number?
ne devrais-tu pas essayer son numéro au bureau ?

iii) Les verbes exprimant un point de vue believe, suppose, think, etc. sont normalement à la forme négative, même si la négation porte logiquement sur le verbe dans la proposition complément d'objet :

I don't believe we have met
je ne crois pas que nous nous soyons déjà rencontrés

I don't suppose you could lend me a fiver?
ça t'embêterait de me prêter un billet de 5 livres ?

I didn't think these papers were yours
je ne pensais pas que ces papiers étaient à toi

mais hope est plus logique :

I hope it won't give me a headache
j'espère que ça ne me donnera pas mal à la tête

et il n'est même pas accompagné de do lorsqu'il est employé seul :

is she ill? – I hope not
elle est malade ? – j'espère que non

De nombreuses formes sont possibles pour des réponses courtes avec des verbes tels que believe, suppose et think :

will she marry him?
va-t-elle l'épouser ?

I don't believe/think so *(couramment employé)*
je ne crois pas/ne pense pas

I believe/think not *(moins courant, plus soigné)*

I don't suppose so *(couramment employé)*

I suppose not *(couramment employé)*

Voir aussi p. 126.

b) *La négation des infinitifs et des gérondifs*

On forme la négation des infinitifs et des gérondifs en plaçant not devant :

we tried not to upset her
nous avons essayé de ne pas la contrarier

I want you to think seriously about not going
je veux que tu songes sérieusement à ne pas partir

not eating enough fruit is a common cause of vitamin deficiency
ne pas manger assez de fruits entraîne souvent une carence en vitamines

L'exemple avec l'infinitif ci-dessus a bien sûr un sens différent de la phrase suivante, où c'est try qui est à la forme négative :

we didn't try to upset her
nous n'avons pas essayé de la contrarier

Remarquez l'expression idiomatique not to worry = don't worry :

I won't manage to finish it by tomorrow – not to worry
je n'arriverai pas à terminer avant demain – ce n'est pas grave

c) *La négation des impératifs*

i) La négation des impératifs se forme avec l'auxiliaire do. Do not a pour forme contractée don't :

don't worry
ne t'inquiète pas

don't be silly
ne sois pas bête

L'emploi de la forme complète do not est courant dans les déclarations officielles, dans les modes d'emploi, sur les panneaux, etc. :

do not fill in this part of the form
ne pas remplir cette partie du formulaire

do not feed the animals
prière de ne pas donner à manger aux animaux

do not exceed the stated dose
ne pas dépasser la dose prescrite

La forme complète s'emploie aussi à l'oral pour rendre un impératif plus emphatique :

I'll say it again: do not touch!
je te le redis encore : ne touche pas !

Dans la forme de l'impératif let's, employée pour des suggestions, l'ordre des mots est le suivant :

don't let's wait any longer
n'attendons pas plus longtemps

Mais cette tournure est assez rare. On emploiera normalement :

let's not wait any longer
n'attendons pas plus longtemps

ii) On peut également exprimer la négation à l'impératif en employant uniquement not après le verbe. Cette structure, soutenue et littéraire, peut aussi s'employer sur un ton humoristique :

worry not, I'll be back soon
ne t'inquiète pas, je reviendrai bientôt

fear not, the situation is under control
n'aie pas peur, je maîtrise la situation

d) never

L'adjectif négatif never n'est normalement pas accompagné de do :

we never accept traveller's cheques
nous n'acceptons jamais les chèques de voyage

I never said a word
je n'ai rien dit

On trouve l'auxiliaire do après never uniquement lorsque l'on veut insister sur le verbe (pour l'emploi de do comme auxiliaire emphatique, voir p. 185) :

you never did like my cooking, did you?
tu n'as jamais aimé ma cuisine, hein ?

Si never est en début de phrase, on emploiera do avec une inversion sujet-auxiliaire (style soutenu) :

never did it taste so good!
ça n'a jamais été aussi bon !

never did their courage waver
à aucun moment leur courage n'a faibli

Dans le premier de ces deux exemples, la phrase est plus une exclamation qu'une négation, et dans la seconde, le style est poétique ou rhétorique.

Cette inversion est possible avec d'autres adverbes négatifs (voir p. 250).

e) *La traduction des formes négatives françaises*

i) ne... jamais

he never speaks to me
he doesn't ever speak to me
il ne me parle jamais

ii) ne... rien

I saw nothing
I didn't see anything
je n'ai rien vu

iii) ne... personne

she agrees with nobody/no-one
she doesn't agree with anybody/anyone
elle n'est d'accord avec personne

iv) ne... plus

I don't smoke any more/any longer
I no longer smoke
je ne fume plus

words which are no longer used
words which aren't used any longer
des mots qui ne sont plus employés

Voir aussi le chapitre **Les adverbes**, pp. 79-80, 81-2.

10 Pour exprimer le présent

On peut exprimer le présent de différentes façons selon que l'on fait référence à des événements habituels et d'ordre général, ou à des événements précis, et selon que l'on considère ces événement précis comme des actions en cours ou des événements ponctuels. Cette section décrit les emplois des formes verbales appropriées.

a) *Le présent simple*

i) Pour des événements habituels ou d'ordre général, ou pour des vérités universelles :

I get up at seven o'clock every morning
je me lève à sept heures tous les matins

she teaches French at the local school
elle enseigne le français dans l'école du quartier

the earth revolves round the sun
la terre tourne autour du soleil

ii) Avec des verbes qui n'impliquent pas d'idée de progression dans le temps. Ces verbes, parfois appelés “verbes statiques”, expriment souvent un sentiment, une opinion, ou font référence aux sens :

I (dis)like/love/hate/want that girl
j'aime (je n'aime pas)/j'adore/je déteste/je veux cette fille

I believe/suppose/think you're right
je crois/suppose/pense que vous avez raison

we hear/see/feel the world around us
nous entendons/voyons/sentons le monde qui nous entoure

it tastes good/it smells good
c'est bon/ça sent bon

Remarquez que ces verbes statiques peuvent devenir des "verbes dynamiques", si l'on considère l'action dans son déroulement ou dans sa durée. Dans de tels cas, on emploie le présent progressif (voir b) ci-dessous) :

what are you thinking about?
à quoi penses-tu ?

how are you feeling today?
comment vous sentez-vous aujourd'hui ?

we're tasting the wine to see if it's all right
nous goûtons le vin pour voir s'il est bon

b) *Le présent progressif*

i) Le présent progressif est employé avec des verbes dynamiques, c'est-à-dire des verbes qui renvoient à des événements en cours et normalement temporaires :

don't interrupt while I'm talking to somebody else
ne m'interromps pas quand je parle à quelqu'un d'autre

please be quiet; I'm watching a good programme
tais-toi, s'il te plaît ; je suis en train de regarder une émission intéressante

he's trying to get the car to start
il essaie de faire démarrer la voiture

not now, I'm thinking
pas maintenant, je réfléchis

Comparez :

I live in London *(présent simple)*
je vis à Londres

I'm living in London *(présent progressif)*
je vis à Londres (maintenant)

La deuxième phrase implique que le locuteur n'est pas installé à Londres de façon permanente et définitive ; ce n'est que temporaire.

ii) Les adverbes de fréquence s'emploient généralement avec le présent simple :

he always goes to bed after midnight
il se couche toujours après minuit

Mais on trouve parfois ces adverbes employés avec le présent progressif. Cet aspect sous-entend que l'action ou le fait en question se produit souvent, mais de manière inattendue ou non intentionnelle. Dans l'exemple suivant, on ne peut employer que le présent progressif avec forever :

John is forever forgetting his car keys
John oublie toujours ses clés de voiture

Comparez les deux phrases suivantes :

he always meets her in this pub
il la retrouve ou rejoint toujours dans ce pub

he's always meeting her in this pub
il la rencontre ou croise toujours dans ce pub

Dans le premier exemple, l'aspect simple permet de décrire quelque chose de prévu (= ils se donnent toujours rendez-vous dans ce pub). L'aspect progressif du deuxième exemple permet de deviner qu'il s'agit du verbe meet employé dans le sens de "rencontrer par hasard".

Mais dans certains cas, il n'y a pas de différence de sens entre l'aspect simple et l'aspect progressif :

you always say that!
you're always saying that!
tu dis toujours ça !

he always criticizes me
he's always criticizing me
il me critique tout le temps

11 Pour exprimer le passé

a) *Le prétérit*

On emploie le prétérit lorsque l'on veut mettre l'accent sur l'accomplissement d'une action qui s'est déroulée à un moment précis, souvent indiqué par un adverbe :

he caught the train yesterday
il a pris le train hier

he didn't say a word at the meeting
il n'a pas dit un mot pendant la réunion

she sang at the Lyric Opera only a few times
elle ne chanta/n'a chanté à l'Opéra qu'en de rares occasions

Pour les verbes irréguliers au prétérit, voir la liste p. 205.

b) used to /would

Lorsque l'on souhaite faire référence à un événement habituel dans le passé, on emploie souvent used to ou would :

on Sundays we used to go to my grandmother's
on Sundays we would go to my grandmother's
le dimanche, on allait chez ma grand-mère

Pour cet emploi de l'auxiliaire would, voir p. 187. Pour l'emploi de used to et la distinction que l'on peut faire entre les deux, voir p. 197.

c) *Le passé progressif*

Ce temps permet d'insister sur la continuité d'une action ou d'un événement :

what were you doing last night when I called?
qu'est-ce que tu faisais hier soir quand j'ai appelé ?

sorry, could you say that again? I wasn't listening
pardon, est-ce que tu peux répéter ? je n'écoutais pas

she was watching her favourite programme when the phone rang
elle était en train de regarder son émission préférée quand le téléphone a sonné

I was having dinner when he came home
j'étais en train de dîner quand il est arrivé à la maison

Le passé simple et le passé progressif sont souvent employés pour mettre en valeur le lien qui existe entre deux faits du passé. Le passé progressif s'emploie pour des événements servant de toile de fond à d'autres événements de courte durée, pour lesquels on préfère l'aspect simple. Dans le dernier exemple ci-dessus, une action ponctuelle (he came home) s'oppose à une action qui dure (I was having dinner). Comparez avec cette phrase :

I had dinner when he was coming home
j'ai dîné pendant qu'il rentrait à la maison

Le sens est différent : l'action qui dure se trouve dans la proposition subordonnée (he was coming home). La proposition principale (I had dinner) fait référence à quelque chose qui a lieu à un moment précis pendant le déroulement d'une action plus longue.

d) *Le present perfect (progressif)*

On emploie le *present perfect* pour des actions du passé ou des événements qui ont un lien avec le présent :

she has read a lot of books to prepare for this exam (c'est-à-dire qu'elle est prête)
elle a lu beaucoup de livres pour préparer cet examen

Comparez le *present perfect* avec le prétérit dans les phrases qui suivent :

have you heard the news this morning? (c'est encore la matinée)
tu as entendu les informations ce matin ?

did you hear the news this morning? (c'est maintenant l'après-midi ou le soir)
tu as entendu les informations ce matin ?

he has just arrived (il est là maintenant)
il vient d'arriver

he arrived a moment ago (accent sur le moment du passé)
il est arrivé il y a un instant

Mrs Smith has died (elle est morte maintenant)
Mme Smith est morte

Mrs Smith died a rich woman (au moment où elle est morte, elle était riche)
Mme Smith est morte riche

Pour insister sur le fait qu'une action est continue, on peut employer l'aspect progressif :

I've been living in this city for ten years
cela fait dix ans que je vis dans cette ville

Cependant, on peut également employer ici la forme simple dans le même sens :

I've lived in this city for ten years

Remarquez que "depuis" se traduit par for devant un nombre,

c'est-à-dire lorsqu'il s'agit d'une période de temps, mais par since lorsque l'on fait référence à un moment précis dans le temps. Par ailleurs, le present perfect employé avec for et since se traduit en général par un présent en français :

I've been living here since 1971
je vis ici depuis 1971

I've been waiting for three hours/since 5 o'clock
j'attends depuis trois heures (durée)/depuis 17 heures

e) *Le past perfect (progressif)*

Le *past perfect* permet de décrire des actions et des événements passés survenus avant d'autres événements passés. Il exprime un passé par rapport à un autre passé. Comparez avec le prétérit :

she had left when I arrived *(past perfect)*
elle était partie lorsque je suis arrivé

she left when I arrived *(prétérit)*
elle est partie lorsque je suis arrivé

L'aspect progressif permet d'insister sur la durée de l'action :

she had been trying to contact me for hours when I finally turned up
cela faisait des heures qu'elle essayait de me contacter lorsque je suis enfin arrivé

I had been meaning to contact him for ages
cela faisait très longtemps que j'avais l'intention de le contacter

Pour le *past perfect* dans les propositions conditionnelles, voir p. 172.

12 Pour exprimer le futur

a) will *et* shall

i) Pour exprimer le futur à la 1ère personne du singulier ou du pluriel, on emploie will ou shall devant le verbe. L'emploi de shall est néanmoins peu fréquent. Will et shall se contractent en 'll, et will not/shall not en won't/shan't :

I will/I'll/I shall inform Mr Thompson of her decision
je ferai part de sa décision à M. Thompson

we won't/shan't be long
nous n'en avons pas pour longtemps

ii) Aux autres personnes, on emploie will :

he will/he'll get angry if you tell him this
il va se mettre en colère si tu lui dis cela

you will/you'll be surprised when you see him
vous serez surpris quand vous le verrez

Remarque :

Remarquez qu'après **when** l'anglais emploie un présent pour faire référence au futur, comme dans l'exemple ci-dessus. Ceci s'applique aussi pour d'autres conjonctions de temps, par exemple :

I'll do it **as soon as** I **get** home
je le ferai dès que j'arriverai à la maison

it'll be easy **once** you **get** there
une fois que tu seras arrivé là-bas, ce sera facile

while you're in London you should visit the British Museum
pendant que vous serez à Londres, vous devriez visiter le British Museum

iii) Si le locuteur exprime une intention à la 2ème ou 3ème personne (souvent une promesse ou une menace), on rencontre alors parfois **shall**, mais cet emploi est aujourd'hui bien moins courant que celui de **will** :

you shall get what I promised you
tu auras ce que je t'ai promis

they shall pay for this!
ils vont me le payer !

Si le futur dépend de l'intention ou de la volonté d'une personne autre que le locuteur, on emploie **will ('ll)** :

he will/he'll do it, I'm sure
il le fera, j'en suis sûr

iv) On emploie **shall** pour faire des propositions, des suggestions :

shall we go?
on y va ?

shall I do it for you?
tu veux que je te le fasse ?

Will ne pourrait pas s'employer dans ces deux exemples.

v) On emploie **will** pour demander à quelqu'un de faire quelque chose :

will you please put your cigarette out?
pouvez-vous éteindre votre cigarette, s'il vous plaît ?

ou pour donner des ordres :

you'll be here at three
soyez ici à trois heures

vi) Pour exprimer l'avenir immédiat, on préférera l'emploi de **will** à celui de **shall**. La forme contractée est ici très courante :

leave that, **I'll** do it
laisse, je vais le faire

try some, **you'll** like it
goûte, tu vas aimer

I'll have a beer, please
je prendrai une bière, s'il vous plaît

there's the doorbell – ok, **I'll** get it
on sonne à la porte – d'accord, j'y vais

b) *Le futur progressif*

i) **Will** et **shall** peuvent être suivis de la forme progressive (**be** + forme en **-ing**) si le locuteur veut insister sur la continuité de l'action, sur le fait que l'action sera en cours à un moment précis du futur :

this time next Saturday **I'll be sunbathing**
samedi prochain à cette heure-ci, je serai en train de me faire bronzer

I'll be marking essays and **you'll be looking** after the baby
je corrigerai les dissertations et tu t'occuperas du bébé

ii) La forme progressive s'emploie aussi pour indiquer un arrangement préalable :

she'll be giving two concerts in London next week (= she is due to give...)
elle donnera deux concerts à Londres la semaine prochaine

iii) Le futur progressif permet également de formuler des questions sur un ton plus poli, moins direct. Par ailleurs, il y a parfois des nuances différentes entre le futur simple et le futur progressif. Comparez aussi les exemples suivants :

will you speak to him about it? *(simple)*
tu lui en parleras ?

will you be speaking to him about it? *(progressif)*
tu comptes lui en parler ?

L'emploi de la forme progressive dans le second exemple indique que le locuteur ne fait pas une demande directe (comme dans le premier exemple), mais qu'il demande simplement et objectivement si la personne à laquelle il s'adresse a l'intention de "lui en parler".

c) **be going to**

i) Il n'y a souvent aucune différence entre **be going to** et **will** :

I wonder if this engine is ever going to start (= ... will ever start)
je me demande si le moteur va finir par démarrer

you're going to just love it (= you'll just love it)
tu vas adorer ça

what's he going to do about it? (= what'll he do about it?)
qu'est-ce qu'il a l'intention de faire ?

ii) **Be going to** est plus courant que **will** ou **shall** pour indiquer une intention :

we're going to sell the house after all
en fin de compte, nous allons vendre la maison

he's going to sue us
il va nous intenter un procès

I'm going to go to London tomorrow
je vais aller à Londres demain

iii) On préférera employer **be going to** plutôt que **will** lorsque les raisons justifiant les prévisions sont directement liées au présent :

it's going to rain (look at those clouds)
il va pleuvoir (regarde ces nuages)

I know what you're going to say (it's written all over your face)
je sais ce que tu vas dire (ça se lit sur ton visage)

d) *Le présent simple*

i) Comme en français, le présent simple peut exprimer le futur lorsque l'on fait référence à un programme établi, à un événement prévu, à un horaire, etc. :

when does university start?
quand a lieu la rentrée universitaire ?

classes start on 6 October
les cours reprennent le 6 octobre

the train for London leaves at 11 a.m.
le train qui va à Londres part à 11 heures

ii) Lorsque la proposition principale est au futur, on emploie le présent simple dans les propositions subordonnées temporelles (voir a) iii) ci-dessus) ou conditionnelles :

you'll like him when you see him
il te plaira quand tu le verras

if he turns up, will you speak to him?
tu lui en parleras s'il vient ?

Ne confondez pas les propositions de ce type commençant par when et if et les propositions interrogatives indirectes. Dans ces dernières, la forme du verbe est la même que celle du verbe de l'interrogation directe correspondante ; il est donc possible d'employer le futur :

when will they be here? → do you know when they'll be here?
quand vont-ils arriver ? est-ce que tu sais quand ils vont arriver ?

will she be there? → I wonder if she'll be there
est-ce qu'elle y sera ? je me demande si elle y sera

e) *Le présent progressif*

i) Le présent progressif s'emploie souvent de façon semblable à be going to pour exprimer une intention :

I'm taking this book with me (= I'm going to take...)
j'emporte ce livre (= je vais emporter...)

what are you doing over Christmas? (= what are you going to do...)
qu'est-ce que tu fais à Noël ? (= qu'est-ce que tu vas faire... ?)

ii) Le présent progressif peut aussi être employé pour faire référence à un événement organisé ou prévu dans le futur, son emploi étant alors similaire à celui du futur progressif ou du présent simple :

she's giving two concerts in London next week
elle donne deux concerts à Londres la semaine prochaine

the train for London is leaving soon
le train pour Londres part bientôt

f) be to

On emploie souvent be to pour faire référence à des projets d'avenir spécifiques, en particulier des projets qui dépendent de la décision d'autres personnes :

the President is to visit the disaster zone (pour le style journalistique, voir aussi p. 139)
le président doit se rendre dans la zone sinistrée

we are to be there by ten o'clock *(soutenu)*
nous devons y être pour dix heures

g) be about to

Be about to exprime le futur très proche :

you are about to meet a great artist
vous êtes sur le point de rencontrer un grand artiste

please take your seats, the play is about to start
veuillez vous asseoir, la pièce va maintenant commencer

Be about to peut aussi s'employer pour exprimer les intentions futures d'une personne :

I'm not about to sign a contract like that!
je ne signerai pas un tel contrat !

h) *Le futur antérieur (progressif)*

On emploie le futur antérieur pour faire référence à une action qui s'achèvera avant une autre action dans le futur :

by the time we get there he will already have left
le temps que nous arrivions, il sera déjà parti

by then we'll have been working on this project for five years *(forme progressive)*
nous aurons alors travaillé pendant cinq ans sur ce projet

On emploie aussi le futur antérieur pour exprimer des suppositions quant au présent ou au passé :

I expect you'll have been wondering why I asked you here
je suppose que vous vous êtes demandé pourquoi je vous ai convoqué

13 Pour exprimer la condition

Dans les phrases conditionnelles, on exprime la condition dans une proposition subordonnée placée avant ou après la proposition principale et commençant normalement par if :

if the train is late, we'll miss our plane
si le train a du retard, nous raterons notre avion

we'll miss our plane if the train is late
nous raterons notre avion si le train a du retard

Pour les conditions négatives, on emploie parfois unless + forme affirmative (*si... ne, à moins que*) :

unless the train **is** on time, we'll miss our plane
if the train **isn't** on time, we'll miss our plane
si le train n'est pas à l'heure, nous raterons notre avion

Étant donné que l'action de la principale dépend de la condition de la subordonnée, cette action doit être au futur (pour les exceptions voir a) i) ci-dessous).

La forme des verbes varie selon le temps auquel ils font référence et selon le degré de probabilité de la condition.

a) *Pour faire référence au présent/futur*

i) Possibilité vraisemblable :

Le verbe de la proposition subordonnée est au présent ou au present perfect. La proposition principale comprend la construction **will** + infinitif (quelquefois **shall** + infinitif à la 1ère personne) :

if you see her, you **will not recognize** her
si tu la vois, tu ne la reconnaîtras pas

if you are sitting comfortably, we **will begin**
si vous êtes assis confortablement, nous allons commencer

if you have completed the forms, I **will send** them off
si vous avez rempli les formulaires, je les enverrai

if he comes back, I **shall ask** him to leave
s'il revient, je lui demanderai de partir

Il y a trois exceptions importantes :

★ Si le verbe de la principale est aussi au présent, on sous-entend une conséquence logique, un résultat automatique ou habituel. Dans ces phrases, **if** a presque le sens de **when(ever)** (*quand, à chaque fois que*) :

if the sun shines, people **look** happier
quand le soleil brille, les gens ont l'air plus heureux

if you're happy, I**'m** happy
si ça te va, ça me va

if you don't increase your offer, you **don't get** the house
si vous n'offrez pas plus, vous n'aurez pas la maison

★ Lorsque **will** est aussi employé dans la subordonnée, le locuteur fait alors référence à la bonne volonté d'une personne ou à son intention de faire quelque chose :

if you **will be** kind enough to stop singing, we **will/shall be able to get** some sleep
si vous vouliez bien arrêter de chanter, que nous puissions dormir

if you **will insist** on driving home, **you'll have** to stay on soft drinks all night
si tu tiens vraiment à rentrer à la maison en voiture, il faudra ne pas boire de toute la soirée

Lorsque cette forme est employée pour demander à quelqu'un de faire quelque chose, on peut rendre la phrase plus polie en employant **would** :

if you **would be** kind enough to stop singing, we **would/should be able to get** some sleep
si vous aviez la bonté d'arrêter de chanter, nous pourrions dormir

★ Lorsque l'on emploie **should** dans la subordonnée (à toutes les personnes), on sous-entend que la condition est moins probable, qu'elle a moins de chance de se réaliser. Ces propositions avec **should** sont souvent suivies de l'impératif, comme c'est le cas dans les deux premiers exemples :

if you **should** see him, ask him to call
au cas où vous le verriez, demandez-lui de m'appeler

if he **should** turn up, please tell him I want to see him
si jamais il vient, dis-lui que je veux le voir, s'il te plaît

if they **should** attack you, you will have to fight them
s'ils en venaient à vous attaquer, il vous faudrait vous défendre

Dans un style légèrement plus soutenu, on peut omettre **if** et faire commencer la phrase par **should** avec une inversion sujet-auxiliaire :

should the matter arise again, telephone me at once
si le problème devait se présenter de nouveau, téléphonez-moi immédiatement

ii) Possibilité peu probable ou irréelle :

L'expression "possibilité peu probable ou irréelle" signifie que l'on s'attend à ce que la condition ne se réalise pas ou qu'on l'oppose à des faits connus. Le verbe de la proposition subordonnée est au passé ; la principale comprend la construction **would** + infinitif (ou aussi **should** + infinitif à la 1ère personne) :

if you **saw** her, you **would not recognize** her
si tu la voyais, tu ne la reconnaîtrais pas

if she had a car, she would visit you more often
si elle avait une voiture, elle viendrait te voir plus souvent

if I won that amount of money, I would/should just spend it all
si je gagnais une telle somme d'argent, je dépenserais tout

if the lift was working properly, there would not be so many complaints
si l'ascenseur marchait correctement, il n'y aurait pas autant de plaintes

Néanmoins, ce type de phrase n'exprime pas toujours une possibilité peu probable ou irréelle. Elle présente souvent peu de différence avec la construction du type a) i) ci-dessus :

if you worked harder, you would pass the exam
if you work harder, you will pass the exam
si tu travaillais davantage, tu réussirais ton examen

L'emploi du passé peut donner à la phrase un ton un peu plus amical, moins direct et plus poli.

b) *Pour faire référence au passé*

i) Dans ce cas-là, la condition ne s'est pas réalisée puisque ce qui est exprimé dans la subordonnée ne s'est pas produit. Le verbe de la subordonnée est au *past perfect* ; la principale comprend la construction would + infinitif passé (ou aussi should + infinitif passé à la 1ère personne) :

if you had seen her, you would not have recognized her
si tu l'avais vue, tu ne l'aurais pas reconnue

if I had been there, I would/should have ignored him
si j'avais été là, j'aurais fait semblant de ne pas le voir

Dans un style légèrement plus soutenu, on peut omettre if et faire commencer la phrase par had avec une inversion sujet-auxiliaire:

had I been there, I would/should have ignored him

ii) Exceptions :

★ Si la proposition principale fait référence à la non-réalisation dans le présent d'une condition dans le passé, on peut aussi employer would + infinitif :

if I had studied harder, I would be an engineer today
si j'avais étudié davantage, je serais ingénieur maintenant

★ On emploie le passé dans les deux propositions si, comme c'est le cas en a) i) ci-dessus, on sous-entend une conséquence logique, un résultat automatique ou habituel (if = when(ever)) :

if people got ill in those days, they often died
si les gens tombaient malades à cette époque-là, ils mouraient souvent

if they tried to stand up to the boss, they were fired
s'ils essayaient de tenir tête au patron, ils étaient virés

★ Si la condition est censée s'être réalisée, les restrictions quant à la concordance des temps indiquées en a) et b) ci-dessus ne s'appliquent plus. Dans ce cas-là, if signifie souvent "comme" ou "puisque". Remarquez, par exemple, la diversité des formes verbales employées dans les propositions principales qui suivent les propositions subordonnées (qui sont toutes au passé) :

if he was rude to you, why did you not walk out?
s'il a été grossier avec toi, pourquoi est-ce que tu n'es pas parti ?

if he was rude to you, why have you still kept in touch?
if he was rude to you, why do you still keep in touch?
s'il a été grossier avec toi, pourquoi est-ce que tu es resté/restes en contact avec lui ?

if he told you that, he was wrong
s'il t'a dit ça, il a eu tort

if he told you that, he is a fool
s'il t'a dit ça, c'est un imbécile

if he told you that, he has broken his promise
s'il t'a dit ça, il a manqué à sa promesse

14 Le subjonctif

Par opposition à l'indicatif, qui est le mode du réel, le subjonctif est le mode du non-réel, exprimant le souhait, l'espoir, la possibilité, etc. (Voir Les modes p. 132).

Le présent du subjonctif est identique par sa forme à l'infinitif (sans to) aux trois personnes du singulier et du pluriel. Autrement dit, la seule différence entre les formes du présent du subjonctif et celles du présent de l'indicatif est l'omission du -s à la 3ème personne du singulier.

L'imparfait du subjonctif (ou subjonctif passé) est identique par sa forme au prétérit, sauf pour le verbe to be qui devient were à la 1ère et 3ème personne du singulier. Cependant, dans le langage de tous les jours, on emploie de préférence was (voir aussi b) vi) ci-dessous).

a) *Le subjonctif dans les propositions principales*

Cet emploi du subjonctif est limité à des locutions fixes et idiomatiques exprimant, par exemple, l'espoir ou le souhait :

God **save** the Queen!
vive la Reine !

long **live** the King!
vive le Roi !

Heaven **be praised**!
Dieu soit loué !

b) *Le subjonctif dans les propositions subordonnées*

i) Dans les propositions conditionnelles, le subjonctif passé est très courant (voir 13a) ii) ci-dessus). L'emploi du présent du subjonctif appartient à un niveau de langue très soutenu ou à un style littéraire :

if this **be** true, old hopes are born anew *(littéraire)*
si c'était vrai, tous les espoirs renaîtraient

if this **were/was** true, I'd be so happy *(courant)*
si c'était vrai, je serais vraiment contente

On trouve aussi le subjonctif présent dans l'expression consacrée **if need be** (*s'il le faut, si besoin est*) :

if need be, we can sell the furniture
s'il le faut, nous pouvons vendre les meubles

Remarquez aussi l'emploi du subjonctif présent dans les tournures concessives, avec l'inversion sujet-verbe :

they are all interrogated, **be they** friend or foe *(littéraire)*
ils sont tous interrogés, qu'ils soient amis ou ennemis

ii) Les propositions comparatives, introduites par **as if** ou **as though**, contiennent souvent, mais pas dans tous les cas, un subjonctif passé :

he treats me **as if I was/were** a child
il me traite comme si j'étais un gamin

iii) Le subjonctif passé est employé après **if only** et dans les propositions compléments d'objet direct qui suivent **wish** et **had rather**. Toutes ces propositions expriment le souhait ou le désir :

if only we had a bigger house, life would be perfect
si seulement nous avions une maison plus grande, tout serait parfait

are you going abroad this year? – I wish I were/was
est-ce que tu pars à l'étranger cette année ? – si seulement je pouvais !

where's your passport? – I wish I knew
où est ton passeport ? – si je le savais !

do you want me to tell you? – I'd rather you didn't
tu veux que je te le dise ? – je n'aime mieux pas !

iv) Dans un langage soutenu ou juridique, on rencontre parfois le présent du subjonctif dans les propositions compléments d'objet direct qui suivent les expressions impersonnelles ("il est souhaitable", "il est important", etc.) ou les verbes indiquant une suggestion ou un souhait :

it is important that he take steps immediately
il est important qu'il prenne immédiatement des mesures

it is imperative that this matter be discussed further
il est impératif de discuter davantage de cette affaire

we propose that the clause be extended to cover such eventualities
nous proposons que la clause soit élargie pour couvrir ces éventualités

Dans ces propositions, le subjonctif est d'un emploi plus courant en anglais américain qu'en anglais britannique et il n'est pas rare de le rencontrer en dehors du langage des négociations ou du langage juridique. En anglais britannique, on préférera l'emploi de **should** + infinitif :

we suggest that the system (should) be changed
nous suggérons que le système soit changé

I am adamant that this (should) be put to the vote
j'insiste pour que cela soit soumis au vote

it is vital that he (should) start as soon as possible
il est primordial qu'il commence aussi vite que possible

v) On emploie aussi le subjonctif passé après **it's time**, lorsque le locuteur veut insister sur le fait que quelque chose devrait être fait :

it's time we spoke to him
il est temps que nous lui parlions

it's high time they stopped that
il est grand temps qu'ils arrêtent

Comparez avec l'emploi de l'infinitif qui ne fait qu'exprimer l'opportunité du moment :

it's time to speak to him about it
c'est le moment de lui en parler

vi) if I was/if I were

Les confusions sont fréquentes quant à l'emploi correct de if I was/if I were.

Lorsque la condition à laquelle on fait référence n'est en aucun cas une condition irréelle, on ne peut employer que if I was :

if I was mistaken about it then I can only apologize
si je me suis trompé, eh bien je ne peux que m'excuser

Le locuteur ne met pas en cause le fait qu'il se soit trompé. Comparez avec la phrase suivante :

if I were mistaken about it, surely I would have realized
si je m'étais trompé, je m'en serais certainement aperçu

Ici, le locuteur émet un doute quant à la réalité de l'erreur, d'où l'emploi du subjonctif were. Mais dans un niveau de langue moins soutenu, on pourrait également employer was dans cette phrase.

15 Un emploi particulier du passé

Nous avons vu dans les sections 13 et 14 comment le subjonctif passé peut faire référence au présent dans des propositions conditionnelles ou autres. Outre ces emplois du subjonctif passé, le passé peut faire référence au présent dans les propositions principales exprimant une attitude plus hésitante et donc plus polie et respectueuse. Ainsi :

did you want to see me?
vous vouliez me voir ?

est plus poli ou moins direct que :

do you want to see me?
vous voulez me voir ?

Remarquez aussi l'emploi du passé progressif dans l'expression I was wondering, qui permet de demander quelque chose de manière plus polie :

I was wondering if you could help me do this (= I wonder if you could help me do this)
est-ce que vous pourriez m'aider à faire cela ?

L'expression I was hoping, qui permet aussi de formuler indirectement et poliment une requête, n'a pas de construction correspondante au présent :

I was hoping you could help me
est-ce que vous pourriez m'aider ?

16 La voix passive

Pour les différences de forme entre la voix active et la voix passive, voir p. 133.

a) *Le passif direct et le passif indirect*

Dans la phrase à la voix active :

they sent him another bill
ils lui ont envoyé une autre facture

another bill est le complément d'objet direct et him, le complément d'objet indirect. Si dans une construction correspondante à la voix passive, le complément d'objet direct de la phrase à la voix active devient le sujet de la phrase à la voix passive, on a alors un "passif direct" :

another bill was sent to him
une autre facture lui a été envoyée

Un "passif indirect" aurait pour sujet le complément d'objet indirect de la phrase à la voix active :

he was sent another bill
on lui a envoyé une autre facture

b) *Le passif d'état et le passif d'action*

Dans la phrase suivante, le verbe exprime un état :

the shop is closed
la boutique est fermée

tandis que, dans l'exemple suivant, il exprime une action :

the shop is closed by the manager at the end of the day
la boutique est fermée par le gérant à la fin de la journée

Dans la première phrase, le verbe est appelé "verbe d'état" ; dans la deuxième phrase, il est appelé "verbe d'action". C'est le contexte qui nous renseigne et non la forme. La forme du verbe reste la même. L'absence de formes distinctes peut parfois donner lieu à des ambiguïtés, comme par exemple :

his neck **was broken** when they lifted him

Cette phrase signifie soit “son cou était cassé quand ils l’ont soulevé” (passif d’état), soit “son cou s’est cassé quand ils l’ont soulevé” (passif d’action). Cependant, si l’on souhaite insister sur le passif d’action (souvent plus vivant), on peut employer **get** comme auxiliaire à la place de **be**, notamment dans le langage courant :

his neck **got broken** when they lifted him
il a eu le cou cassé quand ils l’ont soulevé

they finally **got caught**
ils ont fini par se faire prendre

On peut aussi employer le verbe **have** pour exprimer un passif d’action :

he **had** his neck **broken** when they lifted him
il a eu le cou cassé quand ils l’ont soulevé

they’ve **had** their house **burgled** three times
ils se sont fait cambrioler trois fois

c) *Voix passive ou voix active ?*

i) Si la personne qui fait l’action est moins importante que l’action elle-même, on préfère souvent la voix passive à la voix active :

his invitation **was refused**
son invitation a été refusée

Ici, d’après le locuteur, l’identité de la personne qui refuse l’invitation n’a pas d’importance. Ce qui est important, c’est le fait qu’elle ait été refusée.

Dans certains cas, notamment dans le domaine scientifique, on emploie de très nombreuses tournures passives parce que l’on considère que mentionner l’agent ou celui qui fait l’action manque d’objectivité :

the experiment **was conducted** in darkness *(objectivité)*
l’expérience a été effectuée dans le noir

I conducted the experiment in darkness *(subjectivité)*
j’ai effectué l’expérience dans le noir

ii) De nombreux verbes peuvent également s'employer à la voix active, tout en ayant un sens passif :

the theatre runs at a profit (= the theatre is run at a profit)
le théâtre fait des bénéfices

her eyes filled with tears (= her eyes were filled with tears)
elle avait les larmes aux yeux

Dans ces deux exemples, on pourrait tout aussi bien employer les formes passives données entre parenthèses. Mais certains verbes intransitifs à sens passif ne peuvent pas s'employer d'une autre manière :

a cloth which feels soft
un tissu qui est doux au toucher

it flies beautifully
il se pilote très bien

silk blouses do not wash well
les chemisiers en soie ne se lavent pas bien

this essay reads better than your last one
cette dissertation se lit mieux que la dernière que vous avez écrite

where is the film showing?
dans quel cinéma passe ce film ?

he photographs well
il est photogénique

iii) On trouve également des infinitifs à sens passif dans les constructions du type there is + nom/pronom + infinitif :

when we get home there'll be suitcases to unpack
quand nous rentrerons à la maison, il y aura les valises à défaire

there was plenty to eat
il y avait beaucoup de choses à manger

have you got anything to wash?
est-ce que tu as quelque chose à laver ?

Dans certains cas, on peut employer indifféremment l'infinitif actif ou l'infinitif passif :

there's nothing else to say/to be said
il n'y a rien d'autre à dire

is there anything to gain/to be gained from it?
est-ce qu'il y a quelque chose à y gagner ?

there is work to do/to be done
il y a du travail à faire

Mais lorsque ces constructions suivent les pronoms something, anything, nothing, il peut y avoir une différence entre l'infinitif actif (à sens passif) et l'infinitif passif de do.

Comparez par exemple :

there is always **something to do**
on trouve toujours à s'occuper

there is always **something to be done**
il y a toujours du travail à faire

iv) "on"

Le passif est bien plus employé en anglais qu'en français. Le français préfère souvent une construction avec le pronom personnel indéfini "on" :

he was spotted leaving the bar
on l'a vu sortir du bar

that's already been done
on l'a déjà fait/ça a déjà été fait

I hadn't been told that
on ne m'avait pas dit ça

17 Be, have, do

a) **be**

i) **Be** s'emploie comme auxiliaire avec le participe passé pour former le passif (voir p. 133 et section 16 ci-dessus). **Be** peut parfois remplacer **have** en tant qu'auxiliaire pour l'aspect "perfect" (ou passé), comme dans :

are you **finished**? (= have you finished?)
est-ce que tu as fini ?

his voice **is gone** (= his voice has gone)
il a une extinction de voix

Dans ces cas-là, on insiste particulièrement sur l'état présent plutôt que sur l'action.

ii) Comme les autres auxiliaires modaux, **be** n'est pas accompagné de **do** dans les négations et les interrogations (**he isn't Spanish**, **is he Spanish?**, etc.). Mais lorsque **be** se comporte comme un verbe indépendant et non pas comme un auxiliaire, on emploie **do** dans les impératifs à la forme négative :

don't be silly
ne dis pas n'importe quoi

iii) Lorsque **be** est un verbe ordinaire, et non un auxiliaire, il ne s'emploie à l'aspect progressif que lorsqu'il fait uniquement référence au comportement. Comparez :

you are funny *tu es drôle (= de nature)*	you **are being** funny *tu es drôle (= en ce moment)*
he is annoying *il est énervant*	he **is being** annoying *il devient énervant*

b) **have**

i) **Have** est employé avec le participe passé pour former l'aspect "perfect" (voir p. 131).

En tant que verbe ordinaire, il permet parfois d'exprimer une activité, quelque chose dont on fait l'expérience (des difficultés, etc.) ou des impressions que l'on ressent, comme dans les expressions idiomatiques :

to have dinner *dîner*	**to have a shower** *prendre une douche*
to have a chat *bavarder*	**to have a good time** *s'amuser/passer un bon moment*

to have difficulty (doing something)
avoir du mal (à faire quelque chose)

Lorsque **have** n'exprime pas une activité, il fait normalement référence à la possession, à un état ou à quelque chose de prévu :

to have a farm *avoir une ferme*	**to have an appointment** *avoir un rendez-vous*

to have toothache
avoir mal aux dents

to have time (for something/to do something)
avoir le temps (pour quelque chose/de faire quelque chose)

On désignera le verbe **have** sous le nom de **have 1** lorsque son emploi correspond aux exemples du premier type et de **have 2** lorsqu'il est employé comme dans les exemples du deuxième type.

ii) **Have 1** :

★ Il se comporte comme les verbes ordinaires normaux dans les interrogations et dans les négations (ainsi que dans les question-tags), c'est-à-dire qu'il est accompagné de **do** :

did you have the day off yesterday?
est-ce que tu étais en congé hier ?

we don't have fun any more
on ne s'amuse plus tellement maintenant

we had a marvellous time, didn't we?
nous avons vraiment passé un très bon moment, n'est-ce pas ?

★ Il peut s'employer à l'aspect progressif :

he telephoned as we were having lunch
il a téléphoné pendant que nous déjeunions

I'm having problems with Carol these days
j'ai des problèmes avec Carol en ce moment

iii) Have 2 :

★ Au lieu de have 2, l'anglais britannique emploie souvent have got, notamment à l'oral, et surtout au présent :

he has/he has got/he's got a large garden
il a un grand jardin

Au passé, on emploie normalement had ou used to have, cette dernière forme insistant davantage sur l'idée de possession, sur la répétition ou l'habitude :

they all had flu in July last year
ils ont tous eu la grippe en juillet l'année dernière

he had/used to have a large garden once
autrefois, il avait un grand jardin

we had/used to have lots of problems in those days
à cette époque-là, nous avions beaucoup de problèmes

★ Dans les interrogations, le sujet et have peuvent être inversés :

have you any other children?
avez-vous d'autres enfants ?

Dans les négations, not peut s'employer sans do :

he hasn't a garden
il n'a pas de jardin

On considère parfois ces phrases comme appartenant à un niveau de langue plutôt soutenu, et dans le langage de tous les jours, on préfère employer have... got ou une construction avec do :

have you got/do you have any other children?
he hasn't got/doesn't have a garden

La tournure en do, qui était avant un emploi exclusivement américain, est maintenant très courante, notamment lorsque l'on fait référence à quelque chose d'habituel, de permanent. Comparez :

have you got/do you have any sweets?
est-ce que tu as des bonbons ?

do you always have sweets in the cupboard?
est-ce que tu as toujours des bonbons dans ton placard ?

De même :

have you got/do you have a pain in your chest?
est-ce que vous ressentez une douleur dans la poitrine ?

do you frequently have a pain in your chest?
est-ce que vous ressentez souvent une douleur dans la poitrine ?

Remarquez aussi que les deux auxiliaires sont possibles dans les réponses à la forme négative :

have you a minute? – no, I haven't
have you a minute? – no, I don't
tu as une minute ? – non

Dans les question-tags après have, on peut employer have ou do puisque, comme nous l'avons vu, have peut s'employer avec ou sans do dans les interrogations. Do est particulièrement courant au passé, mais on le trouve aussi au présent :

he has a dog, hasn't/doesn't he?
il a un chien, n'est-ce pas ?

they had a large garden once, hadn't they/didn't they?
ils avaient un grand jardin autrefois, n'est-ce pas ?

Mais après have got, on ne peut employer que have dans les questions-tags :

he's got a dog, hasn't he?
il a un chien, n'est-ce pas ?

★ On ne peut employer l'aspect progressif avec have 2 que lorsqu'on fait référence au futur. Ainsi :

they are having a baby

ne signifie en aucun cas "ils ont un bébé", mais "ils vont avoir un bébé".

iv) L'emploi causatif de **have** :

Le verbe **have** est employé dans la construction du type "faire faire quelque chose", qui se forme avec **have** + complément d'objet direct + participe passé. Par exemple :

they**'re having** a conservatory **built**
ils se font construire une véranda

could you **have** these **photocopied**?
est-ce que vous pouvez faire photocopier cela ?

I**'ll have** it **done** immediately
je vais le faire faire immédiatement

we'll have to **have** it **fixed**
il va falloir que nous le fassions réparer

Remarquez que **get** peut s'employer à la place de **have** dans tous ces exemples.

Cette construction n'a pas toujours le sens littéral de "faire faire quelque chose". Dans l'exemple suivant, la construction signifie simplement "demandez-lui d'entrer" :

Mr Braithwaite is here – ah, **have** him **come** in
M. Braithwaite est là – ah, faites-le entrer

On emploie aussi **have** ou **get** + infinitif pour dire "faire faire quelque chose à **quelqu'un**" :

I'll **have** the kitchen **send** it up to your room, madam
I'll **get** the kitchen **to send** it up to your room, madam
je vais demander à la cuisine de vous le monter dans votre chambre, madame

Notez que l'infinitif après **have** est employé sans **to**, ce qui n'est pas le cas de **get**.

v) Constructions à la voix passive :

Le verbe **have** s'emploie aussi pour former un type de construction passive, notamment lorsque l'on sous-entend que le sujet de la phrase a souffert d'une manière ou d'une autre (voir aussi 16b)) :

he**'s had** all his money **stolen**
il s'est fait voler tout son argent

c) **do**

Nous avons vu l'emploi de **do** dans les interrogations et les négations dans les sections 8 et 9 de ce chapitre. Pour son emploi dans les autres cas d'inversion, voir **La structure de la phrase**, p. 250.

i) **Do** emphatique :

Dans les phrases qui ne sont ni interrogatives ni négatives, on peut marquer l'emphase en employant l'auxiliaire **do** (que l'on accentue à l'oral) devant le verbe principal :

oh, I **do like** your new jacket!
oh, j'aime beaucoup ta nouvelle veste !

do try to keep still !
essaye de rester tranquille !

he doesn't know any German but he **does know** a few words of French
il ne comprend pas l'allemand, mais par contre il connaît quelques mots de français

I didn't manage to get tickets for Saturday night, but I **did get** some for Monday
Je n'ai pas réussi à avoir de billets pour samedi soir, mais j'en ai pris pour lundi

Et le verbe ordinaire **do** (*faire*) peut s'employer avec **do** en tant qu'auxiliaire emphatique. Mais cette construction, qui n'est pas très élégante, est assez rare :

we don't do everything but what we **do do**, we do very well
nous ne faisons pas tout, mais ce que nous faisons, nous le faisons très bien

ii) **Do** pour remplacer le verbe :

L'auxiliaire **do** peut s'employer seul lorsque le verbe principal a déjà été énoncé. On pourrait répéter à la place le verbe principal précédé de l'auxiliaire (voir l'emploi emphatique ci-dessus) ou parfois sans l'auxiliaire :

she never drinks! – oh yes, **she does** (= oh yes, she does drink)
elle ne boit jamais ! – bien sûr que si !

can I help myself to another cream cake? – please **do** (= please do help yourself)
est-ce que je peux avoir un autre gâteau à la crème ? – mais je vous en prie !

do you both agree? – I do, but she doesn't (= I agree, but she doesn't)
vous êtes tous les deux d'accord ? – moi oui, mais pas elle

Voir aussi la section traitant des question-tags (p. 154).

18 Les auxiliaires modaux

Ce sont les auxiliaires will–would, shall–should, can–could, may–might, must–had to, ought to.

a) will–would

Les formes négatives contractées sont won't–wouldn't.

i) Pour l'emploi du futur, voir p. 164.

ii) Pour les phrases au conditionnel, voir p. 169.

iii) Pour donner des ordres, exprimer l'obligation ou la détermination :

you will do as you are told!
tu feras ce qu'on te dit !

will you stop that right now!
arrête ça tout de suite !

new recruits will report to headquarters on Tuesday at 8.30 a.m.
les jeunes recrues se présenteront au quartier général mardi à 8h30

I will not stand for this!
je ne le supporterai pas !

I will be obeyed!
je veux qu'on m'obéisse !

Dans ces phrases, will apporte des nuances différentes ; il fait plus qu'exprimer un simple futur.

iv) Pour faire appel, sur un ton plutôt cérémonieux, aux souvenirs ou aux connaissances de quelqu'un :

you will recall last week's discussion about the purchase of a computer
vous vous souvenez certainement de notre discussion de la semaine dernière concernant l'achat d'un ordinateur

you will all know that the company has just been sold
vous savez certainement tous que l'entreprise vient d'être vendue

v) Pour faire des suppositions :

there's the telephone, Mary! – oh, that will be John
le téléphone sonne, Mary ! – oh, ça doit être John

they'll be there by now
ils doivent être arrivés maintenant

how old is he now? – he'**ll** be about 45
quel âge a-t-il maintenant ? – il doit avoir à peu près 45 ans

vi) Pour insister sur la notion de capacité, d'inclination naturelle ou inhérente, d'habitude ou de comportement caractéristique :

cork **will** float on water
le liège flotte sur l'eau

the car **won't** start
la voiture ne veut pas démarrer

the Arts Centre **will** hold about 300 people
le centre culturel peut contenir environ 300 personnes

John **will** sit playing quietly on his own for hours
John peut rester tranquillement assis à jouer tout seul pendant des heures

it's so annoying, he **will** keep interrupting! (accent sur **will** à l'oral)
c'est énervant, il n'arrête pas de m'interrompre !

De même **would**, pour faire référence au passé :

when he was little, John **would** sit playing quietly on his own for hours
quand il était petit, John restait tranquillement assis à jouer tout seul pendant des heures

she created a scene in public – she **would**!
elle a fait une scène en public – c'est bien elle !

vii) Pour poser des questions ou proposer quelque chose de manière légèrement soutenue :

will you have another cup of tea? – thank you, I **will**
voulez-vous une autre tasse de thé ? – oui, merci, je veux bien

won't you try some of these?
vous ne voulez pas y goûter ?

viii) Pour demander à quelqu'un de faire quelque chose :

will you move your car, please?
est-ce que vous pouvez déplacer votre voiture, s'il vous plaît ?

On peut poser la même question de façon légèrement plus polie et moins directe avec **would** :

would you move your car, please?
est-ce que vous pourriez déplacer votre voiture, s'il vous plaît ?

b) **shall–should**

Les formes négatives contractées sont **shan't–shouldn't**.

i) Pour shall exprimant le futur, voir p. 164.

ii) Pour les phrases au conditionnel, voir p. 169.

iii) Pour should, équivalent du subjonctif, voir p. 175.

iv) Dans le langage juridique ou officiel, shall (uniquement) s'emploie fréquemment pour exprimer une obligation. Ce sens de shall est très semblable à celui de must (voir p. 194) :

the committee shall consist of no more than six members
le comité sera constitué de six membres au plus

the contract shall be subject to English law
le contrat sera régi par la loi anglaise

v) Pour exprimer une obligation, souvent morale (uniquement should) :

you should lose some weight
tu devrais perdre du poids

he shouldn't be allowed to
il ne devrait pas y être autorisé

you really should see this film
tu devrais essayer de voir ce film

something was not quite as it should be
il y avait quelque chose qui n'allait pas

what do you think I should do?
à ton avis, qu'est-ce que je devrais faire ?

vi) Pour exprimer la déduction, la probabilité (uniquement should) :

it's ten o'clock, they should be back any minute
il est dix heures, ils devraient rentrer d'un moment à l'autre

John should have finished putting up those shelves by now
John devrait maintenant avoir fini d'installer ces étagères

are they there? – I don't know, but they should be
ils sont là ? – je ne sais pas, mais ils devraient

vii) Pour donner son avis de manière hésitante (uniquement should) :

I should just like to say that...
j'aimerais simplement dire que...

I should hardly call him a great intellectual but...
je ne dirais pas vraiment que c'est un grand intellectuel, mais...

will he agree? – I shouldn't think so
est-ce qu'il sera d'accord ? – je ne pense pas

viii) **Should** est souvent employé pour faire référence à la notion (par opposition à la réalité concrète) d'une action. Cet emploi de **should** est parfois qualifié de "putatif" :

that she **should** want to take early retirement is quite understandable
il est tout à fait compréhensible qu'elle veuille prendre sa retraite anticipée

Comparez ce dernier exemple avec :

it is quite understandable that **she wanted** to take early retirement
il est tout à fait compréhensible qu'elle ait voulu prendre sa retraite anticipée

Dans le premier cas, la proposition subordonnée est au présent. Dans le second cas, elle est au passé.

Il est important de remarquer que ce **should** est neutre pour ce qui est du temps. Le premier exemple pourrait tout aussi bien faire référence au passé (**she has taken early retirement**) ou au futur (**she will be taking early retirement**) suivant le contexte. Le second exemple ne peut bien sûr que faire référence au passé.

L'emploi putatif peut être comparé à l'emploi de **should** après les tournures impersonnelles ou les verbes indiquant la suggestion, le souhait ou l'ordre, dont il est question dans la section sur le subjonctif, p. 175.

Dans l'exemple ci-dessus, l'emploi putatif de **should** est apparu dans une proposition subordonnée, mais on le trouve aussi dans des propositions principales, qui expriment souvent l'agacement, la surprise, etc. :

where have I put my glasses? – how **should** I know?
où est-ce que j'ai mis mes lunettes ? – comment veux-tu que je le sache ?

as we were sitting there, who **should** walk by but George Clooney!
nous étions assis là, et devine qui est passé ?... George Clooney !

c) **can–could**

Les formes négatives contractées sont **can't–couldn't**. La forme négative non contractée de **can** est **cannot**.

i) Pour exprimer la capacité, le fait de pouvoir faire quelque chose (= **be able to**) :

I **can't** afford it *je ne peux pas me le permettre*	I **can** swim *je sais nager*

when I was young, I **could** swim for hours
quand j'étais jeune, je pouvais nager pendant des heures

Ce dernier exemple est au passé. Cependant, dans les propositions conditionnelles, **could** + infinitif fait référence au présent et au futur (comparez avec **would** dans la section Pour exprimer la condition p. 171) :

you **could** do a lot better if you'd only try
tu pourrais faire bien mieux si seulement tu faisais un effort

Be able to (*pouvoir, être capable de*) permet d'exprimer la capacité à d'autres temps :

I'**ll be able to** tell you the answer tomorrow
je pourrai te donner la réponse demain

I'**ve never been able to** understand her
je n'ai jamais pu la comprendre

ii) Pour demander ou donner la permission :

can/ could I have a sweet? *je peux avoir un bonbon ?*	you **can** come with us *tu peux venir avec nous*

Remarquez que **could** fait autant référence au présent ou au futur que **can** lorsque l'on demande la permission de faire quelque chose. La seule différence réside dans le fait que **could** est un peu plus poli.

Mais **could** peut s'employer pour exprimer une permission dans un contexte au passé :

for some reason we **couldn't** smoke in the waiting room before, but now we **can**
pour une raison que j'ignore, on ne pouvait pas fumer avant dans le salon, mais maintenant on peut

Be allowed to (*pouvoir, être autorisé à*) permet d'exprimer la permission à tous les temps :

we **weren't allowed to** smoke in the lounge
nous n'avions pas le droit de fumer dans le salon

will they **be allowed to** change the rules?
est-ce qu'ils auront le droit de changer les règles ?

Lorsqu'ils signifient "avoir le droit de", **may** est plus poli et plus soutenu que **can** (voir p. 192).

iii) Pour exprimer la possibilité :

what shall we do tonight? – well, we **can/ could** watch a film
qu'est-ce qu'on va faire ce soir ? eh bien, on pourrait regarder un film

Là encore, remarquez que **could** ne fait pas référence au passé, mais au présent ou au futur. Pour faire référence au passé, on doit employer **could** + infinitif passé :

instead of going to the pub, we **could have watched** a film
au lieu d'aller au pub, nous aurions pu regarder un film

I **could have (could've) gone** there if I'd wanted to, but I didn't
j'aurais pu y aller si j'avais voulu, mais je n'en avais pas envie

Could et **may** sont parfois interchangeables lorsqu'ils expriment la possibilité, l'éventualité :

you **could/ may** be right
vous avez peut-être raison

Mais il existe parfois une différence importante entre **can** et **may** : **can** indique souvent une conséquence logique ou un simple fait, tandis que **may** exprime l'incertitude, le hasard ou la probabilité d'un événement :

(a) your comments **can** be overheard
on peut entendre vos remarques

(b) your comments **may** be overheard
on pourrait entendre vos remarques

En (a), il est possible d'entendre les remarques (parce qu'elles sont faites à voix haute, par exemple), mais cela ne signifie pas forcément que quelqu'un les entendra. En (b), il existe une probabilité, une chance que les remarques soient réellement entendues.

La différence est la même dans les propositions à la forme négative :

he **can't** have heard us (= it is impossible for him to have heard us)
il ne peut pas nous avoir entendus

he may not have heard us (= it is possible that he did not hear us)
il se peut qu'il ne nous ait pas entendus

iv) Pour faire des suggestions (uniquement could) :

you could try a supermarket
tu peux essayer d'aller voir au supermarché

they could always sell their second house if they need money
ils peuvent toujours vendre leur maison secondaire s'ils ont besoin d'argent

v) Pour faire des reproches (uniquement could) :

you could have let us know!
tu aurais pu nous le dire !

he could have warned us!
il aurait pu nous prévenir !

d) may–might

La forme négative contractée mayn't exprimant la "permission négative" (= l'interdiction) n'est pas très courante. On emploie à la place may not ou must not/mustn't ou encore can't. La forme négative contractée de might est mightn't, mais elle ne s'emploie pas pour exprimer l'interdiction.

i) Pour demander ou donner la permission (ou exprimer l'interdiction) :

you may sit down
vous pouvez vous asseoir

may I open a window? – no, you may not!
est-ce que je peux ouvrir une fenêtre ? – non, pas question

Comparez avec can dans c) ii) ci-dessus. May est plus soutenu que can.

Remarquez que l'on emploie may not dans les réponses aux questions commençant par l'auxiliaire may (voir le dernier exemple ci-dessus), mais que dans les simples phrases négatives, on emploiera en général must not/mustn't :

you must not/mustn't open the windows in here
tu ne dois pas ouvrir les fenêtres ici

L'emploi de might pour exprimer la permission est plus poli que can, could ou may :

I wonder if I might have another glass of wine
pourrais-je avoir un autre verre de vin, s'il vous plaît ?

might I suggest we adjourn the meeting?
puis-je suggérer que nous ajournions la réunion ?

Notez que **might** fait référence au présent et au futur. Il s'utilise très rarement au passé lorsqu'il est employé dans une proposition principale. Comparez :

he then asked if he **might** smoke *(emploi soutenu de* **might** *dans la proposition subordonnée)*

he then asked if he **was allowed to** smoke
il a alors demandé s'il pouvait fumer

et : he **wasn't allowed to** smoke
il n'avait pas le droit de fumer, il ne pouvait pas fumer

On ne peut pas employer **might** dans le dernier exemple. **Might** ne s'emploie dans une proposition principale au passé que dans certaines tournures de phrase, par exemple après l'adverbe **nor** (attention à l'inversion sujet-auxiliaire après cet adverbe ; voir aussi p. 250) :

in those days we were told not to drink; nor **might** we smoke or be out after 10 o'clock
à cette époque, nous n'avions pas le droit de boire, pas plus que de fumer ou de rentrer après dix heures

Une manière plus courante et moins littéraire de formuler cette phrase serait :

in those days we were told not to drink; nor **were we allowed to** smoke or be out after 10 o'clock

ii) Pour exprimer la possibilité :

it **may/might** rain
il va peut-être pleuvoir

they **may/might** be right
il se peut qu'ils aient raison

it **may not/mightn't** be so easy as you think
ce ne sera peut-être pas aussi facile que vous le pensez

she **may/might** have left already
elle est peut-être déjà partie

Might exprime généralement une possibilité moins forte.

iii) Pour exprimer la surprise, l'amusement ou l'agacement, comme dans les tournures idiomatiques suivantes :

and who **may/might** you be?
à qui ai-je l'honneur ?

and who may/ might you be to give out orders?
et pour qui est-ce que tu te prends pour donner des ordres ?

iv) Pour formuler des suggestions (uniquement might) :

you might help me dry the dishes
tu pourrais m'aider à essuyer la vaisselle

well, you might at least try!
tu pourrais au moins essayer, enfin !

you might have a look at chapter 2 for next Wednesday
vous voudrez bien lire le chapitre 2 pour mercredi prochain

he might be a little less abrupt
il pourrait être un peu moins brusque

v) Pour faire des reproches (uniquement might) :

you might have warned us what would happen!
vous auriez pu nous prévenir de ce qui allait se produire !

he might have tried to stop it!
il aurait pu essayer d'arrêter cela !

vi) Pour exprimer des souhaits :

may the best man win!
que le meilleur gagne !

may you be forgiven for telling such lies!
que le bon Dieu te pardonne de tels mensonges !

might I be struck dumb if I tell a lie!
que le diable m'emporte si je mens !

Attention à bien respecter l'ordre des mots : auxiliaire-sujet-verbe.

Cet usage est normalement réservé à des expressions consacrées (comme dans les deux premiers exemples) ou considérées comme étant d'un style quelque peu ampoulé ou littéraire (comme dans le dernier).

e) **must–had to**

La forme négative contractée de must est mustn't. Pour les formes contractées de have, voir p. 213.

i) Pour exprimer l'obligation :

you must try harder
il faut que tu fasses un effort

I **must** stop spending so much money
je dois arrêter de dépenser autant d'argent

Au passé, on utilise **had to**. On ne peut employer **must** qu'au discours indirect passé, mais même dans ce cas, **had to** est beaucoup plus courant :

you said the other day that you **had to/must** clean out the garden shed
tu as dit l'autre jour qu'il fallait que tu nettoies la cabane du jardin

Au présent, on peut aussi employer **have to**, ou dans un style plus familier **have got to**. La différence entre **must** et **have (got) to** réside généralement dans le fait que **must** exprime des sentiments personnels d'obligation ou de contrainte tandis que **have (got) to** est plus souvent employé lorsqu'une obligation extérieure est sous-entendue. Comparez :

I **must** go to the dentist (= I have toothache, etc.)
il faut que j'aille chez le dentiste (= j'ai mal aux dents, etc.)

I **have (got) to** go to the dentist (= I have an appointment)
je dois aller chez le dentiste (= j'ai rendez-vous)

ii) Pour exprimer l'interdiction ou l'absence d'obligation (formes négatives) :

On ne peut employer **must not/mustn't** que pour exprimer l'interdiction (= "une obligation de ne pas faire quelque chose") :

we **mustn't** park the car here (= we're not allowed to park here)
nous ne devons pas nous garer ici (= nous n'avons pas le droit de nous garer ici)

you **mustn't** take so many pills (= do not take so many pills)
il ne faut pas que tu prennes autant de comprimés

Don't have to ou **haven't got to** sont employés pour indiquer, non pas l'interdiction, mais l'absence d'obligation, c'est-à-dire qu'il n'est pas nécessaire ou obligatoire de faire quelque chose :

we **don't have to** park here, we could always drive a little further
nous ne sommes pas obligés de nous garer ici, nous pouvons aller un peu plus loin

you **don't have to** take so many pills (= you needn't take...)
tu n'as pas besoin de prendre autant de comprimés

we haven't got to be there before nine
nous n'avons pas besoin d'y être avant neuf heures

iii) Pour exprimer la déduction, la probabilité :

if they're over 65, they must be entitled to some benefits
s'ils ont plus de 65 ans, ils doivent avoir droit à des prestations

they must have been surprised to see you
ils ont dû être surpris de te voir

hello, you must be Susan
bonjour, vous devez être Susan

you must be joking!
tu veux rire !

Have to s'emploie aussi souvent dans ce sens :

you have to be kidding!
tu veux rire !

de même que have got to, notamment en anglais britannique :

well if she said so, it's got to be true (it's = it has)
si elle l'a dit, c'est que c'est vrai

À la forme négative, on emploie can :

he can't be that old!
il ne peut pas être si vieux que ça !

f) ought to

La forme négative contractée est oughtn't to. L'infinitif placé après ought est précédé de to, contrairement aux autres auxiliaires modaux.

i) Pour exprimer l'obligation :

Ought to a le même sens que should lorsqu'ils expriment l'obligation :

I ought to be going now
il faudrait que je m'en aille maintenant

I know I really ought to, but I don't want to
je sais bien que je devrais, mais je n'en ai pas envie

you oughtn't to speak to her like that
tu ne devrais pas lui parler de cette façon

Mais ought to est moins fort que must dans ce sens. Comparez :

I must/have to avoid fatty foods *(obligation ferme ou nécessité)*
je dois éviter les matières grasses

I **ought to** avoid fatty foods *(obligation moins stricte)*
je devrais éviter les matières grasses

→ **Should** remplace normalement **ought to** dans les questions :

should you visit your mother every Sunday?
est-ce que tu dois aller voir ta mère tous les dimanches ?

ii) Pour exprimer la déduction, la probabilité :

they **ought to** have reached the summit by now
ils devraient maintenant avoir atteint le sommet

£20 **ought to** be enough
20 livres, ça devrait suffire

Comparez **ought to** et **must** exprimant la probabilité :

if they have three cars and a holiday home in France, they **must** be rich *(déduction logique)*
s'ils ont trois voitures et une résidence secondaire en France, ils doivent être riches

if they have three cars and a holiday home in France, they **ought to** be happy *(prévision ou probabilité logique – ou obligation morale)*
s'ils ont trois voitures et une résidence secondaire en France, ils devraient être heureux

g) **used to**

Used to (pour exprimer une habitude ou un fait durable dans le passé) peut être considéré comme une sorte de semi-auxiliaire, puisque l'emploi de **do** est normalement facultatif dans les phrases interrogatives et négatives (même s'il est en fait rarement omis) :

he **used not to** visit us so often *(très rare)*
he **didn't use to** visit us so often *(emploi habituel)*
(autrefois), il ne venait pas nous voir aussi souvent

À la forme interrogative, la forme sans **do** est possible, mais elle ne s'emploie jamais à l'oral et que très rarement à l'écrit :

used you to live abroad? *(très rare)*
did you **use to** live abroad? *(emploi habituel)*
est-ce que vous habitiez à l'étranger (autrefois) ?

On emploie souvent **never** à la place de **not** :

he **never used to** visit us so often
(autrefois), il ne venait pas nous voir aussi souvent

Comme used to, would peut exprimer une action habituelle dans le passé (voir a) vi) ci-dessus) :

he used to/would visit us every week
avant, il venait nous voir toutes les semaines

La différence entre les deux est que used to peut s'utiliser à la fois pour des actions habituelles et pour des faits ou des situations dans le passé, tandis que would ne s'emploie que pour des actions habituelles et répétitives, des comportements typiques ou caractéristiques. On ne pourrait donc pas employer would dans les phrases suivantes car il s'agit de faits, et non d'actions :

John used to play badminton when he was younger
John jouait au badminton lorsqu'il était plus jeune

I used to live abroad
autrefois, je vivais à l'étranger

do you smoke? – I used to
est-ce que tu fumes ? – plus maintenant

19 Dare, need

Ces verbes peuvent se comporter soit comme des verbes ordinaires, soit comme des auxiliaires modaux. Lorsqu'ils sont auxiliaires :

- ils ne prennent pas de -s à la troisième personne du singulier du présent
- on n'emploie pas do dans les phrases interrogatives ou négatives
- s'ils sont suivis d'un infinitif, celui-ci n'est pas précédé de to.

a) *Comme verbes ordinaires*

nobody dares to contradict her
personne n'ose la contredire

he didn't dare to speak
il n'osait pas parler/il n'a pas osé parler

does he really dare to talk openly about it?
est-ce qu'il ose vraiment en parler ouvertement ?

all he needs to do now is buy the tickets
tout ce qu'il a à faire maintenant, c'est d'acheter les billets

you don't need to pay for them now
ce n'est pas la peine que tu les paies maintenant

does he really need all this money?
est-ce qu'il a vraiment besoin de tout cet argent ?

Cependant, dare peut avoir des caractéristiques à la fois du verbe ordinaire (par exemple avec do dans les phrases interrogatives ou négatives) et de l'auxiliaire (suivi d'un infinitif sans to) :

does he really dare talk openly about it?
est-ce qu'il ose vraiment en parler ouvertement ?

mais on doit employer l'infinitif avec to après le participe présent :

not daring to speak to her, he quietly left the room
n'osant pas lui parler, il sortit de la pièce silencieusement

Dans les propositions principales à la forme affirmative (c'est-à-dire les propositions principales qui ne sont ni interrogatives ni négatives), need se comporte toujours comme un verbe ordinaire :

I need to go to the dentist
il faut que j'aille chez le dentiste

b) *Comme auxiliaires modaux*

this is as much as I dare spend on it
je ne peux pas me permettre de dépenser plus

he dared not speak
il n'osait pas parler/il n'a pas osé parler

dare he talk openly about it?
est-ce qu'il ose en parler ouvertement ?

all he need do now is buy the tickets
tout ce qu'il a à faire maintenant, c'est d'acheter les billets

you needn't pay for them right now
ce n'est pas la peine que tu les paies maintenant

need I pay for this now?
est-ce qu'il faut que je paie ça maintenant ?

Notez l'expression idiomatique I dare say (= *probablement*) :

I dare say he'll forget
je suppose qu'il va oublier

is it going to rain, do you think? – I dare say it will
est-ce que tu crois qu'il va pleuvoir ? – probablement

20 Les verbes composés

Les verbes composés ou verbes à particules (phrasal verbs) sont une spécificité de la langue anglaise, une structure verbale réputée difficile. Les verbes composés forment un tout ; la particule est indispensable, elle permet de modifier le sens du verbe principal.

a) *Les verbes composés inséparables*

i) Il est important de faire la distinction entre un “verbe + préposition introduisant un complément”, (a) et (c) ci-dessous, et un “verbe composé + complément d'objet direct”, (b) et (d). Dans ce dernier cas, la préposition fonctionne comme une particule faisant partie intégrante du verbe. Comparez les deux phrases :

(a) they | **danced** | **after** dinner *(sujet | verbe | complément de temps)*
ils ont dansé après le dîner

(b) they | **looked after** | the child *(sujet | verbe | complément d'objet direct)*
ils se sont occupés de l'enfant

La structure de ces deux phrases n'est pas la même. Les deux mots **look after** forment une seule unité verbale (comparez avec **they nursed the child** *ils ont soigné l'enfant*), ce qui n'est pas le cas pour **danced after** : **after dinner** est un complément de temps introduit par une préposition distincte du verbe, tandis qu'en (b), **the child** est le complément d'objet direct de **look after**. Grammaticalement, on pourrait couper les phrases au niveau des barres verticales.

On observe la même différence dans les deux exemples suivants :

(c) they | **went** | **through** Germany
ils sont passés par l'Allemagne

(d) they | **went through** | the accounts
ils ont examiné la comptabilité

ii) **Look after** et **go through** (signifiant “examiner”) sont des verbes composés inséparables : le complément d'objet direct vient après la particule ; il ne peut jamais séparer le verbe de la particule. Ces verbes sont très souvent idiomatiques, c'est-à-dire qu'on ne peut pas les traduire littéralement car leur sens n'équivaut pas forcément à la somme du sens des deux éléments qui les composent. Voici d'autres exemples :

go by *(suivre des instructions)*

pick on *(chercher querelle à, s'en prendre à)*

get at *(Fam) (attaquer ; graisser la patte à)*

you can't do your own thing; you have to go by the book
tu ne peux pas faire ce que tu veux ; il faut agir selon les règles

the teacher's always picking on him
le professeur s'en prend toujours à lui

my mother is always getting at me
ma mère est toujours sur mon dos

I'm sure the jury have been got at
je suis sûr qu'on a graissé la patte au jury

iii) Puisque les verbes composés sont suivis d'un complément d'objet direct, ils admettent l'emploi des pronoms interrogatifs compléments who(m) et what (voir **Les interrogatifs**, p. 105) :

they looked after the girl →	who(m) did they look after?
ils se sont occupés de la petite fille	*de qui se sont-ils occupés ?*
they went through the accounts →	what did they go through?
ils ont examiné la comptabilité	*qu'est-ce qu'ils ont examiné ?*
the police officer grappled with the thug →	who(m) did he grapple with?
l'agent de police a lutté avec le voyou	*avec qui a-t-il lutté ?*

Mais on ne pourrait pas former des phrases interrogatives commençant par where, when, how avec des verbes composés, car ces adverbes permettent de poser une question sur un complément circonstanciel introduit par une préposition, et non sur un complément d'objet direct. Les verbes suivants ne sont donc pas des verbes composés :

they went through Germany →	where did they go?
ils sont passés par l'Allemagne	*par où est-ce qu'ils sont passés ?*
they danced after dinner →	when did they dance?
ils ont dansé après le dîner	*quand ont-ils dansé ?*
they worked with great care →	how did they work?
ils ont travaillé avec beaucoup de soin	*comment ont-ils travaillé ?*

Les particules des verbes inséparables précèdent les pronoms relatifs, ce qui n'est jamais le cas des verbes composés séparables (pour les verbes séparables, voir b) ci-dessous) :

this is a man on whom you can rely
c'est un homme sur lequel vous pouvez compter

iv) Un verbe composé étant considéré comme une seule unité, on peut souvent l'employer dans une construction passive :

the child has been looked after very well indeed
on s'est vraiment très bien occupé de l'enfant

the accounts have been gone through
la comptabilité a été examinée

do you feel you're being got at?
est-ce que tu as l'impression que tout le monde est après toi ?

v) Certains verbes transitifs inséparables sont composés de trois mots, c'est-à-dire qu'ils ont deux particules, par exemple :

come up with (*trouver, concocter*)

Avec ces verbes, le complément d'objet ne peut jamais séparer le verbe et ses particules (on ne peut PAS dire : have you come it up with?). Le complément d'objet direct doit toujours suivre la dernière particule.

we've come up with a great solution
nous avons trouvé une solution idéale

Les deux particules ne peuvent pas non plus précéder un pronom relatif. Ainsi, on mettra toujours les particules à la fin de la proposition :

is there anything else (which) you can come up with?
est-ce que tu peux trouver quelque chose d'autre ?

Autres exemples de verbes composés à deux particules :

make off with (*voler, partir avec*)
live up to (*se montrer à la hauteur de*)
stand up for (*défendre, prendre le parti de*)
crack down on (*sévir contre*)

somebody made off with her suitcase
quelqu'un est parti avec sa valise

it was difficult for him to live up to this reputation
il lui était difficile d'être à la hauteur de cette réputation

why didn't you stand up for me if you knew I was right?
pourquoi est-ce que tu n'as pas pris mon parti si tu savais que j'avais raison ?

the police are cracking down on petty criminals
la police est en train de sévir contre les délinquants

b) *Les verbes composés séparables*

i) Au contraire des verbes composés inséparables, les verbes composés séparables peuvent admettre un complément d'objet direct avant la particule (entre le verbe et la particule) ou après :

turn down the television	look up these words
turn the television down	look these words up
baisse la télévision	*cherche ces mots (dans le dictionnaire)*

have you switched on the computer?
have you switched the computer on?
est-ce que tu as allumé l'ordinateur ?

have you tried on any of your new clothes?
have you tried any of your new clothes on?
est-ce que tu as essayé quelques-uns de tes nouveaux vêtements ?

Si le complément d'objet direct est un pronom, on doit placer la particule après celui-ci :

look them up	turn it down	switch it on
cherche-les	*baisse-la*	*allume-le*

ii) Tandis que les verbes composés inséparables sont toujours transitifs (lorsqu'on les considère comme unités complètes), certains verbes composés séparables sont toujours transitifs et d'autres peuvent être transitifs ou intransitifs :

back up (*soutenir – seulement transitif*) :
he always backs her up
il la soutient toujours

call back (*rappeler – transitif*) :
he said he'll call you back later
il a dit qu'il te rappellerait plus tard

call back (*rappeler – intransitif*) :
can you call back later?
est-ce que vous pouvez rappeler plus tard ?

iii) Comme de nombreux verbes composés inséparables (voir a) ii) ci-dessus), les verbes composés séparables sont très idiomatiques :

square up (*régler – des dettes, etc.*)
bring round (*faire reprendre connaissance à ; convertir à un point de vue*)

set back *(Fam) (coûter – de l'argent à quelqu'un)* :

if you pay now, we can square up later
si tu payes maintenant, on réglera nos comptes plus tard

give him a brandy; that'll bring him round
donne-lui un cognac pour qu'il reprenne ses esprits

do you think anything will bring him round to our point of view?
est-ce que tu crois qu'on pourrait l'amener à penser comme nous ?

that car must have set you back at least £25,000
cette voiture doit vous avoir coûté au moins 25 000 livres

c) *Les verbes composés seulement intransitifs*

Il y a aussi des verbes composés intransitifs, qui ne sont bien entendu jamais séparables puisque, par définition, ils n'appellent pas de complément d'objet direct :

he got off at Victoria Station
il descendit à la gare Victoria

do you mind if I listen in while you talk?
ça vous dérange si j'écoute votre conversation ?

the entire species is on the verge of dying out
l'espèce entière est sur le point de disparaître

À la différence des verbes composés inséparables, ces verbes n'ont jamais de forme passive.

21 Le temps au discours indirect

Le discours indirect permet de rapporter les paroles de quelqu'un. La concordance des temps en anglais dans le discours indirect a les mêmes caractéristiques qu'en français :

Henry said/had said, "I am unhappy" *(direct)*
Henry a dit/avait dit : "je suis malheureux"

Henry said/had said (that) he was unhappy *(indirect)*
Henry a dit/avait dit qu'il était malheureux

22 Liste des verbes irréguliers

Les américanismes sont indiqués par *. Les formes peu courantes, archaïques ou littéraires sont données entre parenthèses. Les traductions ci-dessous ne sont pas restrictives et ne donnent qu'un des sens de base.

INFINITIF		PRÉTÉRIT	PARTICIPE PASSÉ
abide	*supporter*	(abode) [1]	abided
arise	*surgir*	arose	arisen
awake	*s'éveiller*	awoke, awaked	awoken, (awaked)
bear	*porter*	bore	borne [2]
beat	*battre*	beat	beaten [3]
become	*devenir*	became	become
befall	*arriver*	befell	befallen
beget	*engendrer*	begot	begotten
begin	*commencer*	began	begun
behold	*apercevoir*	beheld	beheld
bend	*courber*	bent	bent [4]
bereave	*priver*	bereaved	bereft [5]
beseech	*implorer*	besought	besought
bestride	*chevaucher*	bestrode	bestridden
bet	*parier*	bet, betted	bet, betted
bid	*offrir*	bid	bid
bid	*commander*	bade	bidden
bind	*attacher*	bound	bound
bite	*mordre*	bit	bitten
bleed	*saigner*	bled	bled

1 Régulier dans la construction abide by "se conformer à, suivre" : they abided by the rules.

2 Mais born au passif = "né" ou comme adjectif : he was born in France; a born gentleman.

3 Remarquez la forme familière this has me beat/you have me beat there *cela me dépasse/tu m'as posé une colle* et beat dans le sens de "très fatigué, épuisé" : I'm (dead) beat.

4 Remarquez la phrase on one's bended knees *à genoux*.

5 Mais bereaved dans le sens de "endeuillé", comme dans the bereaved received no compensation *la famille du disparu ne reçut aucune indemnité*. Comparez : he was bereft of speech *il en perdit la parole*.

INFINITIF		PRÉTÉRIT	PARTICIPE PASSÉ
blow	*souffler*	blew	blown
break	*casser*	broke	broken [6]
breed	*élever*	bred	bred
bring	*apporter*	brought	brought
broadcast	*diffuser*	broadcast	broadcast
build	*construire*	built	built
burn	*brûler*	burnt, burned	burnt, burned
burst	*éclater*	burst	burst
buy	*acheter*	bought	bought
cast	*jeter*	cast	cast
catch	*attraper*	caught	caught
chide	*gronder*	chid, chided	chid, (chidden), chided
choose	*choisir*	chose	chosen
cleave	*fendre*	clove, cleft	cloven, cleft [7]
cleave	*adhérer*	cleaved, (clave)	cleaved
cling	*s'accrocher à*	clung	clung
clothe	*habiller*	clothed, (clad)	clothed, (clad)
come	*venir*	came	come
cost	*coûter*	cost	cost
creep	*ramper*	crept	crept
crow	*chanter*	crowed, (crew)	crowed
cut	*couper*	cut	cut
dare	*oser*	dared, (durst)	dared, (durst)
deal	*traiter*	dealt	dealt
dig	*fouiller*	dug	dug
dive	*plonger*	dived, dove*	dived
draw	*dessiner, tirer*	drew	drawn
dream	*rêver*	dreamt, dreamed	dreamt, dreamed
drink	*boire*	drank	drunk [8]

6 Mais broke quand il s'agit d'un adjectif = "fauché" : I'm broke.

7 Cleft n'est employé qu'avec le sens de "coupé en deux". Remarquez cleft palate *palais fendu* et to be caught in a cleft stick *être dans une impasse*, mais cloven foot/hoof *sabot fendu*.

8 Quand il s'agit d'un adjectif épithète (placé devant le nom) désignant une personne, il est possible d'employer drunken (a lot of drunk(en) people *beaucoup de gens ivres*). Mais il doit toujours être employé devant les noms de choses, d'objets inanimés, etc. (drunken parties *des soirées bien arrosées*).

INFINITIF		PRÉTÉRIT	PARTICIPE PASSÉ
drive	*conduire*	drove	driven
dwell	*demeurer*	dwelt, dwelled	dwelt, dwelled
eat	*manger*	ate	eaten
fall	*tomber*	fell	fallen
feed	*nourrir*	fed	fed
feel	*sentir*	felt	felt
fight	*battre*	fought	fought
find	*trouver*	found	found
fit	*aller à*	fit*, fitted	fit*, fitted
flee	*s'envoler*	fled	fled
fling	*lancer*	flung	flung
fly	*voler*	flew	flown
forbear	*s'abstenir*	forbore	forborne
forbid	*interdire*	forbad(e)	forbidden
forget	*oublier*	forgot	forgotten
forgive	*pardonner*	forgave	forgiven
forsake	*abandonner*	forsook	forsaken
freeze	*geler*	froze	frozen
get	*obtenir*	got	got, gotten* [9]
gild	*dorer*	gilt, gilded	gilt, gilded [10]
gird	*ceindre*	girt, girded	girt, girded [10]
give	*donner*	gave	given
go	*aller*	went	gone
grind	*grincer*	ground	ground
grow	*pousser*	grew	grown
hang	*accrocher, suspendre*	hung, hanged [11]	hung, hanged [11]
hear	*entendre*	heard	heard

9 Mais have **got** to s'emploie aussi en américain avec le sens de "devoir, être obligé de" : I've **got** to go *je dois y aller*. Comparez avec : she has **gotten** into a bit of a mess *elle s'est fourrée dans le pétrin*.

10 Les formes du participe passé **gilt** et **girt** s'emploient comme adjectifs épithètes : **gilt** mirrors *des miroirs dorés*, a flower-**girt** grave *une tombe entourée de fleurs* (mais toujours **gilded** youth *la jeunesse dorée*, où **gilded** est employé au sens figuré).

11 Régulier quand il signifie "pendre quelqu'un".

INFINITIF		PRÉTÉRIT	PARTICIPE PASSÉ
heave	*lever*	hove, heaved [12]	hove, heaved [12]
hew	*tailler*	hewed	hewn, hewed
hide	*cacher*	hid	hidden
hit	*frapper*	hit	hit
hold	*tenir*	held	held
hurt	*blesser*	hurt	hurt
keep	*garder*	kept	kept
kneel	*s'agenouiller*	knelt, kneeled	knelt, kneeled
knit	*tricoter*	knit, knitted [13]	knit, knitted [13]
know	*savoir, connaître*	knew	known
lay	*coucher*	laid	laid
lead	*mener*	led	led
lean	*s'appuyer*	leant, leaned	leant, leaned
leap	*sauter*	leapt, leaped	leapt, leaped
learn	*apprendre*	learnt, learned	learnt, learned
leave	*laisser*	left	left
lend	*prêter*	lent	lent
let	*laisser*	let	let
lie	*coucher*	lay	lain
light	*allumer*	lit, lighted	lit, lighted [14]
lose	*perdre*	lost	lost
make	*faire*	made	made

12 Hove est utilisé dans le domaine nautique comme dans l'expression heave into sight (*poindre à l'horizon*), également employée au sens figuré : and suddenly, she hove into sight *et tout à coup, elle apparut.*

13 Irrégulier quand il a le sens de "unir" (a close-knit family *une famille unie*), mais régulier lorsqu'il a le sens de "fabriquer en laine" et quand il fait référence aux os = "se souder".

14 Lorsque le participe passé est employé comme adjectif épithète, on préfère souvent lighted à lit : a lighted candle *une bougie allumée* (mais : the candle is lit *la bougie est allumée*, she has lit a candle *elle a allumé une bougie*). Dans les noms composés, on emploie généralement lit : well-lit streets *des rues bien éclairées.* Au sens figuré (avec up), c'est uniquement lit qui est employé au prétérit et au participe passé : her face lit up when she saw me *son visage s'illumina lorsqu'elle me vit.*

INFINITIF		PRÉTÉRIT	PARTICIPE PASSÉ
mean	*signifier*	meant	meant
meet	*rencontrer*	met	met
melt	*fondre*	melted	melted, molten [15]
mow	*faucher*	mowed	mown, mowed
pay	*payer*	paid	paid
plead	*plaider*	pled*, pleaded	pled*, pleaded [16]
put	*poser*	put	put
quit	*quitter*	quit, (quitted)	quit, (quitted) [17]
read	*lire*	read	read
rend	*déchirer*	rent	rent
rid	*débarrasser*	rid (ridded)	rid
ride	*monter à*	rode	ridden
ring	*sonner*	rang	rung
rise	*se lever*	rose	risen
run	*courir*	ran	run
saw	*scier*	sawed	sawn, sawed
say	*dire*	said	said
see	*voir*	saw	seen
seek	*chercher*	sought	sought
sell	*vendre*	sold	sold
send	*envoyer*	sent	sent
set	*mettre*	set	set
sew	*coudre*	sewed	sewn, sewed
shake	*secouer*	shook	shaken
shear	*tondre*	sheared	shorn, sheared [18]
shed	*perdre*	shed	shed

15 On emploie **molten** uniquement comme adjectif épithète, et seulement lorsqu'il signifie “fondu à très haute température”, par exemple : **molten** lead *du plomb fondu* (mais **melted** butter *du beurre fondu*).

16 En anglais d'Écosse et en américain, on emploie **pled** au passé et au participe passé.

17 En américain, les formes régulières ne sont pas employées, et elles sont de plus en plus rares en anglais britannique.

18 Le participe passé est normalement **shorn** devant un nom (newly-**shorn** lambs *des agneaux tout juste tondus*) et toujours dans l'expression to be **shorn** of *être privé de* : **shorn** of his riches he was nothing *privé de ses richesses, il n'était plus rien.*

INFINITIF		PRÉTÉRIT	PARTICIPE PASSÉ
shine	*briller*	shone [19]	shone [19]
shoe	*chausser*	shod, shoed	shod, shoed [20]
shoot	*abattre, tirer*	shot	shot
show	*montrer*	showed	shown, showed
shrink	*rétrécir*	shrank, shrunk	shrunk, shrunken [21]
shut	*fermer*	shut	shut
sing	*chanter*	sang	sung
sink	*couler*	sank	sunk, sunken [22]
sit	*s'asseoir*	sat	sat
slay	*tuer*	slew	slain
sleep	*dormir*	slept	slept
slide	*glisser*	slid	slid
sling	*lancer*	slung	slung
slink	*se glisser furtivement*	slunk	slunk
slit	*fendre*	slit	slit
smell	*sentir*	smelt, smelled	smelt, smelled
smite	*frapper*	smote	smitten [23]
sneak	*se faufiler, se glisser*	snuck*, sneaked	snuck*, sneaked
sow	*semer*	sowed	sown, sowed
speak	*parler*	spoke	spoken
speed	*aller vite*	sped, speeded	sped, speeded
spell	*écrire*	spelt, spelled	spelt, spelled
spend	*dépenser*	spent	spent
spill	*renverser*	spilt, spilled	spilt, spilled
spin	*filer*	spun	spun
spit	*cracher*	spat, spit*	spat, spit*

19 Mais régulier quand il a le sens de “cirer, astiquer” en américain.

20 Quand il est adjectif, on n'emploie que shod : a well-shod foot *un pied bien chaussé*.

21 Shrunken n'est employé que lorsqu'il est adjectif : shrunken limbs/her face was shrunken *des membres rabougris/son visage était ratatiné*.

22 Sunken ne s'emploie que comme adjectif : sunken eyes *des yeux enfoncés*.

23 Verbe archaïque dont le participe passé smitten s'emploie encore comme adjectif : he's completely smitten with her *il est complètement fou d'elle*.

INFINITIF		PRÉTÉRIT	PARTICIPE PASSÉ
split	*se briser*	split	split
spoil	*abîmer*	spoilt, spoiled	spoilt, spoiled
spread	*étendre*	spread	spread
spring	*bondir*	sprang	sprung
stand	*se tenir*	stood	stood
steal	*voler*	stole	stolen
stick	*enfoncer, coller*	stuck	stuck
sting	*piquer*	stung	stung
stink	*puer*	stank	stunk
strew	*répandre*	strewed	strewn, strewed
stride	*marcher à grands pas*	strode	stridden
strike	*frapper*	struck	struck, stricken [24]
string	*enfiler*	strung	strung
strive	*s'efforcer*	strove	striven
swear	*jurer*	swore	sworn
sweat	*suer*	sweat*, sweated	sweat*, sweated
sweep	*balayer*	swept	swept
swell	*gonfler*	swelled	swollen, swelled [25]
swim	*nager*	swam	swum
swing	*se balancer*	swung	swung
take	*prendre*	took	taken
teach	*enseigner*	taught	taught
tear	*déchirer*	tore	torn
tell	*dire*	told	told

24 **Stricken** n'est utilisé qu'au sens figuré (**stricken** with grief *accablé par le chagrin*). Il est très courant dans les noms composés (*accablé par*) : **poverty-stricken**, **fever-stricken**, **grief-stricken**, **horror-stricken** (aussi **horror-struck**), **terror-stricken** (aussi **terror-struck**), mais on dit toujours **thunderstruck** *abasourdi.*

C'est aussi un emploi américain : the remark was **stricken** from the record *la remarque a été rayée du procès-verbal.*

25 **Swollen** est plus courant que **swelled** comme verbe (her face has **swollen** *son visage a gonflé*) et comme adjectif (her face is **swollen**/a **swollen** face). To have a **swollen** head (*avoir la grosse tête*) devient to have a **swelled** head en américain.

INFINITIF		PRÉTÉRIT	PARTICIPE PASSÉ
think	*penser*	thought	thought
thrive	*fleurir*	thrived, (throve)	thrived, (thriven)
throw	*jeter*	threw	thrown
thrust	*pousser*	thrust	thrust
tread	*marcher*	trod	trodden
understand	*comprendre*	understood	understood
undertake	*s'engager*	undertook	undertaken
wake	*se réveiller*	woke, waked	woken, waked
wear	*porter*	wore	worn
weave	*tisser*	wove [26]	woven [26]
weep	*pleurer*	wept	wept
wet	*mouiller*	wet*, wetted [27]	wet*, wetted [27]
win	*gagner*	won	won
wind	*remonter*	wound	wound
wring	*tordre*	wrung	wrung
write	*écrire*	wrote	written

26 Mais il est régulier lorsqu'il a le sens de "se faufiler" : the motorbike **weaved** through the traffic *la moto se faufila entre les voitures.*

27 Mais irrégulier aussi en anglais britannique lorsqu'il a le sens suivant : he **wet** his bed *il a fait pipi au lit.*

23 Les formes des auxiliaires **be, have, do**

BE

	PRÉSENT	PRÉTÉRIT	PARTICIPE PASSÉ
1ère	I am	I was	been
2ème	you are	you were	
3ème	he/she/it is	he/she/it was	
1ère	we are	we were	
2ème	you are	you were	
3ème	they are	they were	

Formes contractées avec le sujet :

I'm = I am — you're = you are
he's/John's = he is/John is
we're/you're/they're = we are/you are/they are

Formes contractées avec not :

aren't I? (questions seulement) = am I not?
you/we/they aren't = you/we/they are not
he isn't = he is not
I/he wasn't = I/he was not
you/we/they weren't = you/we/they were not

On a aussi : I'm not ; you're not, etc.

Pour le subjonctif, voir p. 173.

HAVE

	PRÉSENT	PRÉTÉRIT	PARTICIPE PASSÉ
1ère	I have	I had	had
2ème	you have	you had	
3ème	he/she/it has	he/she/it had	
1ère	we have	we had	
2ème	you have	you had	
3ème	they have	they had	

Formes contractées avec le sujet :

I've/you've/we've/they've = I have, etc.
he's = he has
I'd/you'd/he'd/we'd/they'd = I had, etc.

Vous noterez que he's/she's ne sont normalement pas contractés lorsqu'ils sont employés comme verbes en tant que tels, et non comme auxiliaires, au présent :

I've two cars
j'ai deux voitures

he has two cars
il a deux voitures

Formes contractées avec not :

haven't = have not
hasn't = has not
hadn't = had not

DO

	Présent	Prétérit	Participe passé
1ère	I do	I did	done
2ème	you do	you did	
3ème	he/she/it does	he/she/it did	
1ère	we do	we did	
2ème	you do	you did	
3ème	they do	they did	

Formes contractées avec **not** :

don't = do not
doesn't = does not
didn't = did not

14 LES PRÉPOSITIONS

1 Les prépositions servent à relier grammaticalement ou sémantiquement les noms ou pronoms devant lesquels elles sont placées, à un autre élément de la phrase. Elles permettent d'exprimer des relations de temps, de lieu, de provenance, de possession, etc.

after (*après*)	I'll see you after the show *je te verrai après le spectacle*
on (*sur*)	the keys are on the table *les clefs sont sur la table*
from (*de*)	I have just arrived from London *j'arrive juste de Londres*
of (*de*)	would you like a cup of tea? *est-ce que tu veux une tasse de thé ?*

Cependant, dans certaines constructions les prépositions anglaises peuvent se placer en fin de proposition :

the people I came here with
les gens avec lesquels je suis venu

something I had never dreamed of
quelque chose dont je n'avais jamais rêvé

Voir aussi **Les verbes composés**, p. 199, ainsi que **Les interrogatifs** et **Les relatifs**, pp. 105, 108.

2 Voici une liste des prépositions les plus couramment employées. La plupart des prépositions ayant différents sens et emplois, seuls les usages les plus importants et ceux particulièrement intéressants ou susceptibles de poser problème sont mentionnés ci-dessous.

ABOUT ET AROUND

i) dans les environs, dans tous les sens :

Il n'y a souvent pas de différence entre about et around, bien qu'en anglais américain on préfère around :

they walked about/around town
ils se sont promenés dans la ville

he must be about/ around somewhere
il doit être dans les parages

the dog was racing about/ around in the garden
le chien courait dans tous les sens dans le jardin

ii) au coin, autour de :

he lives just around the corner
il habite au coin de la rue

when I arrived they were all seated around the table
quand je suis arrivé, ils étaient tous assis autour de la table

iii) environ, à peu près :

I have about £15 on me
j'ai environ quinze livres sur moi

it'll cost you around £20
ça te coûtera environ 20 livres

he's about/ around your age
il a à peu près votre âge

iv) au sujet de, sur (seulement about) :

what's the book about? – it's a story about nature
de quoi parle le livre ? – c'est une histoire sur la nature

v) sur le point de (seulement about) :

I was just about to leave
j'allais partir/j'étais sur le point de partir

what were you about to say?
qu'est-ce que vous alliez dire ?

ABOVE

Above exprime normalement le fait d'être "situé au-dessus de" dans un sens purement physique :

the shirts had been placed in the wardrobe above the socks
les chemises avaient été placées dans l'armoire au-dessus des chaussettes

Il y a en général peu de différence entre above et over lorsque ce dernier signifie "au-dessus de" :

he has a lovely mirror above/ over the mantelpiece
il a un très joli miroir au-dessus de la cheminée

mais contrairement à over, above ne peut pas avoir le sens de "sur" :

he flung his coat over a chair
il a jeté son manteau sur une chaise

ACROSS

i) d'un côté à l'autre :

he swam **across** the lake
il a traversé le lac à la nage

ii) de l'autre côté de :

we live **across** the street from them
nous habitons en face de chez eux

iii) à travers :

the study of literature **across** cultures
l'étude de la littérature à travers différentes cultures

Across et **over** ont souvent un sens très proche, mais **across** a tendance à indiquer une dimension horizontale (sur la largeur de) :

he laid out his suit **across** the bed
il étendit son costume en travers du lit

AFTER

i) après (dans le temps et dans l'espace) :

I'll call him **after** breakfast
je l'appellerai après le petit déjeuner

the shopping centre is just **after** the church
le centre commercial est juste après l'église

ii) après, derrière :

close the door **after** you
fermez la porte après vous

iii) à la recherche de (toujours utilisé avec le verbe **to be**) :

the police are **after** him
il est recherché par la police

she's **after** a full-time job
elle cherche un travail à temps plein

iv) **After** peut être employé comme particule de verbes composés (voir p. 200), par exemple dans la construction **to ask after**. Remarquez dans ce cas, les différences d'emploi entre les verbes **to ask after** et **to ask for**, qui peuvent avoir un sens similaire ou complètement différent :

he **asked after** you
il m'a demandé de tes nouvelles

he **asked for** you
il a demandé à te parler

tell him I'm asking for him
dis-lui bonjour de ma part

v) Dans un sens temporel, on pourrait comparer after et since. La différence entre les deux apparaît dans l'emploi des temps : prétérit (after) et present perfect (since). Comparez :

he wasn't well after his journey
il ne se sentait pas très bien après son voyage

he hasn't been well since his journey
il ne se sent pas très bien depuis son voyage

AGAINST

i) contre (pour indiquer une position ou un choc) :

he leant his bike against the wall
il appuya son vélo contre le mur

he knocked his head against the wall
il s'est cogné la tête contre le mur

ii) en sens inverse :

we're sailing against the current
nous naviguons à contre-courant

iii) contre, à l'encontre de (pour indiquer l'opposition ou une opinion contraire) :

it's against the law
c'est illégal ou *contraire à la loi*

they voted against it
ils ont voté contre

iv) contre, sur (pour indiquer un contraste) :

he stood against the light
il était à contre-jour

she was silhouetted against the snow
sa silhouette se découpait sur la neige

v) contre (pour un match, une guerre, etc.) :

United against Everton
United contre Everton

they fought against them
ils ont combattu contre eux

vi) contre (pour indiquer une mesure de précaution ou de protection) :

our car is insured against accidents
notre voiture est assurée contre les accidents

his coat protected him against the cold
son manteau le protégeait du froid

AMONG(ST)

au milieu de, parmi, entre (voir aussi **between**) :

she was lost **among** the crowd
elle était perdue dans la foule

I count her **among** my friends
je la compte parmi mes amis

she said, **among** other things, that she would be late
elle a dit, entre autres, qu'elle serait en retard

share out the sweets **among** the children
partagez les bonbons entre les enfants

AT

i) à (pour faire référence à un point précis dans le temps et dans l'espace) :

I'm meeting him **at** six o'clock
je dois le retrouver à six heures

I like studying **at** night
j'aime étudier la nuit

they were waiting **at** the bus stop
ils attendaient à l'arrêt de bus

he was sitting **at** the table
il était assis à table

Pour les noms de villes, on utilise habituellement la préposition **in**, sauf dans certains cas particulier. Dans l'exemple suivant, les villes sont des étapes sur un itinéraire.

the train stops **at** Dundee, Edinburgh and York
le train s'arrête à Dundee, Édimbourg et York

ii) à l'âge de :

he started working **at** 15
il a commencé à travailler à (l'âge de) 15 ans

iii) vers, dans la direction de :

look **at** this!
regarde ça!

he shot **at** the rabbit
il a tiré sur le lapin

iv) à (pour indiquer une activité) :

my parents are **at** work
mes parents sont au travail

v) à (pour indiquer un prix, une vitesse, une température, un taux, etc.) :

it's a bargain **at** £5
à 5 livres, c'est une bonne affaire

he drove **at** 50 mph
il faisait du 80 (à l'heure)

the temperature stands **at** 30°
la température est de 30 °

vi) en (pour introduire le complément d'un adjectif) :

he's hopeless at maths
il est nul en maths

BEFORE

i) avant, auparavant :

be there before six o'clock
sois là avant six heures

before that, she was a teacher
auparavant, elle était professeur

I saw him the day before yesterday
je l'ai vu avant-hier

Dans le sens temporel de before, comparez son emploi et celui de until avec des verbes à la forme négative. Before signifie "plus tôt que" et until "jusqu'à (un certain temps)" :

(a) you will not get the letter before Monday
tu ne recevras pas la lettre avant lundi

(b) you will not get the letter until Monday
tu ne recevras pas la lettre avant lundi

En (a), la lettre arrivera lundi ou n'importe quel jour après lundi (mais pas avant); en (b), la lettre arrivera lundi.

ii) avant (dans un ordre de préférence) :

her name came before mine in the list
son nom était avant le mien sur la liste

iii) devant (dans l'espace et au sens figuré) :

the accident happened before my very eyes
l'accident s'est déroulé sous mes propres yeux

we have a difficult task before us
nous avons une tâche difficile devant nous

iv) devant, en présence de :

he said it before witnesses
il l'a dit devant ou *en présence de témoins*

Lorsque la préposition before est employée pour indiquer la position au sens littéral, on peut la remplacer par in front of, qui est plus courant et moins soutenu que before :

he was standing in front of the judge in the queue
il se tenait devant le juge dans la file

Mais lorsque **before** n'est pas pris au sens littéral, il n'est pas possible d'employer **in front of** :

he was brought **before** the judge
il a été amené à comparaître devant le juge

BELOW

i) au-dessous de, en dessous de, sous :

he lives in the flat **below** ours
il habite dans l'appartement au-dessous ou *en dessous du nôtre*

there was a feeling of anxiety lying **below** the surface
on sentait une angoisse sous-jacente

ii) au-dessous de, inférieur à :

his grades are **below** average
ses notes sont au-dessous de la moyenne

En général, **below** est le contraire de **above** (*au-dessus de*), et **under** (*sous*) est le contraire de **over** ou **on** (*sur*). Mais remarquez l'emploi de **below** dans le sens de "en aval", et non de "au-dessous de" :

he was sitting **under** the bridge
il était assis sous le pont

below the bridge the water gets deeper
en aval du pont, l'eau est plus profonde

BESIDE

i) à côté de, près de :

come and sit **beside** me
viens t'asseoir à côté de moi

ii) par rapport à, comparé à :

these results don't look very good **beside** last year's
ces résultats n'ont pas l'air très bons par rapport à ceux de l'année dernière

iii) à part, excepté :

other people **beside** ourselves might need it
d'autres (personnes) que nous pourraient en avoir besoin

iv) être loin de (au sens figuré) :

that is **beside** the point
cela n'a rien à voir (avec l'affaire en question)

BESIDES

en plus de, à part :

there were three guests there **besides** him and me
il y avait trois invités à part lui et moi

BETWEEN

i) entre (dans le temps et dans l'espace) :

I'll be home **between** six and seven
je serai à la maison entre six et sept heures

the crowd stood **between** him and the door
la foule le séparait de la porte

Remarquez que **between** ne s'emploie qu'avec deux éléments. Lorsque l'on veut désigner plus de deux éléments, on emploiera **among(st)** :

he sat **between** John and Joan
il était assis entre John et Joan

he sat **among(st)** his friends
il était assis parmi ses amis

ii) entre (pour une tranche d'âge, une fourchette, etc.) :

the theatre company is for children **between** the ages of 8 and 12
c'est une troupe de théâtre pour enfants de 8 à 12 ans

iii) entre (pour indiquer une relation entre deux personnes/choses) :

it's a half-hour drive **between** home and the office
il y a une demi-heure de route entre la maison et le bureau

he felt things weren't right **between** them
il sentait que ça n'allait pas entre eux

iv) entre (pour indiquer un choix, une alternative) :

I had to choose **between** going with them and staying at home
il fallait que je choisisse entre les accompagner et rester à la maison

v) entre (pour indiquer le partage) :

they shared the cake **between** them
ils se sont partagé le gâteau

BUT

Lorsqu'il est employé comme préposition, **but** signifie "sauf", "à part". Il se place généralement après des pronoms indéfinis ou interrogatifs, ou des adverbes comme **anywhere**, **where**, etc. :

she wouldn't see anyone **but** her lawyer
elle ne voulait voir personne sauf ou *à part son avocat*

where **but** in America could you find such a gadget?
il n'y a qu'en Amérique qu'on trouve un tel gadget

Dans la plupart des cas, on peut employer **except** à la place de **but** :

nobody **but/except** you would think of that
personne à part toi ne penserait à ça

where else **but/except** in France would you...?
où, sinon en France, est-ce qu'on pourrait... ?

BY

i) près de, à côté de, devant :

he was sitting **by** the table
il était assis près de la table

she parked her car **by** the kerb
elle gara sa voiture au bord du trottoir

I drive **by** the school every day
je passe (en voiture) devant l'école tous les jours

ii) par :

she left **by** the back door
elle est partie par la porte de derrière

iii) par, en (pour indiquer le moyen de paiement, de communication, de transport) (comme en français, le nom qui suit ne prend pas d'article) :

to pay **by** cheque
payer par chèque

by letter/phone
par courrier/téléphone

to go **by** bus/car/plane/train
aller en autobus/voiture/avion/train

iv) par (au passif pour introduire le complément d'agent) :

the house was surrounded **by** police
la police a cerné la maison

I was shocked **by** his reaction
sa réaction m'a choqué

v) en (avec un participe présent) :

he learned to cook **by** watching his mother
il a appris à faire la cuisine en regardant sa mère

vi) avant, pas plus tard que :

be there **by** six o'clock
sois là avant ou *pour six heures*

Comparez avec at qui s'emploie pour faire référence à un point précis dans le temps :

be there at six o'clock
sois là à six heures

vii) selon, d'après :

it's 6:15 by my watch
il est 6 h 15 à ma montre

viii)de (en ce qui concerne) :

he's an actor by profession
il est acteur de profession

Remarquez aussi les verbes composés to live by et to live on. To live by signifie "gagner sa vie d'une occupation", tandis que to live on signifie "vivre avec un revenu de" ou "se nourrir de". L'emploi de by insiste sur le moyen :

he lives by acting in commercials
il gagne sa vie en jouant dans des pubs

he lives on fruit
il se nourrit de fruits

he lives by his pen
il vit de sa plume

he lives on £100 a month
il vit avec 100 livres par mois

To live by signifie aussi "vivre selon les règles de" :

it is difficult to live by such a set of doctrines
il est difficile de vivre en appliquant un tel ensemble de doctrines

ix) à, par, en (pour indiquer la fréquence, le taux, la vitesse, etc.) :

little by little
peu à peu

day by day
jour par jour ou *de jour en jour*

year by year
d'année en année

DURING

pendant, au cours de (voir aussi for) :

they met during the war
ils se sont rencontrés pendant la guerre

EXCEPT

sauf (voir aussi but) :

everybody was there except him
tout le monde était là sauf lui

FOR

i) pour (pour indiquer un but, une fonction) :

we were in Vienna for work
nous étions à Vienne pour le travail

ii) pour, à l'intention de :

these flowers are for her
ces fleurs sont pour elle

iii) pour, dans la direction de :

they left for Spain
ils sont partis pour l'Espagne

iv) à :

for rent
à louer

for sale
à vendre

v) pour, pendant (pour une période dans le futur ou dans le passé) ; depuis (pour une action qui n'est pas encore terminée) :

they're going away for the weekend
ils partent pour le week-end

I lived there for one month
j'y ai vécu pendant un mois

I've been playing tennis for years
je joue au tennis depuis des années

Pour la différence de temps entre l'anglais et le français dans ce dernier exemple, voir l'emploi du *present perfect* p. 163.

Lorsque for est employé comme préposition de temps, il est utile de la comparer à during (*pendant*) et in (*en*). For insiste sur l'idée de durée (pendant combien de temps ?), tandis que during indique la période au cours de laquelle des actions se produisent (quand ?) :

he let the cat out for the night
il a fait sortir le chat pour la nuit

he let the cat out during the night
il a fait sortir le chat pendant/dans la nuit

On peut aussi comparer for (utilisé pour indiquer une durée) à in, qui signifie “dans une période” :

I haven't seen her for five years
je ne l'ai pas vue depuis cinq ans

he didn't see her once **in** five years
il ne l'a pas vue une seule fois en cinq ans

Cependant, on pourrait maintenant aussi employer **in** dans le premier exemple :

I haven't seen her **in** five years
ça fait cinq ans que je ne l'ai pas vue

Pour l'emploi de **for/since** avec des expressions de temps, voir pp. 163-4.

vi) pendant (pour indiquer la distance) :

we walked **for** several miles
nous avons marché pendant plusieurs kilomètres

vii) **For** s'utilise également dans des constructions avec des verbes à l'infinitif :

it's not **for** him to decide
il ne lui appartient pas ou *ce n'est pas à lui de décider*

FROM

i) de, à partir de, depuis (pour indiquer la provenance ou un point de départ, dans l'espace et dans le temps) :

her parents came **from** France
ses parents venaient de France

she was unhappy **from** her first day at boarding school
elle a été malheureuse dès son premier jour à l'internat

the price has gone up **from** 50 pence to 60 pence
le prix a augmenté de 50 pence à 60 pence

ii) de (pour indiquer la cause) :

she died **from** multiple injuries
elle n'a pas survécu à ses blessures multiples

iii) de (pour indiquer un endroit) :

from the top of the hill you can see the whole city
du haut de la colline on voit toute la ville

iv) après l'adjectif **different** (on trouve parfois **different** suivi de **to**, mais cette construction est incorrecte) :

yours is different **from** mine
le tien est différent du mien

what he said just now is different **from** what he had said before
ce qu'il vient de dire est différent de ce qu'il avait dit auparavant

En anglais américain, on emploie **different than**.

IN FRONT OF

devant (voir aussi **before**) :

she was sitting **in front of** the TV
elle était assise devant la télé

IN

(voir aussi **at** et **for**)

i) dans (pour indiquer un lieu, un moment précis dans le temps, etc.) :

what have you got **in** your pockets?
qu'est-ce que tu as dans tes poches ?

we swam **in** the sea
nous nous sommes baignés dans la mer

throw the letter **in** the bin
jette la lettre à la poubelle

I'll be back **in** five minutes
je reviens dans cinq minutes

she could see a reflection **in** the mirror
elle voyait un reflet dans la glace

ii) à (avec des noms de villes) :

he lives **in** Paris
il habite à Paris

iii) en (avec les pays, les vêtements, les saisons, les années ; pour indiquer la durée, le moyen, etc.) :

they live **in** Spain
ils habitent en Espagne

he was **in** a suit
il était en costume

in (the) spring/summer/autumn/winter
au printemps, en été/automne/hiver

he cooked the meal **in** ten minutes
il prépara le repas en dix minutes

she paid **in** cash
elle a payé en liquide

he writes **in** English
il écrit en anglais

iv) à, en (pour faire référence à des institutions) :

she's in hospital
elle est à l'hôpital

he spent five years in prison
il a passé cinq ans en prison

he teaches in a language school
il enseigne dans une école de langues

INTO

(voir aussi in)

i) dans (pour indiquer une direction, un mouvement) :

come into my office
venez dans mon bureau

On emploie donc into après un verbe de mouvement et in simplement pour indiquer l'endroit :

he was sitting in the living room
il était assis dans la salle de séjour

he went into the living room
il est entré dans la salle de séjour

Ainsi, lorsque le verbe to be a le même sens que to go, on pourra employer la préposition into :

you've been in the bathroom for an hour
tu es dans la salle de bains depuis une heure

the kitchen is awful, have you been into/in the bathroom yet?
la cuisine est affreuse, est-ce que tu es allé dans la salle de bains ?

ii) dans, contre (pour indiquer une collision) :

the truck ran into the wall
le camion est rentré dans le mur

iii) en (pour indiquer un changement, une transformation) :

he's grown into a man
c'est un homme maintenant

iv) dans (pour donner une indication de temps) :

we worked well into the night
nous avons travaillé (jusque) tard dans la nuit

v) avec le verbe to be dans le sens de "bien aimer" *(Fam)* :

he's into fast cars at the moment
il est branché voitures de sport en ce moment

OF

i) de (pour indiquer la quantité, la possession, etc.) :

he bought a pound of onions
il a acheté une livre d'oignons

there are six of us (*et jamais* we are six)
nous sommes six

I need a map of Spain
il me faut une carte d'Espagne

he's a friend of mine
c'est un ami à moi

ii) de (pour exprimer une attitude, une émotion ou pour décrire une qualité) :

I'm proud of it
j'en suis fier

he is a man of courage
c'est un homme de courage

iii) de (pour indiquer la cause) :

he never thought about the consequence of his actions
il n'a pas pensé à la conséquence de ses actes

iv) de (pour indiquer un moment précis dans l'espace ou dans le temps) :

it was the happiest day of his life
c'était le plus beau jour de sa vie

there was a cat in the middle of the road
il y avait un chat au milieu de la chaussée

OFF

i) de (pour indiquer un mouvement) :

he fell off his chair
il est tombé de sa chaise

ii) de (pour quelque chose que l'on enlève) :

I've stripped the wallpaper off the walls
j'ai décollé le papier peint des murs

iii) de (pour indiquer la provenance) :

a cool breeze off the sea
une brise fraîche venant du large

iv) pour indiquer un lieu :

just off Oxford Street there's a pretty little square
à deux pas d'Oxford Street il y a une petite place ravissante

v) pour indiquer l'absence de quelque chose ou de quelqu'un:

you need a few days **off** work
vous avez besoin de quelques jours de congé

Mr Dale is **off** work today
M. Dale est absent aujourd'hui

ON

(voir aussi **by** et **upon**)

i) sur (pour indiquer une position, un lieu, etc.) :

the vase is **on** the shelf
le vase est sur l'étagère

the child fell **on** the floor
l'enfant est tombé par terre

they live **on** a farm
ils habitent une ferme

I'm **on** the bus/train
je suis dans le bus/train

Pour indiquer un lieu, on peut employer **in** à la place de **on** si l'idée d'intérieur domine :

it's often cold **in** British trains
il fait souvent froid dans les trains britanniques

ii) sur, à propos de, au sujet de :

I watched a film **on** the French Revolution
j'ai regardé un film sur la Révolution française

we all agree **on** that point
nous sommes tous d'accord sur ce point

Remarquez que **on** (*au sujet de, sur*) peut être plus technique, plus académique que **about** :

he gave a paper **on** Verdi and Shakespeare
il a fait un exposé sur Verdi et Shakespeare

a book **on** English history
un livre sur l'histoire anglaise

iii) selon :

everyone will be judged **on** their merits
chacun sera jugé selon ses mérites

iv) à (pour un moyen, une source d'énergie, la simultanéité de deux événements, etc.) :

he came **on** foot
il est venu à pied

it runs **on** electricity
ça marche à l'électricité

he'll deal with it on his return
il s'en occupera à son retour

who's on bass?
qui est à la basse ?

v) à (pour les moyens de communication) :

it's the first time she's been on television
c'est la première fois qu'elle passe à la télévision

I heard it on the radio
je l'ai entendu à la radio

he's on the phone
il est au téléphone

vi) par (pour indiquer une cause) :

I shall refuse on principle
je refuserai par principe

vii) pour indiquer une activité, un intérêt :

they went on safari
ils ont fait un safari

he's good on music
il a de bonnes connaissances côté musique

Remarquez que la préposition on dans ce dernier exemple n'a pas le même sens que la préposition at. La phrase he's good at music implique qu'il sait bien jouer d'un instrument.

viii) devant les jours de la semaine :

can you come on Saturday?
tu peux venir samedi ?

ix) en (avec un participe présent) :

she cried on hearing the news
elle a pleuré en apprenant la nouvelle

OPPOSITE

en face de :

they live just opposite
ils habitent juste en face

Lorsqu'il indique une position, il peut toujours être accompagné de to :

the house opposite (to) ours is being pulled down
on est en train de démolir la maison en face de la nôtre

Mais il est impossible d'utiliser to dans la phrase suivante :

she played opposite Richard Burton in many films
elle fut la partenaire de Richard Burton dans de nombreux films

OUTSIDE

dehors, en dehors de, à l'extérieur de :

nobody is allowed outside (of) the house
personne n'a le droit de quitter la maison

Remarquez que outside est souvent accompagné de of en anglais américain (ce qui est peu fréquent en anglais britannique).

En outre, il peut parfois avoir le sens de "devant" :

they met outside the cathedral
ils se sont retrouvés devant la cathédrale

OVER

(voir aussi above et across)

i) au-dessus de :

they live over the shop
ils habitent au-dessus du magasin

ii) sur, par-dessus :

she wore a cardigan over her dress
elle portait un gilet par-dessus sa robe

he was watching me over his newspaper
il m'observait par-dessus son journal

iii) plus de (avec un nombre) :

he must be over thirty
il doit avoir plus de trente ans

iv) au sujet de:

they disagree over the working conditions
ils ont un conflit portant sur les conditions de travail

OWING TO

en raison de, à cause de, grâce à :

this was owing to his alertness of mind
c'était grâce à sa vivacité d'esprit

owing to bad weather they arrived late
ils sont arrivés en retard à cause du mauvais temps

SINCE

depuis (voir aussi after) :

he has been talking about it since yesterday
il en parle depuis hier

Remarquez également la préposition ever since (depuis) :

ever since that day he's been afraid of dogs
depuis ce jour-là, il a peur des chiens

TILL

jusqu'à (+ complément de temps) (voir until)

TO

(voir aussi for et until)

i) à, jusqu'à, en, pour (pour indiquer une direction, un lieu, une période, etc.) :

what's the best way to the station?
quel est le meilleur chemin pour aller à la gare ?

I'm off to Paris
je pars à/pour Paris

I will be away from Tuesday night to Thursday morning
je serai absent du mardi soir (jusqu')au jeudi matin

ii) jusqu'à (pour un niveau, un âge, un montant, etc.) :

the snow came (up) to her knees
la neige lui arrivait aux genoux

it's accurate to the millimetre
c'est exact au millimètre près

iii) avant (pour une date, etc.) :

there's only two weeks to Christmas
il ne reste que deux semaines avant Noël

iv) pour (pour indiquer une intention) :

I did it to annoy her
je l'ai fait exprès pour l'énerver

v) pour (pour indiquer un avis, une opinion) :

it sounds suspicious to me
cela me semble bizarre

to be honest, I don't think he will come
pour être franc, je ne crois pas qu'il viendra

vi) pour, contre, dans, etc. (pour indiquer la composition, la proportion) :

use one cup of sugar to every three cups of fruit
mettez une tasse de sucre pour trois tasses de fruits

the vote was 6 to 3
il y avait 6 voix contre 3

vii) à (pour indiquer la comparaison) :

they often compare his work to Coppola's
on a souvent comparé ses films à ceux de Coppola

that's nothing (compared) to what I've seen
ce n'est rien à côté de ce que j'ai vu

viii) de (dans le sens de of ou for) :

here is the key to the front door
voici la clé de la porte d'entrée

her husband is the French ambassador to Algeria
son mari est l'ambassadeur français en Algérie

Pour l'emploi de l'infinitif avec to, voir p. 136.

TOWARD(S)

i) dans la direction de, vers :

he turned towards her
il s'est tourné vers elle

ii) envers (pour faire référence à une attitude) :

she's very hostile towards me
elle est très hostile à mon égard

iii) pour (en contribution à) :

I'll give you something towards your expenses
je vous donnerai quelque chose pour payer une partie de vos frais

Toward s'emploie normalement en anglais américain et towards en anglais britannique.

UNDER

(voir aussi **below**)

i) sous :

the newspaper was **under** the chair
le journal était sous la chaise

ii) moins de, au-dessous de :

everything is **under** £5
tout est à moins de 5 livres

iii) dans (pour indiquer une condition ou des circonstances particulières) :

she was murdered **under** strange circumstances
elle a été tuée dans d'étranges circonstances

iv) en cours de :

this building is **under** construction
cet immeuble est en cours de construction

UNTIL

jusqu'à (+ complément de temps) (voir aussi **before**)

she was here (up) **until** February
elle a été ici jusqu'en février

On peut aussi employer **until** après la préposition **from**. Comparez avec l'emploi de **from... to** ; la différence est la même qu'en français (*à/jusqu'à*) :

the shop is closed **from** 1 **to** 2 p.m.
le magasin ferme de 13 heures à 14 heures

last night I worked **from** eight **until**/**till** midnight
hier soir j'ai travaillé de huit heures jusqu'à minuit

Il n'y a pas de différence de sens entre **until** et **till**.

UPON

(voir aussi **on**)

La préposition **upon** a le même sens que **on**, mais elle fait partie d'un niveau de langue plus soutenu.

i) sur :

she had a sad look upon her face
elle avait l'air triste

ii) contre :

attacks upon old people are on the increase
les agressions contre les personnes âgées sont de plus en plus fréquentes

iii) lorsque, en (avec un participe présent) :

upon hearing the news, he rang home
lorsqu'il a appris ou *en apprenant la nouvelle, il a appelé chez lui*

WITH

i) avec :

she filled the vase with water
elle a rempli le vase d'eau

she went out with her friend
elle est sortie avec son amie

stop fighting with your brother
arrête de te battre avec ton frère

he spoke with ease
il s'exprima avec aisance

ii) à :

a boy with green eyes
un garçon aux yeux verts

iii) chez :

I'm staying with friends
je suis/loge chez des amis

isn't he with Ford any more?
ne travaille-t-il plus chez Ford ?

iv) de (dans des expressions idiomatiques) :

he was white with fear
il était blanc de peur

I was sick with worry
j'étais malade d'inquiétude

WITHOUT

sans :

we couldn't have done it without you
on n'aurait pas pu le faire sans vous

I knocked without getting a reply
j'ai frappé sans obtenir de réponse

15 LES CONJONCTIONS

Les conjonctions sont des mots qui servent à relier deux mots ou deux propositions. On distingue deux types de conjonctions :

Les **conjonctions de coordination** relient des mots ou des propositions qui ont une même fonction. Elles servent à marquer l'union (and), l'opposition (but), l'alternative (or), la négation (nor), etc.

Les **conjonctions de subordination** relient des propositions qui **dépendent** d'autres mots ou propositions. Elles servent à marquer la cause (because), la comparaison (as if), la concession (although), le lieu (where), etc. Voir aussi **La structure de la phrase**, p. 250.

1 Les conjonctions de coordination

Elles peuvent être simples :

and *et* | but *mais* | or *ou/ni* | nor *ni*

ou corrélatives :

both... and *à la fois... et*
either... or *ou... ou, soit... soit, ni... ni (avec une négation)*
neither... nor *ni... ni*
not only... but also *non seulement... mais aussi*

a) *Exemples de conjonctions de coordination simples*

i) And peut relier deux noms, deux adjectifs, deux adverbes, deux verbes ou deux propositions :

she's old and fragile
elle est âgée et frêle

you need butter and flour
tu as besoin de beurre et de farine

she spoke naturally and fluently
elle parla avec naturel et aisance

they ate and drank a great deal
ils ont beaucoup mangé et beaucoup bu

they finished their work and then they went out to dinner
ils ont terminé leur travail et puis ils sont sortis dîner

ii) But et or offrent les mêmes possibilités de combinaison que and, par exemple :

he came home tired **but** happy
il est rentré fatigué mais heureux

I can go today **or** tomorrow
je peux y aller aujourd'hui ou demain

iii) **Nor** s'emploie devant le second élément (ou le troisième, etc.) lorsque la proposition principale est à la forme négative :

I don't eat sweets, **nor** chocolate, **nor** any kind of sugary thing
je ne mange pas de bonbons, ni de chocolat, ni aucune sucrerie

On peut aussi employer **or** dans cette même construction :

I don't eat sweets, **or** chocolate, **or** any kind of sugary thing

b) *Exemples de conjonctions de coordination corrélatives*

i) **Both... and** permettent de relier deux noms, deux adjectifs ou deux verbes :

you need **both** butter **and** flour
vous avez besoin de beurre et de farine

she's **both** old **and** fragile
elle est (à la fois) âgée et frêle

the film made me **both** laugh **and** cry
le film m'a fait à la fois rire et pleurer

ii) De manière générale, on emploiera **either... or** dans les phrases affirmatives et **neither... nor** lorsque le sens est négatif :

you need **either** butter **or** margarine
tu as besoin soit de beurre, soit de margarine

they're **either** very rich **or** very stupid
ils sont soit très riches, soit très bêtes

she was travelling **either** to **or** from Aberdeen
elle allait à Aberdeen ou bien elle en revenait

I have **neither** the time **nor** the inclination to do it
je n'ai ni le temps ni l'envie de le faire

she **neither** drinks **nor** smokes
elle ne boit ni ne fume

Mais on peut aussi employer **either... or** dans une phrase négative. Dans ce cas-là, il ne faut pas oublier le **not** de la négation :

I've **not** met **either** him **or** his brother
je n'ai rencontré ni lui ni son frère

iii) Si **(n)either... (n)or** relient deux noms, le verbe s'accorde en nombre avec le nom le plus proche du verbe :

either the turntable or the speakers **have** to be replaced
either the speakers or the turntable **has** to be replaced
il faut remplacer soit les enceintes, soit la platine

Lorsque les deux noms ou pronoms sont singuliers, le verbe qui suit doit se mettre au singulier (même si l'on trouve parfois un verbe au pluriel dans un langage familier et incorrect) :

neither he nor his wife **has** ever spoken to me
ni lui ni sa femme ne m'ont jamais adressé la parole

iv) **Not only... but also**

she plays **not only** the guitar, **but also** the piano
elle joue non seulement de la guitare, mais aussi du piano

Remarquez aussi l'emploi avec l'adverbe **too** :

she's **not only** bright, she's funny **too**
elle est non seulement intelligente, mais en plus elle est drôle

c) *Les différents emplois de* **or**

i) **Or** peut exprimer l'alternative ou avoir un sens exclusif :

he lives in Liverpool **or** Manchester, I can't remember which
il habite à Liverpool ou à Manchester, je ne me souviens plus exactement

ii) Il sert aussi à relier deux synonymes :

bovine spongiform encephalopathy, **or** BSE
l'encéphalite spongiforme bovine, ou ESB

iii) Il peut avoir le sens de “sinon” lorsqu'il relie deux propositions :

apologize to her, **or** she'll never speak to you again
excuse-toi auprès d'elle, ou elle ne te parlera plus jamais

2 Les conjonctions de subordination

Il existe un grand nombre de conjonctions de subordination. Certaines sont simples :

because *parce que*
although *bien que*
so that *si bien que*
when *quand* etc.

D'autres sont corrélatives :

as... as *aussi... que*
more... than *plus... que* etc.
so... that *si... que*

a) *Introduisant une proposition substantive*

Les propositions substantives ont la même fonction dans la phrase que les noms ou pronoms et les groupes nominaux :

(a) I told him that they had done it
je lui ai dit qu'ils l'avaient fait

(b) I told him the facts
je lui ai dit les faits

En (a), le complément d'objet direct de told est une proposition substantive, alors qu'en (b) c'est un groupe nominal.

Les conjonctions qui introduisent des propositions substantives sont :

that *que* whether *si (+ choix)* if *si* how *comment*

That peut être omis si la proposition subordonnée est le complément d'objet direct de la phrase, mais jamais si elle en est le sujet :

he said (that) he wanted to see me *(complément d'objet)*
il a dit qu'il voulait me voir

that such films can be made is unbelievable *(sujet)*
que l'on puisse faire de tels films est incroyable

he asked me if/whether I had any money *(complément d'objet)*
il m'a demandé si j'avais de l'argent (ou pas)

whether I have any money or not is none of your business *(sujet)*
que j'aie de l'argent ou non, ça ne te regarde pas

he told us how he had seen his child being born *(complément d'objet)*
il nous a raconté qu'il avait vu naître son enfant

how it's done is immaterial *(sujet)*
la manière dont c'est fait est sans importance

Cet emploi de if, whether et how est différent de celui décrit ci-dessous, où ces conjonctions ont pour rôle d'introduire un groupe adverbial (voir ci-dessous).

b) *Introduisant une proposition adverbiale*

Voir aussi **Les adverbes**, p. 66.

Il existe un grand nombre de conjonctions qui introduisent des propositions adverbiales. On peut trouver des noms qui servent de conjonctions :

he arrived the minute the clock struck twelve *(= when, conjonction de temps)*
il est arrivé à la minute où la pendule sonnait midi

he didn't explain it the way you did *(= how, conjonction de manière)*
il ne l'a pas expliqué de la manière dont tu l'as fait

ou des participes passés ou présents :

provided you keep quiet, you can stay *(= if, conjonction de condition)*
du moment que tu restes sage, tu peux rester

he's doing well considering he's been here for only a week *(= although/even if, conjonction de concession)*
il se débrouille bien si l'on considère qu'il n'est ici que depuis une semaine

Voici les principales conjonctions adverbiales :

i) Conjonctions de temps :

after *après que*
as *alors que*
before *avant que*
since *depuis que*
until *jusqu'à ce que*
when *lorsque*
whenever *chaque fois que*
while *tandis que*

L'idée de futur dans les subordonnées introduites par l'une de ces conjonctions est exprimée par un présent en anglais (voir p. 165).

he came back after the show had finished
il est revenu après que le spectacle fut fini

the phone rang as he was having a bath
le téléphone a sonné alors qu'il prenait son bain

before you sit down, you must see the bedroom
avant que tu ne t'asseyes, il faut que tu voies la chambre

they've been crying (ever) since their parents left
ils pleurent depuis que/le moment où leurs parents sont partis

he talked non-stop until it was time to go home
il n'a pas arrêté de parler jusqu'à ce qu'il fût l'heure de partir

when he's ready we'll be able to get going at last *(présent dans la subordonnée)*
quand il sera prêt, on pourra enfin se mettre en route

whenever we go on a picnic, it rains
chaque fois qu'on part en pique-nique, il pleut

will you go and see him while you're in Barcelona? *(présent dans la subordonnée)*
est-ce que vous irez le voir quand vous serez à Barcelone ?

ii) Conjonctions de lieu :

where *où*
wherever *où que, partout où*

plant them where there is a lot of shade
plante-les là où il y a beaucoup d'ombre

wherever you go it's the same thing
où que vous alliez c'est la même chose

wherever we went, he complained about the food
partout où on est allés, il s'est plaint de la nourriture

iii) Conjonctions de manière, de comparaison ou d'intensité :

as *comme*
as if *comme si*
as though *comme si*
how *comment, comme*
however *de quelque manière que*

he does it as he's always done it
il le fait comme il l'a toujours fait

he behaved as if/as though there was (were) something wrong
il s'est comporté comme s'il y avait quelque chose qui n'allait pas

tell me how you do it
dites-moi comment vous faites

you can pay how you want
tu peux payer comme tu veux

it'll be fine, however you do it
de quelque manière que vous le fassiez, ça ira

we can present it however you like
on peut le présenter comme vous voulez

iv) Conjonctions de cause :

as *étant donné que*
because *parce que*
for *car, parce que*
since *puisque*

as there was nothing in the fridge, we went out to eat
comme il n'y avait rien dans le frigo, nous sommes sortis dîner

he came because it was his duty
il est venu parce que c'était son devoir

I was surprised when he arrived punctually, for he was usually late *(soutenu)*
je fus surpris de le voir arriver à l'heure, car il était souvent en retard

since you've been so kind to me, I want to give you a present
puisque tu as été si gentil avec moi, je veux te faire un cadeau

v) Conjonctions de concession :

(al)though *bien que*
even if *même si*
even though *bien que*
whether *que*

although I've never liked him, I do respect him
bien que je ne l'aie jamais aimé, je le respecte

you can stay, even if you haven't been invited
tu peux rester, même si tu n'as pas été invité

even though she explained it in detail, I couldn't understand
bien qu'elle l'ait expliqué en détail, je n'ai pas réussi à comprendre

I'm going whether you like it or not
je vais y aller que ça te plaise ou non

vi) Conjonctions de but :

in order to *afin de*
so that *afin que*
lest *de peur/crainte que/de*

they went to the stage door in order to get a glimpse of him
ils sont allés à l'entrée des artistes afin de pouvoir l'apercevoir

he did it so that she would be happy
il l'a fait afin qu'elle soit heureuse

they whispered lest the children should hear
ils parlèrent à voix basse de peur que les enfants ne les entendent

Remarquez que lest a tendance à être employé dans un style littéraire. Il est possible d'employer so that... not à la place :

they whispered so that the children wouldn't hear
ils parlèrent à voix basse afin que les enfants ne les entendent pas

vii) Conjonctions de conséquence :

so that *si bien que, de façon à ce que*

she didn't eat enough, so that in the end she fell ill
elle ne mangeait pas assez, si bien qu'elle a fini par tomber malade

viii) Conjonctions de condition :

if *si*
unless *à moins que*
so/as long as *à condition que, pourvu que*

if he comes, we'll ask him
s'il vient, on lui demandera

you can have it as long as you give me it back
vous pouvez le prendre à condition que vous me le rendiez

tell me, unless you don't want to
dis-le-moi, à moins que tu ne le veuilles pas

c) But *comme conjonction de subordination*

i) L'emploi de **but** comme conjonction de subordination signifiant "sans que" (après les adverbes négatifs **never**, **barely**, **hardly**, etc.) est d'un style soutenu et littéraire :

she never hears his name **but** she starts to weep
elle ne peut entendre son nom sans verser des larmes

barely/hardly a day goes by **but** he receives another invitation
il ne se passe pas un jour sans qu'il reçoive une nouvelle invitation

ii) **But** peut aussi s'employer comme conjonction de subordination devant **that** après certains noms précédés de **no** :

there's no doubt **(but) that** he's responsible
il n'y a aucun doute que c'est lui le responsable

d) *Introduisant des propositions comparatives*

Les propositions subordonnées comparatives ne modifient pas d'autres propositions (comme le font les propositions adverbiales). Elles modifient des éléments de la proposition : groupes nominaux, adverbiaux et adjectivaux.

Les conjonctions comparatives sont corrélatives (comparez avec les **conjonctions de coordination**, p. 237) :

more... than *plus... que*
less... than *moins... que*
as... as *autant/aussi... que*

i) Modifiant un nom :

we invited **more people than** we had planned to
nous avons invité plus de gens que prévu

he has **as much money as** we do
il a autant d'argent que nous

ii) Modifiant un adjectif :

it was **less interesting than** we'd thought
c'était moins intéressant que nous n'avions pensé

it was **as interesting as** we thought
c'était aussi intéressant que nous le pensions

iii) Modifiant un adverbe :

she paints **better than** she sculpts
elle peint mieux qu'elle ne sculpte

she sang **as well as** she could
elle chanta aussi bien qu'elle put

Remarquez l'absence de négation dans les exemples anglais.

Voir aussi **La comparaison**, p. 83.

16 Les nombres

1 Les nombres cardinaux et les nombres ordinaux

Cardinaux		Ordinaux	
1	one	1st	first
2	two	2nd	second
3	three	3rd	third
4	four	4th	fourth
5	five	5th	fifth
6	six	6th	sixth
7	seven	7th	seventh
8	eight	8th	eighth
9	nine	9th	ninth
10	ten	10th	tenth
11	eleven	11th	eleventh
12	twelve	12th	twelfth
13	thirteen	13th	thirteenth
14	fourteen	14th	fourteenth
15	fifteen	15th	fifteenth
16	sixteen	16th	sixteenth
17	seventeen	17th	seventeenth
18	eighteen	18th	eighteenth
19	nineteen	19th	nineteenth
20	twenty	20th	twentieth
21	twenty-one	21st	twenty-first
30	thirty	30th	thirtieth
40	forty	40th	fortieth
50	fifty	50th	fiftieth
60	sixty	60th	sixtieth
70	seventy	70th	seventieth
80	eighty	80th	eightieth
90	ninety	90th	ninetieth
100	a/one hundred	100th	(one) hundredth
101	a/one hundred and one	101st	(one) hundred and first
200	two hundred	200th	two hundredth
1,000	a/one thousand	1,000th	(one) thousandth
1,345	a/one thousand, three hundred and forty-five	1,345th	one thousand, three hundred and forty-fifth

1,000,000	a/one million	millionth
1,000,000,000 (10^9)	a/one billion	billionth
1,000,000,000,000 (10^{12})	a/one trillion	trillionth

Remarquez qu'en anglais britannique a thousand million était autrefois 10^9 (un milliard), a billion 10^{12} et a trillion 10^{18}. Aujourd'hui, on n'emploie que les valeurs données dans la liste, qui étaient à l'origine américaines.

Remarquez également l'emploi de la virgule pour indiquer les milliers, là où en français on a un espace.

2 Les fractions

a) *Les fractions ordinaires*

Comme en français, on écrit les fractions avec un nombre cardinal (ou parfois a à la place de one) + un nombre ordinal :

$^1/_5$	= a/one fifth *un cinquième*
$^3/_8$	= three eighths *trois huitièmes*
$3\ ^4/_9$	= three and four ninths *trois exposant quatre neuvièmes*
$^1/_2$	= a/one half *un demi*
$^1/_4$	= a quarter *un quart*
$^3/_4$	= three quarters *trois quarts*
$1\ ^1/_4$ hours	= an/one hour and a quarter ou one and a quarter hours *(une heure et quart)*

Voir aussi **Les expressions de temps**, p. 258.

Remarquez que le -s est maintenu lorsque les fractions sont employées comme adjectifs :

they had a two-thirds majority
ils ont eu une majorité de deux tiers

L'emploi des fractions ordinaires est très courant en anglais.

b) *Les nombres décimaux*

Alors que dans les autres pays européens on utilise une virgule pour les nombres décimaux, les anglophones se servent du point :

25.5 = twenty-five point five

Les décimales sont énumérées une à une après le point :

25.552 = twenty-five point five five two

3 Nought, zero, o, nil

a) *Anglais britannique*

i) Nought et zero sont utilisés pour le chiffre 0. Dans les calculs, on emploie habituellement nought :

add another nought (ou zero) to that number
ajoute un autre zéro à ce chiffre

put down nought and carry one
je pose zéro et je retiens un

0.6 = nought point six ou zero point six
zéro virgule six

ii) Pour un nombre sur une échelle, on préfère zero :

it's freezing, it's 10 below zero
il gèle, il fait moins 10

De même, on emploiera zero en anglais scientifique ou économique, dans le sens de nothing (*rien*) :

given zero conductivity
étant donné une conductivité de zéro

a country striving for zero inflation
un pays qui se bat pour atteindre une inflation zéro

production was soon reduced to zero (ou nil)
la production fut rapidement réduite à zéro/à néant

iii) Pour les numéros de téléphone, on prononce le chiffre comme la lettre o, mais on emploie aussi maintenant zero (voir le point 4).

iv) Nil est toujours utilisé pour les points ou les scores :

Arsenal won four nil/by four goals to nil (= 4-0)
Arsenal a gagné quatre zéro/quatre buts à zéro

sauf au tennis, où l'on utilise love :

Murray leads forty-love
Murray mène quarante zéro

b) *Anglais américain*

Zero s'utilise dans presque tous les cas :

how many zeros are there in a billion?
combien y a-t-il de zéros dans un milliard ?

my telephone number is 721002 (= seven two one zero zero two)
Chicago Cubs zero – Detroit Tigers six *(au base-ball)*

Cependant, on utilise toujours le mot love au tennis.

4 Les numéros de téléphone

Les numéros de téléphone se lisent chiffre par chiffre :

1567 = one five six seven
40032 = four zero zero three two *(Am, Br)* four double 'o' three two *(Br)*

Remarquez l'emploi de **double** en anglais britannique lorsqu'on a deux chiffres identiques. Cependant, cet emploi n'est pas systématique ; on peut aussi répéter les deux chiffres.

À l'écrit, on regroupe normalement les chiffres en fonction des différents codes régionaux. À l'oral, on marquera une pause après chaque groupe de chiffres :

0141-221-5266 = 'o' one four one – double two one ou two two one – five two double six ou six six

5 Les adresses

En Amérique du Nord, les numéros de rue à quatre chiffres se lisent comme les dates (voir **Les expressions de temps**, p. 258), c'est-à-dire deux par deux :

3445 Sherbrooke Street = thirty-four forty-five Sherbrooke Street

6 Les opérations

Il existe plusieurs façons d'exprimer les opérations arithmétiques. Voici les plus courantes :

12 + 19 = 31
twelve plus nineteen is/equals thirty-one

19 – 7 = 12
nineteen minus seven is/equals twelve
seven from nineteen is/leaves twelve
nineteen take away seven is/leaves twelve *(emploi enfantin)*

2 x 5 = 10
twice five is ten
two fives are ten

4 x 5 = 20
four times five is/equals twenty
four fives are twenty

36 x 41 = 1476
thirty-six times forty-one is/equals one thousand four hundred and seventy-six
thirty-six multiplied by forty-one is/equals one thousand four hundred and seventy-six

10 ÷ 2 = 5
ten divided by two is/equals five
two into ten goes five *(emploi plus familier)*

7 L'emploi du pluriel

Pour hundred, thousand, million (billion, trillion) avec ou sans -s, voir Les noms, p. 43.

Voici quelques exemples où l'on utilise le pluriel :

> there were tens of thousands of refugees
> *il y avait des dizaines de milliers de réfugiés*
>
> she's now in her eighties
> *elle est maintenant octogénaire (elle a entre 80 et 90 ans)*
>
> in the 1950s (= nineteen fifties) ou in the 50s (= fifties)
> *dans les années cinquante*

Voir aussi Les expressions de temps, p. 258.

8 The former et the latter

Au lieu d'employer the first, on emploie the former si l'on fait référence à une personne/chose parmi deux qui viennent juste d'être énoncées ; et the latter (au lieu de the last) quand on fait référence à la dernière de deux personnes/choses :

> Lauren and Alison are both good candidates for the job, but the former is more experienced than the latter
> *Lauren et Alison sont de bonnes candidates pour ce poste, mais la première a plus d'expérience que la seconde*

De ces expressions, the latter est la plus souvent utilisée, et elle peut aussi renvoyer à la dernière chose d'une énumération qui comprend plus de deux éléments :

> Spain, Italy, Greece: of these countries the latter is still the most interesting as regards...
> *l'Espagne, l'Italie, la Grèce : de tous ces pays, le dernier est le plus intéressant en ce qui concerne...*

The former/the latter peuvent avoir une fonction adjectivale, c'est-à-dire qu'ils peuvent en effet être suivis d'un nom :

> of the dog and the cat, the former animal makes a better pet
> *du chien ou du chat, c'est le premier qui est le meilleur animal domestique*

9 Once et twice

Once signifie “une fois” et twice, “deux fois”. Thrice (*trois fois*) est archaïque :

> I've been there once before
> *j'y suis déjà allé une fois*
>
> I've only seen her twice
> *je ne l'ai vue que deux fois*

17 LA STRUCTURE DE LA PHRASE

1 Le sujet

En général, le sujet précède l'auxiliaire et le verbe :

I can swim
je sais nager

L'inversion du sujet et du verbe a lieu dans les cas suivants (s'il y a plus d'un auxiliaire, seul le premier auxiliaire précède le sujet) :

a) dans les questions :

may I?
puis-je ?

(when) can you come?
(quand) peux-tu venir ?

would you have liked to come with us?
tu aurais aimé venir avec nous ?

b) dans les propositions conditionnelles, lorsque if est omis :

had I got there in time, she'd still be alive
si j'étais arrivé à temps, elle serait encore en vie

should that be true, I'd be most surprised
si c'était vrai, je serais vraiment surpris

c) quand la phrase commence avec un mot dont le sens est négatif (comme never, seldom) :

I can't swim – nor/neither can I
je ne sais pas nager – moi non plus

never did I think this would happen
je n'aurais jamais pensé que cela arriverait

little did I think this would happen
je ne me doutais pas du tout que cela arriverait

hardly had he entered the room, when the phone rang
à peine était-il entré dans la pièce que le téléphone sonna

seldom have I enjoyed a meal so much
j'ai rarement autant apprécié un repas

Mais après nevertheless/nonetheless et only, qui renvoient à la proposition précédente, il n'y a pas d'inversion :

I know he's not very nice, nevertheless/nonetheless he should be invited
je sais bien qu'il n'est pas très sympa, mais on devrait quand même l'inviter

we'd like you to come, only we haven't got enough room
nous aimerions que vous veniez, mais nous n'avons pas assez de place

d) souvent quand une phrase commence avec un adverbe d'intensité :

so marvellously did he play that it brought tears to my eyes
il a joué tellement bien que j'en avais les larmes aux yeux

only too well do I remember those words
je m'en souviens trop bien, de ces paroles

e) parfois lorsque la phrase commence par un complément circonstanciel ou un complément d'objet indirect et que l'on veut insister sur le sujet ou le complément d'objet (le verbe étant moins important) :

in that year came the announcement that the space shuttle would be launched
cette année-là fut annoncé le lancement de la navette spatiale

on the stage stood the three main actors
sur la scène se tenaient les trois acteurs principaux

to his brave efforts do we owe our happiness *(littéraire)*
c'est à son grand courage que nous devons notre bonheur

Remarquez aussi que l'on peut placer out, in, etc. devant le verbe pour insister ou donner un effet stylistique dans une narration. Il s'agit là d'un emploi assez courant :

a big black car pulled up and out jumped Margot
une grosse voiture noire s'arrêta et Margot en sortit avec précipitation

out came a scream so horrible that it made my hair stand on end
on entendit tout à coup un cri si horrible que j'en eus la chair de poule

Le pronom se place avant le verbe :

in you go!
entre !

out you get!
sors !

f) après so placé en position initiale (= aussi) :

I'm hungry – so am I
j'ai faim – moi aussi

g) au discours direct :

Après le discours direct, le verbe de parole précède parfois son sujet, surtout si celui-ci est un nom (plus le nom ou le groupe nominal est important, plus on aura tendance à inverser l'ordre des mots) :

"you're late again", said John/John said
"tu es encore en retard", dit John

"you're late again!", boomed the furious sergeant/the furious sergeant boomed
"tu es encore en retard", hurla le sergent, furieux

Mais il n'y a pas d'inversion du sujet avec les temps composés :

"you're late again", John had said
"tu es encore en retard", avait dit John

Si le sujet est un pronom, il se met normalement avant le verbe :

"you're late again", he said
"tu es encore en retard", dit-il

Le verbe précède le pronom lorsqu'une proposition relative suit ou lorsque l'on veut donner un ton humoristique à la phrase :

"you're late again", said I, who had been waiting for at least two hours
"tu es encore en retard", ai-je dit ; ça faisait au moins deux heures que j'attendais

S'il y a un adverbe, l'inversion est moins courante, mais possible :

"you're back again", said John tentatively/John said tentatively
"tu es de retour", fit John d'un ton hésitant

Mais s'il y a un complément d'objet, après ask ou tell par exemple, on ne fait pas l'inversion :

"she's late again", John told the waiting guests
"elle est encore en retard", dit John aux invités qui attendaient

2 Le complément d'objet

a) Le complément d'objet suit normalement le verbe, mais il est en position initiale dans les cas suivants :

i) dans les questions qui commencent par un pronom interrogatif complément d'objet :

who(m) did you meet?
qui as-tu rencontré ?

ii) dans les propositions subordonnées interrogatives et relatives (les pronoms étant compléments d'objet) :

please ask him what he thinks
demande-lui, s'il te plaît, ce qu'il en pense

he brought back what she'd given him
il a ramené ce qu'elle lui avait donné

iii) pour renforcer un complément d'objet, surtout quand celui-ci est that :

that I couldn't put up with
cela, je ne pouvais pas l'accepter

that I don't know
ça, je ne sais pas

but his sort I don't like at all
son genre, je ne l'aime pas du tout

b) L'ordre des compléments d'objet direct et indirect

i) Le complément d'objet indirect précède le complément d'objet direct quand celui-ci est un nom (ice-cream), que le complément indirect soit un pronom ou un nom (him, the children) :

she gave him an ice-cream
elle lui a donné une glace

she gave the children some ice-cream
elle a donné de la glace aux enfants

Mais si le complément d'objet indirect est introduit par une préposition, il vient se placer après le complément d'objet direct :

she gave some ice-cream to the children
elle a donné de la glace aux enfants

ii) Quand les deux compléments sont des pronoms, le complément d'objet indirect précède le complément d'objet direct :

he wouldn't sell me them
il ne voulait pas me les vendre

would you give me one?
tu veux bien m'en donner un ?

could you please send her these?
tu peux les lui envoyer, s'il te plaît ?

well, tell them that, then
eh bien, dis-le-leur

Mais les phrases où l'on emploie le pronom personnel it après les verbes give, lend, etc. peuvent se construire des deux manières suivantes :

could you give him it when you see him?
could you give it to him when you see him?
tu veux bien le lui donner quand tu le verras ?

Avec la préposition to, l'ordre des mots est semblable à celui de l'exemple ci-dessus :

he wouldn't sell them to me
il ne voulait pas me les vendre

would you give one to me?
tu veux bien m'en donner un ?

18 LES CHANGEMENTS ORTHOGRAPHIQUES

1 y devient i

Un y placé après une **consonne** se change en i devant les terminaisons suivantes :

-able, -ed, -er *(adjectifs ou noms)*
-est, -es *(noms et verbes)*
-ly et -ness

ply → plies, pliable
cry → cried, cries, crier
happy → happier, happiest, happily, happiness

Exceptions :

shyly (*timidement*) et slyly (*sournoisement*) (on évite d'employer slily qui est rare). Par contre, drily est plus courant que dryly.

Les noms propres qui se terminent en -y prennent seulement -s :

there were two Henrys at the party
il y avait deux Henri à la soirée

Les composés en -by prennent -s :

standbys *remplaçants*

On trouve aussi parmi les exceptions les noms dyer (*teinturier*) et parfois flyer (*aviateur*) (aussi flier).

Mais y précédé d'une voyelle ne change pas et la terminaison des noms ou des verbes est -s au lieu de -es :

play → plays, playable, player
coy → coyer, coyest, coyly, coyness

Mais remarquez les verbes irréguliers :

lay → laid　　say → said
pay → paid

ainsi que les adverbes formés à partir des adjectifs :

day → daily　　gay → gaily (aussi gayly).

2 ie devient y

Ce changement a lieu devant -ing :

die → dying lie → lying

3 Chute de la voyelle finale -e

On enlève normalement le -e si l'on ajoute une syllabe commençant par une voyelle :

love → loving, lovable stone → stony

Exceptions :

Parmi les exceptions principales, on peut citer :

matey *copain*
likeable *aimable*
mileage *distance parcourue en miles*
dyeing *teinture* (à ne pas confondre avec dying = *mourir*)
hoeing *binage*
swingeing *énorme* (à ne pas confondre avec swinging = *dans le vent*)

Si le mot se termine en -ce ou en -ge, alors le -e est maintenu devant -a et -o :

irreplaceable, changeable, outrageous

Si la syllabe suivante commence par une consonne, on conserve normalement le -e :

love → lovely bore → boredom

Mais là encore, il existe des exceptions importantes, notamment :

argue → argument true → truly
due → duly whole → wholly

4 -our ou -or

Quand on ajoute un suffixe à certains mots se terminant par -our, le -u tombe :

humour → humorist vigour → vigorous

Mais l'exception importante concerne le mot colour :

colour → colourful, colourlessness, colourist

En anglais américain, la terminaison -our devient -or. On aura donc toujours -or pour les noms avec ou sans suffixe :

humor → humorist
vigor → vigorous
color → colorful, etc.

5 Doublement des consonnes

Après une voyelle courte accentuée, on double la consonne finale lorsqu'elle est placée devant -er, -est, -ed, -ing :

big [bɪg] → bigger, biggest
fit [fɪt] → fitter, fittest, fitted, fitting
begin [bɪ'gɪn] → beginner, beginning

On double aussi le -r dans les mots qui se terminent par -ur ou -er (voyelles longues accentuées) :

blur [blɜː(r)] → blurred, blurring
occur [ə'kɜː(r)] → occurred, occurring
refer [rɪ'fɜː(r)] → referred, referring

Mais on ne double pas la consonne dans les monosyllabes à voyelle longue ou à diphtongue (= voyelle qui change de timbre au cours de son émission) :

keep [kiːp] → keeper, keeping
cure [kjʊə(r)] → cured, curing

et dans les dissyllabes accentués sur la première syllabe :

vomit ['vɒmɪt] → vomited, vomiting

En anglais britannique, le -l est doublé même dans une syllabe non accentuée :

revel ['revəl] → revelled, reveller, revelling
travel ['trævəl] → travelled, traveller, travelling

Mais ce doublement n'a pas lieu en anglais américain :

travel → traveled, traveler, traveling

Remarquez aussi :

kidnap ['kɪdnæp] → kidnapped, kidnapper *(Br)*
kidnap → kidnaped, kidnaper *(Am)*

6 c devient ck

Le -c final d'un mot devient -ck devant -ed, -er, -ing :

frolic → frolicked, frolicking
picnic → picnicked, picnicker, picnicking

7 Anglais américain

En plus des variantes américaines données en 4 et 5 ci-dessus, il faut noter les différences suivantes entre l'orthographe britannique et l'orthographe américaine :

a) anglais britannique **-gue**, anglais américain **-g** :

catalogue *(Br)* – **catalog** *(Am)*

b) anglais britannique **-tre**, anglais américain **-ter** :

centre *(Br)* – **center** *(Am)*
metre *(Br)* – **meter** *(Am)*

c) anglais britannique **-nce**, anglais américain **-nse** :

defence *(Br)* – **defense** *(Am)*
offence *(Br)* – **offense** *(Am)*
pretence *(Br)* – **pretense** *(Am)*

d) Quelques mots qui s'écrivent différemment :

BR	AM
cheque	check
pyjamas	pajamas
practise (*pratiquer*)	practice (le nom se termine en -ce des deux côtés de l'Atlantique)
programme	program (de même en anglais britannique dans le domaine de l'informatique)
tyre (*pneu*)	tire

19 LES EXPRESSIONS DE TEMPS

A L'HEURE

what's the time?, what time is it?
quelle heure est-il ?

what time do you make it?
quelle heure avez-vous ?

a) *Les heures*

it's one/two (o'clock)
il est une heure/deux heures

it's 12 (o'clock)/midnight
il est minuit

it's 12 (o'clock)/noon/12 noon/midday
il est midi

b) *Les demi-heures*

it's half past one, it's one thirty *(Am)*, it's half one *(Fam)*
il est une heure et demie

it's half past midnight
il est minuit et demi

it's half past twelve
il est midi/minuit et demi

On peut ajouter in the afternoon et at night soit pour insister, soit pour éviter toute ambiguïté lorsque le contexte ne permet pas de savoir s'il s'agit de "midi" ou "minuit" :

it was half past twelve in the afternoon
il est midi et demi

it was half past twelve at night
il est minuit et demi

c) *Les quarts d'heure*

it's (a) quarter past two
il est deux heures et quart

at (a) quarter to two
à deux heures moins le quart

d) *Les minutes*

it's twenty-three minutes past four (= 4.23)
il est quatre heures vingt-trois

it's twenty to five (= 4.40)
il est cinq heures moins vingt

En anglais américain, on emploie after au lieu de past (it's twenty after five *il est cinq heures vingt*) et of au lieu de to (it's twenty of five *il est cinq heures moins vingt*).

e) a.m. *et* p.m.

a.m.	p.m.
du matin	*de l'après-midi/du soir*
it's 6.50 a.m.	it's 7.10 p.m.
il est 6 h 50	*il est 7 h 10 (du soir)/19 h 10*

A.m. et p.m. s'utilisent surtout lorsque le contexte ne permet pas de savoir s'il s'agit du matin ou de l'après-midi/du soir et que l'on veut éviter toute ambiguïté.

Les expressions du type "quinze heures" (à la place de "trois heures") ne s'emploient pas en anglais de tous les jours. Cependant, on les rencontre parfois dans les horaires et dans le langage militaire (souvent suivis de hours) :

fifteen hundred hours
quinze heures

fifteen thirty hours
quinze heures trente

'o' five hundred hours
cinq heures du matin

L'emploi de 'o', pour désigner le zéro devant le chiffre, est uniquement militaire. Dans les horaires, on emploiera simplement five hundred hours.

Pour les moyens de transport, on peut aussi dire :

we took the sixteen-twenty to Brighton
nous avons pris le train de 16 h 20 pour Brighton

Remarquez les abréviations : 7.15 = 7 h 15.

B LA DATE

1 Les mois, les jours et les saisons

Les jours et les mois prennent une majuscule en anglais.

a) *Les mois* (the months)

January	*janvier*	July	*juillet*
February	*février*	August	*août*
March	*mars*	September	*septembre*
April	*avril*	October	*octobre*
May	*mai*	November	*novembre*
June	*juin*	December	*décembre*

b) *Les jours de la semaine* (the days of the week)

Monday	*lundi*	Friday	*vendredi*
Tuesday	*mardi*	Saturday	*samedi*
Wednesday	*mercredi*	Sunday	*dimanche*
Thursday	*jeudi*		

c) *Les saisons* (the seasons)

spring	*le printemps*	autumn	*l'automne*
summer	*l'été*	winter	*l'hiver*

En anglais américain, "l'automne" se dit aussi fall. Pour l'emploi de l'article, voir p. 25.

2 Les dates

a) *Les années*

Pour lire les années, on sépare les deux premiers chiffres des deux derniers :

1945 (19|45) = nineteen forty-five (littéralement *dix-neuf, quarante-cinq*)

L'emploi de hundred est possible, mais plus rare ; il s'utilisera dans un style très soutenu :

1945 = nineteen hundred and forty-five (*dix-neuf cent quarante-cinq*)

Mais les dates suivantes se disent pratiquement toujours de la même manière :

811* = eight hundred and eleven

1026 = ten twenty-six
1000* = one thousand

2000* = two thousand
2005 = two thousand and five

*Pour les années qui précèdent l'an 1000, ainsi que pour l'an 1000 et l'an 2000, on ajoute en général the year devant l'année.

b) *Les jours et les mois*

En anglais, on emploie souvent les nombres ordinaux pour les dates (contrairement au français) :

14th July (qui se dit "the fourteenth of July")
le 14 juillet

2nd November (qui se dit "the second of November")
le 2 novembre

I wrote to you on 3rd March (qui se dit "on the third of March")
je vous ai écrit le 3 mars

Mais il y a en fait différentes manières d'écrire la date :

12(th) May May 12(th)

L'emploi du nombre cardinal est beaucoup plus courant que celui du nombre ordinal en anglais américain. En anglais britannique, il est aussi parfaitement possible d'employer le nombre cardinal.

En anglais américain, on omet pratiquement tout le temps le the à l'oral quand on commence par le mois :

May 12 se dit May twelfth/May twelve

En anglais britannique, on écrit les dates en mettant le jour en premier (comme en français), alors que c'est l'inverse en anglais américain :

10/4/92 = 10th April 1992, anglais britannique
4/10/92 = 10th April 1992, anglais américain (10/4/92 = 4th October 1992 en américain)

Pour les nombres ordinaux, voir Les **nombres** p. 245.

C EXPRESSIONS IDIOMATIQUES

at 5 o'clock	*à cinq heures*
at about 11 o'clock	*à onze heures environ*
at about midnight	*vers minuit*
at about 10 o'clock	*vers (les) dix heures*
it's past six o'clock	*il est six heures passées*
at exactly four o'clock	*à quatre heures précises/pile*
on the stroke of three	*sur le coup de trois heures*
from 9 o'clock onwards	*à partir de neuf heures*
shortly before seven	*peu avant sept heures*
shortly after seven	*peu après sept heures*
it's late	*il est tard*
he's late	*il est en retard*
the train is twenty minutes late	*le train a vingt minutes de retard*
my watch is six minutes slow	*ma montre retarde de six minutes*
my watch is six minutes fast	*ma montre avance de six minutes*
one day/morning/evening	*un jour/matin/soir*
this evening, tonight	*ce soir*

tomorrow evening, tomorrow night	*demain soir*
yesterday evening, last night	*hier soir*
Saturday evening, Saturday night	*samedi soir*
I'm going out on Saturday night ou evening	*je sors samedi soir*
on Saturday evening	*dans la soirée de samedi*
during Saturday night	*dans la nuit de samedi (à dimanche)*
tomorrow morning	*demain matin*
yesterday morning	*hier matin*
Monday morning	*lundi matin*
I'm going (on) Monday morning	*j'y vais lundi matin*
the next day	*le lendemain*
the next morning	*le lendemain matin*
a week on Monday, Monday week	*lundi en huit*
a fortnight on Monday	*lundi en quinze*
next week	*la semaine prochaine*
this (coming) week	*la semaine qui vient*
last week	*la semaine dernière*
I saw him the other Saturday	*je l'ai vu l'autre samedi*
I'm starting on Monday	*je commence lundi*
he comes on Mondays, he comes on a Monday	*il vient le lundi*
come one Monday	*viens un lundi*
he comes in the afternoon(s)	*il vient l'après-midi*
come one afternoon	*viens un après-midi*
every other Monday, every second Monday	*un lundi sur deux*
every Saturday	*tous les samedis*
every Saturday evening ou night	*tous les samedis soir*
I spent the whole Sunday doing the cleaning	*j'ai passé tout mon dimanche à faire le ménage*
all her Sundays	*tous ses dimanches*
in the early afternoon/evening	*en début d'après-midi/de soirée*
I'll phone him first thing in the morning	*je lui téléphonerai à la première heure demain matin*
in the middle of June, mid-June	*au milieu du mois de juin, (à la) mi-juin*
in the middle of winter, mid-winter	*au milieu de l'hiver*
I've a meeting late morning	*j'ai une réunion à la fin de la matinée ou en fin de matinée*
at the end of winter	*à la fin de l'hiver*

we'll talk about it again at the end of January	*on en reparlera fin janvier ou à la fin du mois de janvier*
what day is it today?	*quel jour sommes-nous aujourd'hui ?*
what's the date?	*le combien sommes-nous ?*
it's the third of April	*c'est le trois avril*
in February	*au mois de/en février*
in 1996	*en 1996*
in the summer of 1996, in summer 1996	*l'été 1996*
in the sixties, in the 60s, in the 1960s	*dans les années soixante*
in the early/late sixties	*au début/à la fin des années soixante*
in the seventeenth century	*au dix-septième siècle*
in the 17th C	*au XVII*[e]

20 LES EXPRESSIONS ANGLAISES À CONNAÎTRE

L'AMOUR ET L'AFFECTION

she is the apple of his eye
il tient à elle comme à la prunelle de ses yeux

> L'expression anglaise est toujours au singulier (the apple of his/her eye) et s'applique toujours à une personne, jamais à une chose.

to sweep someone off their feet
faire perdre la tête à quelqu'un

to carry a torch for someone
avoir un faible pour quelqu'un

to fall head over heels for someone
tomber follement amoureux de quelqu'un

AIMER/NE PAS AIMER

to be in someone's good books
être dans les petits papiers de quelqu'un

to have been bitten by the bug
avoir la folie de quelque chose

to get on like a house on fire
s'entendre à merveille

to turn one's nose up at something
dédaigner quelque chose

to give someone the cold shoulder
snober quelqu'un

to make someone's toes curl
donner des frissons de plaisir à quelqu'un

to ruffle someone's feathers
froisser quelqu'un

to get up someone's nose
taper sur les nerfs à quelqu'un

to look daggers at someone
foudroyer quelqu'un du regard

to cut someone dead
faire semblant de ne pas voir quelqu'un

S'AMUSER

to let one's hair down
se détendre, se laisser aller

> Cette expression fait référence au fait qu'autrefois les femmes ne laissaient retomber leurs cheveux que dans l'intimité.

to have a blast
s'éclater

to paint the town red
faire la noce

to be out on the tiles
sortir faire la bringue

> L'expression compare ceux qui sortent s'amuser aux chats qui se promènent sur les toits la nuit.

LE BONHEUR

to be on top of the world
être en pleine forme

to be walking on air
to be on cloud nine
to be over the moon
être ravi, être aux anges

LA TRISTESSE

with one's heart in one's boots
complètement abattu

to hit rock bottom
toucher le fond

to be down in the mouth
être déprimé

to be in the doldrums
avoir le moral à zéro

Le terme “doldrums” désigne la zone des calmes équatoriaux, où les vents sont faibles et où les bateaux à voiles ont donc du mal à avancer.

LA COLÈRE

to hit the ceiling
péter les plombs

to go off at the deep end
piquer une crise

to blow one's top
sortir de ses gonds

to go ballistic
piquer une crise

to be like a red rag to a bull to someone
avoir le don de mettre quelqu'un hors de soi

to get hot under the collar
se mettre en rogne

to be at the end of one's tether
être à bout

Littéralement : avoir atteint le bout de sa longe. Quand l'herbe à portée de l'animal attaché est épuisée, il tire sur sa longe pour tenter de brouter plus loin.

Attention : cette expression n'est pas l'équivalent du français “être au bout du rouleau”.

LA MAUVAISE HUMEUR

to be like a bear with a sore head
être d'humeur massacrante

to get out of bed on the wrong side
se lever du pied gauche

LES CRITIQUES

to drive a coach and horses through something
tailler quelque chose en pièces

to haul someone over the coals
démolir quelqu'un (en le critiquant)

the pot calling the kettle black
l'hôpital qui se moque de la charité

to give someone the rough side of one's tongue
parler brutalement à quelqu'un

to cut someone down to size
remettre quelqu'un à sa place

to pick holes in something
relever des erreurs dans quelque chose

to take a pot shot at someone
lancer une critique à quelqu'un

LES RÉPRIMANDES

to throw the book at someone
passer un savon à quelqu'un

> L'expression fait référence au code pénal.

to send someone away with a flea in their ear
envoyer quelqu'un promener

to bite someone's head off
rembarrer quelqu'un

to jump down someone's throat
rabrouer quelqu'un

to get it in the neck
en prendre pour son grade

LA PEUR

to brick it
avoir les jetons

to get cold feet
avoir la frousse

to scare the pants off someone
faire une peur bleue à quelqu'un

to have one's heart in one's mouth
avoir le cœur qui bat la chamade

to get the wind up
avoir une peur bleue

LES OPINIONS

to nail one's colours to the mast
afficher ses opinions

Au cours d'une bataille navale, un navire voulant abandonner le combat descendait jadis son pavillon en signe de défaite. Impossible de déclarer forfait lorsque le pavillon est cloué au mât.

to get on one's soapbox
haranguer les foules

Littéralement : monter sur sa caisse à savon (soapbox), c'est-à-dire sur une tribune improvisée, pour faire un discours.

to be in bed with someone
être allié avec quelqu'un de façon officieuse

to see eye to eye (with someone)
voir les choses du même œil (que quelqu'un)

to vote with one's feet
indiquer sa désapprobation en quittant les lieux

to change horses in midstream
se raviser en cours de route

to stick to one's guns
rester sur ses positions, tenir bon

L'expression fait référence au soldat qui continue à tirer au lieu de s'enfuir devant l'ennemi.

to stick one's oar in
mettre son grain de sel

to put one's pennyworth in/two cents in
mettre son grain de sel

not to pull any punches
ne pas y aller de main morte

to give something one's seal of approval
donner son approbation à quelque chose

not to mince one's words
ne pas mâcher ses mots

to have a change of heart
changer d'avis

to be out of tune with someone
ne pas être d'accord avec quelqu'un

CONTRÔLE ET MANIPULATION

to have someone eating out of one's hand
faire faire ce qu'on veut à quelqu'un

to wrap someone round one's little finger
faire ce qu'on veut de quelqu'un

to be in the saddle
tenir les rênes

to run a tight ship
mener tout le monde à la baguette

to twist someone's arm
exercer une pression sur quelqu'un

LA TROMPERIE

a wolf in sheep's clothing
un loup déguisé en agneau

to lead someone up the garden path
duper quelqu'un, faire marcher quelqu'un

to sell someone down the river
trahir quelqu'un, vendre quelqu'un

Cette expression idiomatique fait allusion aux esclaves que l'on transportait sur le Mississippi jusqu'aux marchés aux esclaves de la Nouvelle-Orléans.

to pull the wool over someone's eyes
faire croire n'importe quoi à quelqu'un

"The wool" était une perruque portée autrefois par les riches. Un voleur ou un plaisantin pouvait les désorienter en tirant la perruque sur leur visage.

L'ÂGE

to be long in the tooth
ne plus être tout jeune

On peut estimer l'âge d'un cheval à la longueur de ses dents. En général, plus les dents sont longues, plus le cheval est âgé.

to have been around the block a few times
ne plus être de la première jeunesse

to be over the hill
commencer à se faire vieux

to be as old as the hills
dater de Mathusalem

L'ENTRAIDE

to bend over backwards
se mettre en quatre

to give someone a hand
donner un coup de main à quelqu'un

to get someone off the hook
tirer quelqu'un d'affaire

to give someone a leg up
donner un coup de pouce à quelqu'un

L'APPARENCE

to look like death warmed up
avoir une mine de déterré

to be knee-high to a grasshopper
être haut comme trois pommes

to look like something the cat brought in
être en piteux état

to look like a million dollars
être superbe

L'ARGENT

to be made of money
être plein aux as, rouler sur l'or

to bring home the bacon
faire bouillir la marmite

to laugh all the way to the bank
s'en mettre plein les poches

to cost an arm and a leg
coûter les yeux de la tête

to pay through the nose for something
payer quelque chose les yeux de la tête

it's daylight robbery
c'est du vol organisé

to cut corners
faire des économies exagérées

to push the boat out
ne pas regarder à la dépense

to throw money around
jeter l'argent par les fenêtres

to go Dutch
payer chacun sa part

to take someone to the cleaners
nettoyer quelqu'un, plumer quelqu'un

LA BOISSON ET L'IVRESSE

to drink like a fish
boire comme un trou

to be on the wagon
être au régime sec

À l'origine, cette expression d'origine américaine était "on the water wagon", terme qui désignait le chariot qui transportait la citerne d'eau.

to wet one's whistle
se rincer le gosier

to be three sheets to the wind
avoir du vent dans les voiles

LE CHANGEMENT ET LA CONTINUITÉ

to break the mould
rompre avec la tradition

to turn the tables
retourner la situation

the worm has turned
j'en ai/il en a/etc. assez de me/se/etc. laisser mener par le bout du nez

to be in a rut
être enlisé dans la routine

to turn the clock back
revenir en arrière

you can't teach an old dog new tricks
on ne peut pas apprendre un nouveau métier à quelqu'un une fois passé un certain âge

to turn over a new leaf
s'acheter une conduite

Contrairement aux apparences, cette expression ne signifie pas "tourner la page".

LES RESSEMBLANCES ET LES DIFFÉRENCES

to be cut from the same cloth
être coulé dans le même moule

to be as alike as two peas in a pod
se ressembler comme deux gouttes d'eau

it's a different kettle of fish
c'est une autre affaire

to be poles apart
être diamétralement opposés

to be like chalk and cheese
c'est le jour et la nuit

LA SUPÉRIORITÉ

to be head and shoulders above someone
surpasser quelqu'un

to have someone for breakfast
ne faire qu'une bouchée de quelqu'un

to knock spots off someone
être bien supérieur à quelqu'un

to put someone/something in the shade
éclipser quelqu'un/quelque chose

to make mincemeat of someone
démolir quelqu'un, écraser quelqu'un

to wipe the floor with someone
ne faire qu'une bouchée de quelqu'un

LA COMPRÉHENSION ET L'INCOMPRÉHENSION

to get one's head around something
piger quelque chose

the penny dropped
j'ai/il a/etc. fini par comprendre

to put two and two together
faire le rapprochement

to get the wrong end of the stick
mal comprendre

to get one's wires crossed
mal se comprendre

S'INFORMER

to pick someone's brains
avoir recours aux lumières de quelqu'un

to have one's ear to the ground
se tenir aux écoutes

> Les Indiens d'Amérique sont souvent représentés l'oreille au sol en train d'estimer la position de personnes ou d'animaux.

to put out feelers
tâter le terrain

> Les "feelers" sont les antennes d'un insecte.

to keep abreast of something
se tenir au courant de quelque chose

to see how the land lies
tâter le terrain

to get wind of something
avoir vent de quelque chose

SAVOIR

to know one's onions
connaître son affaire

> Cette expression n'a rien à voir avec "s'occuper de ses oignons".

to know something like the back of one's hand
connaître quelque chose comme sa poche

to hear something on the grapevine
apprendre quelque chose par le téléphone arabe

Les premières lignes télégraphiques aux États-Unis étaient si mal installées que parfois les fils s'entremêlaient et l'ensemble ressemblait à des pieds de vigne. D'où le terme "grapevine telegraph" qui est à l'origine de l'expression.

to read someone like a book
savoir toujours ce que pense quelqu'un

to hear something from the horse's mouth
apprendre quelque chose de source sûre

Pour se faire une idée de l'âge d'un cheval, la meilleure façon est de lui examiner les dents.

to be in the picture
être au courant

LA DÉTERMINATION

to grasp the nettle
prendre le taureau par les cornes

to leave no stone unturned
remuer ciel et terre

to bite the bullet
serrer les dents

Littéralement : mordre la balle. Lorsque les produits anesthésiques n'existaient pas, les médecins des armées demandaient à leurs patients de mordre une balle de fusil de façon à mieux supporter la douleur.

to put one's foot down
faire preuve de fermeté

come hell or high water
quoi qu'il arrive

LA PAROLE

to shoot the breeze
bavarder

to bend someone's ear
casser les oreilles à quelqu'un, pomper l'air à quelqu'un

to talk through one's hat
parler à tort et à travers

to talk the hind legs off a donkey
être bavard comme une pie

to shoot one's mouth off
ouvrir sa grande gueule, l'ouvrir

to spin a yarn
raconter une histoire à dormir debout

to put a sock in it
la fermer

to spill the beans
révéler un secret

> Il faut noter que l'expression anglaise ne signifie pas nécessairement "trahir un secret".

to be all mouth and no trousers
être une grande gueule

to talk nineteen to the dozen
être un vrai moulin à paroles

to chew the fat
tailler une bavette

to pass the time of day
bavarder

L'EFFORT

to bust a gut
se décarcasser, se donner un mal de chien

to sing for one's supper
donner quelque chose en échange

to put one's shoulder to the wheel
se mettre à l'œuvre avec énergie

LA FOLIE

to be out to lunch
débloquer

to have a screw loose
avoir une case de vide

to be barking mad
être complètement cinglé

to lose one's marbles
perdre la boule

LES DIFFICULTÉS ET LES PROBLÈMES

out of the frying pan into the fire
tomber de Charybde en Scylla

> L'expression anglaise s'utilise beaucoup plus fréquemment que sa traduction habituelle "tomber de Charybde en Scylla".

to go through the mill
en baver

> L'image est celle du grain écrasé par la meule du moulin.

to go to hell and back
connaître des moments très difficiles (mais s'en sortir)

to paint oneself into a corner
se mettre dans une impasse

to tie oneself in knots
s'embrouiller

to shoot oneself in the foot
faire une gaffe

to score an own goal
se faire du tort à soi-même

to leave someone holding the baby
refiler le bébé à quelqu'un

to cook someone's goose
couler quelqu'un

to pull the rug from under someone's feet
faire capoter les projets de quelqu'un

a hard nut to crack
un problème difficile à résoudre

a hot potato
un sujet délicat

to be an albatross around someone's neck
être un boulet pour quelqu'un

Dans le poème de Coleridge *The Rime of the Ancient Mariner* (La Chanson du vieux marin), le mauvais sort s'abat sur un navire après qu'un marin a abattu un albatros. L'équipage force alors le coupable à porter l'oiseau mort autour du cou pour le punir.

to cut off one's nose to spite one's face
se punir soi-même

LA VANITÉ

to be too big for one's boots
avoir les chevilles qui enflent

to blow one's own trumpet
chanter ses propres louanges

to throw one's weight around
faire l'important

to think one is the bee's knees
ne pas se prendre pour n'importe qui

LES RELATIONS

to play the field
papillonner, avoir de nombreuses aventures amoureuses

to have been left on the shelf
être en passe de devenir vieille fille

to tie the knot
se marier

to take the plunge
se marier

to sow one's wild oats
jeter sa gourme

to make a pass at someone
draguer quelqu'un

to get one's oats
prendre son pied

LES GAFFES

to have egg on one's face
s'être couvert de ridicule

to blot one's copybook
se faire mal voir

put one's foot in one's mouth
faire une gaffe

LE PASSÉ

to rake over the ashes
remuer le passé

it's a blast from the past
ça nous ramène des années en arrière

to put the clock back
revenir en arrière

to go down memory lane
se plonger dans ses souvenirs

it's all water under the bridge
c'est du passé

LES SECRETS ET LES CONFIDENCES

between you, me and the gatepost
entre nous soit dit

to keep something under one's hat
garder quelque chose pour soi

to be in on something
être au courant de quelque chose

mum's the word
motus et bouche cousue

to keep something under wraps
garder quelque chose secret

LE TRAVAIL

to be up to one's eyeballs
être débordé de travail

to do the donkey work
faire le sale boulot

to work one's finger to the bone
se tuer à la tâche

to keep one's nose to the grindstone
travailler d'arrache-pied

to pull one's weight
faire sa part de travail

to burn the midnight oil
travailler tard dans la nuit

L'IDÉALISME ET LES CHIMÈRES

to live in a fool's paradise
se bercer d'illusions

to be pie in the sky
relever de l'utopie

Il s'agit d'une formule extraite d'une chanson américaine datant de 1906. La chanson disait "you'll get pie in the sky when you die" (tu auras le droit à de la tarte quand tu seras au ciel).

to build castles in the air
bâtir des châteaux en Espagne

to tilt at windmills
se battre contre des moulins à vent

to live in cloud-cuckoo-land
ne pas avoir les pieds sur terre

to set the world to rights
refaire le monde

LA VIOLENCE ET LES MENACES

to put the boot in
donner des coups de pied

Au sens figuré cette expression signifie "remuer le couteau dans la plaie".

to beat the living daylights out of someone
tabasser quelqu'un

I'll have his guts for garters!
je vais en faire de la chair à pâté!

to make mincemeat out of someone
ne faire qu'une bouchée de quelqu'un

to settle someone's hash
régler son compte à quelqu'un

to tan someone's hide
tanner le cuir à quelqu'un

LES DÉCISIONS ET L'INDÉCISION

to be caught between a rock and a hard place
se trouver face à un dilemme

to sleep on it
remettre sa décision au lendemain

to be in a cleft stick
se trouver dans une impasse

to think on one's feet
réfléchir vite et bien

to um and aah
hésiter, se tâter

> Les "um" et les "aah" sont censés être les sons émis par ceux qui réfléchissent et essaient de parvenir à une décision.

LA MORT

to pop one's clogs
casser sa pipe

to be pushing up the daisies
manger les pissenlits par la racine

to be as dead as a doornail
être mort et bien mort

to kick the bucket
casser sa pipe

INDEX

A

B

C

D

E

J

K

L

M

N

U

V

W

Y

Z